Ich lobe dich von ganzer Seele

ICH LOBE DICH VON GANZER SEELE

AUSLEGUNGEN ZU ALLEN 150 PSALMEN

Herausgegeben von

Walter Kasper
Walter Klaiber
Eduard Lohse
Paul-Werner Scheele
Theodor Schober
Theo Sorg

KREUZ VERLAG

Originalausgabe
Redaktionelle Bearbeitung: Johannes Hasselhorn und Raul Niemann

Die Deutsche Bibliothek – CIP-Einheitsaufnahme

Ich lobe dich von ganzer Seele:
Auslegungen zu allen 150 Psalmen / hrsg. von Walter Kasper …
– Orig.-Ausg. – Stuttgart: Kreuz-Verl., 1993
ISBN 3-7831-1265-6 (Broschur)
ISBN 3-7831-1288-5 (gebundene Ausgabe)
NE: Kasper, Walter [Hrsg.]

1 2 3 4 96 95 94 93

Umschlaggestaltung: Jürgen Reichert, Stuttgart
Umschlagbild: König David (13. Jh.), British Library, London
Gesamtherstellung: Clausen & Bosse, Leck
ISBN 3 7831 1265 6 (Broschur)
ISBN 3 7831 1288 5 (gebundene Ausgabe)

Inhalt

Wir wandern nämlich in der Fremde, seufzend und stöhnend. Es kamen Briefe zu uns aus unserer Heimat. Die lesen wir euch vor (zu Psalm 149).

AURELIUS AUGUSTINUS (354–430)

Willst du die heilige christliche Kirche gemalt sehen, mit lebendiger Farbe und Gestalt, in einem kleinen Bilde gefaßt, so nimm den Psalter vor dich, so hast du einen feinen reinen Spiegel, der dir zeigen wird, was die Christenheit sei. Ja, du wirst auch dich selbst darin und die rechte Selbsterkenntnis finden, dazu Gott selbst und alle Kreatur.

MARTIN LUTHER (1483–1546)

Die Psalmen sind Offenbarung, die zum Heil führt. Sie kommen aus der Ergriffenheit eines Menschen, der sich betend zu Gott wendet. Je stärker ihr Wort uns stößt, desto mehr Anlaß haben wir, zu denken, daß wir darin offenbar werden. Daß wir es also annehmen und in ihm betend zu Gott gehen sollen.

ROMANO GUARDINI (1885–1968)

Wenn in dem Dokument über die Beziehungen der katholischen Kirche zum Judentum vom 3. Januar 1975 nicht nur der Dialog, sondern auch das gemeinsame Gebet empfohlen wird, so könnte das ein Ansporn sein für beide Seiten, das große liturgische Gut ihrer Tradition zu sichten, um gemeinsame Gebetstexte der Vergangenheit zu entreißen.

SCHALOM BEN-CHORIN (* 1913)

Die Psalmen sind eine Einladung und Chance, der Vergänglichkeit zu widerstehen, indem wir unsere eigene Zeit im Dialog mit dem Worte Gottes deuten und gestalten.

KLAUS HOLLMANN (* 1935)

Wo die Psalmen täglich gelesen werden, hat man sich einen unermeßlichen Reichtum bewahrt, denn nur im täglichen Gebrauch wächst man in dieses göttliche Gebetbuch hinein und werden ungeahnte Kräfte in die Gemeinde eingehen.

DIETRICH BONHOEFFER (1906–1945)

Vorwort

Seit 1982 erscheint für jedes Jahr ein Buch, das dazu einladen möchte, in der Bibel zu lesen und aus ihrer Botschaft Ermutigung und Zuversicht zu gewinnen. Nach der Ordnung des ökumenischen Bibelleseplans wird der für jeden Tag vorgesehene Abschnitt ausgelegt, der Bezug zu den Fragen unserer Zeit aufgewiesen und eine kurze Anregung zu besinnendem Gebet gegeben. Wie ein »cantus firmus« zieht sich durch alle Bände die Sonntag für Sonntag dargebotene Erklärung eines alttestamentlichen Psalms. Als Liedersammlung Israels ist der Psalter zugleich Gebetbuch der Christenheit. Sein vielgestaltiges Zeugnis ist in ökumenischer Zusammenarbeit von Gliedern der katholischen und der evangelischen Kirche sowie der Freikirchen immer wieder bedacht und den Lesern nahegebracht worden. Der reiche Schatz an Betrachtungen zu den Psalmen, wie er im Zusammenwirken eines großen Kreises von Mitarbeitern angesammelt wurde, wird in diesem Band zusammengefaßt. Damit soll das Lob Gottes, wie es in den Psalmen immer wieder angestimmt wird, weitergegeben werden, um es aufs neue erklingen zu lassen.

Dem ökumenischen Charakter der Bände »Mit der Bibel durch das Jahr« entspricht es, daß sowohl die Luther-Bibel wie auch die Einheitsübersetzung zur Grundlage des Bibelstudiums gemacht werden. Beide Übersetzungen sind daher auch für diesen Band berücksichtigt. Sind eine Reihe der bekanntesten Psalmen in der Wiedergabe durch Martin Luther abgedruckt, so folgt eine große Zahl der Texte der Einheitsübersetzung, die für das Neue Testament und das Buch der Psalmen von einer gemeinsamen Kommission katholischer und evangelischer Theologen erarbeitet wurde. Ungeachtet mancher noch bestehender Unterschiede und Trennungen sind Christen aller Konfessionen durch gemeinsame Lektüre der Bibel und das sie alle verbindende Gotteslob zu einer weltweiten Gemeinschaft zusammengeschlossen. Darum möchte der vielstimmige Gesang der Psalmen dazu ermutigen, miteinander dem barmherzigen Gott die Ehre zu geben.

Für die Herausgeber:
D. Eduard Lohse

Die Psalmen

Eine Einführung von Hanneliese Steichele

Die Aussage Martin Luthers, daß jeder in den Psalmen Worte findet, »als wären sie allein um seinetwillen gesprochen«, trifft die Erfahrung vieler Psalmenbeter und -beterinnen. Zwar sind die Psalmen keine einfachen Gebete. Viele ihrer Vorstellungen und Bilder gehören der längst vergangenen Welt des israelitischen Königtums und seiner Tempelliturgie an und spiegeln die Lebensverhältnisse Israels vor und nach dem babylonischen Exil. Befremdlich wirken vor allem auch die leidenschaftlichen Rache- und Vergeltungswünsche, die von Gott die Vernichtung der Feinde fordern, oder die schroffe Einteilung der Menschen in Frevler und Gerechte, Fromme und Sünder. Auffällig ist jedoch, daß trotz dieser Fremdheit die Psalmen auch den heutigen Beter immer wieder ganz unmittelbar ansprechen und er nicht selten in einem einzigen Psalmvers ein ganzes Bündel eigener Lebenserfahrungen entdeckt: »Schon reicht mir das Wasser bis an die Kehle« (Ps 69,2), »Da hast du mein Klagen in Tanzen verwandelt« (Ps 30,12) oder »Die Himmel rühmen die Herrlichkeit Gottes« (Ps 19,2) – es gibt viele solcher kostbaren Verse in den Psalmen, die nicht nur die Beter, sondern auch die Dichter und Musiker aller Jahrhunderte inspiriert haben.

Schauen wir auf die Entstehung der Psalmen, so haben sie eine lange und komplizierte Geschichte des Werdens und Wachsens durchgemacht. Obwohl später zu großen Teilen (vgl. Ps 3–41; 51–71) dem König David zugeschrieben, stammen die meisten der Psalmen von unbekannten Betern: von Dichtern, Tempelsängern, Weisheitslehrern, Kranken, Verzweifelten und Geretteten. Wie bei unseren Volksliedern haben viele an ihnen mitgedichtet. Manche Psalmen wurden über mehrere Generationen erweitert und immer wieder neu aktualisiert. So bestand Ps 130 – »Aus der Tiefe rufe ich, Herr, zu dir« – zunächst als individueller Bußpsalm und wurde dann zu einem Wallfahrtspsalm für ganz Israel erweitert (V. 7a und V. 8). Die Psalmen enthalten deshalb – neben dem Individuellen – die Erfahrungen ganzer Generationen, und es ist in ihnen eine fast eintausendjährige Gebetsgeschichte Israels aufbewahrt. Zunächst in Teilsammlungen zusammengestellt, dann ca. 200 v. Chr. zu einem Buch von 150 Psalmen zusammengefaßt, will der Psalter »Lobpreis Gottes« und Wegweiser durchs Leben sein, auf daß der Mensch »wie ein Baum wird, der an Wasserbächen gepflanzt ist und zur rechten Zeit seine Frucht bringt« (Ps 1,3).

Weitaus die meisten der im alttestamentlichen Psalter gesammelten Psalmen gehören der Gattung der Klagepsalmen und der Hymnen an. Sie umspannen die beiden Grundpole menschlichen Lebens: Klage und Leid auf der einen und Freude und Lobpreis auf der anderen Seite. Einer der bekanntesten Klagepsalmen ist Psalm 22. In seiner Anhäufung von vielfältigstem menschlichen Leid transzendiert er jedes persönliche Einzelschicksal und zeigt »etwas Urbildliches, Überindividuelles« (H. J. Kraus), das nach christlicher Überzeugung im stellvertretenden Leiden Jesu und seinem Schrei am Kreuz »Mein Gott, mein Gott, warum hast du mich verlassen?« seinen dichtesten geschichtlichen Ausdruck gefunden hat. Im großen Schöpfungspsalm 104 durchmißt der Psalmist – ähnlich wie in manchen anderen Hymnen – den ganzen Kosmos und beschreibt voll Dankbarkeit und Staunen Gottes Fürsorge im Spiegel seiner Werke: »Du hast den Mond gemacht als Maß für die Zeiten, die Sonne weiß, wann sie untergeht. Du sendest Finsternis, und es wird Nacht, dann regen sich alle Tiere des Waldes« (Ps 104,19f.). Neben den Klagepsalmen und Hymnen gibt es die Wallfahrts-, Königs-, Zions- und Torapsalmen sowie mehrere Mischformen wie die Vertrauenspsalmen (z. B. Ps 23). Da für die einzelnen Gattungen eine bestimmte, vorgegebene Grundstruktur typisch ist (z. B. Klagepsalmen: Anrufung Jahwes, dann Klage und Schilderung der Not sowie Bitten und Wünsche, abschließend ein Gelübde), weisen etliche Psalmen aufgrund ihrer Zugehörigkeit zur selben Gattung viele Gemeinsamkeiten und Übereinstimmungen auf.

Die alles bestimmende Mitte in den Psalmen ist Gott. Diese Mitte ist für die Psalmen konstitutiv und kann nicht eliminiert werden. Die Psalmen sind bei aller Dichtkunst keine bloßen Gedichte, auch keine religiösen Monologe, sondern an ein »Du« gerichtete Gebete: »Aus der Tiefe rufe ich, Herr, zu dir« (Ps 130,1); »Gott, du mein Gott, dich suche ich, meine Seele dürstet nach dir« (Ps 63,2). Dieses »Du« gründet in der Erfahrung Israels, daß der letzte Grund allen Seins kein stummer und echoloser Raum ist, sondern sich auf vielfache Weise in der Schöpfung und in der Geschichte geoffenbart hat. Im Gebet sucht der Beter die Nähe dieses absoluten »Du« und unterstellt sich seinem Wort. Dabei kann der Psalmbeter diesen Gott voll Vertrauen als »mein Gott« ansprechen, der »mich gewoben hat im Schoß meiner Mutter« (Ps 139,13) und »mich barg an der Brust der Mutter« (Ps

22,10). Gleichzeitig ist dieser Gott aber auch der Große und Unbegreifliche, der »fern« (Ps 22,2) bleibt und »sein Antlitz verbirgt« (Ps 13,2). Es besteht insgesamt eine große Nähe zwischen dem Gottesbild der Psalmen und dem Gottesbild der Propheten. Auch für die Psalmen ist Gott vorrangig ein Gott der Armen und Verfolgten, der das Schreien der Bedrängten hört und sich für Gerechtigkeit und Barmherzigkeit einsetzt.

Die Sprache der Psalmen ist nicht »fromm« im üblichen Sinne, sondern unangepaßt und voller Leidenschaft. Es wird geschrien, gestammelt, geflucht, geweint, angeklagt, aber auch gejubelt, gesungen und vor Freude geklatscht. Der Psalmbeter verdrängt seine Gefühle von Glück, Verzweiflung und Haß nicht, sondern »schüttet sein Herz aus vor Gott« (Ps 62,9). In diesem Zusammenhang sind auch die leidenschaftlichen Verwünschungen der Feinde zu sehen und zu beurteilen. Es sind Schreie von zutiefst Gedemütigten und Geschundenen nach Gerechtigkeit, wobei der Beter nicht selbst Rache übt, sondern die Vergeltung Gott anheimstellt.

Das Kunstvolle der Psalmensprache besteht nicht in einem Reim am Versende, sondern in dem sogenannten Parallelismus membrorum, der parallelen Anordnung der einzelnen Verszeilen: »Er beschirmt dich mit seinen Flügeln, unter seinen Schwingen findest du Zuflucht, Schild und Schutz ist dir seine Treue« (Ps 91,4). Ein und derselbe Gedanke wird in einem zweiten und dritten Versglied nochmals – allerdings mit anderen Worten – wiederholt, weitergeführt oder durch eine gegensätzliche Aussage verstärkt. Diese Form des »Gedankenreims« gibt den Psalmen etwas Stetiges und Vertiefendes und hilft dem Beter, beim Lesen und Rezitieren der Psalmen in die »Grundbewegung« des Psalms hineinzufinden.

Die Psalmen gehören zum großen Gebetsschatz Israels und der Christen. Sie verbinden Christen und Juden aufs engste miteinander. Wer sie betet, wird die Erfahrungen machen: »Dein Wort ist meinem Fuß eine Leuchte, ein Licht für meine Pfade« (Ps 119,105).

(aus: »Bibellese« 93)

Gebetsschatz – auch für Christen heute?

Einleitende Anmerkungen zu den Psalmen von Johannes Hasselhorn

Jesu Jünger bitten: »Herr, lehre uns beten« (Lk 11,1). Sie bilden eine Gebetsgemeinschaft und bitten um Gebetsunterricht. Wollen sie mehr, als sie in den Psalmen haben? Jesus gibt ihnen und der ganzen Christenheit das Vaterunser, Kraft und Rechtfertigung aller unserer Gebete. Aber im Vaterunser ist kein Wort, das nicht aus dem Gebetsschatz Israels stammen würde. Das Vaterunser ist eine Kurzfassung von Psalm 103, der Jesu Lieblingspsalm genannt werden darf. Er zeichnet am deutlichsten die Sendung Jesu, die ihn von Johannes unterschied, »nämlich den Lobpreis des gnädigen Gottes anstelle der Warnung vor dem unerbittlichen Richter der Welt« (Otto Betz). Das Vaterunser ist nicht nur das »kürzeste und ganze Evangelium« (Tertullian, um 200), es ist auch »Das Gebet, das die Welt umspannt« (Helmut Thielicke, 1944). Wir Heutigen tun uns an vielen Stellen der Psalmen schwer, diesen Gebetsschatz in kleiner Münze unseren Alltag bereichern zu lassen. Das Beten der Psalmen will neu eingeübt werden.

Im Namen Jesu beten lernen

»Wenn wir die Gebete der Bibel und besonders die Psalmen lesen und beten wollen, so müssen wir nicht zuerst danach fragen, was sie mit uns, sondern was sie mit Jesus Christus zu tun haben. Nicht was wir gerade beten wollen ist wichtig, sondern worum Gott von uns gebeten sein will« (Dietrich Bonhoeffer). Unser Beten richtet sich natürlicherweise immer auf die Mitte des Vaterunsers, auf die Bitte um das tägliche Brot. Weltweite, persönliche, alltägliche und fromme Wünsche stehen im Vordergrund unserer Gebete. Das hat ein inneres Recht nur dort, wo die »Dein-Bitten« und die folgenden Notbitten genauso ernst genommen werden. Die Psalmen bringen unser einseitiges Beten zurecht durch die Bitten um das, was Gott will. So können wir mit Gott reden und mit ihm Gemeinschaft haben. Darin besteht die Befreiung unseres Lebens. Wir bewahren uns diese Freiheit, wo wir im Namen Jesu beten, wie es das Vaterunser uns lehrt.

Im Leiden weiterbeten

Es ist erschreckend zu beobachten, wie Angst und Sorge auf dieser Erde zugenommen haben. Die Zukunft scheint der Welt immer mehr verstellt zu sein. Niemand weiß, wohin die Reise des Erdballs gehen mag. Es fehlen klare und leitende Gedanken, und es gibt viel zuwenig wegweisende Taten. »Das Licht der Aufklärung hat die Welt erleuchtet, aber den Himmel verfinstert, die Sterne können uns nicht mehr leiten« (Wulff D. Rehfus, 1990). Die wachsenden Katastrophen dieser Welt lassen sich nicht mehr wegschieben, sie fallen wie Berge über uns. In einer solchen Situation sollten uns die Klagegebete einzelner oder der betenden Gemeinde in den Psalmen sehr nahe kommen. Sie weisen den Weg, in aussichtslosen Lagen nicht verstummen zu müssen. »Es ist ihnen ja allen gemeinsam, daß sie alle Not und Anfechtung auf Gott werfen: Wir können sie nicht mehr tragen, nimm du sie uns ab und trage sie selbst, du allein kannst mit dem Leben fertig werden. Das ist das Ziel der Klagepsalmen. Sie beten um den, der die Krankheit auf sich lud und alle unsere Gebrechen trug, Jesus Christus als die einzige Hilfe in den Leiden; denn in ihm ist Gott bei uns« (Dietrich Bonhoeffer). Wo wir am Ende sind, ist Gott in Jesus Christus nicht zu Ende, sondern bei uns!

Für die Feinde beten

In einigen Psalmen wird Gott um Verwünschung oder um Verfluchung der Feinde angerufen. Für unser Empfinden ist das unerträglich geworden. So können wir nicht mehr über Gott denken. Wir brauchen es auch nicht, wenn wir dem nachsinnen, was Dietrich Bonhoeffer dazu gesagt hat: »Jesus Christus trug die Rache Gottes, um deren Vollstreckung der Psalm betet. Er stillte Gottes Zorn über die Sünde und betete in der Stunde der Vollstreckung des göttlichen Gerichtes: ›Vater, vergib ihnen, denn sie wissen nicht, was sie tun!‹ Kein anderer als er, der den Zorn Gottes selbst trug, konnte so beten. Das war das Ende aller falschen Gedanken über die Liebe Gottes, die die Sünde nicht so ernst nimmt. Gott haßt und richtet seine Feinde an dem einzigen Gerechten, und dieser bittet für die Feinde Gottes um Vergebung. Nur im Kreuz Jesu Christi ist die Liebe Gottes zu finden. So führt der Rachepsalm zum Kreuz Jesu und zur vergebenden Feindesliebe Gottes. Nicht ich kann von mir aus den Feinden Gottes vergeben, sondern allein der gekreuzigte Christus kann es, und ich darf es durch ihn. So wird die Vollstreckung der Rache zur Gnade für alle Menschen in Jesus Christus.« Die Psalmen werden im Namen Jesu zur

Quelle der Kraft, in dieser Welt Verantwortung zu übernehmen, denn Beten heißt mit Gott wirken.

Bonhoefferzitate aus D. B. »Gesammelte Schriften« Band 4, 1961, S. 544 ff.

Auszug aus der Vorrede zum deutschen Psalter

Von Martin Luther

Viele der heiligen Väter haben den Psalter mehr als andere Bücher der Schrift gelobt und geliebt; denn hier finden wir, was das Haupt aller Heiligen selbst getan hat und was noch alle Heiligen tun: wie sie sich zu Gott, zu Freund und Feind stellen, wie sie sich in aller Gefahr und allem Leid verhalten und darein fügen.

Allein schon deshalb sollte uns der Psalter teuer und lieb sein, weil er Christi Sterben und Auferstehen so deutlich verheißt und ein Bild vom Zustand und Wesen seines Reichs und der ganzen Christenheit entwirft; darum könnte man ihn mit Recht eine kleine Bibel nennen, in der alles, was in der ganzen Bibel steht, aufs schönste und kürzeste zusammengefaßt worden ist.

Der Psalter vermittelt uns nicht allein die Worte der Heiligen über ihr Tun, sondern führt uns auch ihr Herz und den innersten Schatz ihrer Seele vor Augen. So können wir in den Grund und die Quelle ihrer Worte und Werke sehen, nämlich in ihr Herz. Ein menschliches Herz ist wie ein Schiff auf einem wilden Meer, das die Sturmwinde von den vier Himmelsrichtungen her treiben. Solche Sturmwinde aber lehren mit Ernst reden und das Herz öffnen und den Grund herausschütten; denn wer in Furcht und Not steckt, redet ganz anders vom Unglück, als wer in Freuden schwebt. Und wer in Freuden schwebt, redet und singt ganz anders von Freuden, als wer in Furcht steckt. Ist aber der Psalter nicht größtenteils solch ernstliches Reden in derartigen Sturmwinden? Wo findet man feinere Worte der Freude als in den Lob- und Dankpsalmen? Da siehst du allen Heiligen ins Herz wie in schöne, reizende Gärten, ja wie in den Himmel: du siehst, wie feine, herzige, liebliche Blumen darin aufgehen von allerlei schönen, fröhlichen Gedanken gegen Gott um seiner Wohltat willen.

Umgekehrt, wo findest du tiefere Worte voll Klage, Jammer und Traurigkeit als in den Klagepsalmen? Da siehst du wieder allen Heiligen ins Herz, diesmal aber wie in den Tod, ja wie in die Hölle. Wie finster und dunkel ist's da vom vielfältigen betrübten Anblick des Zornes Gottes! Und wenn sie von Furcht oder Hoffnung reden, sprechen sie ebenfalls mit so treffenden Worten, daß dir kein Maler die Furcht oder Hoffnung so darstellen und kein Cicero oder Redekundiger so schildern könnte.

Daher kommt's auch, daß der Psalter das Lieblingsbüchlein aller Heiligen ist und jedermann, in welcher Lage er auch ist, Psalmen und Worte darin findet, die seine Lage genau treffen und ihm so angemessen sind, als wären sie allein um seinetwillen so gesprochen, so daß er selbst sie auch nicht besser hätte sprechen oder sich wünschen können.

(1545)

Die Psalmen
und ihre Auslegungen

1 Wohl dem, der nicht wandelt im Rat
der Gottlosen noch tritt auf den Weg
der Sünder / noch sitzt, wo die Spötter sit-
zen, 2 sondern hat Lust am Gesetz des
Herrn / und sinnt über seinem Gesetz Tag
und Nacht! 3 Der ist wie ein Baum, ge-
pflanzt an den Wasserbächen, der seine
Frucht bringt zu seiner Zeit, und seine
Blätter verwelken nicht. / Und was er
macht, das gerät wohl. 4 Aber so sind die
Gottlosen nicht, / sondern wie Spreu, die
der Wind verstreut. 5 Darum bestehen die
Gottlosen nicht im Gericht / noch die
Sünder in der Gemeinde der Gerechten.
6 Denn der Herr kennt den Weg der Ge-
rechten, / aber der Gottlosen Weg ver-
geht. (L)

1 Wohl dem Mann, der nicht dem Rat
der Frevler folgt, / nicht auf dem Weg
der Sünder geht, / nicht im Kreis der Spöt-
ter sitzt, 2 sondern Freude hat an der Wei-
sung des Herrn, / über seine Weisung
nachsinnt bei Tag und bei Nacht. 3 Er ist
wie ein Baum, / der an Wasserbächen ge-
pflanzt ist, der zur rechten Zeit seine
Frucht bringt / und dessen Blätter nicht
welken. Alles, was er tut, / wird ihm gut
gelingen. 4 Nicht so die Frevler: / Sie sind
wie Spreu, die der Wind verweht. 5 Darum
werden die Frevler im Gericht nicht beste-
hen / noch die Sünder in der Gemeinde
der Gerechten. 6 Denn der Herr kennt den
Weg der Gerechten, / der Weg der Frev-
ler aber führt in den Abgrund. (E)

Ein Mensch wie ein Baum

Doch es gibt solche Männer und Frauen, nicht nur in den Kirchen, sondern auch anderswo. Menschen, auf die Verlaß ist, Menschen, die standhaft sind. Die Bindung an ihre Aufgabe, die »Lust am Gesetz des Herrn« bewahrt sie vor losen Stammtischreden und vor falschen Freunden. Wer wie ein Baum gepflanzt ist an Wasserbächen, der mag nicht unter Schwätzern oder Possenreißern sitzen. Wer zu seiner Lebensaufgabe steht, wer seiner Berufung nachkommt, der hat keine Zeit zum Räsonieren.

So aber sind die Gottlosen nicht. Man muß nicht nur durch die großen Städte gehen, um darüber zu erschrecken, wieviel junge Menschen »wie Spreu im Wind« dahintreiben. Mißbraucht von Erwachsenen, zerstört durch Drogen, haltlos und ohne Zukunft, wie die »Kinder vom Bahnhof Zoo«. Aber sie bilden nur die unterste Stufe des Elends, die Zerstörung frißt sich durch alle Gesellschaftsschichten. Auch große Familien gehen jämmerlich zugrunde.

Warum sind Fluch und Segen so unbegreiflich verteilt? Niemand wird doch als Frommer, niemand wird als Gottloser geboren. Wer in einem behüteten Elternhaus aufwachsen durfte, der wird vor Lebenskatastrophen so wenig bewahrt bleiben wie einer, der elterliche Liebe nie empfangen hat. Aber er wird immer wieder zurückfinden zu den Quellen des Lebens. Wer aber nie erfahren hat, daß er wirklich geliebt ist, wessen Klage niemals gehört, wessen Tränen niemals getrocknet wurden, wieviel schwerer wird er es im Leben haben? Kein Gottloser hat seine Gottlosigkeit selbst gewählt, und keiner fühlt sich in der Gottferne daheim.

Wie aber kann einer, der wie ein Baum im Leben steht, jenen helfen, die wie Spreu im Wind treiben? Was meinte Jesus, als er zu den Jüngern sagte: Die Gesunden bedürfen des Arztes nicht, sondern die Kranken? Und was meinte er mit dem Wort: Was ihr getan habt einem meiner geringsten Brüder, das habt ihr mir getan? Vom Elend auf der anderen Straßenseite bis zum Elend in der weiten Welt ist unendlich viel Gelegenheit, mitzutragen und mitzuteilen.

CHRISTIAN TRÖBST

Wir danken dir, Gott, daß du uns Halt gibst, und bitten um Augen und Herzen für die Haltlosen.

2 Warum toben die Heiden / und mur-
ren die Völker so vergeblich? 2 Die
Könige der Erde lehnen sich auf, und Die
Herren halten Rat miteinander / wider
den Herrn und seinen Gesalbten: 3 »Las-
set uns zerreißen ihre Bande / und von uns
werfen ihre Stricke!« 4 Aber der im Him-
mel wohnt, lachet ihrer, / und der Herr
spottet ihrer. 5 Einst wird er mit ihnen re-
den in seinem Zorn, / und mit seinem
Grimm wird er sie schrecken: 6 »Ich aber
habe meinen König eingesetzt / auf mei-
nem heiligen Berg Zion.« 7 Kundtun will
ich den Ratschluß des Herrn. Er hat zu
mir gesagt: / »Du bist mein Sohn, heute
habe ich dich gezeugt. 8 Bitte mich, so will
ich dir Völker zum Erbe geben / und der
Welt Enden zum Eigentum. 9 Du sollst sie
mit einem eisernen Zepter zerschlagen, /
wie Töpfe sollst du sie zerschmeißen.«
10 So seid nun verständig, ihr Könige, /
und laßt euch warnen, ihr Richter auf Er-
den! 11 Dienet dem Herrn mit Furcht / und
küßt seine Füße mit Zittern, 12 daß er nicht
zürne / und ihr umkommt auf dem Wege;
denn sein Zorn wird bald entbrennen. /
Wohl allen, die auf ihn trauen! (L)

2 Warum toben die Völker, / warum
machen die Nationen vergebliche
Pläne? 2 Die Könige der Erde stehen
auf, / die Großen haben sich verbündet
gegen den Herrn und seinen Gesalbten.
3 »Laßt uns ihre Fesseln zerreißen / und
von uns werfen ihre Stricke!« 4 Doch er,
der im Himmel thront, lacht, / der Herr
verspottet sie. 5 Dann aber spricht er zu ih-
nen im Zorn, / in seinem Grimm wird er
sie erschrecken: 6 »Ich selber habe meinen
König eingesetzt / auf Zion, meinem hei-
ligen Berg.« 7 Den Beschluß des Herrn
will ich kundtun. / Er sprach zu mir:
»Mein Sohn bist du. / Heute habe ich dich
gezeugt. 8 Fordere von mir, und ich gebe
dir die Völker zum Erbe, / die Enden der
Erde zum Eigentum. 9 Du wirst sie zer-
schlagen mit eiserner Keule, / wie Krüge
aus Ton wirst du sie zertrümmern.« 10 Nun
denn, ihr Könige, kommt zur Einsicht, /
laßt euch warnen, ihr Gebieter der Erde!
11 Dient dem Herrn in Furcht, / und küßt
ihm mit Beben die Füße, 12 damit er nicht
zürnt / und euer Weg nicht in den Ab-
grund führt. Denn wenig nur, und sein
Zorn ist entbrannt. / Wohl allen, die ihm
vertrauen! (E)

Die Predigt des messianischen Königs

Als Christen suchen wir in alten Texten nach Verheißungen auf Jesus Christus, den Erlöser. Gottessohn und Davidsohn wird er genannt. Von daher bietet sich Psalm 2, ein Königspsalm, geradezu an, Hinweise auf ihn zu entdecken.

Psalm 2 spricht der König, der Gesalbte des Herrn, selbst. In einer feierlichen Proklamation wird er als Gottes Sohn angenommen (V. 7). Er nennt diese Entscheidung des Herrn einen »Ratschluß«. Das Wort stammt aus dem sakralen Königsrecht und bezeichnet die Legitimation zum rechtmäßigen Herrscher. Gott, dem Herrn, gehören die Völker und die »Enden der Erde«, deshalb kann er sie auch seinem erwählten König übergeben (V. 8). »Ratschluß« kann aber zugleich auch »Verheißung« bedeuten. Diese Verheißung hat ihre Erfüllung gefunden, als Gott in der Spannung von Krippe und Kreuz seine verborgene Herrschaft über die Welt in dem Messias Jesus von Nazareth offenbart hat.

Gottes Gesalbter kämpft in einer leidenschaftlichen Predigt um die Einsicht der Völker, damit sie dem Zorn Gottes entrinnen. Völker, Nationen, Könige und Fürsten proben den Aufstand gegen Gott und seinen Messias. Der alte Adam in uns auch! Sie sagen Gott den Kampf an und wollen alle Verbindungen mit ihm lösen (V. 1–3).

Auf Gott wirkt diese Herausforderung zunächst lächerlich, aber es wird der Tag kommen, an dem sein Zorn Feuer fängt. Er setzt seinen König ein, das Gericht des göttlichen Zorns an ihnen zu vollziehen, wenn die Völker und ihre Mächtigen weiterhin den Aufstand gegen Gott und seinen messianischen König führen. Vor diesem Schicksal warnt sie der König selbst mit ultimativen Appellen an ihre Einsicht: Laßt euch zurechtweisen, also zum Recht weisen, werdet weise und seht ein, daß ihr Gott mit Furcht und Zittern dienen müßt. Gebt euren Kampf gegen ihn und mich auf, sonst geht ihr unterwegs verloren, weil ihr euch irrt und verirrt und schließlich zugrunde geht. Glücklich schätzen können sich allein diejenigen, die sich in Gott bergen und geborgen wissen.

MANFRED KAHL

Herr, mit dir laß mich verbunden sein, du bist meine Zuflucht.

3 [Ein Psalm Davids, als er vor seinem
Sohn Absalom floh.] 2 Ach Herr, wie
sind meiner Feinde so viel / und erheben
sich so viele gegen mich! 3 Viele sagen von
mir: / Er hat keine Hilfe bei Gott. [Sela]
4 Aber du, Herr, bist der Schild für mich, /
du bist meine Ehre und hebst mein Haupt
empor. 5 Ich rufe mit meiner Stimme zum
Herrn, / so erhört er mich von seinem hei-
ligen Berge. [Sela] 6 Ich liege und schlafe
und erwache; / denn der Herr hält mich.
7 Ich fürchte mich nicht vor vielen Tausen-
den, / die sich ringsum wider mich legen.
8 Auf, Herr, und hilf mir, mein Gott!
Denn du schlägst alle meine Feinde auf
die Backe / und zerschmetterst der Gott-
losen Zähne. 9 Bei dem Herrn findet man
Hilfe. / Dein Segen komme über dein
Volk! [Sela] (L)

3 [Ein Psalm Davids, als er vor seinem
Sohn Abschalom floh.] 2 Herr, wie
zahlreich sind meine Bedränger; / so viele
stehen gegen mich auf. 3 Viele gibt es, die
von mir sagen: / »Er findet keine Hilfe bei
Gott.« [Sela] 4 Du aber, Herr, bist ein
Schild für mich, / du bist meine Ehre und
richtest mich auf. 5 Ich habe laut zum
Herrn gerufen; / da erhörte er mich von
seinem heiligen Berg. [Sela] 6 Ich lege
mich nieder und schlafe ein, / ich wache
wieder auf, denn der Herr beschützt mich.
7 Viele Tausende von Kriegern fürchte ich
nicht, / wenn sie mich ringsum belagern.
8 Herr, erhebe dich, / mein Gott, bring
mir Hilfe! Denn all meinen Feinden hast
du den Kiefer zerschmettert, / hast den
Frevlern die Zähne zerbrochen. 9 Beim
Herrn findet man Hilfe. / Auf dein Volk
komme dein Segen! [Sela] (E)

Gott gibt dem Asylsuchenden seine Menschenwürde

Es gibt Situationen, da wird uns der Boden unter den Füßen weggezogen. Man schneidet uns die Ehre ab, verweigert uns unser Recht. Dann möchten wir nur noch fort, hinfliehen zu Gott, Schutz suchen bei ihm – Asyl unter seinem Dach. So mag es jenem Beter gegangen sein, dessen Lage sich noch schemenhaft hinter dem zugleich not- und vertrauensvollen ersten der »Davidpsalmen« (3–41) abzeichnet. Er mag vor seinen Feinden in den Tempel geflohen sein. Höhnisch wollten sie ihm gleichsam den Rückzug auf Gott abschneiden: »Es gibt für den keine Hilfe bei Gott!« Versuch es gar nicht erst!

Er tut es doch. Er weiß: Es ist seine letzte Chance. Und er legt sich – das war dem Rechtsuchenden möglich – im Tempel zur Ruhe, »auf dem heiligen Berge«. Da steht Gott für ihn wie ein Schild, der ihn sogar von allen Seiten umgibt (V. 4a). Darum kann er schlafen: weil er nicht zweifelt, in Gott seine »Ehre«, seine Menschenwürde zu haben, die man ihm absprechen will. Ja mehr noch: In dem bevorstehenden »Gottesgerichtsverfahren« wird Gott den, der sich total vor ihm niederwirft und sich ihm gänzlich ausliefert, wieder emporheben (V. 4b), ihn vor aller Augen rehabilitieren.

Und dennoch – seltsamer Zwiespalt, wie er wohl keinem Glaubenden fremd ist: Bei der Furchtlosigkeit vor den ihn umringenden Feinden (V. 7) entringt sich dem Beter dann doch ein lauter Notschrei (V. 8a), wie in letzter Todesangst hinausgeschleudert: »Hilf mir, mein Gott!« Danach kann nichts mehr kommen, es geht um Tod und Leben.

Das war dann wohl auch die Rettung. Vers 8b schildert in der Vergangenheit, was geschehen ist: Die Feinde wurden von Gott gedemütigt, ihre schlimmste Waffe, ihr Mundwerk, zum Schweigen gebracht. Wer hat nicht auch solch wunderbare Wendung erfahren? – Der Schlußvers, ein wohl späterer Lehrsatz mit angefügtem Segenswort, faßt alles für den Gottesdienst der Gemeinde noch einmal zusammen: Hilfe und Segen – Gott tut sie im Tempel kund, für alles Volk nicht weniger als für den Asyl- und Rechtsuchenden. RENÉ LEUDESDORFF

Auf meinen lieben Gott trau ich in Angst und Not. Der kann mich allzeit retten aus Trübsal, Angst und Nöten, mein Unglück kann er wenden, steht alls in seinen Händen.

4 [Ein Psalm Davids, vorzusingen,
beim Saitenspiel.] 2 Erhöre mich,
wenn ich rufe, / Gott meiner Gerechtig-
keit, der du mich tröstest in Angst; / sei
mir gnädig und erhöre mein Gebet! 3 Ihr
Herren, wie lange soll meine Ehre ge-
schändet werden? / Wie habt ihr das Eitle
so lieb und die Lüge so gern! [Sela] 4 Er-
kennet doch, daß der Herr seine Heiligen
wunderbar führt; / der Herr hört, wenn
ich ihn anrufe. 5 Zürnet ihr, so sündiget
nicht; / redet in eurem Herzen auf eurem
Lager und seid stille. [Sela] 6 Opfert, was
recht ist, / und hoffet auf den Herrn.
7 Viele sagen: »Wer wird uns Gutes sehen
lassen?« / Herr, laß leuchten über uns das
Licht deines Antlitzes! 8 Du erfreust mein
Herz, / ob jene auch viel Wein und Korn
haben. 9 Ich liege und schlafe ganz mit
Frieden; / denn allein du, Herr, hilfst mir,
daß ich sicher wohne. (L)

4 [Für den Chormeister. Mit Saiten-
spiel. Ein Psalm Davids.] 2 Wenn ich
rufe, erhöre mich, / Gott, du mein Retter!
Du hast mir Raum geschaffen, als mir
angst war. / Sei mir gnädig, und hör auf
mein Flehen! 3 Ihr Mächtigen, wie lange
noch schmäht ihr meine Ehre, / warum
liebt ihr den Schein und sinnt auf Lügen?
[Sela] 4 Erkennt doch: Wunderbar han-
delt der Herr an den Frommen; / der Herr
erhört mich, wenn ich zu ihm rufe. 5 Erei-
fert ihr euch, so sündigt nicht! / Bedenkt
es auf eurem Lager, und werdet stille!
[Sela] 6 Bringt rechte Opfer dar, / und ver-
traut auf den Herrn! 7 Viele sagen: »Wer
läßt uns Gutes erleben?« / Herr, laß dein
Angesicht über uns leuchten! 8 Du legst
mir größere Freude ins Herz, / als andere
haben bei Korn und Wein in Fülle. 9 In
Frieden leg' ich mich nieder und schlafe
ein; / denn du allein, Herr, läßt mich sorg-
los ruhen. (E)

Im Frieden sein

»Ich liege und schlafe ganz in Frieden.« Ein Vertrauenspsalm – manchen von uns vertraut vom liturgischen Nachtgebet. Aber da ist nicht nur Abendfrieden. Der Beter hat etwas zu beklagen. Er hat persönliche Feinde, die ihm das Leben schwermachen, und er hat Mühe, damit innerlich fertig zu werden. Da ist vor allem seine Angst, Gott könnte stumm bleiben und die Beziehung abbrechen. Welcher Glaubende kennt nicht solchen Zweifel, auch wenn er weiß, daß dieser Gott ein Retter der Bedrängten ist und immer wieder Raum geschaffen hat! Gut, wenn man im Gebet auch seine Zweifel zum Ausdruck bringen darf.

Seine Klage wendet sich in eine Anklage an die Feinde, die ihm sein Lebensrecht in der Menschengemeinschaft absprechen wollen. Er versucht, sie davon abzubringen, indem er ihnen sein Gottvertrauen vorhält: wie der Herr ihn erhört und ihm gnädig gewesen ist. Könnte das nicht auch ihnen etwas bedeuten, wenn sie nachts zwar erbittert daliegen, den Zorn aber nicht zum Ausbruch kommen lassen (V. 5)? Sie könnten doch ihr Anspruchsdenken und ihre Selbstsucht Gott wie ein Opfer darbringen und ihm vertrauen! Wir spüren beim Mitbeten richtig, wie der Bedrängte in seinem Nachtgebet um Klärung ringt.

»Viele sagen, wer läßt uns Gutes erfahren?« Solch eine Rede schließt vielleicht den Unglücklichen mit seinen Gegnern zusammen. So zu fragen gehört zum Menschsein, wenn wir meinen, ganz auf uns selbst gestellt zu sein. Der Psalmist aber will in solche Verzagtheit hinein sagen: In der Hinwendung zu Gott wird Unglück gebannt. Es ist das Licht seines Antlitzes, seine Zuwendung, von der alles abhängt. Das ist ihm wichtiger als die Sorge um Korn und Wein. Die größere Freude (!) ist ihm, daß die Verbindung mit seinem Gott nicht abreißt und er von ihm alles erwarten kann. Das ist es, was ihm letztlich die Sicherheit gibt: »Du allein, Herr, läßt mich sicher ruhen.« Hier spricht Erfahrung, mitten aus dem Leben genommen. Lassen wir uns davon mitnehmen zu einem Vertrauen in Krisenzeiten.

HANS HÄSELBARTH

Auch ich will erkennen, wie der Herr seine Heiligen wunderbar führt und sie in Angst tröstet. Laß mich und die Meinen darauf auch heute vertrauen.

5 [Ein Psalm Davids, vorzusingen, zum
Flötenspiel.] 2 Herr, höre meine
Worte, / merke auf mein Reden! 3 Ver-
nimm mein Schreien, mein König und
mein Gott; / denn ich will zu dir beten.
4 Herr, frühe wollest du meine Stimme hö-
ren, / frühe will ich mich zu dir wenden
und aufmerken. 5 Denn du bist nicht ein
Gott, dem gottloses Wesen gefällt; / wer
böse ist, bleibt nicht vor dir. 6 Die Ruhm-
redigen bestehen nicht vor deinen Au-
gen; / du bist feind allen Übeltätern. 7 Du
bringst die Lügner um; / dem Herrn sind
ein Greuel die Blutgierigen und Falschen.
8 Ich aber darf in dein Haus gehen durch
deine große Güte / und anbeten vor dei-
nem heiligen Tempel in deiner Furcht.
9 Herr, leite mich in deiner Gerechtigkeit
um meiner Feinde willen; / ebne vor mir
deinen Weg! 10 Denn in ihrem Munde ist
nichts Verläßliches; / ihr Inneres ist Bos-
heit. Ihr Rachen ist ein offenes Grab; /
mit ihren Zungen heucheln sie. 11 Sprich
sie schuldig, Gott, / daß sie zu Fall kom-
men durch ihre Ränke. Stoße sie aus um
ihrer vielen Übertretungen willen; / denn
sie sind widerspenstig gegen dich. 12 Laß
sich freuen alle, die auf dich trauen; /
ewiglich laß sie rühmen, denn du beschir-
mest sie. Fröhlich laß sein in dir, / die dei-
nen Namen lieben! 13 Denn du, Herr, seg-
nest die Gerechten, / du deckest sie mit
Gnade wie mit einem Schilde. (L)

5 [Für den Chormeister. Zum Flöten-
spiel. Ein Psalm Davids.] 2 Höre
meine Worte, Herr, / achte auf mein
Seufzen! 3 Vernimm mein lautes Schreien,
mein König und mein Gott, / denn ich
flehe zu dir. 4 Herr, am Morgen hörst du
mein Rufen, / am Morgen rüst' ich das
Opfer zu, halte Ausschau nach dir. 5 Denn
du bist kein Gott, dem das Unrecht ge-
fällt; / der Frevler darf nicht bei dir wei-
len. 6 Wer sich brüstet, besteht nicht vor
deinen Augen; / denn dein Haß trifft alle,
die Böses tun. 7 Du läßt die Lügner zu-
grunde gehn, / Mörder und Betrüger sind
dem Herrn ein Greuel. 8 Ich aber darf dein
Haus betreten / dank deiner großen Güte,
ich werfe mich nieder in Ehrfurcht / vor
deinem heiligen Tempel. 9 Leite mich,
Herr, in deiner Gerechtigkeit, / meinen
Feinden zum Trotz; / ebne deinen Weg
vor mir! 10 Aus ihrem Mund kommt kein
wahres Wort, / ihr Inneres ist voll Verder-
ben. Ihre Kehle ist ein offenes Grab, / aal-
glatt ist ihre Zunge. 11 Gott, laß sie dafür
büßen; / sie sollen fallen durch ihre eige-
nen Ränke. Verstoße sie wegen ihrer vie-
len Verbrechen; / denn sie empören sich
gegen dich. 12 Doch alle sollen sich freuen,
die auf dich vertrauen, / und sollen im-
merfort jubeln. Beschütze alle, die deinen
Namen lieben, / damit sie dich rühmen.
13 Denn du, Herr, segnest den Gerech-
ten. / Wie mit einem Schild deckst du ihn
mit deiner Gnade. (E)

Wider die Macht der Lüge

Die Heilige Schrift des Alten und Neuen Testaments redet nicht in Allgemeinplätzen. Die Sprache der Texte, die Schilderung von Ereignissen, all dies ist so konkret, daß es oft gar nicht weitschweifender Erläuterungen bedarf. Erfrischend präzise kommt der Beter dieses Psalms zur Sache. Er spricht von den Bösen und beschreibt sogleich, was und wen er darunter versteht: die Ruhmredigen, Lügner, Blutgierigen und Falschen. Ihr gemeinsames Merkmal ist, daß sie gottlose Wesen sind. Und ihr Ziel besteht nicht darin, Gott wohlgefällig zu dienen und sich an seiner Gerechtigkeit zu orientieren, sondern die eigene Macht auf- und auszubauen.

Die Bibel ist realistisch. Sie rechnet mit dem Bösen als einer Wirklichkeit, die uns umgibt. Indem sie davon spricht, will sie uns die Augen öffnen für die Gefahren, die am Wegesrand lauern. Die Erkenntnis des Psalmisten bleibt nicht in ihrer individuellen geschichtlichen Erfahrung der damaligen Zeit eingebunden. Sie läßt sich vielmehr durch die Jahrhunderte fortschreiben. Dabei ist das Böse immer gemeinschaftsgefährdend. Psalm 5 weist auf die lebenszerstörende Macht der Lüge, der Falschheit und des Hasses unter den Menschen hin. Dort, wo die Liebe zur Wahrheit verblaßt, wächst im selben Maße das Unheil.

Der Psalmbeter ruft nicht die Menschheit zum Kampf gegen das Böse auf, er bleibt auch nicht in allgemeinen Forderungen stecken. Vielmehr bittet er: »Herr, leite mich in deiner Gerechtigkeit. Ebne vor mir einen Weg.« Die Bitte um individuelle Führung und Orientierungsmaßstäbe wächst aus der Erkenntnis, daß letztlich das Böse keine Chance hat. Die letzte Entscheidung über gut und böse haben nicht wir, sondern hat Gott in seiner Hand. Diese Botschaft entlastet, sie spendet Trost, denn wir sind nicht allein auf uns gestellt.

UDO HAHN

Herr, laß die bösen Mächte nicht die Oberhand gewinnen in der Welt, sondern Wahrheit, Freiheit, Gerechtigkeit und Frieden unter uns wachsen.

6 [Ein Psalm Davids, vorzusingen, beim Saitenspiel auf acht Saiten.]
2 Ach Herr, strafe mich nicht in deinem
Zorn / und züchtige mich nicht in deinem
Grimm! 3 Herr, sei mir gnädig, denn ich
bin schwach; / heile mich, Herr, denn
meine Gebeine sind erschrocken 4 und
meine Seele ist sehr erschrocken. / Ach
du, Herr, wie lange! 5 Wende dich, Herr,
und errette mich, / hilf mir um deiner
Güte willen! 6 Denn im Tode gedenkt man
deiner nicht; / wer wird dir bei den Toten
danken? 7 Ich bin so müde vom Seufzen;
ich schwemme mein Bett die ganze
Nacht / und netze mit meinen Tränen
mein Lager. 8 Mein Auge ist trübe gewor-
den vor Gram / und matt, weil meiner Be-
dränger so viele sind. 9 Weichet von mir,
alle Übeltäter; / denn der Herr hört mein
Weinen. 10 Der Herr hört mein Flehen; /
mein Gebet nimmt der Herr an. 11 Es sol-
len alle meine Feinde zuschanden werden
und sehr erschrecken; / sie sollen umkeh-
ren und zuschanden werden plötzlich. (L)

6 [Für den Chormeister. Mit Saitenspiel nach der Achten. Ein Psalm Davids.]
2 Herr, strafe mich nicht in deinem Zorn, /
und züchtige mich nicht in deinem
Grimm! 3 Sei mir gnädig, Herr, ich sieche
dahin; / heile mich, Herr, denn meine
Glieder zerfallen! 4 Meine Seele ist tief
verstört. / Du aber, Herr, wie lange
säumst du noch? 5 Herr, wende dich mir
zu und errette mich, / in deiner Huld bring
mir Hilfe! 6 Denn bei den Toten denkt nie-
mand mehr an dich. / Wer wird dich in der
Unterwelt noch preisen? 7 Ich bin er-
schöpft vom Seufzen, / jede Nacht benet-
zen Ströme von Tränen mein Bett, / ich
überschwemme mein Lager mit Tränen.
8 Mein Auge ist getrübt vor Kummer, / ich
bin gealtert wegen all meiner Gegner.
9 Weicht zurück von mir, all ihr Frevler; /
denn der Herr hat mein lautes Weinen ge-
hört. 10 Gehört hat der Herr mein Fle-
hen, / der Herr nimmt mein Beten an.
11 In Schmach und Verstörung geraten all
meine Feinde, / sie müssen weichen und
gehen plötzlich zugrunde. (E)

Heimweh nach Gott

Daß Gott zornig sein kann, vergessen wir nur allzu gern. Würden wir seinen Zorn ernst nehmen, könnten wir wahrscheinlich echter glauben. Gott ist zornig über unsere Lieblosigkeit und Mitleidlosigkeit, über Egoismus, Rücksichtslosigkeit und Unbarmherzigkeit. Unsere Gleichgültigkeit und Schuld führen uns von ihm fort in eine gottentfremdete, vom Tode bedrohte Welt.

Der Psalmsänger weiß vom Zorn Gottes und sieht ihn in seiner Krankheit über sich hereinbrechen. In der Glaubensvorstellung seiner Zeit war Krankheit eine Folge von Schuld. Je mehr sich der Mensch von Gott entfernte, um so mehr fielen die Schatten des Todes auf ihn, siechte er dahin. Die äußerste Trennung von Gott aber war der Tod. Hier konnte man nicht mehr danken, hier verstummte der Lobpreis Gottes. In der erschütternden Bitte des Sängers geht es für ihn um Leben oder Tod.

Um so überraschender ist der plötzliche Umschwung in seinem Gebet. Überschäumende Freude spricht nun aus seinen Worten. Er ist gewiß, daß Gott ihn hört und erhört. Gott wendet sich ihm wieder zu. Seine Feinde, die ihn schon im Grabe sahen, müssen beschämt von ihm weichen. Durch ein Gotteswort, das ihm im Tempel zugesprochen wurde, hat er vernommen, daß Gott sein Weinen gesehen, seine Klage gehört hat. Nun ist Friede zwischen Gott und ihm.

Wie können wir angesichts der eigenen Schuld und angesichts des Leidens und des Elends auf unserer Erde zu einem solchen Aufatmen kommen? Wie können wir heimfinden zu Gott? Da es keinen Weg zurück in die Vergangenheit gibt, bleibt uns nur die Flucht nach vorn, indem wir unsere Not Gott vor die Füße legen. In einer Welt, die am Abgrund des Todes steht, ist er die Quelle des Lebens. Auch wir dürfen – angesprochen von seinem Wort – an Gottes Nähe glauben bis hin zur sinnlich-faßbaren Gestalt im Abendmahl Jesu. »Für dich gegeben« zur Versöhnung, zur Heimkehr zu Gott. Heimkehr zu Gott ist die Hoffnung für unsere Erde. ELISABETH HÖRETH

Fürchte dich nicht, getragen von seinem Wort, von dem du lebst.
Fürchte dich nicht, getragen von seinem Wort, von ihm lebst du.

7 [Ein Klagelied Davids, das er dem
Herrn sang wegen der Worte des
Kusch, des Benjaminiters.] 2 Auf dich,
Herr, mein Gott, traue ich! / Hilf mir von
allen meinen Verfolgern und errette
mich, 3 daß sie nicht wie Löwen mich pak-
ken / und zerreißen, weil kein Retter da
ist. 4 Herr, mein Gott, hab ich solches ge-
tan / und ist Unrecht an meinen Händen,
5 hab ich Böses vergolten denen, die fried-
lich mit mir lebten, / oder geschädigt, die
mir ohne Ursache feind waren, 6 so ver-
folge mich der Feind und ergreife mich
und trete mein Leben zu Boden / und lege
meine Ehre in den Staub. [Sela] 7 Steh auf,
Herr, in deinem Zorn, / erhebe dich wider
den Grimm meiner Feinde! Wache auf,
mir zu helfen, / der du Gericht verordnet
hast, 8 so werden die Völker sich um dich
sammeln; / du aber throne über ihnen in
der Höhe! 9 Der Herr ist Richter über die
Völker. / Schaffe mir Recht, Herr, nach
meiner Gerechtigkeit und Unschuld!
10 Laß der Gottlosen Bosheit ein Ende
nehmen, / aber die Gerechten laß beste-
hen; denn du, gerechter Gott, / prüfest
Herzen und Nieren. 11 Gott ist der Schild
über mir, / er, der den frommen Herzen
hilft. 12 Gott ist ein gerechter Richter / und
ein Gott, der täglich strafen kann.
13 Wahrlich, wieder hat einer sein Schwert
gewetzt / und seinen Bogen gespannt und
zielt. 14 Doch sich selber hat er tödliche
Waffen gerüstet / und feurige Pfeile berei-
tet. 15 Siehe, er hat Böses im Sinn, / mit
Unrecht ist er schwanger und wird Lüge
gebären. 16 Er hat eine Grube gegraben
und ausgehöhlt – / und ist in die Grube ge-
fallen, die er gemacht hat. 17 Sein Unrecht
wird auf seinen Kopf kommen / und sein
Frevel auf seinen Scheitel fallen. 18 Ich
danke dem Herrn um seiner Gerechtig-
keit willen / und will loben den Namen des
Herrn, des Allerhöchsten. (L)

7 [Ein Klagelied Davids, das er dem
Herrn sang wegen des Benjamini-
ters.] 2 Herr, mein Gott, ich flüchte mich
zu dir; / hilf mir vor allen Verfolgern und
rette mich, 3 damit mir niemand wie ein
Löwe das Leben raubt, / mich zerreißt,
und keiner ist da, der mich rettet. 4 Wenn
ich das getan habe, Herr, mein Gott, /
wenn an meinen Händen Unrecht klebt,
5 wenn ich meinem Freunde Böses tat, /
wenn ich den quälte, der mich grundlos
bedrängt hat, 6 dann soll mich der Feind
verfolgen und ergreifen; / er richte mein
Leben zugrunde / und trete meine Ehre
mit Füßen. [Sela] 7 Herr, steh auf in dei-
nem Zorn, / erheb dich gegen meine wü-
tenden Feinde! Wach auf, du mein Gott! /
Du hast zum Gericht gerufen. / Der Herr
richtet die Völker. 8 Um dich stehe die
Schar der Völker im Kreis; / über ihnen
throne du in der Höhe! 9 Herr, weil ich ge-
recht bin, verschaff mir Recht, / (und tu
an mir Gutes,) weil ich schuldlos bin!
10 Die Bosheit der Frevler finde ein
Ende, / doch gib dem Gerechten Be-
stand, / gerechter Gott, der du auf Herz
und Nieren prüfst. 11 Ein Schild über mir
ist Gott, / er rettet die Menschen mit red-
lichem Herzen. 12 Gott ist ein gerechter
Richter, / ein Gott, der täglich strafen
kann. 13 Wenn der Frevler sein Schwert
wieder schärft, / seinen Bogen spannt und
zielt, 14 dann rüstet er tödliche Waffen
gegen sich selbst, / bereitet sich glühende
Pfeile. 15 Er hat Böses im Sinn; / er geht
schwanger mit Unheil, und Tücke gebiert
er. 16 Er gräbt ein Loch, er schaufelt es
aus, / doch er stürzt in die Grube, die er
selber gemacht hat. 17 Seine Untat kommt
auf sein eigenes Haupt, / seine Gewalttat
fällt auf seinen Scheitel zurück. 18 Ich will
dem Herrn danken, denn er ist gerecht; /
dem Namen des Herrn, des Höchsten,
will ich singen und spielen. (E)

Appellation an Gott, den gerechten Richter

In diesem Davidspsalm begegnen wir einem Menschen, der fälschlich angeklagt wurde. Zu Unrecht wird ihm vorgeworfen, ein Vertrauensverhältnis mißbraucht und sich am Eigentum seines Freundes vergangen zu haben. Er ist in höchster Bedrängnis. Wie ein Raubtier droht der Verfolger ihn zu zerreißen. Solchermaßen in die Enge getrieben, sucht er seine Zuflucht im Jerusalemer Tempel und erfleht Rechtshilfe von seinem Gott. Er tritt ein in die Institution des Gottesgerichts, von der im Tempelweihegebet des Salomo die Rede ist. Dort heißt es: »Wenn jemand kommt und vor deinem Altar in diesem Haus schwört, so höre du es im Himmel und greif ein! Verschaff deinen Knechten Recht, verurteile den Schuldigen! Den Schuldlosen aber sprich frei und vergilt ihm, wie es seiner Gerechtigkeit entspricht« (1 Kön 8,31–32). So steht unser Beter im Tempel, um den Richtspruch Gottes zu empfangen. Er schwört den Eid des Unschuldigen und erklärt sich in einer Art Selbstverfluchung bereit, Leben und Ehre zu verlieren, falls er begangen haben sollte, was ihm vorgeworfen wird. Dann folgt die Appellation an Gott, den König und Weltenrichter. Drei Imperative leiten sie ein: »Steh auf, erhebe dich, wach auf« (V. 7). Der Angeklagte hofft, daß Gott selbst ihm nun zu seinem Recht verhilft, daß er seine Sache führt und seine Unschuld ans Licht bringt. Ja, er ist gewiß, daß dies geschehen wird, denn Gott ist gerecht. Aus dieser Gewißheit wächst am Ende des Psalms der Dank seines Beters (V. 18).

Die sakrale Institution des Gottesgerichtes mit seiner Kultdramatik ist uns fremd geworden. Von bleibender Bedeutung aber ist die Grundüberzeugung, die dahinter steht: Gott tritt für Gerechtigkeit ein und bleibt der letzte und mächtige Helfer aller, die unter Ungerechtigkeit und Verfolgung zu leiden haben. Er steht auch heute auf der Seite derer, die sich in auswegloser Rechtsnot befinden. In der Auferweckung seines schuldlos verurteilten und hingerichteten Sohnes hat er dies vor aller Welt und für alle Zeit mit endgültigem Nachdruck bekundet.

HUBERT BOUR

Hilf mir, Gott, durch deinen Namen, verschaff mir Recht mit deiner Kraft.

8 [Ein Psalm Davids, vorzusingen auf
der Gittit.] 2 Herr, unser Herrscher,
wie herrlich ist dein Name in allen Lan-
den, / der du zeigst deine Hoheit am Him-
mel! 3 Aus dem Munde der jungen Kinder
und Säuglinge hast du eine Macht zuge-
richtet um deiner Feinde willen, / daß du
vertilgest den Feind und den Rachgieri-
gen. 4 Wenn ich sehe die Himmel, deiner
Finger Werk, / den Mond und die Sterne,
die du bereitet hast: 5 was ist der Mensch,
daß du seiner gedenkst, / und des Men-
schen Kind, daß du dich seiner annimmst?
6 Du hast ihn wenig niedriger gemacht als
Gott, / mit Ehre und Herrlichkeit hast du
ihn gekrönt. 7 Du hast ihn zum Herrn ge-
macht über deiner Hände Werk, / alles
hast du unter seine Füße getan: 8 Schafe
und Rinder allzumal, / dazu auch die wil-
den Tiere, 9 die Vögel unter dem Himmel
und die Fische im Meer / und alles, was
die Meere durchzieht. 10 Herr, unser
Herrscher, / wie herrlich ist dein Name in
allen Landen! (L)

8 [Für den Chormeister. Nach dem Kel-
terlied. Ein Psalm Davids.] 2 Herr, un-
ser Herrscher, / wie gewaltig ist dein
Name auf der ganzen Erde; / über den
Himmel breitest du deine Hoheit aus.
3 Aus dem Mund der Kinder und Säug-
linge schaffst du dir Lob, / deinen Geg-
nern zum Trotz; / deine Feinde und Wi-
dersacher müssen verstummen. 4 Seh' ich
den Himmel, das Werk deiner Finger, /
Mond und Sterne, die du befestigt: 5 Was
ist der Mensch, daß du an ihn denkst, / des
Menschen Kind, daß du dich seiner an-
nimmst? 6 Du hast ihn nur wenig geringer
gemacht als Gott, / hast ihn mit Herrlich-
keit und Ehre gekrönt. 7 Du hast ihn als
Herrscher eingesetzt über das Werk dei-
ner Hände, / hast ihm alles zu Füßen ge-
legt: 8 All die Schafe, Ziegen und Rinder /
und auch die wilden Tiere, 9 die Vögel des
Himmels und die Fische im Meer, / alles,
was auf den Pfaden der Meere dahinzieht.
10 Herr, unser Herrscher, / wie gewaltig ist
dein Name auf der ganzen Erde! (E)

Staunen über Gott

»Wenn ich sehe die Himmel...« Hier haben wir es mit einem beschreibenden Lobpsalm angesichts der Schöpfung zu tun. Es ist staunendes Nachsinnen, das den Beter ausrufen läßt: »Wie herrlich ist dein Name!« Mir wird dabei bewußt, daß unser alltägliches Beten vor allem Bitte und Fürbitte enthält, manchmal noch Dank. Eine solche Anbetung Gottes, in die uns der Psalm 8 mitnimmt, könnte unser Gebetsleben erweitern und vertiefen.

Der Psalmist wird darin zu einem Nachdenken über das Wunder des Geschöpfes Mensch geführt. Der große Gott kümmert sich um den kleinen Menschen – bis hin zum schreienden Säugling, der damit seine Lebenskraft beweist. Auch in ihm verherrlicht sich Gott und »richtet eine Macht auf«. Noch das Weinen eines Kindes könnte einen Gottesleugner zum Schweigen bringen. Erst recht kann ein Aufblikken zum Himmel, zur Sonne, zum Mond und zu den Sternen in eine Haltung der Anbetung führen, heute wie vor 2500 Jahren, als der Beter diese nachdenklichen Worte formulierte. Können wir noch ehrfürchtig über unseren Schöpfer staunen? Könnten wir das in eigene Worte fassen? Ihn, Gott, bewundern, daß er als Herr über das Universum auch des kleinen Menschen gedenkt und sich um ihn kümmert? Und nicht nur dies, so fährt Vers 6 fort, dieser Schöpfergott hat dem Menschen sogar noch große Möglichkeiten gegeben, nämlich an seiner Verantwortung für die anderen Lebewesen und die Umwelt teilzuhaben. Das erinnert an den ursprünglichen Schöpfungsauftrag, der in unserer Generation so bedrängend aktuell geworden ist.

Der letzte Vers kehrt noch einmal zum Anfang zurück. Noch einmal wird deutlich, daß das Nachdenken über den Menschen aus dem Gotteslob kommt. Lassen wir heute und durch das ganze Jahr Raum zur Anbetung. Dann wird es auch um die Ehrfurcht vor der bedrohten Würde des Menschen und um unsere Sorge für die Schöpfung gut bestellt sein.

HANS HÄSELBARTH

Die Weite des Himmels weitet mein Herz, um dich zu loben, großer Gott. Die Größe des Alls macht groß mein Denken, um dich zu preisen, großer Gott. Die Tiefe der Welt macht tief meinen Geist, um dich zu besingen, großer Gott.

9 [Ein Psalm Davids, vorzusingen, nach
der Weise »Schöne Jugend«.] 2 Ich
danke dem Herrn von ganzem Herzen /
und erzähle alle deine Wunder. 3 Ich freue
mich und bin fröhlich in dir / und lobe dei-
nen Namen, du Allerhöchster, 4 daß
meine Feinde zurückweichen mußten; /
sie sind gestürzt und umgekommen vor
dir. 5 Denn du führst mein Recht und
meine Sache, / du sitzest auf dem Thron,
ein rechter Richter. 6 Du schiltst die Hei-
den und bringst die Gottlosen um; / ihren
Namen vertilgst du auf immer und ewig.
7 Der Feind ist vernichtet, zertrümmert
für immer, / die Städte hast du zerstört;
jedes Gedenken an sie ist vergangen.
8 Der Herr aber bleibt ewiglich; / er hat
seinen Thron bereitet zum Gericht, 9 er
wird den Erdkreis richten mit Gerechtig-
keit / und die Völker regieren, wie es
recht ist. 10 Der Herr ist des Armen
Schutz, / ein Schutz in Zeiten der Not.
11 Darum hoffen auf dich, die deinen Na-
men kennen; / denn du verlässest nicht,
die dich, Herr, suchen. 12 Lobet den
Herrn, der zu Zion wohnt; / verkündigt
unter den Völkern sein Tun! 13 Denn der
nach Blutschuld fragt, gedenkt der Elen-
den / und vergißt nicht ihr Schreien.
14 Herr, sei mir gnädig; sieh an mein Elend
unter meinen Feinden, / der du mich er-
hebst aus den Toren des Todes, 15 daß ich
erzähle all deinen Ruhm, / in den Toren
der Tochter Zion fröhlich sei über deine
Hilfe. 16 Die Heiden sind versunken in der
Grube, die sie gegraben, / ihr Fuß ist ge-
fangen im Netz, das sie gestellt hatten.
17 Der Herr hat sich kundgetan und Ge-
richt gehalten. / Der Gottlose ist ver-
strickt in dem Werk seiner Hände. [Zwi-
schenspiel. Sela] 18 Die Gottlosen sollen
zu den Toten fahren, / alle Heiden, die
Gott vergessen! 19 Denn er wird den Ar-
men nicht für immer vergessen; / die
Hoffnung der Elenden wird nicht ewig
verloren sein. 20 Herr, steh auf, daß nicht
Menschen die Oberhand gewinnen; / laß
alle Heiden vor dir gerichtet werden!
21 Lege, Herr, einen Schrecken auf sie, /
daß die Heiden erkennen, daß sie Men-
schen sind. [Sela] (L)

9 [Für den Chormeister. Nach der
Weise »Stirb für den Sohn!« Ein
Psalm Davids.] 2 Ich will dir danken, Herr,
aus ganzem Herzen, / verkünden will ich
all deine Wunder. 3 Ich will jauchzen und
an dir mich freuen, / für dich, du
Höchster, will ich singen und spielen.
4 Denn zurückgewichen sind meine
Feinde, / gestürzt und vergangen vor dei-
nem Angesicht. 5 Du hast mir Recht ver-
schafft und für mich entschieden, / dich
auf den Thron gesetzt als ein gerechter
Richter. 6 Du hast die Völker bedroht, die
Frevler vernichtet, / ihren Namen ge-
löscht für immer und ewig. 7 Die Feinde
sind dahin, zerschlagen für immer. / Du
hast Städte entvölkert, ihr Ruhm ist ver-
sunken. 8 Der Herr aber thront für ewig; /
er stellt seinen Thron auf zum Gericht.
9 Er richtet den Erdkreis gerecht, / er
spricht den Völkern das Urteil, das sie
verdienen. 10 So wird der Herr für den Be-
drückten zur Burg, / zur Burg in Zeiten
der Not. 11 Darum vertraut dir, wer deinen
Namen kennt; / denn du, Herr, verläßt
keinen, der dich sucht. 12 Singt dem
Herrn, der thront auf dem Zion, / verkün-
det unter den Völkern seine Taten!
13 Denn er, der jede Blutschuld rächt,
denkt an die Armen, / und ihren Not-
schrei vergißt er nicht. 14 Sei mir gnädig in
meiner Not; / Herr, sieh doch, wie sie
mich hassen! Führ mich herauf von den
Pforten des Todes, / 15 damit ich all deinen
Ruhm verkünde in den Toren von Zion /
und frohlocke, weil du mir hilfst. 16 Völker
versanken in der Grube, die sie selber ge-
graben; / im Netz, das sie heimlich gelegt,
hat ihr Fuß sich verfangen. 17 Kundgetan
hat sich der Herr: Er hielt sein Gericht; /
im eigenen Werk hat sich der Frevler ver-
strickt. [Zwischenspiel. Sela] 18 Hinabfah-
ren müssen die Frevler zum Totenreich, /
alle Heiden, die Gott vergessen. 19 Doch
der Arme ist nicht auf ewig vergessen, /
des Elenden Hoffnung ist nicht für immer
verloren. 20 Erheb dich, Herr, damit nicht
der Mensch triumphiert, / damit die Völ-
ker gerichtet werden vor deinem Ange-
sicht. 21 Wirf Schrecken auf sie, o Herr! /
Erkennen sollen die Völker: Sie sind nur
Menschen. [Sela] (E)

Du, Gott der Armen

Nur wer einmal so in echter Bedrängnis war und durchkam, der kann nachfühlen, wie dem Beter hier zumute ist. Welch ein Aufatmen, mit dem er sich seinem Retter zuwendet: »Ich danke dem Herrn von ganzem Herzen...« Das ist ein Wunder, das er nicht für sich behalten kann. Er muß in seiner Freude davon öffentlich reden. So etwas kann man nicht allein, stumm und innerlich verarbeiten.

Dem Psalmbeter war es um sein Recht gegenüber persönlichen Feinden gegangen: »Herr, steh auf, daß nicht Menschen die Oberhand gewinnen.« Nun sind sie gestürzt und vernichtet. Ist da Schadenfreude? Nur wer selbst einmal in völliger Rechtlosigkeit gewesen ist, könnte hier urteilen. Der Beter hofft jedenfalls, daß auch seine Feinde verstehen: Willkür, Unrecht und Unterdrückung zahlen sich letztlich nicht aus – eben, weil Gott im Regiment ist. Auch wenn es oft nach dem Gegenteil aussieht, so ist doch der Herr der Schutz des Armen. »Du verläßt nicht, die dich, Herr, suchen.« Es waltet kein blindes Schicksal, und nicht die stärkeren Bataillone behalten für immer das Feld, sondern »es wird regiert« (Karl Barth). Daß der Herr auf seiten der Bedrängten war und in Zeiten der Willkürherrschaft über ihrem Recht gewacht hat, das ist für den Beter Grund höchster Freude, die es »in Zion« zu rühmen gilt. Wir in unserem Land leben derzeit nicht so rechtlos wie frühere Generationen. Aber selbstverständlich ist das nicht. Das zeigt uns auch ein Blick auf die heutigen Krisengebiete der Erde. Wie gut, dort und bei uns diesem Gott der Armen vertrauen zu dürfen und ihn auf seiner Seite zu wissen!

HANS HÄSELBARTH

Ja, du verläßt nicht, die dich, Herr, suchen. Auch ich habe das erfahren. Stärke mich immer wieder in diesem Vertrauen. Du allein bist erste und letzte Hilfe in Verzagtheit und Bedrängnis!

10 Herr, warum stehst du so ferne, /
verbirgst dich zur Zeit der Not?
2 Weil der Gottlose Übermut treibt, müs-
sen die Elenden leiden; / sie werden ge-
fangen in den Ränken, die er ersann.
3 Denn der Gottlose rühmt sich seines
Mutwillens, / und der Habgierige sagt
dem Herrn ab und lästert ihn. 4 Der Gott-
lose meint in seinem Stolz, Gott frage
nicht danach. / »Es ist kein Gott« sind alle
seine Gedanken. 5 Er fährt fort in seinem
Tun immerdar. Deine Gerichte sind ferne
von ihm, / er handelt gewaltsam an allen
seinen Feinden. 6 Er spricht in seinem
Herzen: »Ich werde nimmermehr wan-
ken, / es wird für und für keine Not ha-
ben.« 7 Sein Mund ist voll Fluchens, voll
Lug und Trug; / seine Zunge richtet Müh-
sal und Unheil an. 8 Er sitzt und lauert in
den Höfen, er mordet die Unschuldigen
heimlich, / seine Augen spähen nach den
Armen. 9 Er lauert im Verborgenen wie
ein Löwe im Dickicht, er lauert, daß er
den Elenden fange; / er fängt ihn und
zieht ihn in sein Netz. 10 Er duckt sich,
kauert nieder, / und durch seine Gewalt
fallen die Unglücklichen. 11 Er spricht in
seinem Herzen: »Gott hat's vergessen, /
er hat sein Antlitz verborgen, er wird's
nimmermehr sehen.« 12 Steh auf, Herr!
Gott, erhebe deine Hand! / Vergiß die
Elenden nicht! 13 Warum soll der Gottlose
Gott lästern / und in seinem Herzen spre-
chen: »Du fragst doch nicht danach?«
14 Du siehst es doch, denn du schaust das
Elend und den Jammer; / es steht in dei-
nen Händen. Die Armen befehlen es
dir; / du bist der Waisen Helfer. 15 Zer-
brich den Arm des Gottlosen und Bösen
und suche seine Bosheit heim, / daß man
nichts mehr davon finde. 16 Der Herr ist
König immer und ewig; / die Heiden sol-
len aus seinem Lande verschwinden.
17 Das Verlangen der Elenden hörst du,
Herr; / du machst ihr Herz gewiß, dein
Ohr merkt darauf, 18 daß du Recht schaf-
fest den Waisen und Armen, / daß der
Mensch nicht mehr trotze auf Erden. (L)

10 Herr, warum bleibst du so fern, /
verbirgst dich in Zeiten der Not?
2 In seinem Hochmut quält der Frevler die
Armen. / Er soll sich fangen in den Rän-
ken, die er selbst ersonnen hat. 3 Denn der
Frevler rühmt sich nach Herzenslust, / er
raubt, er lästert und verachtet den Herrn.
4 Überheblich sagt der Frevler: / »Gott
straft nicht. Es gibt keinen Gott.« / So ist
sein ganzes Denken. 5 Zu jeder Zeit glückt
ihm sein Tun. / Hoch droben und fern von
sich wähnt er deine Gerichte. 6 Er sagt in
seinem Herzen: »Ich werde niemals wan-
ken. / Von Geschlecht zu Geschlecht trifft
mich kein Unglück.« 7 Sein Mund ist voll
Fluch und Trug und Gewalttat; / auf sei-
ner Zunge sind Verderben und Unheil.
8 Er liegt auf der Lauer in den Gehöften /
und will den Schuldlosen heimlich ermor-
den; / seine Augen spähen aus nach dem
Armen. 9 Er lauert im Versteck wie ein
Löwe im Dickicht, / lauert darauf, den
Armen zu fangen; / er fängt den Armen
und zieht ihn in sein Netz. 10 Er duckt sich
und kauert sich nieder, / seine Übermacht
bringt die Schwachen zu Fall. 11 Er sagt in
seinem Herzen: »Gott vergißt es, / er ver-
birgt sein Gesicht, er sieht es niemals.«
12 Herr, steh auf, Gott, erheb deine
Hand, / vergiß die Gebeugten nicht!
13 Warum darf der Frevler Gott verach-
ten, / und in seinem Herzen sagen: »Du
strafst nicht«? 14 Du siehst es ja selbst; /
denn du schaust auf Unheil und Kummer.
Der Schwache vertraut sich dir an; / du
bist den Verwaisten ein Helfer. 15 Zer-
brich den Arm des Frevlers und des Bö-
sen, / bestraf seine Frevel, / so daß man
von ihm nichts mehr findet. 16 Der Herr ist
König für immer und ewig, / in seinem
Land gehen die Heiden zugrunde. 17 Herr,
du hast die Sehnsucht der Armen ge-
stillt, / du stärkst ihr Herz, du hörst auf
sie: 18 Du verschaffst den Verwaisten und
Bedrückten ihr Recht. / Kein Mensch
mehr verbreite Schrecken im Land. (E)

Warten auf Gott

Es braucht nicht viel Überredungskunst, um diesen Bibeltext für unsere Zeit lebendig zu machen. Überdeutlich steht das Bild des Gewalttätigen vor unseren Augen. Die Schilderung des Psalmsängers ist so wirklichkeitsnah, daß es uns den Atem nimmt. Die Heimlichkeit und Tücke, mit der der »Gottlose« zu Werke geht, nach außen hin selbstherrlich und protzig sich zur Schau stellend, die Mißachtung menschlichen Lebens, die ihn über Leichen gehen läßt – das gibt es heute genauso wie damals. Nur die technischen Möglichkeiten der Zerstörung sind heute wirkungsvoller und in ihrem Ausmaß beängstigend.

Und Gott sieht zu und greift nicht ein. Das war die Anfechtung damals und das ist sie heute. »Warum stehst du so ferne, verbirgst dich zur Zeit der Not?« Das große Warum liegt über dem Leiden der Geängstigten und Gequälten. Warum werden Menschen verfolgt und gefoltert? Warum müssen Unschuldige ihr Leben lassen? Und Kinder verhungern?

Die Antwort, die mit den Worten des Psalms zu uns herüberkommt, ist eine glaubensvolle: Wenn man es auch nicht sehen kann, so ist doch Gott der Herr dieser Welt. Und dieser Gott ist ein Helfer der Armen, der Hilflosen und Waisen. Er steht für die ein, die für die Gewalttätigen dieser Erde Freiwild sind. Er vergißt nicht. Der Glaube des Psalmsängers ist so weit gespannt, daß er den Anbruch der Gottesherrschaft bereits wahrnimmt. Gott ist König für immer und ewig, »daß nicht ferner Gewalt übt ein Mensch von der Erde« (V. 18 wörtlich). Was für eine tröstliche Erwartung!

Ist unser Glaube auch so sicher und zukunftsträchtig, oder steht unser »Warum« fassungslos und klagend ohne Antwort im Raum? Von Konfuzius stammt ein schlichter Spruch: »Es ist besser, das winzigste Lämpchen zu entzünden, als sich über Dunkelheit zu beklagen.« Hungernde Menschen strecken ihre Hände aus nach einem Stück Brot. Die Armen flehen um Hilfe gegen die Habgierigen. Die Waisen sehnen sich nach Geborgenheit. Tiere verlieren ihren Lebensraum und sind menschlicher Willkür ausgesetzt. Der »Weckruf« des Psalmsängers – könnte er sich nicht an uns richten? »Steh auf! Sieh das Elend und den Jammer! Und hilf!« ELISABETH HÖRETH

Herr, gib uns Mut zum Glauben an dich, den einen Herrn. Wir danken dir, denn du bist uns nicht fern.

11 [Von David, vorzusingen.] Ich
traue auf den Herrn. Wie sagt ihr
denn zu mir: / »Flieh wie ein Vogel auf die
Berge! 2 Denn siehe, die Gottlosen span-
nen den Bogen und legen ihre Pfeile auf
die Sehnen, / damit heimlich zu schießen
auf die Frommen. 3 Ja, sie reißen die
Grundfesten um; / was kann da der Ge-
rechte ausrichten?« 4 Der Herr ist in sei-
nem heiligen Tempel, / des Herrn Thron
ist im Himmel. Seine Augen sehen
herab, / seine Blicke prüfen die Men-
schenkinder. 5 Der Herr prüft den Ge-
rechten und den Gottlosen; / wer Unrecht
liebt, den haßt seine Seele. 6 Er wird reg-
nen lassen über die Gottlosen Feuer und
Schwefel / und Glutwind ihnen zum
Lohne geben. 7 Denn der Herr ist gerecht
und hat Gerechtigkeit lieb. / Die From-
men werden schauen sein Angesicht. (L)

11 [Für den Chormeister. Von Da-
vid.] Beim Herrn finde ich Zu-
flucht. / Wie könnt ihr mir sagen: »In die
Berge flieh wie ein Vogel«? 2 Schon span-
nen die Frevler den Bogen, / sie legen den
Pfeil auf die Sehne, um aus dem Dunkel
zu treffen / die Menschen mit redlichem
Herzen. 3 Gerät alles ins Wanken, / was
kann da der Gerechte noch tun? 4 Der
Herr weilt in seinem heiligen Tempel, /
der Thron des Herrn ist im Himmel. Seine
Augen schauen herab, / seine Blicke prü-
fen die Menschen. 5 Der Herr prüft Ge-
rechte und Frevler; / wer Gewalttat liebt,
den haßt er aus tiefster Seele. 6 Auf die
Frevler lasse er Feuer und Schwefel reg-
nen; / sengender Wind sei ihr Anteil.
7 Denn der Herr ist gerecht, er liebt ge-
rechte Taten; / wer rechtschaffen ist, darf
sein Angesicht schauen. (E)

Vertrauen

Freunde, Helfer, Bekannte und Verwandte raten zum Verzicht, zum Aufgeben, zur Flucht. Die Bedrängnis und die Gefahr seien zu groß. Wegen der Unkalkulierbarkeit der Folgen sei es wichtiger, wenigstens das Leben in Sicherheit zu bringen. Die Aussichtslosigkeit der eigenen Lage wird noch herausgehoben: Waffen und Munition der Feinde wirkten übermächtig, nichts könne ihnen standhalten. Selbst Gott, der Gerechte, müsse vor soviel Gewaltpotential und -fähigkeit kapitulieren. Ungerechtigkeit und Übermacht des Systems könnten schlicht nicht überwunden werden.

Die Situationsschilderung wirkt bekannt. In diesem Jahrhundert gab und gibt es Zeitspannen des Totalitarismus, die Jahrzehnte dauerten und dauern. Menschen und Staaten werden geknechtet. Andersdenkende, Andersglaubende und Andersrassige werden bedroht, verfolgt, geschlagen und umgebracht. Flucht ist die letzte Chance, um mit dem Leben davonzukommen. Gerechtigkeit ist von Willkür abgelöst worden, und das Gottvertrauen verblaßt, weil Gottes gerechtes Handeln nicht mehr erkennbar ist. Die Kirchen werden geschlossen – oder sie passen sich an.

Manchmal reichen weitaus weniger gefahrvolle Bedrängnisse, um zur Aufgabe herauszufordern. Auch persönliche Schicksalsschläge können zu innerer Emigration führen. Flucht in Sucht oder in Abkapselung sind solche Belege für Ausweglosigkeit und Zweifel an Gottes Gerechtigkeit.

Ebenso übertragbar wie dieser Aufruf zur Flucht sind die Antwort und der Hinweis des Beters: »Denn der Herr ist gerecht und hat Gerechtigkeit lieb. Die Frommen werden schauen sein Angesicht.«

Der Außenstehende hat es leicht, bei Not und Gefahr Ausharren und Hoffnung zu predigen. Mahnung zur Geduld während mehrjähriger Unterdrückung wirkt hilflos. Aber wie tröstlich ist es, wenn der Bedrohte selbst sagt: »Ich traue auf den Herrn.« Davon könnten wir lernen – in großer und in kleiner Not! FRANZ H. U. BORKENHAGEN

Gott verletzt und verbindet; er zerschlägt, und seine Hand heilt.

12 [Ein Psalm Davids, vorzusingen, auf acht Saiten.] 2 Hilf, Herr! Die Heiligen haben abgenommen, / und gläubig sind wenige unter den Menschenkindern. 3 Einer redet mit dem andern Lug und Trug, / sie heucheln und reden aus zwiespältigem Herzen. 4 Der Herr wolle ausrotten alle Heuchelei / und die Zunge, die hoffärtig redet, 5 die da sagen: »Durch unsere Zunge sind wir mächtig, / uns gebührt zu reden! Wer ist unser Herr?« 6 »Weil die Elenden Gewalt leiden / und die Armen seufzen, will ich jetzt aufstehen«, spricht der Herr, / »ich will Hilfe schaffen dem, der sich danach sehnt.« 7 Die Worte des Herrn sind lauter wie Silber, / im Tiegel geschmolzen, geläutert siebenmal. 8 Du, Herr, wollest sie bewahren / und uns behüten vor diesem Geschlecht ewiglich! 9 Denn Gottlose gehen allenthalben einher, / weil Gemeinheit herrscht unter den Menschenkindern. (L)

12 [Für den Chormeister. Nach der Achten. Ein Psalm Davids.] 2 Hilf doch, o Herr, die Frommen schwinden dahin, / unter den Menschen gibt es keine Treue mehr. 3 Sie lügen einander an, einer den andern, / mit falscher Zunge und zwiespältigem Herzen reden sie. 4 Der Herr vertilge alle falschen Zungen, / jede Zunge, die vermessen redet. 5 Sie sagen: »Durch unsre Zunge sind wir mächtig; / unsre Lippen sind unsre Stärke. Wer ist uns überlegen?« 6 Die Schwachen werden unterdrückt, die Armen seufzen. / Darum spricht der Herr: »Jetzt stehe ich auf, / dem Verachteten bringe ich Heil.« 7 Die Worte des Herrn sind lautere Worte, / Silber, geschmolzen im Ofen, / von Schlacken geschieden, geläutert siebenfach. 8 Du, Herr, wirst uns behüten / und uns vor diesen Leuten für immer erretten, 9 auch wenn die Frevler frei umhergehen / und unter den Menschen die Gemeinheit groß wird. (E)

Gott schafft Hilfe

Der Beginn dieses Psalms liest sich wie eine Beschreibung unserer Zeit: »Hilf, Herr! Die Heiligen haben abgenommen, und gläubig sind wenige unter den Menschenkindern.« Noch drastischer drückt es Martin Luther in seinem Lied »Ach Gott, vom Himmel sieh darein« aus, dessen Strophen vor dem Hintergrund von Psalm 12 entstanden sind: »Dein Wort man läßt nicht haben wahr, der Glaub ist auch verloschen gar bei allen Menschenkindern.«

Wie es scheint, hat der christliche Glaube seine Prägekraft für das öffentliche Leben verloren. Und die innere Substanz? Das Lesen in der Bibel schwindet, auch das Wissen um die Grundlagen unseres Glaubens. Solchermaßen sprachlos geworden, ist es kein Wunder, wenn andere Mächte die Oberhand gewinnen und eigen-mächtig handeln. Der Gipfel der Hoffärtigkeit ist erreicht, wenn sie sagen: »Durch unsere Zunge sind wir mächtig, uns gebührt zu reden! Wer ist unser Herr?«

Der Gott der Christen läßt sich von diesem Spott nicht beeindrukken. Auf sein Wort ist Verlaß, dies bezeugt die Bibel. »Ich will Hilfe schaffen dem, der sich danach sehnt.« Unter dieser Verheißung steht alles Bitten und Flehen zu Gott, das aus dem Leiden unter dem Bösen und dem oft ohnmächtigen Zuschauen-Müssen den Weg an sein Ohr findet. Darauf ist Verlaß. UDO HAHN

Herr, erbarme dich der Leidenden und Elenden. Schaffe du Recht und bewahre die Deinen vor dem Bösen.

13 [Ein Psalm Davids, vorzusingen.]
2 Herr, wie lange willst du mich so
ganz vergessen? / Wie lange verbirgst du
dein Antlitz vor mir? 3 Wie lange soll ich
sorgen in meiner Seele und mich ängsten
in meinem Herzen täglich? / Wie lange
soll sich mein Feind über mich erheben?
4 Schaue doch und erhöre mich, Herr,
mein Gott! / Erleuchte meine Augen, daß
ich nicht im Tode entschlafe, 5 daß nicht
mein Feind sich rühme, er sei meiner
mächtig geworden, / und meine Widersa-
cher sich freuen, daß ich wanke. 6 Ich aber
traue darauf, daß du so gnädig bist; mein
Herz freut sich, daß du so gerne hilfst. /
Ich will dem Herrn singen, daß er so wohl
an mir tut. (L)

13 [Für den Chormeister. Ein Psalm
Davids.] 2 Wie lange noch, Herr,
vergißt du mich ganz? / Wie lange noch
verbirgst du dein Gesicht vor mir? 3 Wie
lange noch muß ich Schmerzen ertragen in
meiner Seele, / in meinem Herzen Kum-
mer Tag für Tag? / Wie lange noch darf
mein Feind über mich triumphieren?
4 Blick doch her, erhöre mich, Herr, mein
Gott, / erleuchte meine Augen, damit ich
nicht entschlafe und sterbe, 5 damit mein
Feind nicht sagen kann: / »Ich habe ihn
überwältigt«, damit meine Gegner nicht
jubeln, / weil ich ihnen erlegen bin. 6 Ich
aber baue auf deine Huld, / mein Herz
soll über deine Hilfe frohlocken. Singen
will ich dem Herrn, / weil er mir Gutes ge-
tan hat. (E)

Die Not der Gottverlassenheit

»Wie lange noch?« Viermal wiederholt der Beter von Psalm 13 seine verzweifelte Frage: »Wie lange noch, Herr?« Mit großer Eindringlichkeit fragt und klagt er, und zwar am Abgrund des Todes. Seine Augen sind matt geworden, seine Lebenskraft ist nahezu erloschen. Seine schlimmste Not aber ist die Gottverlassenheit. Die eigentliche Qual besteht darin, daß der Herr ihn offenbar vergessen und sein Gesicht vor ihm verborgen hat, »daß seine Hoffnung auf Gott zu scheitern und sein Glaube nicht recht zu bekommen scheint« (H. Gunkel).

Aus einer nicht mehr erträglichen Gottferne streckt dieser Mensch mit letzter Kraft seine Hände aus nach dem verborgenen Gott. Er betet sich gleichsam an ihn heran und bittet inständig: »Blick doch her, erhöre mich, Herr, mein Gott, erleuchte meine Augen, damit ich nicht entschlafe und sterbe« (V. 4). Es darf doch nicht sein, daß der Feind triumphiert und die gottwidrigen Mächte siegen. Der Beter appelliert an die Ehre und Macht des Bundesgottes. Und siehe da, er bekommt wieder Boden unter die Füße. Er gewinnt neues Vertrauen.

Nach Klage und Bitte bekennt er: »Ich aber baue auf deine Huld« (V. 6). Die Gewißheit der Rettung kommt über ihn. Und schon singt er das Danklied des Erhörten, den Toda-Hymnus, der lobend auf das rettende Eingreifen Gottes zurückblickt und dankend berichtet, daß dem Leidenden Gutes getan wurde. Wie dies geschah, wird nicht berichtet. Das Wichtigste ist: Die lebendige Gemeinschaft mit Gott ist dem Beter von neuem zuteil geworden. Das genügt.

Die Anfangsfrage »Wie lange noch?« ist damit nicht erledigt. Gläubige aller Zeiten werden sie stellen. So wie die biblischen Menschen werden auch wir sie in Bedrängnis und Not an Gott richten und unsere Anfechtung ins Wort bringen. Dabei kann es geschehen, daß auch wir seiner Bundeshuld neu vertrauen und Rettung erfahren.

HUBERT BOUR

Er ist mein Gott, der in der Not mich wohl weiß zu erhalten; drum laß ich ihn nur walten.

14 [Von David, vorzusingen.] Die Toren sprechen in ihrem Herzen: / »Es ist kein Gott.« Sie taugen nichts; ihr Treiben ist ein Greuel; / da ist keiner, der Gutes tut. 2 Der Herr schaut vom Himmel auf die Menschenkinder, / daß er sehe, ob jemand klug sei und nach Gott frage. 3 Aber sie sind alle abgewichen und allesamt verdorben; / da ist keiner, der Gutes tut, auch nicht einer. 4 Will denn das keiner der Übeltäter begreifen, die mein Volk fressen, daß sie sich nähren, / aber den Herrn rufen sie nicht an? 5 Da erschrecken sie sehr; / denn Gott ist bei dem Geschlecht der Gerechten. 6 Euer Anschlag wider den Armen wird zuschanden werden; / denn der Herr ist seine Zuversicht. 7 Ach daß die Hilfe aus Zion über Israel käme und der Herr sein gefangenes Volk erlöste! / So würde Jakob fröhlich sein und Israel sich freuen. (L)

14 [Für den Chormeister. Von David.] Die Toren sagen in ihrem Herzen: / »Es gibt keinen Gott.« Sie handeln verwerflich und schnöde; / da ist keiner, der Gutes tut. 2 Der Herr blickt vom Himmel herab auf die Menschen, / ob noch ein Verständiger da ist, der Gott sucht. 3 Alle sind sie abtrünnig und verdorben, / keiner tut Gutes, auch nicht ein einziger. 4 Haben denn all die Übeltäter keine Einsicht? / Sie verschlingen mein Volk. Sie essen das Brot des Herrn, / doch seinen Namen rufen sie nicht an. 5 Es trifft sie Furcht und Schrecken; / denn Gott steht auf der Seite der Gerechten. 6 Die Pläne der Armen wollt ihr vereiteln, / doch ihre Zuflucht ist der Herr. 7 Ach, käme doch vom Zion Hilfe für Israel! / Wenn einst der Herr das Geschick seines Volkes wendet, / dann jubelt Jakob, dann freut sich Israel. (E)

Torheit

Nur zu bekannt ist die Aussage: »Es ist kein Gott.« Entweder stammt sie von Menschen, die das Leben ohne Gott für lebensecht halten, oder es stammt von Menschen, die das Leben nicht mehr für lebenswert halten, weil sie sich von Gott verlassen fühlen. Sind sie in so großer Überzahl, daß da wirklich keiner ist, der Gutes tut, »auch nicht einer«? Haben die Toren überhand genommen?

Es will so scheinen, wenn man sich selbstgerecht umsieht und seine Umwelt und Mitmenschen beurteilt. Politik und Gesellschaft wirken oft so, als könnten sie ohne Gebote wirken und leben. Andererseits können wir auch hören, was denn Gerechtigkeit und Treue zu Gott einbrächten? Unbill sei allenfalls zu ernten, und reich würde man davon auch nicht. Die Einträglichkeit der Gotteszuversicht sei nicht zu erkennen.

Sind wirklich alle Menschen so? Gibt es gar keine Alternative? Was bleibt eigentlich, wenn die Selbstbezogenheit einmal abgelegt wird, und über welche Schätze verfügen wir, wenn wir sie nicht nach Geld und Gold messen können? Erkennbar können dann andere Maßstäbe werden: Liebe, Gerechtigkeit, Treue, Trost und Hilfe. Die Freude der Menschen, die über diesen Reichtum verfügen, verblüfft allenthalben. Zugleich lädt sie ein, ihr nachzueifern, mitzuwirken. Die Freude wirkt überdies anspornend zu erfahren, was hinter diesem Lebenswandel steckt. »Da erschrecken sie sehr; denn Gott ist bei dem Geschlecht der Gerechten.«

Aus dem Erschrecken kann Erkennen, Begreifen, kann Mitarbeit werden. Die Freude über diesen Wandel wird um so größer, je bewußter wird, daß das Angebot zur Umkehr ständig besteht. Aus dem »Es ist kein Gott« kann werden: »Mein Herz freut sich, daß du so gerne hilfst. Ich will dem Herrn singen, daß er so wohl an mir tut« (Ps 13,6). Um zu dieser Erkenntnis zu kommen, um zurück zu Gott zu finden, hat er uns seinen Sohn geschickt.

FRANZ H. U. BORKENHAGEN

Die dem Herrn vertrauen, schöpfen neue Kraft.

15 [Ein Psalm Davids.] Herr, wer darf
weilen in deinem Zelt? / Wer darf
wohnen auf deinem heiligen Berge? 2 Wer
untadelig lebt und tut, was recht ist, / und
die Wahrheit redet von Herzen, 3 wer mit
seiner Zunge nicht verleumdet, wer sei-
nem Nächsten nichts Arges tut / und sei-
nen Nachbarn nicht schmäht; 4 wer die
Verworfenen für nichts achtet, aber ehrt
die Gottesfürchtigen; / wer seinen Eid
hält, auch wenn es ihm schadet; 5 wer sein
Geld nicht auf Zinsen gibt und nimmt
nicht Geschenke wider den Unschuldi-
gen. Wer das tut, wird nimmermehr wan-
ken. (L)

15 [Ein Psalm Davids.] Herr, wer darf
Gast sein in deinem Zelt, / wer
darf weilen auf deinem heiligen Berg?
2 Der makellos lebt und das Rechte tut; /
der von Herzen die Wahrheit sagt / 3 und
mit seiner Zunge nicht verleumdet; der
seinem Freund nichts Böses antut / und
seinen Nächsten nicht schmäht; 4 der den
Verworfenen verachtet, / doch alle, die
den Herrn fürchten, in Ehren hält; der
sein Versprechen nicht ändert, / das er
seinem Nächsten geschworen hat; 5 der
sein Geld nicht auf Wucher ausleiht / und
nicht zum Nachteil des Schuldlosen Beste-
chung annimmt. Wer sich danach rich-
tet, / der wird niemals wanken. (E)

Heils-Rezept?

Unser heutiger Psalm wurde von David geschrieben, als er die Stiftshütte von Sinai auf den Zion brachte. Usa, einer seiner Begleiter, will die Lade halten, als die Zugtiere des Wagens ausgleiten. Diese Berührung des Heiligtums bestraft Gott mit dem Tod Usas (vgl. 2. Samuel 6). So entsetzt, wie David war, müssen wir heute eigentlich auch noch sein über dieses Handeln Gottes – ich bin es jedenfalls. Und wohl vor diesem Hintergrund ist der Psalm entstanden, der ja fragt: Wer darf weilen in deinem Zelt, wobei Zelt ja wohl so zu verstehen ist wie »von Gott angenommen sein«, »in seiner Obhut sein« oder auch »behütet sein«.

Und es werden dann in rascher Folge all' die Eigenschaften aufgezählt, nach deren Erfüllung wir streben sollten – wer dies alles hält, ist schon gar kein Mensch mehr, sondern ein kleiner »Herrgott«. Denn selbst dann, wenn wir uns ernsthaft um solches Denken und Handeln bemühen – und wie oft wollen wir das dann ganz bewußt nicht?! –, stoßen wir doch immer wieder an unsere Grenzen, wenn wir schuldig werden durch verletzende Worte und im Streit Dinge sagen, die beim anderen kaum mehr zu schließende Wunden reißen.

Deshalb muß für mich neben dem Streben nach diesen Eigenschaften ganz notwendig eine weitere Dimension hinzukommen, die seit dem Neuen Testament eine große, um nicht zu sagen die entscheidende Hilfe ist: die Vergebung Gottes nämlich. Wie anders könnten wir weiterleben, wenn nicht diese Vergebung Teil unserer Wirklichkeit wäre. Niemand, der diese Vergebung richtig begriffen hat – als Geschenk und Angebot nämlich –, wird daraus einen Freibrief für schuldhaft-sündiges Handeln ableiten können. Natürlich sollen wir um Wahrhaftigkeit usw. bemüht sein.

Aber wir wissen um die Vergebung und erhalten durch sie auch eine weitere Verpflichtung – die des eigenen Vergebens nämlich, was ja auch oft genug nicht einfach ist. So schließt sich der Kreis wieder, der mit unserem Versuch, nicht schuldig zu werden, beginnt, der weitergeht mit dem häufigen Scheitern daran und der mit der Vergebung Gottes und unserer eigenen Vergebung dem Nächsten gegenüber noch lange nicht zu Ende ist. CHRISTOPH HENSEL

Herr, gib uns Geduld miteinander und Raum für Vergebung, wenn wir es wieder einmal nicht geschafft haben, so »gut« zu leben, wie es vorgesehen ist von dir.

16 [Ein güldenes Kleinod Davids.]
Bewahre mich, Gott; denn ich
traue auf dich. 2 Ich habe gesagt zu dem
Herrn: Du bist ja der Herr! / Ich weiß von
keinem Gut außer dir. 3 An den Heiligen,
die auf Erden sind, / an den Herrlichen
hab ich all mein Gefallen. 4 Aber jene, die
einem andern nachlaufen, / werden viel
Herzeleid haben. Ich will das Blut ihrer
Trankopfer nicht opfern / noch ihren Na-
men in meinem Munde führen. 5 Der Herr
ist mein Gut und mein Teil; / du erhältst
mir mein Erbteil. 6 Das Los ist mir gefallen
auf liebliches Land; / mir ist ein schönes
Erbteil geworden. 7 Ich lobe den Herrn,
der mich beraten hat; / auch mahnt mich
mein Herz des Nachts. 8 Ich habe den
Herrn allezeit vor Augen; / steht er mir
zur Rechten, so werde ich fest bleiben.
9 Darum freut sich mein Herz, und meine
Seele ist fröhlich; / auch mein Leib wird
sicher liegen. 10 Denn du wirst mich nicht
dem Tode überlassen / und nicht zuge-
ben, daß dein Heiliger die Grube sehe.
11 Du tust mir kund den Weg zum Leben: /
Vor dir ist Freude die Fülle und Wonne zu
deiner Rechten ewiglich. (L)

16 [Ein Lied Davids.] Behüte mich,
Gott, denn ich vertraue dir. / 2 Ich
sage zum Herrn: »Du bist mein Herr; /
mein ganzes Glück bist du allein.« 3 An
den Heiligen im Lande, den Herrlichen, /
an ihnen nur hab' ich mein Gefallen.
4 Viele Schmerzen leidet, wer fremden
Göttern folgt. / Ich will ihnen nicht
opfern, / ich nehme ihre Namen nicht auf
meine Lippen. 5 Du, Herr, gibst mir das
Erbe und reichst mir den Becher; / du
hältst mein Los in deinen Händen. 6 Auf
schönem Land fiel mir mein Anteil zu. /
Ja, mein Erbe gefällt mir gut. 7 Ich preise
den Herrn, der mich beraten hat. / Auch
mahnt mich mein Herz in der Nacht. 8 Ich
habe den Herrn beständig vor Augen. /
Er steht mir zur Rechten, ich wanke nicht.
9 Darum freut sich mein Herz und froh-
lockt meine Seele; / auch mein Leib wird
wohnen in Sicherheit. 10 Denn du gibst
mich nicht der Unterwelt preis; / du läßt
deinen Frommen das Grab nicht schauen.
11 Du zeigst mir den Pfad zum Leben. /
Vor deinem Angesicht herrscht Freude in
Fülle, / zu deiner Rechten Wonne für alle
Zeit. (E)

Du, mein Herr!

Die Wallfahrer zum Tempel sind am Ziel. Die Wanderung mag manchen als Bild ihres Lebensweges erschienen sein, dessen Ziel der Tod sein wird. Nun sind sie im Schutzbereich des Tempels angekommen. Die umschließenden Mauern werden zum Zeichen für die bergende, behütende Barmherzigkeit Gottes.

Jahrhundertelang wurde dieser Psalm in der christlichen Liturgie bei der Aufnahme in den »geistlichen Stand« gesungen, »Kleronomia«, Anteil und Erbe (V. 6) vor allem auf die »Kleriker« bezogen, wohl auch in Erinnerung an 4. Mose 18, wo vom Erbteil der Leviten die Rede ist. Aber das darf gottlob jede »Seele« (Klagelieder 3,24) sprechen! Darum ruft der Kolosserbrief dazu auf, dem »Vater in Freude« zu danken. »Denn er hat euch fähig gemacht zur Teilhabe am Erbe der Heiligen im Licht!« (Kolosser 1,12).

So darf ich mich vertrauensvoll der Hut Gottes anbefehlen. Er hält mein Los in seinen Händen (V. 6). »Er steht mir zur Rechten, ich wanke nicht« (V. 8). Die den falschen Sicherheiten, den »fremden Göttern« folgen (V. 4), die damals wie heute als vordergründigere, näherliegende, sichtbarere und greifbarere Wirklichkeiten erscheinen als der verborgene Gott, werden im Endeffekt »Herzleid« erfahren. Sie stehen nicht mehr auf dem tragenden Boden, den der Herr uns als unverdientes Erbe, allein aus Gnaden, schenkt.

Wenn wir in diesen Psalm einstimmen, werden wir frei von Leistungsdruck und Angst, von der Angst vor der ungewissen Zukunft, vor den Schrecken des Todes. Wer sich auf den Weg macht, den Gott zeigt, findet zum Leben, hat schon mitten im Leben Anteil an der unzerstörbaren Freude Gottes. SIGISBERT KRAFT

Dennoch bleibst du auch im Leide, Jesu, meine Freude!

17 [Ein Gebet Davids.] Herr, höre
die gerechte Sache, / merk auf
mein Schreien, vernimm mein Gebet /
von Lippen, die nicht trügen. 2 Sprich du
in meiner Sache; / deine Augen sehen,
was recht ist. 3 Du prüfst mein Herz und
suchst es heim bei Nacht; / du läuterst
mich und findest nichts. Ich habe mir vor-
genommen, / daß mein Mund sich nicht
vergehe. 4 Im Treiben der Menschen be-
wahre ich mich vor gewaltsamen Wegen /
durch das Wort deiner Lippen. 5 Erhalte
meinen Gang auf deinen Wegen, / daß
meine Tritte nicht gleiten. 6 Ich rufe zu dir,
denn du, Gott, wirst mich erhören; /
neige deine Ohren zu mir, höre meine
Rede! 7 Beweise deine wunderbare Güte,
du Heiland derer, / die dir vertrauen ge-
genüber denen, die sich gegen deine
rechte Hand erheben. 8 Behüte mich wie
einen Augapfel im Auge, / beschirme
mich unter dem Schatten deiner Flügel
9 vor den Gottlosen, die mir Gewalt an-
tun, / vor meinen Feinden, die mir von al-
len Seiten nach dem Leben trachten. 10 Ihr
Herz haben sie verschlossen, / mit ihrem
Munde reden sie stolz. 11 Wo wir auch ge-
hen, da umgeben sie uns; / ihre Augen
richten sie darauf, daß sie uns zu Boden
stürzen, 12 gleich wie ein Löwe, der nach
Raub lechzt, / wie ein junger Löwe, der
im Versteck sitzt. 13 Herr, mache dich auf,
tritt ihm entgegen und demütige ihn! / Er-
rette mich vor dem Gottlosen mit deinem
Schwert, 14 vor den Leuten, Herr, mit dei-
ner Hand, / vor den Leuten dieser Welt,
die ihr Teil haben schon im Leben, / de-
nen du den Bauch füllst mit deinen Gü-
tern, deren Söhne auch noch satt werden /
und ihren Kindern ein Übriges hinterlas-
sen. 15 Ich aber will schauen dein Antlitz in
Gerechtigkeit, / ich will satt werden,
wenn ich erwache, an deinem Bilde. (L)

17 [Ein Gebet Davids.] Höre, Herr,
die gerechte Sache, / achte auf
mein Flehen, / vernimm mein Gebet von
Lippen ohne Falsch! 2 Von deinem Ange-
sicht ergehe mein Urteil; / denn deine
Augen sehen, was recht ist. 3 Prüfst du
mein Herz, / suchst du mich heim in der
Nacht und erprobst mich, / dann findest
du an mir kein Unrecht. Mein Mund ver-
ging sich nicht, / 4 trotz allem, was die
Menschen auch treiben; / ich halte mich
an das Wort deiner Lippen. 5 Auf dem
Weg deiner Gebote gehn meine
Schritte, / meine Füße wanken nicht auf
deinen Pfaden. 6 Ich rufe dich an, denn du,
Gott, erhörst mich. / Wende dein Ohr mir
zu, vernimm meine Rede! 7 Wunderbar
erweise deine Huld! / Du rettest alle, die
sich an deiner Rechten vor den Feinden
bergen. 8 Behüte mich wie den Augapfel,
den Stern des Auges, / birg mich im Schat-
ten deiner Flügel 9 vor den Frevlern, die
mich hart bedrängen, / vor den Feinden,
die mich wütend umringen. 10 Sie haben
ihr hartes Herz verschlossen, / sie führen
stolze Worte im Mund, 11 sie lauern mir
auf, jetzt kreisen sie mich ein; / sie trach-
ten danach, mich zu Boden zu strecken,
12 so wie der Löwe voll Gier ist zu zerrei-
ßen, / wie der junge Löwe, der im Hinter-
halt lauert. 13 Erheb dich, Herr, tritt dem
Frevler entgegen! / Wirf ihn zu Boden,
mit deinem Schwert entreiß mich ihm!
14 Rette mich, Herr, mit deiner Hand vor
diesen Leuten, / vor denen, die im Leben
schon alles haben. Du füllst ihren Leib mit
Gütern, / auch ihre Söhne werden noch
satt / und hinterlassen den Enkeln, was
übrigbleibt. 15 Ich aber will in Gerechtig-
keit dein Angesicht schauen, / mich satt
sehen an deiner Gestalt, wenn ich erwa-
che. (E)

Hilferuf

Wer sich ungerecht und falsch behandelt fühlt, klärt zunächst darüber auf, daß er selbst die gerechte Sache vertritt. Darauf folgt die Bitte um Hilfe und Unterstützung gegen die, die ungerecht an ihm handeln. Damit wird auch der Appell verbunden, die Ruchlosigkeit und Verschlagenheit der Feinde zu beachten. Die eigene Ausweglosigkeit scheint dazu zu führen, dem Feind fast übernatürliche Kräfte zuzutrauen. Im Gegensatz zum Feind, der satt und reich ist, daß sogar seine Nachkommen noch genug übrig behalten, begnügt man sich selber mit ehrfurchtsvoller Demut gegenüber Gott.

So allgemein dieses Muster wirkt, so wenig kann es davon abhalten, einen Beter in höchsten Nöten zu erkennen. Seine Bedrängnis verführt ihn nicht zum Haß und zur grenzenlosen Verunglimpfung. Er bemüht sich weitestgehend um Sachlichkeit. Sein Mund möge sich nicht vergehen, ermahnt er sich. Auch Gewalt will er nicht ausüben. Der bisher eingeschlagene Weg soll nicht verlassen werden; Gerechtigkeit und Fairneß sollen beibehalten werden. Dazu bedarf es aber der Hilfe durch Gott; allein schafft es der Beter nicht.

In weitaus weniger gefahrvollen Situationen handeln wir doch zumeist viel unüberlegter – und zügelloser. Wie schnell vergessen wir uns und beschimpfen oder beleidigen den, von dem wir uns ungerecht behandelt fühlen. Oder wir glauben, nur durch Gewalt und Rache könnten wir Gerechtigkeit erlangen.

Dieser Hilferuf des Beters hat hingegen nur zwei Absichten: Er will Behütetsein und Sattsein an Gott erreichen. »Beschirme mich unter dem Schatten deiner Flügel«, bittet er, und er verspricht: »Ich will satt werden, wenn ich erwache, an deinem Bilde.«

Mit diesen Bitten klingt an, was Jesus Christus später fordert: »Liebet eure Feinde und bittet für die, die euch verfolgen.« Jeden Tag erleben wir, wie fast unvorstellbar schwer diese Forderung ist.

FRANZ H. U. BORKENHAGEN

In deinem Zelt möchte ich ganz sein auf ewig, mich bergen im Schutz deiner Flügel.

18 [Für den Chormeister. Von David,
dem Knecht des Herrn, der dem
Herrn die Worte dieses Liedes sang an
dem Tag, als ihn der Herr aus der Gewalt
all seiner Feinde und aus der Hand Sauls
errettet hatte. 2 Er sprach:] Ich will dich
rühmen, Herr, meine Stärke, / 3 Herr, du
mein Fels, meine Burg, mein Retter, mein
Gott, meine Feste, in der ich mich berge, /
mein Schild und sicheres Heil, meine Zu-
flucht. 4 Ich rufe: Der Herr sei geprie-
sen!, / und ich werde vor meinen Feinden
gerettet. 5 Mich umfingen die Fesseln des
Todes, / mich erschreckten die Fluten des
Verderbens. 6 Die Bande der Unterwelt
umstrickten mich, / über mich fielen die
Schlingen des Todes. 7 In meiner Not rief
ich zum Herrn / und schrie zu meinem
Gott. Aus seinem Heiligtum hörte er
mein Rufen, / mein Hilfeschrei drang an
sein Ohr. 8 Da wankte und schwankte die
Erde, / die Grundfesten der Berge erbeb-
ten. / Sie wankten, denn sein Zorn war
entbrannt. 9 Rauch stieg aus seiner Nase
auf, / aus seinem Mund kam verzehrendes
Feuer, / glühende Kohlen sprühten aus
von ihm. 10 Er neigte den Himmel und
fuhr herab, / zu seinen Füßen dunkle
Wolken. 11 Er fuhr auf dem Kerub und
flog daher; / er schwebte auf den Flügeln
des Windes. 12 Er hüllte sich in Finster-
nis, / in dunkles Wasser und dichtes Ge-
wölk wie in ein Zelt. 13 Von seinem Glanz
erstrahlten die Wolken, / Hagel fiel nie-
der und glühende Kohlen. 14 Da ließ der
Herr den Donner im Himmel erdröh-
nen, / der Höchste ließ seine Stimme er-
schallen. 15 Er schoß seine Pfeile und
streute sie, / er schleuderte Blitze und
jagte sie dahin. 16 Da wurden sichtbar die
Tiefen des Meeres, / die Grundfesten der
Erde wurden entblößt vor deinem Dro-
hen, Herr, / vor dem Schnauben deines
zornigen Atems. 17 Er griff aus der Höhe
herab und faßte mich, / zog mich heraus
aus gewaltigen Wassern. 18 Er entriß mich
meinen mächtigen Feinden, / die stärker
waren als ich und mich haßten. 19 Sie über-
fielen mich am Tag meines Unheils, /
doch der Herr wurde mein Halt. 20 Er
führte mich hinaus ins Weite, / er befreite
mich, denn er hatte an mir Gefallen. (E)

Dem Tod entronnen

Unser heutiger Psalm gehört zu den sieben königlich-messianischen Liedern Davids. Erzählt wird hier nicht ein besonderes Erlebnis, vielmehr richtet David, der alt geworden ist, seinen Blick zurück auf sein Leben. Er verbringt seinen Lebensabend und spürt, daß sein Tod nicht mehr fern sein kann.

Mit einem großen Lob Gottes beginnt er. Bilder, die Gott mit einem Felsen und einer Burg vergleichen, bezeugen den Schutz und die Geborgenheit, die David erfahren hat (V. 2). Wählt David hier noch sozusagen »statische Bilder« als Vergleich, um Gottes Wirken zu bezeugen, so führt er dies in den Versen 8ff. mit einer großen Erzählung von Gottes Taten fort. Je öfter ich diese Verse lese, um so unheimlicher wird mir dabei. Gott ließ die Erde beben und wanken, heißt es da, er donnerte im Himmel, sein Zorn schnaubte. Für mich ist diese Beschreibung nur dann annehmbar, wenn ich berücksichtige, daß David sein Leben Revue passieren läßt und er eben so oft bewahrt wurde, daß er Gott nur als so überdimensionalen Kämpfer und Rächer beschreiben kann. Und er wurde eben auch bewahrt bis zu dem Tag, an dem er den Psalm verfaßt hat.

Jetzt aber ist der Tod immer näher herangerückt, schon aus biologischen Gründen jederzeit möglich. Wie sehr unser Leben Geschenk ist, müssen wir täglich erfahren, wenn wir Abschied nehmen müssen von jemandem, der uns lieb ist. Und wie oft bricht der Tod über unser Leben völlig unerwartet herein, oft nach menschlichen Maßstäben auch viel zu früh. Die Immunschwächekrankheit Aids, aber auch eine Zunahme von Krebsleiden, gerade auch im frühen Lebensalter, haben die Zahl jung Sterbender drastisch erhöht.

Angesichts dieser Tatsachen bleibt mir nur, um einen Gott der Gnade zu bitten. Auch David wird ihn gebraucht haben – hatte nicht auch er viel gesündigt? Ich hoffe und traue auf einen Gott der Gnade, einer Gnade, die alle einschließt; diejenigen, die annehmen müssen, daß ihr Leben zu Ende geht, genauso wie die, die zurückbleiben. Jeder braucht Gott da auf seine Weise, jener im Trauen auf eine Bewahrung über den Tod hinaus, dieser im Verarbeiten und Annehmen des Verlustes. Und gerade dies ist ja oft genug auch ein Kampf, ein Kampf mit dem Schicksal, still und einsam geführt. Hier zu wissen, daß Gott uns gnädig ist, bleibt Grund zur Hoffnung. CHRISTOPH HENSEL

Herr, wir bitten dich nicht um einen Kampf. Steh uns gnädig zur Seite, wenn etwas über uns hereinbricht, das uns fast verzweifeln läßt.

21 Der Herr hat gut an mir gehandelt und
mir vergolten, / weil ich gerecht bin und
meine Hände rein sind. 22 Denn ich hielt
mich an die Wege des Herrn / und fiel
nicht ruchlos ab von meinem Gott. 23 Ja,
ich habe alle seine Gebote vor Augen, /
weise seine Gesetze niemals ab. 24 Ich war
vor ihm ohne Makel, / ich nahm mich in
acht vor der Sünde. 25 Darum hat der Herr
mir vergolten, weil ich gerecht bin / und
meine Hände rein sind vor seinen Augen.
26 Gegen den Treuen zeigst du dich treu, /
an dem Aufrichtigen handelst du recht.
27 Gegen den Reinen zeigst du dich rein, /
doch falsch gegen den Falschen. 28 Dem
bedrückten Volk bringst du Heil, / doch
die Blicke der Stolzen zwingst du nieder.
29 Du, Herr, läßt meine Leuchte erstrah-
len, / mein Gott macht meine Finsternis
hell. 30 Mit dir erstürme ich Wälle, / mit
meinem Gott überspringe ich Mauern.
31 Vollkommen ist Gottes Weg, / das Wort
des Herrn ist im Feuer geläutert. / Ein
Schild ist er für alle, die sich bei ihm ber-
gen. 32 Denn wer ist Gott als allein der
Herr, / wer ist ein Fels, wenn nicht unser
Gott? 33 Gott hat mich mit Kraft umgür-
tet, / er führte mich auf einen Weg ohne
Hindernis. 34 Er ließ mich springen schnell
wie Hirsche, / auf hohem Weg ließ er
mich gehen. 35 Er lehrte meine Hände zu
kämpfen, / meine Arme, den ehernen Bo-
gen zu spannen. 36 Du gabst mir deine
Hilfe zum Schild, / deine Rechte stützt
mich; / du neigst dich mir zu und machst
mich groß. 37 Du schaffst meinen Schritten
weiten Raum, / meine Knöchel wanken
nicht. 38 Ich verfolge meine Feinde und
hole sie ein, / ich kehre nicht um, bis sie
vernichtet sind. 39 Ich schlage sie nieder; /
sie können sich nicht mehr erheben, sie
fallen und liegen unter meinen Füßen.
40 Du hast mich zum Kampf mit Kraft um-
gürtet, / hast alle in die Knie gezwungen,
die sich gegen mich erhoben. 41 Meine
Feinde hast du zur Flucht gezwungen; /
ich konnte die vernichten, die mich has-
sen. 42 Sie schreien, doch hilft ihnen nie-
mand, / sie schreien zum Herrn, doch er
gibt keine Antwort. 43 Ich zermalme sie zu
Staub vor dem Wind, / schütte sie auf die
Straße wie Unrat. 44 Du rettest mich vor
zahllosem Kriegsvolk, / du machst mich
zum Haupt über ganze Völker. Stämme,
die ich früher nicht kannte, sind mir nun
untertan. / 45 Sobald sie mich nur hören,
gehorchen sie. Mir huldigen die Söhne der
Fremde, / 46 sie kommen zitternd aus ih-
ren Burgen hervor. 47 Es lebt der Herr!
Mein Fels sei gepriesen. / Der Gott mei-
nes Heils sei hoch erhoben; 48 denn Gott
verschaffte mir Vergeltung / und unter-
warf mir die Völker. 49 Du hast mich von
meinen Feinden befreit, / mich über
meine Gegner erhoben, / dem Mann der
Gewalt mich entrissen. 50 Darum will ich
dir danken, Herr, vor den Völkern, / ich
will deinem Namen singen und spielen.
51 Seinem König verlieh er große Hilfe, /
Huld erwies er seinem Gesalbten, / David
und seinem Stamm auf ewig. (E)

Gott nur auf unserer Seite?

Nach dem ersten Teil dieses Psalms folgt heute nun der zweite Teil. Zur Erinnerung: Dieser Psalm gehört in eine Reihe von königlichen Liedern Davids. Er hat ihn am Ende seines Lebens verfaßt. Im ersten Teil war die Rede von der Bewahrung Davids durch Gottes Eingreifen als Kämpfer für seine Sache.

Dies wird hier nun im zweiten Teil noch fortgeführt. Aber es kommt ein wesentlicher Aspekt hinzu: David nimmt Gottes Hilfe für sich in Anspruch, weil er ja gottesfürchtig gelebt und sich nach Gottes Geboten gerichtet hat (V. 21–31).

Können wir dies für uns so annehmen? Sicher muß jeder für sich dies entscheiden. Ich jedenfalls kann dies nicht annehmen. Gerade aus der Sicht des Neuen Testaments ist Gott eben nicht mehr einer, der nur auf der Seite der »Guten« ist. Und keiner, der sich durch irgendwelche vermeintlich guten Taten vereinnahmen läßt.

Gott ist Liebe! Und diese Liebe gilt jedem von uns – ohne Unterschied! Im Gegenteil: Jesus ist gerade zu den Randgruppen, wie das neudeutsch so schön heißt, der damaligen Gesellschaft gegangen. Denen hat er sich zugewandt, und für sie war er da. Da war und da ist kein Platz für Überheblichkeit. Keiner von uns hat seinen Platz im Himmel durch Taten erworben, es ist – so es ihn gibt – ein Geschenk Gottes, dessen er uns in seiner Gnade teilhaftig werden läßt. Da ist dann auch kein Platz mehr für diesen David, der sich von Gott die Genehmigung holt, in seinem Namen die Feinde niederzustrecken. Nein, Demut und die Suche nach dem Kompromiß sind mehr denn je im Umgang miteinander gefragt. CHRISTOPH HENSEL

Herr, lehre uns die Demut, die wir im Umgang miteinander so nötig haben.

19 [Ein Psalm Davids, vorzusingen.]
2 Die Himmel erzählen die Ehre
Gottes, / und die Feste verkündigt seiner
Hände Werk. 3 Ein Tag sagt's dem an-
dern, / und eine Nacht tut's kund der an-
dern, 4 ohne Sprache und ohne Worte; /
unhörbar ist ihre Stimme. 5 Ihr Schall geht
aus in alle Lande / und ihr Reden bis an
die Enden der Welt. Er hat der Sonne ein
Zelt am Himmel gemacht; 6 sie geht her-
aus wie ein Bräutigam aus seiner Kam-
mer / und freut sich wie ein Held, zu lau-
fen ihre Bahn. 7 Sie geht auf an einem
Ende des Himmels und läuft um bis wie-
der an sein Ende, / und nichts bleibt vor
ihrer Glut verborgen. 8 Das Gesetz des
Herrn ist vollkommen / und erquickt die
Seele. Das Zeugnis des Herrn ist gewiß /
und macht die Unverständigen weise.
9 Die Befehle des Herrn sind richtig / und
erfreuen das Herz. Die Gebote des Herrn
sind lauter / und erleuchten die Augen.
10 Die Furcht des Herrn ist rein und bleibt
ewiglich. / Die Rechte des Herrn sind
Wahrheit, allesamt gerecht. 11 Sie sind
köstlicher als Gold und viel feines Gold, /
sie sind süßer als Honig und Honigseim.
12 Auch läßt dein Knecht sich durch sie
warnen; / und wer sie hält, der hat großen
Lohn. 13 Wer kann merken, wie oft er feh-
let? / Verzeihe mir die verborgenen Sün-
den! 14 Bewahre auch deinen Knecht vor
den Stolzen, / daß sie nicht über mich
herrschen; so werde ich ohne Tadel sein /
und rein bleiben von großer Missetat.
15 Laß dir wohlgefallen die Rede meines
Mundes und das Gespräch meines Her-
zens vor dir, / Herr, mein Fels und mein
Erlöser. (L)

19 [Für den Chormeister. Ein Psalm
Davids.] 2 Die Himmel rühmen die
Herrlichkeit Gottes, / vom Werk seiner
Hände kündet das Firmament. 3 Ein Tag
sagt es dem andern, / eine Nacht tut es der
andern kund, 4 ohne Worte und ohne Re-
den, / unhörbar bleibt ihre Stimme.
5 Doch ihre Botschaft geht in die ganze
Welt hinaus, / ihre Kunde bis zu den En-
den der Erde. Dort hat er der Sonne ein
Zelt gebaut. / 6 Sie tritt aus ihrem Gemach
hervor wie ein Bräutigam; sie frohlockt
wie ein Held / und läuft ihre Bahn. 7 Am
einen Ende des Himmels geht sie auf /
und läuft bis ans andere Ende; / nichts
kann sich vor ihrer Glut verbergen. 8 Die
Weisung des Herrn ist vollkommen, / sie
erquickt den Menschen. Das Gesetz des
Herrn ist verläßlich, / den Unwissenden
macht es weise. 9 Die Befehle des Herrn
sind richtig, / sie erfreuen das Herz; das
Gebot des Herrn ist lauter, / es erleuchtet
die Augen. 10 Die Furcht des Herrn ist
rein, / sie besteht für immer. Die Urteile
des Herrn sind wahr, / gerecht sind sie
alle. 11 Sie sind kostbarer als Gold, als
Feingold in Menge. / Sie sind süßer als
Honig, als Honig aus Waben. 12 Auch dein
Knecht läßt sich von ihnen warnen; / wer
sie beachtet, hat reichen Lohn. 13 Wer be-
merkt seine eigenen Fehler? / Sprich mich
frei von Schuld, die mir nicht bewußt ist!
14 Behüte deinen Knecht auch vor vermes-
senen Menschen; / sie sollen nicht über
mich herrschen. Dann bin ich ohne Ma-
kel / und rein von schwerer Schuld. 15 Die
Worte meines Mundes mögen dir gefal-
len; / was ich im Herzen erwäge, stehe dir
vor Augen, / Herr, mein Fels und mein
Erlöser. (E)

Gottes Herrlichkeit?

Ein großer Lobgesang ist unser heutiger Text. Bilder einer anscheinend unberührten Natur ziehen vor unserem Auge vorüber. Von einer großen Idylle erzählt uns David, in der alles seinen Platz hat und durch Gottes Hand wohlgeordnet ist: Die Tage und Nächte rufen sich die gute Schöpfung zu, die Sonne zieht voller Stolz ob ihrer Aufgabe am Himmel ihre Bahn wie ein Bräutigam, der voller Freude auf das kommende Ereignis aus seiner Kammer tritt, um seine Braut abzuholen.

Im zweiten Abschnitt ist vom guten Gesetz Gottes die Rede. Die Ordnung Gottes mit seinen Geboten ist aus sich heraus gut, sie bedarf keines weiteren Hinterfragens, so wird uns hier erzählt. Wir haben sie als Richtschnur zu beachten ohne Wenn und Aber.

Aber genau da setzen doch auch unsere Zweifel ein. Erleben wir es heute noch so, daß der Lauf der Sonne ein Lob Gottes ist? Sind Gottes Gebote wirklich so uneingeschränkt Richtschnur unseres Denkens und Handelns? Die Welt, wie wir sie heute erleben, ist gefährdet, die Schöpfung am Abgrund. Wenige Stichworte genügen, um dies zu belegen: das Ozonloch, der riesige Müllberg, die Folgen des Golfkrieges...

Und auch die Gesetze Gottes als Richtschnur sind im täglichen Leben kaum zu spüren. Der schwelende Nord-Süd-Konflikt ist dafür genauso Beweis wie die vielen ungelösten Minderheitenprobleme im nahen und ferneren Osten. Gottes Herrlichkeit in seiner Schöpfung und in seinem Gesetz?!

Sicher – wir alle können und wollen ja auch nicht zum Urzustand zurückkehren. Eine unberührte Natur mit Vogelgezwitscher und friedlichem Zusammenleben in Harmonie, dies mag eine Utopie von Weltenschwärmern sein – uns wirklich helfen kann diese Vorstellung nicht.

Aber wir müssen uns ganz sicher darauf besinnen, daß wir nur durch bewußteres Leben Gottes guten Geist wieder für alle erfahrbar machen können. Das gilt für unseren Umgang mit der Natur genauso wie für unser Miteinander mit dem Nächsten.

Unser heutiger Psalm mit seiner schönen Ausmalung von Gottes gutem Geist ist Aufforderung genug, sich wieder darauf zu besinnen.

CHRISTOPH HENSEL

Herr, gib uns deinen Geist, der uns umkehren und zur Besinnung kommen läßt.

20 [Ein Psalm Davids, vorzusingen.]
2 Der Herr erhöre dich in der Not, /
der Name des Gottes Jakobs schütze dich!
3 Er sende dir Hilfe vom Heiligtum / und
stärke dich aus Zion! 4 Er gedenke all dei-
ner Speisopfer, / und dein Brandopfer sei
ihm angenehm! [Sela] 5 Er gebe dir, was
dein Herz begehrt, / und erfülle alles, was
du vorhast! 6 Dann wollen wir jubeln, weil
er dir hilft; im Namen unsres Gottes erhe-
ben wir das Banner. / Der Herr gewähre
dir alle deine Bitten! 7 Nun weiß ich, daß
der Herr seinem Gesalbten hilft und ihn
erhört von seinem heiligen Himmel, /
seine rechte Hand hilft mit Macht. 8 Jene
verlassen sich auf Wagen und Rosse; / wir
aber denken an den Namen des Herrn,
unsres Gottes. 9 Sie sind niedergestürzt
und gefallen, / wir aber stehen und halten
stand. 10 Hilf, Herr, du König! / Er wird
uns erhören, wenn wir rufen. (L)

20 [Für den Chormeister. Ein Psalm
Davids.] 2 Der Herr erhöre dich am
Tage der Not, / der Name von Jakobs
Gott möge dich schützen. 3 Er sende dir
Hilfe vom Heiligtum / und stehe dir bei
vom Zion her. 4 An all deine Speiseopfer
denke er, / nehme dein Brandopfer gnä-
dig an. [Sela] 5 Er schenke dir, was dein
Herz begehrt, / und lasse all deine Pläne
gelingen. 6 Dann wollen wir jubeln über
deinen Sieg, / im Namen unsres Gottes
das Banner erheben. / All deine Bitten er-
fülle der Herr. 7 Nun bin ich gewiß: / der
Herr schenkt seinem Gesalbten den Sieg;
er erhört ihn von seinem heiligen Himmel
her / und hilft ihm mit der Macht seiner
Rechten. 8 Die einen sind stark durch Wa-
gen, die andern durch Rosse, / wir aber
sind stark im Namen des Herrn, unsres
Gottes. 9 Sie sind gestürzt und gefallen; /
wir bleiben aufrecht und stehen. 10 Herr,
verleihe dem König den Sieg! / Erhör uns
am Tag, da wir rufen! (E)

Solidarität mit dem König

Für jemanden beten steht in den Augen Gottes noch höher als das Gebet in eigener Sache. Denn diese Fürbitte verlangt Distanz zu sich selbst und große Demut. Israels König und damit das Wohl aller steht in großer Gefahr. Die später erwähnten Wagen und Rosse sind mehr als nur eine Drohgebärde des Feindes, der an der Grenze steht und große Beute wittert.

Sich der brandgefährlichen Lage vollauf bewußt, bestürmt auch der König Gott mit Gebeten und jenen Opfern, wie sie das damalige Ritual vorsah. Des Psalmisten Gebet will diese königlichen Hilferufe an Gott begleiten und unterstützen. Denn er ist ein demütiger König, der weiß, wo die Grenzen seiner Macht sind, und der sich der Liebe seines Volkes versichern darf. Andere Beispiele hat es genug gegeben: Könige und Herrscher, die zwar Macht hatten, aber kein Volk hinter sich. Hinter diesem König steht das Volk wie ein Mann. Darum macht sich der Beter zum Dolmetsch aller, die wie aus einem Munde rufen: Der Herr erhöre dich in der Not. Er lasse all deine Pläne gelingen. Und wenn dann im Namen unseres Gottes der Sieg errungen ist, werden wir in Jubel ausbrechen und die Fahnen schwingen.

Wie so oft in den Psalmen, tritt auch hier, fast unvermittelt, ein Wechsel der Stimmungslage ein. Kurz vorher noch Angst und die besorgte Bitte, jetzt Dank für den errungenen Sieg. Das ist sowohl prophetische Aussage wie Ausdruck der festen Gewißheit: Sich auf Gottes Hilfe verlassen ist besser als auf die geballte Kraft gepanzerter Wagen und kampferprobter Rosse. Die sich jener kriegerischen Mittel bedienen, werden fallen und sich nicht mehr erheben. Wir aber stehen aufrecht und halten stand.

Aber Israel hat auch andere Erfahrungen machen müssen. Dann vertrauten sie mehr taktischem Kalkül und eigener Kraft als Gottes Hilfe. Das aber ist auch ein allgemein menschliches Problem, das quer durch die Geschichte wie durch das Leben des einzelnen geht.

GEORG KARL FRANK

Beten heißt nicht, sich selbst reden hören, sondern harren, bis der Betende Gott hört.

21 [Ein Psalm Davids, vorzusingen.]
2 Herr, der König freut sich in dei-
ner Kraft, / und wie sehr fröhlich ist er
über deine Hilfe! 3 Du erfüllst ihm seines
Herzens Wunsch / und verweigerst nicht,
was sein Mund bittet. [Sela] 4 Denn du
überschüttest ihn mit gutem Segen, / du
setzest eine goldene Krone auf sein
Haupt. 5 Er bittet dich um Leben; du gibst
es ihm, / langes Leben für immer und
ewig. 6 Er hat große Herrlichkeit durch
deine Hilfe; / Pracht und Hoheit legst du
auf ihn. 7 Denn du setzest ihn zum Segen
ewiglich, / du erfreust ihn mit Freude vor
deinem Antlitz. 8 Denn der König hofft
auf den Herrn / und wird durch die Güte
des Höchsten fest bleiben. 9 Deine Hand
wird finden alle deine Feinde, / deine
Rechte wird finden, die dich hassen. 10 Du
wirst es mit ihnen machen wie im
Feuerofen, / wenn du erscheinen wirst.
Der Herr wird sie verschlingen in seinem
Zorn; / Feuer wird sie fressen. 11 Ihre
Nachkommen wirst du tilgen vom Erdbo-
den / und ihre Kinder aus der Zahl der
Menschen. 12 Denn sie gedachten, dir
Übles zu tun, / und machten Anschläge,
die sie nicht ausführen konnten. 13 Denn
du wirst machen, daß sie den Rücken keh-
ren; / mit deinem Bogen wirst du auf ihr
Anlitz zielen. 14 Herr, erhebe dich in dei-
ner Kraft, / so wollen wir singen und lo-
ben deine Macht. (L)

21 [Für den Chormeister. Ein Psalm
Davids.] 2 An deiner Macht, Herr,
freut sich der König; / über deine Hilfe,
wie jubelt er laut! 3 Du hast ihm den
Wunsch seines Herzens erfüllt, / ihm
nicht versagt, was seine Lippen begehr-
ten. [Sela] 4 Du kamst ihm entgegen mit
Segen und Glück, / du kröntest ihn mit
einer goldenen Krone. 5 Leben erbat er
von dir, du gabst es ihm, / viele Tage, für
immer und ewig. 6 Groß ist sein Ruhm
durch deine Hilfe, / du hast ihn bekleidet
mit Hoheit und Pracht. 7 Du machst ihn
zum Segen für immer; / wenn du ihn an-
blickst, schenkst du ihm große Freude.
8 Denn der König vertraut auf den
Herrn, / die Huld des Höchsten läßt ihn
niemals wanken. 9 Deine Hand wird all
deine Feinde finden; / wer dich haßt, den
trifft deine Rechte. 10 Du läßt sie glühen
wie einen feurigen Ofen, / sobald du er-
scheinst. Der Herr verschlingt sie im
Zorn, / das Feuer verzehrt sie. 11 Du wirst
ihre Brut von der Erde vertilgen; / ihr Ge-
schlecht (verschwindet) aus der Mitte der
Menschen. 12 Schmieden sie auch böse
und listige Pläne, / richten sie doch nichts
aus gegen dich. 13 Du schlägst sie alle in die
Flucht, / wenn du mit deinem Bogen auf
sie zielst. 14 Erhebe dich, Herr, in deiner
Macht! / Deiner siegreichen Kraft wollen
wir singen und spielen. (E)

Dank für gutes Gelingen.

Ach, dieser 21. Psalm! Man ist versucht zu sagen: Er ist uns ärgerlich. Der nachfolgende 22. Psalm redet vom großen Schmerzensmann, dessen Herz im Leibe geschmolzen ist wie Wachs, dessen Kräfte vertrocknet sind wie eine Scherbe, weil böse Rotten ihn umringt und seine Hände und Füße durchgraben haben. Aber hier im 21. Psalm ist von einem kraftstrotzenden König die Rede, dessen Herzenswünsche alle in Erfüllung gehen und der sich überschüttet weiß vom Regen des Himmels. »Pracht und Hoheit legst du auf ihn.« Seine Feinde müssen vor ihm kapitulieren, und selbst deren Nachkommen werden getilgt aus der Zahl der Menschen.

Wie bringen wir das zusammen, den Psalm, der Jesus vor Augen stand, als er am Kreuz hing und schrie: Mein Gott, mein Gott, warum hast du mich verlassen? Und hier nun dieser königliche Kraftmeier, der in allem, was er tut, Gott auf seiner Seite weiß. Aber statt dadurch barmherzig und großmütig gestimmt zu werden, macht er kurzen Prozeß mit seinen Feinden.

Nehmen wir an, es habe sich beim Verfasser dieses Preisliedes um einen Hofsänger gehandelt. Solche Laureaten hat es zu allen Zeiten gegeben, und sie gibt es auch heute in unserer sogenannten Mediengesellschaft. Viel wichtiger ist, daß das Preislied dann doch plötzlich umschlägt in ein Gebet, das uns daran erinnert, daß wir immer wieder Grund haben zu danken, wenn uns etwas gelungen ist oder wenn wir aus einer schwierigen Situation als Bewahrer oder gar als Überlegene hervorgehen. Das soll dann auch nicht verschwiegen werden. Innere und äußere Konflikte, die wir durch Gottes Beistand überwunden haben, sind allemal ein Grund zum Loben und Danken.

CHRISTIAN TRÖBST

Herr, erhebe dich in deiner Kraft, so wollen wir singen und loben deine Macht.

22 [Ein Psalm Davids, vorzusingen,
nach der Weise »Die Hirschkuh,
die früh gejagt wird«.] 2 Mein Gott, mein
Gott, warum hast du mich verlassen? /
Ich schreie, aber meine Hilfe ist ferne.
3 Mein Gott, des Tages rufe ich, doch ant-
wortest du nicht, / und des Nachts, doch
finde ich keine Ruhe. 4 Du aber bist hei-
lig, / der du thronst über den Lobgesän-
gen Israels. 5 Unsere Väter hofften auf
dich; / und da sie hofften, halfst du ihnen
heraus. 6 Zu dir schrien sie und wurden er-
rettet, / sie hofften auf dich und wurden
nicht zuschanden. 7 Ich aber bin ein Wurm
und kein Mensch, / ein Spott der Leute
und verachtet vom Volke. 8 Alle, die mich
sehen, verspotten mich, / sperren das
Maul auf und schütteln den Kopf: 9 »Er
klage es dem Herrn, der helfe ihm her-
aus / und rette ihn, hat er Gefallen an
ihm.« 10 Du hast mich aus meiner Mutter
Leibe gezogen; / du ließest mich gebor-
gen sein an der Brust meiner Mutter.
11 Auf dich bin ich geworfen von Mutter-
leib an, / du bist mein Gott von meiner
Mutter Schoß an. 12 Sei nicht ferne von
mir, denn Angst ist nahe; / denn es ist hier
kein Helfer. 13 Gewaltige Stiere haben
mich umgeben, / mächtige Büffel haben
mich umringt. 14 Ihren Rachen sperren sie
gegen mich auf / wie ein brüllender und
reißender Löwe. 15 Ich bin ausgeschüttet
wie Wasser, alle meine Knochen haben
sich voneinander gelöst; / mein Herz ist in
meinem Leibe wie zerschmolzenes
Wachs. 16 Meine Kräfte sind vertrocknet
wie eine Scherbe, und meine Zunge klebt
mir am Gaumen, / und du legst mich in
des Todes Staub. 17 Denn Hunde haben
mich umgeben, und der Bösen Rotte hat
mich umringt; / sie haben meine Hände
und Füße durchgraben. 18 Ich kann alle
meine Knochen zählen; / sie aber schauen
zu und sehen auf mich herab. 19 Sie teilen
meine Kleider unter sich / und werfen das
Los um mein Gewand. 20 Aber du, Herr,
sei nicht ferne; / meine Stärke, eile, mir
zu helfen! 21 Errette meine Seele vom
Schwert, / mein Leben von den Hunden!
22 Hilf mir aus dem Rachen des Löwen und
vor den Hörnern wilder Stiere – / du hast
mich erhört! (L)

Warum?

Markus und Matthäus berichten davon, Jesus habe den 22. Psalm gebetet, als er am Kreuz hing und seinem Tod entgegensah.

»Was in der Seele Jesu vorgegangen ist in dieser Zeit, weiß kein Mensch. Da ruft er: ›Mein Gott, mein Gott, warum hast du mich verlassen?‹ Niemand lüftet dieses Geheimnis, wie Gottes Sohn von Gott verlassen sein kann. Nur dies können wir uns sagen: Bisher hat sein Herz die Nähe Gottes als Trost und Halt empfunden. Jetzt verläßt ihn auch das« (Romano Guardini).

Jesus betet den Psalm um die neunte Stunde, vereint seine Stimme mit denen, die um dieselbe Zeit, am Rüsttag des Paschafestes, das Nachmittagsgebet im Tempel beginnen; dann werden dort Osterlämmer geschlachtet. So steht er mit seinem Beten und mit seinem Leiden und Sterben mitten unter seinem Volk, auch wenn er ausgestoßen, vor den Mauern der Heiligen Stadt am Galgen hängt.

Von Gott verlassen zu sein erscheint für den jüdischen Beter wie eine Rücknahme der Zusage des Gottesnamens. Und so findet »er doch keine Ruhe« in seinem vergeblichen Rufen »bei Tag... und bei Nacht« (V. 3). Hinter allem Dunkel, gegen alle Erfahrung weiß er: »Du bist heilig. Du thronst über dem Lobpreis Israels« (V. 4). Gegen die Nacht im eigenen Herzen setzt er die Erfahrung des durchhaltenden Vertrauens der Väter: »Da sie hofften, halfst du ihnen heraus« (V. 6). Daran klammert sich der »Wurm, der kein Mensch mehr ist, der Leute Spott, der von allen Verachtete« (V. 7).

Seit Jesus uns diesen Psalm »mit lauter Stimme« (Markus 15,34) vorgebetet hat, dürfen wir wissen, daß wir nicht nur dann zu Gott rufen können, wenn wir mit ihm in Einklang stehen. Wir dürfen aussichtslose Not, unsere Gottesferne, unsere Warum-Fragen vor ihm hinausschreien wie der Gekreuzigte! SIGISBERT KRAFT

Manchmal sehen wir Gottes Zukunft, manchmal sehen wir nichts. Bewahre uns, Herr, wenn die Zweifel kommen!

23 Ich will deinen Namen kundtun meinen
Brüdern, / ich will dich in der Gemeinde
rühmen: 24 Rühmet den Herrn, die ihr ihn
fürchtet; / ehret ihn, ihr alle vom Hause
Jakob, und vor ihm scheuet euch, / ihr alle
vom Hause Israel! 25 Denn er hat nicht
verachtet noch verschmäht / das Elend
des Armen und sein Antlitz vor ihm nicht
verborgen; / und als er zu ihm schrie,
hörte er's. 26 Dich will ich preisen in der
großen Gemeinde, / ich will mein Ge-
lübde erfüllen vor denen, die ihn fürch-
ten. 27 Die Elenden sollen essen, daß sie
satt werden; und die nach dem Herrn fra-
gen, werden ihn preisen; / euer Herz soll
ewiglich leben. 28 Es werden gedenken
und sich zum Herrn bekehren aller Welt
Enden / und vor ihm anbeten alle Ge-
schlechter der Heiden. 29 Denn des Herrn
ist das Reich, / und er herrscht unter den
Heiden. 30 Ihn allein werden anbeten
alle, / die in der Erde schlafen; vor ihm
werden die Knie beugen alle, die zum
Staube hinabfuhren / und ihr Leben nicht
konnten erhalten. 31 Er wird Nachkom-
men haben, die ihm dienen; / vom Herrn
wird man verkündigen Kind und Kindes-
kind. 32 Sie werden kommen und seine
Gerechtigkeit predigen / dem Volk, das
geboren wird. Denn er hat's getan. (L)

Geborgen in der großen Gemeinde

Da scheint einer ganz allein zugrunde zu gehen. Wo ist Gott? Sieht er nur aus der Ferne tatenlos zu? Vor einer Woche hatten wir mit diesen Fragen den Anfang unseres Psalms gelesen und auf den leidenden Jesus am Kreuz gesehen.

Nun führt uns der Psalm weiter, der Horizont weitet sich. Vor Gott bleibt keiner seiner Verlassenheit überlassen. Mein Leben mit Freude und Leid geht die »Brüder«, die große Gemeinde an, ja das Reich Gottes und aller Welt Enden sind davon betroffen. Oft genug geschieht es an einem Krankenbett oder in einer Sterbestunde, daß die Gesunden von dem beschenkt werden, der sein Leid angenommen hat. In unserer Welt mit ihren krassen Gegensätzen zwischen Arm und Reich ist es nicht damit getan, ein wenig von unserem Überfluß abzugeben. Nötig sind Menschen, die hingehen und die Last der Armut mit den andern teilen. So bleiben wir in der Nachfolge Jesu, der sich nicht scheute, uns Brüder zu nennen und unsere Schuld und Last auf sich zu nehmen. So wird Gottes Name, unseres Schöpfers, Vaters und Erlösers, den Menschen nahegebracht.

Keiner muß sich selbst überlassen bleiben. Da ist die große Gemeinde, die wie ein Netz alle Zeiten und Räume umspannt. Es ist die betende Gemeinde, die alle in ihre Fürbitte hineinnimmt im Sinne des hohenpriesterlichen Gebets (Joh 17). Es ist die helfende Gemeinde, wo einer des andern Last trägt. Es ist die immer neu wachsende Gemeinde, wenn zwei oder drei sich in Jesu Namen zusammenfinden.

Doch Gemeinde und Kirche sind nicht mehr als nur Gerüst zum Bau des Reiches Gottes. Wie kann es dazu kommen, daß Hohepriester und Schriftgelehrte Jesus ans Kreuz bringen, daß die eigenmächtige Kirche so oft dem Reich Gottes im Wege steht? Jesus aber nimmt Gottes Weg und Willen an, sich ganz tief zu uns Menschen herabzubeugen. So geht er den Weg auch in das Reich des Todes, um dort den siegreichen Namen Gottes kundzutun. Alle sollen Gott und ihn allein anbeten.

So weitet uns der Psalm den Horizont. Jeder Tag bleibt ein Tag, den wir in Jesu Namen beginnen dürfen. Jede·Nacht läßt uns ruhen in Gott, und wenn es die Nacht des Todes ist. Seinem Reich in Kraft und Herrlichkeit gehen wir entgegen. HEINRICH RATHKE

Herr, bleibe bei uns am Abend des Tages, am Abend des Lebens, am Abend der Welt.

23 [Ein Psalm Davids.] Der Herr ist
mein Hirte, / mir wird nichts man-
geln. 2 Er weidet mich auf einer grünen
Aue / und führet mich zum frischen Was-
ser. 3 Er erquicket meine Seele. / Er füh-
ret mich auf rechter Straße um seines Na-
mens willen. 4 Und ob ich schon wanderte
im finstern Tal, / fürchte ich kein Un-
glück; denn du bist bei mir, / dein Stecken
und Stab trösten mich. 5 Du bereitest vor
mir einen Tisch / im Angesicht meiner
Feinde. Du salbest mein Haupt mit Öl /
und schenkest mir voll ein. 6 Gutes und
Barmherzigkeit werden mir folgen mein
Leben lang, / und ich werde bleiben im
Hause des Herrn immerdar. (L)

23 [Ein Psalm Davids.] Der Herr ist
mein Hirte, / nichts wird mir feh-
len. 2 Er läßt mich lagern auf grünen
Auen / und führt mich zum Ruheplatz am
Wasser. 3 Er stillt mein Verlangen; / er lei-
tet mich auf rechten Pfaden, treu seinem
Namen. 4 Muß ich auch wandern in finste-
rer Schlucht, / ich fürchte kein Unheil;
denn du bist bei mir, / dein Stock und dein
Stab geben mir Zuversicht. 5 Du deckst
mir den Tisch / vor den Augen meiner
Feinde. Du salbst mein Haupt mit Öl, / du
füllst mir reichlich den Becher. 6 Lauter
Güte und Huld werden mir folgen mein
Leben lang, / und im Haus des Herrn darf
ich wohnen für lange Zeit. (E)

Gott – mein Hirt und Gastgeber

Ein Vertrauenslied ist dieser Psalm. »Der Herr ist mein Hirt« (V. 1). Wem ist dieses Wort nicht geläufig? Idyllische Bilder kommen uns da in den Sinn. Hören wir aber genau auf den Text! Nicht Romantik führt die Feder. Der Hintergrund ist eine konkrete Gefahr. »Muß ich auch wandern in finsterer Schlucht, ich fürchte kein Unheil; denn du bist bei mir« (V. 4). Der Sänger dieses Liedes lebt nicht auf einer Insel der Seligen. Er ist unterwegs, und zwar auf einem recht gefahrvollen Lebensweg. Er versteht sich als Wanderer, dem auch die finstere Schlucht nicht erspart bleibt. Aber ihn trägt das gläubige Wissen um die Hirtenschaft Gottes. Er erinnert sich an das frohe Bekenntnis Jakobs: »Gott, der mein Hirt war mein Lebtag bis heute« (1. Mose 48,15). Er kennt die prophetischen Texte, die Gott als Hirt seines Volkes Israel bezeichnen. Er wendet sie auf sich selbst an und rechnet mit Gottes behütendem Geleit auch in seinem eigenen Leben: »Er läßt mich lagern auf grünen Auen und führt mich zum Ruheplatz am Wasser« (V. 2).

Dann wechselt das Bild. Nicht mehr vom Hirten ist die Rede, sondern vom Gastgeber. Gott gewährt dem verfolgten und bedrängten Menschen Gastfreundschaft und bietet ihm seine Mahlgemeinschaft an. Er deckt ihm, dem Asylsuchenden, den Tisch in seinem Haus und füllt ihm reichlich den Becher, und zwar vor den Augen seiner Feinde (V. 5). Großzügiger kann man sich eine Bewirtung kaum vorstellen. Eine alte Berner Bibel bringt dies sprachlich sehr anschaulich zum Ausdruck. Sie übersetzt: »und schenkest mir schwibbeli-schwabbeli vol ein«.

Wenn wir als Christen Psalm 23 beten, kommt uns da nicht spontan Jesus von Nazareth in den Sinn, den die Hirtensorgen um uns Menschen umgetrieben haben? Müssen wir da nicht an seine Worte denken: »Ich bin der gute Hirt. Der gute Hirt gibt sein Leben hin für die Schafe« (Johannes 10,11)? Und hat die Gastfreundschaft Gottes nicht ihren Höhepunkt erreicht in dem menschgewordenen Gottessohn, der selber Brot des Lebens geworden ist? Warum verlassen wir uns so wenig auf seine Verheißung: »Ihr sollt in meinem Reich mit mir an meinem Tisch essen und trinken« (Lukas 22,30)? HUBERT BOUR

Wie reich hat uns der Herr bedacht, der uns zu seinem Volk gemacht. Als guter Hirt ist er bereit, zu führen uns auf seine Weid.

24 [Ein Psalm Davids.] Die Erde ist
des Herrn und was darinnen ist, /
der Erdkreis und die darauf wohnen.
2 Denn er hat ihn über den Meeren ge-
gründet / und über den Wassern bereitet.
3 Wer darf auf des Herrn Berg gehen, /
und wer darf stehen an seiner heiligen
Stätte? 4 Wer unschuldige Hände hat /
und reinen Herzens ist, wer nicht bedacht
ist auf Lug und Trug / und nicht falsche
Eide schwört: 5 der wird den Segen vom
Herrn empfangen / und Gerechtigkeit
von dem Gott seines Heiles. 6 Das ist das
Geschlecht, das nach ihm fragt, / das da
sucht dein Antlitz, Gott Jakobs. [Sela]
7 Machet die Tore weit und die Türen in
der Welt hoch, / daß der König der Ehre
einziehe! 8 Wer ist der König der Ehre? /
Es ist der Herr, stark und mächtig, der
Herr, mächtig im Streit. 9 Machet die Tore
weit und die Türen in der Welt hoch, / daß
der König der Ehre einziehe! 10 Wer ist
der König der Ehre? / Es ist der Herr
Zebaoth; er ist der König der Ehre. [Sela]
(L)

24 [Ein Psalm Davids.] Dem Herrn
gehört die Erde und was sie er-
füllt, / der Erdkreis und seine Bewohner.
2 Denn er hat ihn auf Meere gegründet, /
ihn über Strömen befestigt. 3 Wer darf
hinaufziehn zum Berg des Herrn, / wer
darf stehn an seiner heiligen Stätte? 4 Der
reine Hände hat und ein lauteres Herz, /
der nicht betrügt und keinen Meineid
schwört. 5 Er wird Segen empfangen vom
Herrn / und Heil von Gott, seinem Hel-
fer. 6 Das sind die Menschen, die nach ihm
fragen, / die dein Antlitz suchen, Gott Ja-
kobs. [Sela] 7 Ihr Tore, hebt euch nach
oben, / hebt euch, ihr uralten Pforten; /
denn es kommt der König der Herrlich-
keit. 8 Wer ist der König der Herrlich-
keit? / Der Herr, stark und gewaltig, / der
Herr, mächtig im Kampf. 9 Ihr Tore, hebt
euch nach oben, / hebt euch, ihr uralten
Pforten; / denn es kommt der König der
Herrlichkeit. 10 Wer ist der König der
Herrlichkeit? / Der Herr der Heerscha-
ren, / er ist der König der Herrlichkeit.
[Sela] (E)

Gott ist groß

Die Worte des 24. Psalms strahlen etwas Feierliches aus. Sie sprechen nicht die Sprache des Herzens, die wir aus anderen Psalmen kennen. Gott erscheint nicht als der nahe Gott, mit dem man vertraulichen Umgang haben kann. Hier wird vielmehr feierlich Gott angekündigt in seiner Majestät und seinem Glanz. Ursprünglich gehört der Psalm in den Zusammenhang einer Einlaßliturgie beim Tempelkult. In drei Abschnitten besingt er das Wunder, daß der in seiner Größe nicht faßbare Gott in unseren engen und dunklen Verhältnissen Einzug halten will:

Dem Herrn gehört die Erde! Gott kommt als der Schöpfer und Eigentümer in weltumfassender Souveränität. Wo er erscheint, kann eigentlich kein Besitz- und Herrschaftsanspruch aufrechterhalten werden. Weder von Menschen über Menschen noch von Menschen über die »Erde und was darinnen ist«.

Wer darf hinaufziehen zum Berg des Herrn? Sein Advent setzt klare Maßstäbe. Wer »den Segen« für sein Leben erfahren will, der kann sich eigentlich der letzten Verantwortung für seine Handlungen und seine Absichten nicht entziehen. Die Frage nach Gott ist untrennbar verwoben mit der Frage nach meiner Lebensführung.

Und schließlich: Ihr Tore, hebt euch nach oben! Nicht groß genug kann dieser Herr gedacht werden. Wenn er kommt, dann sprengt er alle Maßstäbe. Eigentlich müßte das Unmögliche geschehen: Die Abmessungen des Tempels wie die unserer Herzen müßten sich ins Unermeßliche weiten, damit der Schöpfer in der Schöpfung einziehen kann.

Vielleicht tut es unserem Glauben gut, an die Größe Gottes erinnert zu werden – gerade am Anfang eines neuen Kirchenjahres, gerade auch am Anfang der Vorweihnachtszeit mit ihrer großen Gefahr der Verniedlichung Gottes. Daß Gott selbst sich »klein macht«, daß er sich in der Menschwerdung Jesu unseren Verhältnissen einpaßt, um sie zurechtzubringen und weit zu machen, das kann uns nur dann zum Wunder werden, wenn wir zuerst den unermeßlichen Abstand zwischen ihm und uns wahrnehmen. ANDREAS THIBAUT

Ach, mache du mich Armen zu dieser heil'gen Zeit aus Güte und Erbarmen, Herr Jesu, selbst bereit!

25 [Von David.] Nach dir, Herr, ver-
langet mich. / [2]Mein Gott, ich
hoffe auf dich; laß mich nicht zuschanden
werden, / daß meine Feinde nicht froh-
locken über mich. [3]Denn keiner wird zu-
schanden, der auf dich harret; / aber zu-
schanden werden die leichtfertigen Ver-
ächter. [4]Herr, zeige mir deine Wege / und
lehre mich deine Steige! [5]Leite mich in
deiner Wahrheit und lehre mich! / Denn
du bist der Gott, der mir hilft; täglich
harre ich auf dich. [6]Gedenke, Herr, an
deine Barmherzigkeit und an deine
Güte, / die von Ewigkeit her gewesen
sind. [7]Gedenke nicht der Sünden meiner
Jugend / und meiner Übertretungen, ge-
denke aber meiner nach deiner Barmher-
zigkeit, / Herr, um deiner Güte willen!
[8]Der Herr ist gut und gerecht; / darum
weist er Sündern den Weg. [9]Er leitet die
Elenden recht / und lehrt die Elenden sei-
nen Weg. [10]Die Wege des Herrn sind lau-
ter Güte und Treue / für alle, die seinen
Bund und seine Gebote halten. [11]Um dei-
nes Namens willen, Herr, / vergib mir
meine Schuld, die so groß ist! [12]Wer ist
der Mann, der den Herrn fürchtet? / Er
wird ihm den Weg weisen, den er wählen
soll. [13]Er wird im Guten wohnen, / und
sein Geschlecht wird das Land besitzen.
[14]Der Herr ist denen Freund, die ihn
fürchten; / und seinen Bund läßt er sie
wissen. [15]Meine Augen sehen stets auf
den Herrn; / denn er wird meinen Fuß aus
dem Netze ziehen. [16]Wende dich zu mir
und sei mir gnädig; / denn ich bin einsam
und elend. [17]Die Angst meines Herzens
ist groß; / führe mich aus meinen Nöten!
[18]Sieh an meinen Jammer und mein
Elend / und vergib mir alle meine Sün-
den! [19]Sieh, wie meiner Feinde so viel
sind / und zu Unrecht mich hassen. [20]Be-
wahre meine Seele und errette mich; / laß
mich nicht zuschanden werden, denn ich
traue auf dich! [21]Unschuld und Redlich-
keit mögen mich behüten; / denn ich
harre auf dich. [22]Gott, erlöse Israel / aus
aller seiner Not! (L)

25 [Von David.] Zu dir, Herr, erhebe
ich meine Seele. / [2]Mein Gott, auf
dich vertraue ich. Laß mich nicht schei-
tern, / laß meine Feinde nicht triumphie-
ren! [3]Denn niemand, der auf dich hofft,
wird zuschanden; / zuschanden wird, wer
dir schnöde die Treue bricht. [4]Zeige mir,
Herr, deine Wege, / lehre mich deine
Pfade! [5]Führe mich in deiner Treue und
lehre mich; / denn du bist der Gott meines
Heiles. / Auf dich hoffe ich allezeit.
[6]Denk an dein Erbarmen, Herr, / und an
die Taten deiner Huld; / denn sie beste-
hen seit Ewigkeit. [7]Denk nicht an meine
Jugendsünden und meine Frevel! / In dei-
ner Huld denk an mich, Herr, denn du bist
gütig. [8]Gut und gerecht ist der Herr, /
darum weist er die Irrenden auf den rech-
ten Weg. [9]Die Demütigen leitet er nach
seinem Recht, / die Gebeugten lehrt er
seinen Weg. [10]Alle Pfade des Herrn sind
Huld und Treue / denen, die seinen Bund
und seine Gebote bewahren. [11]Um deines
Namens willen, Herr, verzeih mir; / denn
meine Schuld ist groß. [12]Wer ist der
Mann, der Gott fürchtet? / Ihm zeigt er
den Weg, den er wählen soll. [13]Dann wird
er wohnen im Glück, / seine Kinder wer-
den das Land besitzen. [14]Die sind Ver-
traute des Herrn, die ihn fürchten; / er
weiht sie ein in seinen Bund. [15]Meine Au-
gen schauen stets auf den Herrn; / denn er
befreit meine Füße aus dem Netz.
[16]Wende dich mir zu und sei mir gnädig; /
denn ich bin einsam und gebeugt. [17]Befrei
mein Herz von der Angst, / führe mich
heraus aus der Bedrängnis! [18]Sieh meine
Not und Plage an, / und vergib mir all
meine Sünden! [19]Sieh doch, wie zahlreich
meine Feinde sind, / mit welch tödlichem
Haß sie mich hassen! [20]Erhalte mein Le-
ben und rette mich, / laß mich nicht schei-
tern! / Denn ich nehme zu dir meine Zu-
flucht. [21]Unschuld und Redlichkeit mö-
gen mich schützen, / denn ich hoffe auf
dich, o Herr. [22]O Gott, erlöse Israel / aus
all seinen Nöten. (E)

Zeig mir deine Wege!

Es fällt leicht, diesen Psalm mitzubeten, einen Psalm, der aus einem großen Schatz an Gebeten zusammengewachsen ist. Er enthält Worte des Vertrauens, des Flehens um Vergebung und des Bittens um Wegweisung, die besonders lebensnah und eindrücklich sind:

»Nach dir, Herr, verlanget mich, mein Gott, ich hoffe auf dich.« Sosehr unsere Gesellschaft auf Selbständigkeit und Selbstverwirklichung ausgerichtet ist, kommt uns doch immer wieder zu Bewußtsein, daß uns Grenzen gesetzt sind. Wir können unberechenbare Einflüsse von außen nicht von uns fernhalten und sind anfällig für vielerlei Gefahren. In der Unbeständigkeit und Bedrohung des Daseins suchen wir einen Halt, wir sehnen uns nach Geborgenheit, Liebe, Vertrauen.

»Zeige mir, Herr, deine Wege und lehre mich deine Steige!« Mit anderen Worten: Gib meinem Leben einen Sinn und ein Ziel! Wenn wir auf unser Leben zurückblicken, erkennen wir, wo wir schuldig geworden sind, wo wir zu wenig geliebt und wo wir falsche Entscheidungen getroffen haben. Je älter wir werden, um so mehr Lasten tragen wir mit uns herum. Der Psalm möchte uns zu dem Herrn geleiten, der sie uns abnehmen kann. Er »zieht unseren Fuß aus dem Netz« und macht uns frei aus der Verstrickung. Damit stellt er uns auf einen neuen Weg, auf dem wir wieder leben und atmen können. Er schenkt uns einen Neuanfang. Wohin wird er uns führen?

»Meine Augen sehen stets auf den Herrn.« Hier ist die Richtung angegeben, in der wir uns orientieren müssen. Ein afrikanisches Sprichwort lautet: »Wende dein Gesicht der Sonne zu, dann fallen die Schatten hinter dich.« Wenn wir dem Herrn unseres Lebens vertrauen, lassen wir die Hoffnungslosigkeit hinter uns. Wir lernen die Gelassenheit, uns an diesem Leben zu freuen, obwohl es bedroht ist und uns jederzeit genommen werden kann. Wir erkennen das Wichtige, das von Gott Gewollte und können uns dafür einsetzen, solange es uns möglich ist. Im Blick auf Gottes Wege, die »Güte und Treue« sind, dürfen wir hoffen und glauben, daß er bei uns ist.

ELISABETH HÖRETH

Ich möcht, daß einer mit mir geht, der's Leben kennt, der mich versteht, der mich zu allen Zeiten kann geleiten. Ich möcht, daß einer mit mir geht.

26 [Von David.] Herr, schaffe mir Recht, denn ich bin unschuldig! / Ich hoffe auf den Herrn, darum werde ich nicht fallen. 2 Prüfe mich, Herr, und erprobe mich, / erforsche meine Nieren und mein Herz! 3 Denn deine Güte ist mir vor Augen, / und ich wandle in deiner Wahrheit. 4 Ich sitze nicht bei heillosen Leuten / und habe nicht Gemeinschaft mit den Falschen. 5 Ich hasse die Versammlung der Boshaften / und sitze nicht bei den Gottlosen. 6 Ich wasche meine Hände in Unschuld / und halte mich, Herr, zu deinem Altar, 7 dir zu danken mit lauter Stimme / und zu verkündigen alle deine Wunder. 8 Herr, ich habe lieb die Stätte deines Hauses / und den Ort, da deine Ehre wohnt. 9 Raffe meine Seele nicht hin mit den Sündern / noch mein Leben mit den Blutdürstigen, 10 an deren Händen Schandtat klebt / und die gern Geschenke nehmen. 11 Ich aber gehe meinen Weg in Unschuld. / Erlöse mich und sei mir gnädig! 12 Mein Fuß steht fest auf rechtem Grund. / Ich will den Herrn loben in den Versammlungen. (L)

26 [Von David.] Verschaff mir Recht, o Herr; denn ich habe ohne Schuld gelebt. / Dem Herrn habe ich vertraut, ohne zu wanken. 2 Erprobe mich, Herr, und durchforsche mich, / prüfe mich auf Herz und Nieren! 3 Denn mir stand deine Huld vor Augen, / ich ging meinen Weg in Treue zu dir. 4 Ich saß nicht bei falschen Menschen, / mit Heuchlern hatte ich keinen Umgang. 5 Verhaßt ist mir die Schar derer, die Unrecht tun; / ich sitze nicht bei den Frevlern. 6 Ich wasche meine Hände in Unschuld; / ich umschreite, Herr, deinen Altar, 7 um laut dein Lob zu verkünden / und all deine Wunder zu erzählen. 8 Herr, ich liebe den Ort, wo dein Tempel steht, / die Stätte, wo deine Herrlichkeit wohnt. 9 Raff mich nicht hinweg mit den Sündern, / nimm mir nicht das Leben zusammen mit dem Mörder! 10 An ihren Händen klebt Schandtat, / ihre Rechte ist voll von Bestechung. 11 Ich aber gehe meinen Weg ohne Schuld. / Erlöse mich, und sei mir gnädig! 12 Mein Fuß steht auf festem Grund. / Den Herrn will ich preisen in der Gemeinde. (E)

Verderbliche Geschenke

Mit wie wenigen Worten bringt die Bibel die Sache doch auf den Punkt! Da betet einer: »Raffe meine Seele nicht hin mit den Sündern, an deren Händen Schandtat klebt und die Geschenke annehmen.« Offenbar hat es das, was wir heute »Gefälligkeitsdemokratie« nennen, auch schon zu Zeiten des Alten Testaments gegeben. Jedermann weiß, wieviel Unheil heute in Staat und Gesellschaft angerichtet wird. Nicht nur durch kriminelle Machenschaften, sondern viel vorsichtiger und vornehmer durch Geschenke, durch Bestechung. Ich brauche von dir eine Exporterlaubnis, eine Baugenehmigung oder eine Zeugenaussage, und du bekommst dafür von mir einen Scheck, eine Urlaubsreise oder meine Stimme bei der Wahl. Die Ansprüche sind im gleichen Maße gestiegen, wie die Maßstäbe gefallen sind. Ein Unrechtsbewußtsein scheint es kaum mehr zu geben.

Im 26. Psalm redet einer, der dieses Spiel nicht mitmacht. Er ist bereit, sich durchleuchten zu lassen. »Prüfe mich, Herr, und erprobe mich, erforsche meine Nieren und mein Herz.« Es gehört Mut dazu, in einer Gesellschaft, in der es fast selbstverständlich geworden ist, daß eine Hand die andere wäscht, sich »auf Herz und Nieren« prüfen zu lassen. Mag ja sein, daß in anderen Ländern andere Sitten herrschen, aber hierzulande gab es einmal ein Berufsethos und eine Beamtenmoral. Sie scheinen mehr und mehr in Vergessenheit zu geraten. Nicht nur zum Schaden derer, die Schmiergelder austeilen oder annehmen. Eines Tages kommen sie ja doch zu Fall. Sondern viel mehr zum Schaden des Gemeinwesens überhaupt. Und daß sich unsere Volksvertreter ihre Diäten selbst erhöhen, um gegen Bestechung der Lobbyisten gefeit zu sein – nun ja.

Woher nimmt der Beter dieses Psalms die Kraft zu sagen: Mein Fuß steht auf rechtem Grund? Woher nimmt er den Stolz zu sagen: Ich wasche meine Hände in Unschuld? Er hält sich Gottes Güte vor Augen. Er weiß, daß er in Gott reich ist. Darum hat er lieb die Stätte seines Hauses, darum verkündet er Gottes Tun, darum bleibt das Geld nicht an ihm kleben.

Übrigens nichts gegen Geschenke, die uns die Liebe eingibt. Man erkennt sie daran, daß sie nicht käuflich sind. CHRISTIAN TRÖBST

Gott, bewahre uns vor falschen Freunden und verderblichen Geschenken.

27 [Von David.] Der Herr ist mein
Licht und mein Heil; / vor wem
sollte ich mich fürchten? Der Herr ist mei-
nes Lebens Kraft; / vor wem sollte mir
grauen? 2 Wenn die Übeltäter an mich
wollen, / um mich zu verschlingen, meine
Widersacher und Feinde, / sollen sie sel-
ber straucheln und fallen. 3 Wenn sich
auch ein Heer wider mich lagert, / so
fürchtet sich dennoch mein Herz nicht;
wenn sich Krieg wider mich erhebt, / so
verlasse ich mich auf ihn. 4 Eines bitte ich
vom Herrn, das hätte ich gerne: / daß ich
im Hause des Herrn bleiben könne mein
Leben lang, zu schauen die schönen Got-
tesdienste des Herrn / und seinen Tempel
zu betrachten. 5 Denn er deckt mich in sei-
ner Hütte zur bösen Zeit, er birgt mich im
Schutz seines Zeltes / und erhöht mich auf
einen Felsen. 6 Und nun erhebt sich mein
Haupt / über meine Feinde, die um mich
her sind; darum will ich Lob opfern in sei-
nem Zelt, / ich will singen und Lob sagen
dem Herrn. 7 Herr, höre meine Stimme,
wenn ich rufe; / sei mir gnädig und erhöre
mich! 8 Mein Herz hält dir vor dein Wort:
»Ihr sollt mein Antlitz suchen.« / Darum
suche ich auch, Herr, dein Antlitz. 9 Ver-
birg dein Antlitz nicht vor mir, / verstoße
nicht im Zorn deinen Knecht! Denn du
bist meine Hilfe; verlaß mich nicht / und
tu die Hand nicht von mir ab, Gott, mein
Heil! 10 Denn mein Vater und meine Mut-
ter verlassen mich, / aber der Herr nimmt
mich auf. 11 Herr, weise mir deinen Weg /
und leite mich auf ebener Bahn um mei-
ner Feinde willen. 12 Gib mich nicht preis
dem Willen meiner Feinde! / Denn es ste-
hen falsche Zeugen wider mich auf und
tun mir Unrecht ohne Scheu. 13 Ich glaube
aber doch, daß ich sehen werde / die Güte
des Herrn im Lande der Lebendigen.
14 Harre des Herrn! / Sei getrost und un-
verzagt und harre des Herrn! (L)

27 [Von David.] Der Herr ist mein
Licht und mein Heil: / Vor wem
sollte ich mich fürchten? Der Herr ist die
Kraft meines Lebens: / Vor wem sollte
mir bangen? 2 Dringen Frevler auf mich
ein, / um mich zu verschlingen, meine Be-
dränger und Feinde, / sie müssen strau-
cheln und fallen. 3 Mag ein Heer mich be-
lagern: / Mein Herz wird nicht verzagen.
Mag Krieg gegen mich toben: / Ich bleibe
dennoch voll Zuversicht. 4 Nur eines er-
bitte ich vom Herrn, / danach verlangt
mich: Im Haus des Herrn zu wohnen / alle
Tage meines Lebens, die Freundlichkeit
des Herrn zu schauen / und nachzusinnen
in seinem Tempel. 5 Denn er birgt mich in
seinem Haus / am Tage des Unheils; er
beschirmt mich im Schutz seines Zeltes, /
er hebt mich auf einen Felsen empor.
6 Nun kann ich mein Haupt erheben / über
die Feinde, die mich umringen. Ich will
Opfer darbringen in seinem Zelt, Opfer
mit Jubel; / dem Herrn will ich singen und
spielen. 7 Vernimm, o Herr, mein lautes
Rufen; / sei mir gnädig, und erhöre mich!
8 Mein Herz denkt an dein Wort: »Sucht
mein Angesicht!« / Dein Angesicht,
Herr, will ich suchen. 9 Verbirg nicht dein
Gesicht vor mir; / weise deinen Knecht im
Zorn nicht ab! / Du wurdest meine Hilfe.
Verstoß mich nicht, verlaß mich nicht, /
du Gott meines Heiles! 10 Wenn mich auch
Vater und Mutter verlassen, / der Herr
nimmt mich auf. 11 Zeige mir, Herr, dei-
nen Weg, / leite mich auf ebener Bahn
trotz meiner Feinde! 12 Gib mich nicht
meinen gierigen Gegnern preis; / denn
falsche Zeugen stehen gegen mich auf und
wüten. 13 Ich aber bin gewiß, zu schauen /
die Güte des Herrn im Land der Leben-
den. 14 Hoffe auf den Herrn, und sei
stark! / Hab festen Mut, und hoffe auf den
Herrn! (E)

Glauben – zwei Seelen in der Brust?

Zunächst spürt man aus jeder Zeile dieses Psalms ein unerschütterliches Gottvertrauen: Gott ist hilfreich und zuverlässig – auch gegen ein ganzes »Heer« von Feinden und Problemen (V. 1–3). Nur einen Wunsch hat der Mensch, der da so zuversichtlich betet: Es soll auch in Zukunft so bleiben! (V. 4ff.). Das ganze Leben lang Gottes Nähe spüren – was will man mehr? Wer wollte nicht gerne einstimmen in dieses Lied der Glaubensgewißheit?

Dann ziehen plötzlich dunkle Wolken vor dieses helle Licht. Dieser zuversichtliche Psalmgesang, das hoffnungsvolle Gebet in Dur schlägt ganz unerwartet um in düstere Molltöne. Ein Klagelied beginnt (V. 7). Tonart und Argumente werden so ganz anders, daß manche Ausleger meinen, hier seien zwei verschiedene Psalmen nachträglich aneinandergereiht worden (1–6 und 7–14).

»Zweifel ist der Zwillingsbruder des Glaubens«, hat Martin Luther einmal gesagt. Und er wollte damit sagen, daß Glaube und Zweifel, Hoffnung und Verzweiflung, Gottvertrauen und Unsicherheit ganz dicht beieinander sind – nicht auf verschiedene Personen verteilt, sondern in uns. Es ist ja wohl eher die Ausnahme, daß Menschen ihres Glaubens so sicher sind, daß sie singen können: »Immer fröhlich, immer fröhlich, alle Tage Sonnenschein.« Auch im Glauben gibt es ein Auf und Ab, sonnige Phasen und finstere Täler. Glaube und Gottvertrauen sind kein fester Besitz! Wer heute seines Glaubens und der Nähe Gottes gewiß ist, kann nicht sicher sein, daß das so bleibt. Daß Gott sein »Antlitz verbirgt«, nicht mehr erkennbar und spürbar ist, das ist eine schmerzliche Erfahrung, die gerade auch die Menschen machen mußten, die sich ganz fest auf Gott verlassen haben (z. B. Abraham).

Durch den Glauben haben wir nicht die Sicherheit, daß Gott uns alle Schwierigkeiten erspart. Aber wir dürfen um die getroste Gewißheit bitten und hoffen, daß Gott auch in den finsteren Tälern da ist, daß er unser Licht ist, auch wenn Wolken dieses Licht zudecken. Und mitten in der Klage glauben zu können, daß ich »sehen werde das Gute des Herrn im Lande der Lebendigen« (= zu Lebzeiten), das ist ein Geschenk. Sollen wir darauf nicht hoffen – trotz allem?

DIETER KUNZ

Auf meinen lieben Gott trau ich in Angst und Not; der kann mich allzeit retten aus Trübsal, Angst und Nöten, mein Unglück kann er wenden, steht alls in seinen Händen.

28 [Von David.] Wenn ich rufe zu dir,
Herr, mein Fels, / so schweige
doch nicht, daß ich nicht, wenn du
schweigst, / gleich werde denen, die in die
Grube fahren. 2 Höre die Stimme meines
Flehens, wenn ich zu dir schreie, / wenn
ich meine Hände aufhebe zu deinem heili-
gen Tempel. 3 Raffe mich nicht hin mit
den Gottlosen / und mit den Übeltätern,
die freundlich reden mit ihrem Nächsten /
und haben Böses im Herzen. 4 Gib ihnen
nach ihrem Tun / und nach ihren bösen
Taten; gib ihnen nach den Werken ihrer
Hände; / vergilt ihnen, wie sie es verdie-
nen. 5 Denn sie wollen nicht achten auf das
Tun des Herrn / noch auf die Werke sei-
ner Hände; darum wird er sie niederrei-
ßen / und nicht wieder aufbauen. 6 Gelobt
sei der Herr; denn er hat erhört / die
Stimme meines Flehens. 7 Der Herr ist
meine Stärke und mein Schild; / auf ihn
hofft mein Herz, und mir ist geholfen.
Nun ist mein Herz fröhlich, / und ich will
ihm danken mit meinem Lied. 8 Der Herr
ist seines Volkes Stärke, / Hilfe und
Stärke für seinen Gesalbten. 9 Hilf deinem
Volk und segne dein Erbe / und weide
und trage sie ewiglich! (L)

28 [Von David.] Zu dir rufe ich, Herr,
mein Fels. / Wende dich nicht
schweigend ab von mir! Denn wolltest du
schweigen, / würde ich denen gleich, die
längst begraben sind. 2 Höre mein lautes
Flehen, wenn ich zu dir schreie, / wenn ich
die Hände zu deinem Allerheiligsten er-
hebe. 3 Raff mich nicht weg mit den Übel-
tätern und Frevlern, / die ihren Nächsten
freundlich grüßen, / doch Böses hegen in
ihrem Herzen. 4 Vergilt ihnen, wie es ih-
rem Treiben entspricht / und ihren bösen
Taten. Vergilt ihnen, wie es das Werk ih-
rer Hände verdient. / Wende ihr Tun auf
sie selbst zurück! 5 Denn sie achten nicht
auf das Walten des Herrn / und auf das
Werk seiner Hände. Darum reißt er sie
nieder / und richtet sie nicht wieder auf.
6 Der Herr sei gepriesen. / Denn er hat
mein lautes Flehen erhört. 7 Der Herr ist
meine Kraft und mein Schild, / mein Herz
vertraut ihm. Mir wurde geholfen. Da ju-
belte mein Herz; / ich will ihm danken mit
meinem Lied. 8 Der Herr ist die Stärke sei-
nes Volkes, / er ist Schutz und Heil für sei-
nen Gesalbten. 9 Hilf deinem Volk, und
segne dein Erbe, / führe und trage es in
Ewigkeit! (E)

Gottes Ohr ist immer offen

Wenn zwischen zwei Menschen der Faden zu reißen droht, ist als erstes der Sprechkontakt gestört. Besonders kritisch wird es, wenn man nicht mehr miteinander redet. Diese Verweigerung des Wortes wird dann oft als Liebesentzug empfunden und erlitten. Kann man diese Situation auch auf die Beziehung des Menschen zu Gott übertragen? Eine bedrückende Frage. Denn auch diese Beziehung lebt vom Gespräch. Wenn man aber das Gefühl hat, daß Gott schweigt? Und genau das ist hier der Fall. Der tief unglückliche Beter klagt Gott, daß der Dialog mit ihm abgerissen ist und sein Wort kein Echo findet. Es ist buchstäblich die Hölle, freilich alttestamentlich verstanden, wo man unter Hölle noch das Totenreich verstand. Und dorthin dringt nicht mehr Gottes Stimme, denn man ist ja tot und kann ihn nicht mehr loben.

Noch einmal gefragt: Ist es auch hier so wie bei uns Menschen, wenn das Wort keine Brücken mehr baut? Ganz gewiß nicht. Denn das hieße zu menschlich von Gott reden. Er aber ist der Großherzige, der immer mit sich Identische, der ganz andere. Das Schweigen Gottes ist also ein subjektives Empfinden, vor allem in Stunden äußerster Bedrängnis.

So wie hier. Der Mann, der furchtbar an Gottes Schweigen leidet, fürchtet für sein Leben, und zwar durch Menschen, die er Übeltäter nennt. Hinter der Maske gespielter Freundlichkeit gegenüber jedermann verbergen sie ein bösartiges Herz, das auf seine Vernichtung sinnt. Und Gott schweigt. Der Mann hat unser tiefstes Mitgefühl. Aber darf man in diesem verzweifelten Versuch, Gottes Ohr zu finden, den Finsterlingen Gottes Strafgericht wünschen? Wohl kaum. Aber es gibt eine schier ausweglose Lage, in der in unseren Hilfeschrei der Wunsch einfließt, Gottes Mühlen möchten nicht zu langsam mahlen. Anders gesagt: Wenn Gott früher oder später ihr Werk zerschlägt, ist das doch die Antwort auf die verletzte Ordnung, die er schuf.

Diesen Gedanken durchdenkt auch der Beter und fühlt sich wunderbar erhört und befreit. Gott redet wieder, und das Herz kann sprechen: Gelobt sei mein Herr, meine Stärke und mein Schild.

GEORG KARL FRANK

Fröhlich ist nun mein Herz, durch meinen Gesang will ich ihm danken.

29 [Ein Psalm Davids.] Bringet dar
dem Herrn, ihr Himmlischen, /
bringet dar dem Herrn Ehre und Stärke!
2 Bringet dar dem Herrn die Ehre seines
Namens, / betet an den Herrn in heiligem
Schmuck! 3 Die Stimme des Herrn er-
schallt über den Wassern, / der Gott der
Ehre donnert, der Herr, über großen
Wassern. 4 Die Stimme des Herrn ergeht
mit Macht, / die Stimme des Herrn ergeht
herrlich. 5 Die Stimme des Herrn zerbricht
die Zedern, / der Herr zerbricht die Ze-
dern des Libanon. 6 Er läßt hüpfen wie ein
Kalb den Libanon, / den Sirjon wie einen
jungen Wildstier. 7 Die Stimme des Herrn
sprüht Feuerflammen; 8 die Stimme des
Herrn läßt die Wüste erbeben; / der Herr
läßt erbeben die Wüste Kadesch. 9 Die
Stimme des Herrn läßt Eichen wirbeln
und reißt Wälder kahl. / In seinem Tem-
pel ruft alles: »Ehre!« 10 Der Herr hat sei-
nen Thron über der Flut; / der Herr bleibt
ein König in Ewigkeit. 11 Der Herr wird
seinem Volk Kraft geben; / der Herr wird
sein Volk segnen mit Frieden. (L)

29 [Ein Psalm Davids.] Bringt dar
dem Herrn, ihr Himmlischen, /
bringt dar dem Herrn Lob und Ehre!
2 Bringt dar dem Herrn die Ehre seines
Namens, / werft euch nieder vor dem
Herrn in heiligem Schmuck! 3 Die Stimme
des Herrn erschallt über den Wassern. /
Der Gott der Herrlichkeit donnert, / der
Herr über gewaltigen Wassern. 4 Die
Stimme des Herrn ertönt mit Macht, / die
Stimme des Herrn voll Majestät. 5 Die
Stimme des Herrn zerbricht die Zedern, /
der Herr zerschmettert die Zedern des
Libanon. 6 Er läßt den Libanon hüpfen
wie ein Kalb, / wie einen Wildstier den
Sirjon. 7 Die Stimme des Herrn sprüht
flammendes Feuer, / 8 die Stimme des
Herrn läßt die Wüste beben, / beben läßt
der Herr die Wüste von Kadesch. 9 Die
Stimme des Herrn wirbelt Eichen em-
por, / sie reißt ganze Wälder kahl. / In sei-
nem Palast rufen alle: O herrlicher Gott!
10 Der Herr thront über der Flut, / der
Herr thront als König in Ewigkeit. 11 Der
Herr gebe Kraft seinem Volk. / Der Herr
segne sein Volk mit Frieden. (E)

Der große Lobpreis der Herrlichkeit Gottes

Die einzig angemessene Haltung Gott und seinen Taten gegenüber ist die der Ehrfurcht und der Anbetung. So will auch der Psalm 29 verstanden werden, der in der Lutherbibel überschrieben ist »Der große Lobpreis der Herrlichkeit Gottes«.

Dieser Psalm zählt nicht zu den bekanntesten. In vielem mutet er uns fremd an. Für mich ist das Auffallendste, daß weder die Gottesdienstgemeinde noch ein einzelner in ihm eine Rolle spielen.

Der Dichter versetzt uns in die himmlische Welt, dorthin, wo Gott als »König in Ewigkeit« thront (V. 1 und 2; 10 und 9b). Aber nicht wir Menschen werden zur Huldigung Gott gegenüber aufgefordert, wie das sonst der Fall ist. Für den Psalmisten ist Gott so groß, gewaltig und herrlich, daß er dem himmlischen Hofstaat die Aufgabe der Anbetung zuweist.

Im Mittelteil des Psalms (V. 3–9a) wird uns die Größe und Majestät Gottes im Gewitter mit Donner und Blitz geschildert. Sechsmal ist es die »Stimme des Herrn«, die furchterregende Wirkungen in der ganzen Schöpfung auslöst. Stellen wir uns nur das Bild von den Bergen im Libanon vor (Sirjan ist ein anderer Name für den Libanon), die durch die donnernde Stimme Gottes zu hüpfen anfangen wie ein Kalb oder ein junger Büffel!

Ist das der Gott, den wir vor Augen haben? Wenn wir ehrlich sind, müssen wir die Frage verneinen. Zum Wesen Gottes gehören für uns vorrangig seine Barmherzigkeit, seine Gnade, seine Treue, seine Verheißung, uns mit Kraft zu erfüllen und mit Frieden zu segnen (V. 11). Doch wir sollten die Wesenszüge Gottes, die dieser Psalm aufzeigen will, nicht vorschnell ausklammern.

Nur durch Jesus Christus, in dem Gott in einer ganz anderen Weise sich selbst, seine Größe und Majestät offenbart hat, können wir ihm ohne Furcht und Zittern begegnen. Daher steht es uns gut an, in den Lobpreis miteinzustimmen: »O herrlicher Gott« (V. 9b).

MARIANNE KOCH

Gelobet sei der Herr, des Name heilig heißt, Gott Vater, Gott der Sohn und Gott der werte Geist.

30 [Ein Psalm Davids, ein Lied zur
Einweihung des Tempels.] 2 Ich
preise dich, Herr; denn du hast mich aus
der Tiefe gezogen / und lässest meine
Feinde sich nicht über mich freuen.
3 Herr, mein Gott, als ich schrie zu dir, /
da machtest du mich gesund. 4 Herr, du
hast mich von den Toten heraufgeholt; /
du hast mich am Leben erhalten, aber sie
mußten in die Grube fahren. 5 Lobsinget
dem Herrn, ihr seine Heiligen, / und prei-
set seinen heiligen Namen! 6 Denn sein
Zorn währet einen Augenblick / und le-
benslang seine Gnade. Den Abend lang
währet das Weinen, / aber des Morgens
ist Freude. 7 Ich aber sprach, als es mir gut
ging: / Ich werde nimmermehr wanken.
8 Denn, Herr, durch dein Wohlgefallen
hattest du mich auf einen hohen Fels ge-
stellt. / Aber als du dein Antlitz verbar-
gest, erschrak ich. 9 Zu dir, Herr, rief
ich, / und zum Herrn flehte ich: 10 Was
nützt dir mein Blut, wenn ich zur Grube
fahre? / Wird dir auch der Staub danken
und deine Treue verkündigen? 11 Herr,
höre und sei mir gnädig! / Herr, sei mein
Helfer! 12 Du hast mir meine Klage ver-
wandelt in einen Reigen, / du hast mir den
Sack der Trauer ausgezogen und mich mit
Freude gegürtet, 13 daß ich dir lobsinge
und nicht stille werde. / Herr, mein Gott,
ich will dir danken in Ewigkeit. (L)

30 [Ein Psalm. Ein Lied zur Tempel-
weihe. Von David.] 2 Ich will dich
rühmen, Herr, / denn du hast mich aus
der Tiefe gezogen / und läßt meine Feinde
nicht über mich triumphieren. 3 Herr,
mein Gott, ich habe zu dir geschrien, /
und du hast mich geheilt. 4 Herr, du hast
mich herausgeholt aus dem Reich des To-
des, / aus der Schar der Todgeweihten
mich zum Leben gerufen. 5 Singt und
spielt dem Herrn, ihr seine Frommen, /
preist seinen heiligen Namen! 6 Denn sein
Zorn dauert nur einen Augenblick, / doch
seine Güte ein Leben lang. Wenn man am
Abend auch weint, / am Morgen herrscht
wieder Jubel. 7 Im sicheren Glück dachte
ich einst: / Ich werde niemals wanken.
8 Herr, in deiner Güte / stelltest du mich
auf den schützenden Berg. Doch dann
hast du dein Gesicht verborgen. / Da bin
ich erschrocken. 9 Zu dir, Herr, rief ich um
Hilfe, / ich flehte meinen Herrn um
Gnade an. 10 (Ich sagte:) / Was nützt dir
mein Blut, wenn ich begraben bin? /
Kann der Staub dich preisen, deine Treue
verkünden? 11 Höre mich, Herr, sei mir
gnädig! / Herr, sei du mein Helfer! 12 Da
hast du mein Klagen in Tanzen verwan-
delt, / hast mir das Trauergewand ausge-
zogen und mich mit Freude umgürtet.
13 Darum singt dir mein Herz und will
nicht verstummen. / Herr, mein Gott, ich
will dir danken in Ewigkeit. (E)

Wach auf, mein Herz, und singe

Da war jemand ganz »down«, deprimiert, mußte »durch die Hölle«. Offensichtlich ist alles zusammengekommen, so daß diesem armen Menschen nur noch zum Heulen zumute war – den ganzen Abend lang (V. 6). »Man soll den Tag nicht vor dem Abend loben!« sagen wir skeptisch und realistisch, wenn ein Tag gut angefangen hat. Wer weiß, was noch für böse Überraschungen kommen? Und wer dann abends das heulende Elend kriegt, hat schwerlich eine gute Nacht und mag an den nächsten Morgen nicht denken.

Dann passiert ein Wunder: Dieser gedrückte Mensch kommt nicht etwa mühsam aus den Federn, lustlos. Nein, er springt förmlich auf vor Freude, fast auf den Tisch, tanzt und lobt – lobt nicht den Tag vor dem Abend, sondern Gott! »Du hast meine Klage in einen Reigen verwandelt« (V. 12). Dieser Mensch fühlt sich wie neugeboren, wie jemand, der aus einem dunklen Loch herausgezogen, befreit worden ist.

Aber er hatte ja auch schon eine ganz andere Erfahrung gemacht: Er war selbstsicher, hatte geglaubt, er habe sein Leben voll im Griff (V. 7). Und dann verbarg Gott sein Antlitz, und es wurde duster. Wenn Gott sein Antlitz nicht leuchten läßt über uns, uns seinen Segen nicht spüren läßt, dann sind auch wir down. Es ist wahr: »Alles ist an Gottes Segen und an seiner Gnad gelegen.«

Wenn in der Tiefe jemand Gott so inständig anruft und wenn Gott einen bedrückten, niedergeschlagenen Menschen aufrichtet, daß er anfängt zu tanzen vor Freude, dann ist das kein privates Wunder, nicht eine Zweierbeziehung zwischen Gott und *einem* Menschen. Alle sollen es wissen und hören und sehen, was Gott getan hat, und alle sollen einstimmen in den Dank! »Wes das Herz voll ist, des geht der Mund über«, und sein Danklied soll alle anderen anstecken, Gott mit zu loben und zu bekennen, daß Gottes Gnade lebenslang ist.

Nach dem Gesetz der Wahrscheinlichkeit und nach aller menschlichen Erfahrung hat der Mensch, der jetzt so tanzt und singt, in seinem Leben auch wieder beschwerliche Erlebnisse gehabt, Situationen, wo ihm die Füße wieder schwer geworden sind. Aber im Vertrauen auf Gottes lebenslange Gnade nimmt er sich vor, Gott zu danken in Ewigkeit.

DIETER KUNZ

Nun danket alle Gott mit Herzen, Mund und Händen, der große Dinge tut an uns und allen Enden, der uns von Mutterleib und Kindesbeinen an unzählig viel zugut bis hierher hat getan.

31 [Ein Psalm Davids, vorzusingen.]
2 Herr, auf dich traue ich, laß mich
nimmermehr zuschanden werden, / er-
rette mich durch deine Gerechtigkeit!
3 Neige deine Ohren zu mir, hilf mir ei-
lends! / Sei mein starker Fels und eine
Burg, daß du mir helfest! 4 Denn du bist
mein Fels und meine Burg, / und um dei-
nes Namens willen wollest du mich leiten
und führen. 5 Du wollest mich aus dem
Netze ziehen, das sie mir heimlich stell-
ten; / denn du bist meine Stärke. 6 In
deine Hände befehle ich meinen Geist; /
du hast mich erlöst, Herr, du treuer Gott.
7 Ich hasse, die sich halten an nichtige Göt-
zen; / ich aber hoffe auf den Herrn. 8 Ich
freue mich und bin fröhlich über deine
Güte, / daß du mein Elend ansiehst und
nimmst dich meiner an in Not 9 und über-
gibst mich nicht in die Hände des Fein-
des; / du stellst meine Füße auf weiten
Raum. 10 Herr, sei mir gnädig, denn mir ist
angst! / Mein Auge ist trübe geworden
vor Gram, matt meine Seele und mein
Leib. 11 Denn mein Leben ist hinge-
schwunden in Kummer / und meine Jahre
in Seufzen. Meine Kraft ist verfallen
durch meine Missetat, / und meine Ge-
beine sind verschmachtet. 12 Vor all mei-
nen Bedrängern bin ich ein Spott gewor-
den, / eine Last meinen Nachbarn und ein
Schrecken meinen Bekannten. Die mich
sehen auf der Gasse, / fliehen vor mir.
13 Ich bin vergessen in ihrem Herzen wie
ein Toter; / ich bin geworden wie ein zer-
brochenes Gefäß. 14 Denn ich höre, wie
viele über mich lästern: / Schrecken ist
um und um! Sie halten Rat miteinander
über mich / und trachten danach, mir das
Leben zu nehmen. 15 Ich aber, Herr, hoffe
auf dich / und spreche: Du bist mein Gott!
16 Meine Zeit steht in deinen Händen. /
Errette mich von der Hand meiner Feinde
und von denen, die mich verfolgen. 17 Laß
leuchten dein Antlitz über deinen
Knecht; / hilf mir durch deine Güte!
18 Herr, laß mich nicht zuschanden wer-
den; / denn ich rufe dich an. Die Gottlo-
sen sollen zuschanden werden / und hin-
abfahren zu den Toten und schweigen.
19 Verstummen sollen die Lügenmäuler, /
die da reden wider den Gerechten frech,
stolz und höhnisch. 20 Wie groß ist deine
Güte, Herr, / die du bewahrt hast denen,
die dich fürchten, und erweisest vor den
Leuten / denen, die auf dich trauen! 21 Du
birgst sie in deinem Schutz vor den Rotten
der Leute, / du deckst sie in der Hütte vor
den zänkischen Zungen. 22 Gelobt sei der
Herr; denn er hat seine wunderbare
Güte / mir erwiesen in einer festen Stadt.
23 Ich sprach wohl in meinem Zagen: / Ich
bin von deinen Augen verstoßen. Doch
du hörtest die Stimme meines Flehens, /
als ich zu dir schrie. 24 Liebet den Herrn,
alle seine Heiligen! / Die Gläubigen be-
hütet der Herr und vergilt reichlich dem,
der Hochmut übt. 25 Seid getrost und un-
verzagt / alle, die ihr des Herrn harret! (L)

In Gott geborgen

Für uns Christen ist die Passions- und Fastenzeit von zentraler Bedeutung. Wir werden eingeladen, die Stationen des Weges zum Kreuz mit Jesus zu gehen. »Seht, wir gehen hinauf nach Jerusalem«, sagt Jesus. Der Psalm 31 ist ein guter Begleiter auf dem Kreuzweg. Er läßt uns alle Nöte und Anfechtungen auch im eigenen Leben und Herzen erfahren und richtet uns aus auf die Geborgenheit, die Jesus am Kreuz durch Gott erfährt: »In deine Hände befehle ich meinen Geist, du hast mich erlöst, Herr, du treuer Gott!«

Der Psalm hilft uns, bei uns und vor Gott all das auszusprechen, was uns beschwert. Da sind nicht nur die offenen Anfeindungen von Menschen, sondern ebenso die heimlichen Anfechtungen, die uns wie ein Netz fesseln. Wir erleben, wie Freunde uns im Stich lassen und wie wir anderen zur Last werden. »Ich bin vergessen wie ein Toter.«

Wir denken an Jesus, alleingelassen im Garten Gethsemane; selbst die treusten Jünger schlafen. Bei all der Bedrängnis von außen verzagt unser Herz, die Augen sind trübe, Leib und Seele sind matt. »Ich bin wie ein zerbrochenes Gefäß.« Läßt sich innere Traurigkeit anschaulicher beschreiben? So nimmt uns Jesus mit auf seinen Kreuzesweg. »Liebet den Herrn, all seine Heiligen.«

Heilige sind zerbrochene Menschen, die aus der Kraft Gottes leben. Sosehr auch das eigene Herz zittert und zagt, sie bleiben in Gottes Hand. So gottlos auch die Zeiten mit ihren Herrschern erscheinen mögen, ihre Zeit steht in Gottes Hand. So erklingt das Lob aus der Tiefe: »Seid getrost und unverzagt, alle, die ihr des Herren harret!«

HEINRICH RATHKE

Von guten Mächten wunderbar geborgen, erwarten wir getrost, was kommen mag. Gott ist mit uns am Abend und am Morgen und ganz gewiß an jedem neuen Tag.

32 [Eine Unterweisung Davids.] Wohl
dem, dem die Übertretungen ver-
geben sind, / dem die Sünde bedeckt ist!
2 Wohl dem Menschen, dem der Herr die
Schuld nicht zurechnet, / in dessen Geist
kein Trug ist! 3 Denn als ich es wollte ver-
schweigen, / verschmachteten meine Ge-
beine durch mein tägliches Klagen.
4 Denn deine Hand lag Tag und Nacht
schwer auf mir, / daß mein Saft vertrock-
nete, wie es im Sommer dürre wird. [Sela]
5 Darum bekannte ich dir meine Sünde, /
und meine Schuld verhehlte ich nicht. Ich
sprach: Ich will dem Herrn meine Über-
tretungen bekennen. / Da vergabst du mir
die Schuld meiner Sünde. [Sela] 6 Deshalb
werden alle Heiligen zu dir beten / zur
Zeit der Angst. Darum, wenn große Was-
serfluten kommen, / werden sie nicht an
sie gelangen. 7 Du bist mein Schirm, du
wirst mich vor Angst behüten, / daß ich
errettet gar fröhlich rühmen kann. [Sela]
8 »Ich will dich unterweisen und dir den
Weg zeigen, den du gehen sollst; / ich will
dich mit meinen Augen leiten.« 9 Seid
nicht wie Rosse und Maultiere, / die ohne
Verstand sind, denen man Zaum und Ge-
biß anlegen muß; / sie werden sonst nicht
zu dir kommen. 10 Der Gottlose hat viel
Plage; / wer aber auf den Herrn hofft, den
wird die Güte umfangen. 11 Freuet euch
des Herrn und seid fröhlich, ihr Gerech-
ten, / und jauchzet, alle ihr Frommen. (L)

32 [Von David. Ein Weisheitslied.]
Wohl dem, dessen Frevel verge-
ben / und dessen Sünde bedeckt ist.
2 Wohl dem Menschen, dem der Herr die
Schuld nicht zur Last legt / und dessen
Herz keine Falschheit kennt. 3 Solang' ich
es verschwieg, waren meine Glieder
matt, / den ganzen Tag mußte ich stöh-
nen. 4 Denn deine Hand lag schwer auf
mir bei Tag und bei Nacht; / meine Le-
benskraft war verdorrt wie durch die Glut
des Sommers. [Sela] 5 Da bekannte ich dir
meine Sünde / und verbarg nicht länger
meine Schuld vor dir. Ich sagte: Ich will
dem Herrn meine Frevel bekennen. /
Und du hast mir die Schuld vergeben.
[Sela] 6 Darum soll jeder Fromme in der
Not zu dir beten; / fluten hohe Wasser
heran, ihn werden sie nicht erreichen.
7 Du bist mein Schutz, bewahrst mich vor
Not; / du rettest mich und hüllst mich in
Jubel. [Sela] 8 »Ich unterweise dich und
zeige dir den Weg, den du gehen sollst. /
Ich will dir raten; über dir wacht mein
Auge.« 9 Werdet nicht wie Roß und Maul-
tier, / die ohne Verstand sind. Mit Zaum
und Zügel muß man ihr Ungestüm bändi-
gen, / sonst folgen sie dir nicht. 10 Der
Frevler leidet viele Schmerzen, / doch wer
dem Herrn vertraut, den wird er mit sei-
ner Huld umgeben. 11 Freut euch am
Herrn und jauchzt, ihr Gerechten, / jubelt
alle, ihr Menschen mit redlichem Herzen!
(E)

Das Glück der Sündenvergebung

Vergebung der Sünden ist das zentrale Thema von Psalm 32, der wohl aus diesem Grund zu den altkirchlichen Bußpsalmen zählt und den Augustinus aufgrund seiner eigenen Lebensgeschichte als Lieblingspsalm betrachtete. Eigentlich ist er ein Gebetslied. Er ist zunächst »das alte Lied vom Sünder: Keiner will einer sein. Und wer einer ist, will erst recht keiner sein« (E. Jüngel). Dann aber ist er das neue Lied des zur Einsicht Gekommenen, der seinen Dank für vergebene Schuld zum Ausdruck bringt. Der Beter beginnt mit einer Seligpreisung. Wer seine Schuld nicht verdrängt und totschweigt, sondern eingesteht, macht die beglückende Erfahrung, daß Gott ihn von seiner Sündenlast befreit. Nach schweren inneren Kämpfen hat der Psalmist sich zu dieser Einsicht durchgerungen und das Wunder der Vergebung hautnah erlebt. An ihm hat sich das Wort aus dem Buch der Sprichwörter bewahrheitet: »Wer seine Sünden verheimlicht, hat kein Glück, wer sie bekennt und meidet, findet Erbarmen« (Spr 28,13).

Der zweite Teil des Psalms zieht die lehrhafte Konsequenz: Jeder Fromme soll sich in vergleichbarer Not an Gott wenden, denn »wer dem Herrn vertraut, den wird er mit seiner Huld umgeben« (V. 10).

Der Psalm klingt aus mit der unbändigen Freude der Gerechten über das erfahrene Heil. Martin Luther hat unser Gebetslied mit Recht einen paulinischen Psalm genannt. Denn Vergebung der Sünde als messianisches Heilsgut und die Rechtfertigung des Sünders durchziehen die ganze Verkündigung des Apostels. Bei Paulus spielt die Freude über das Versöhnungs- und Erlösungswerk Jesu Christi an der ganzen Menschheit eine entscheidende Rolle. Er zitiert Psalm 32 im Römerbrief (4,7–8) und betont, daß die Sündenvergebung als freie Gnadentat Gottes an uns geschieht. Nicht unsere Werke sind es, die uns rechtfertigen, sondern Gottes Güte. Sie stellt uns nicht bloß, sondern bedeckt die Sünden. Voraussetzung bleibt allerdings, was unser Psalm ebenfalls betont: das Eingeständnis der eigenen Sündhaftigkeit.

HUBERT BOUR

Herr, unser Gott, wer auch mit dir gebrochen hat, er kann zu dir zurück, denn nichts ist unheilbar vor dir; unwiderruflich allein ist deine Liebe.

33 Freuet euch des Herrn, ihr Gerechten; / die Frommen sollen ihn recht preisen. 2 Danket dem Herrn mit Harfen; / lobsinget ihm zum Psalter von zehn Saiten! 3 Singet ihm ein neues Lied; / spielt schön auf den Saiten mit fröhlichem Schall! 4 Denn des Herrn Wort ist wahrhaftig, / und was er zusagt, das hält er gewiß. 5 Er liebt Gerechtigkeit und Recht; / die Erde ist voll der Güte des Herrn. 6 Der Himmel ist durch das Wort des Herrn gemacht / und all sein Heer durch den Hauch seines Mundes. 7 Er hält die Wasser des Meeres zusammen wie in einem Schlauch / und sammelt in Kammern die Fluten. 8 Alle Welt fürchte den Herrn, / und vor ihm scheue sich alles, was auf dem Erdboden wohnet. 9 Denn wenn er spricht, so geschieht's; / wenn er gebietet, so steht's da. 10 Der Herr macht zunichte der Heiden Rat / und wehrt den Gedanken der Völker. 11 Aber der Ratschluß des Herrn bleibt ewiglich, / seines Herzens Gedanken für und für. 12 Wohl dem Volk, dessen Gott der Herr ist, / dem Volk, das er zum Erbe erwählt hat! 13 Der Herr schaut vom Himmel / und sieht alle Menschenkinder. 14 Von seinem festen Thron sieht er auf alle, / die auf Erden wohnen. 15 Er lenkt ihnen allen das Herz, / er gibt acht auf alle ihre Werke. 16 Einem König hilft nicht seine große Macht; / ein Held kann sich nicht retten durch seine große Kraft. 17 Rosse helfen auch nicht; da wäre man betrogen; / und ihre große Stärke errettet nicht. 18 Siehe, des Herrn Auge achtet auf alle, die ihn fürchten, / die auf seine Güte hoffen, 19 daß er sie errette vom Tode / und sie am Leben erhalte in Hungersnot. 20 Unsre Seele harrt auf den Herrn; / er ist uns Hilfe und Schild. 21 Denn unser Herz freut sich seiner, / und wir trauen auf seinen heiligen Namen. 22 Deine Güte, Herr, sei über uns, / wie wir auf dich hoffen. (L)

33 Ihr Gerechten, jubelt vor dem Herrn; / für die Frommen ziemt es sich, Gott zu loben. 2 Preist den Herrn mit der Zither, / spielt für ihn auf der zehnsaitigen Harfe! 3 Singt ihm ein neues Lied, / greift voll in die Saiten und jubelt laut! 4 Denn das Wort des Herrn ist wahrhaftig, / all sein Tun ist verläßlich. 5 Er liebt Gerechtigkeit und Recht, / die Erde ist erfüllt von der Huld des Herrn. 6 Durch das Wort des Herrn wurden die Himmel geschaffen, / ihr ganzes Heer durch den Hauch seines Mundes. 7 Wie in einem Schlauch faßt er das Wasser des Meeres, / verschließt die Urflut in Kammern. 8 Alle Welt fürchte den Herrn; / vor ihm sollen alle beben, die den Erdkreis bewohnen. 9 Denn der Herr sprach, und sogleich geschah es; / er gebot, und alles war da. 10 Der Herr vereitelt die Beschlüsse der Heiden, / er macht die Pläne der Völker zunichte. 11 Der Ratschluß des Herrn bleibt ewig bestehen, / die Pläne seines Herzens überdauern die Zeiten. 12 Wohl dem Volk, dessen Gott der Herr ist, / der Nation, die er sich zum Erbteil erwählt hat. 13 Der Herr blickt herab vom Himmel, / er sieht auf alle Menschen. 14 Von seinem Thronsitz schaut er nieder / auf alle Bewohner der Erde. 15 Der ihre Herzen gebildet hat, / er achtet auf all ihre Taten. 16 Dem König hilft nicht sein starkes Heer, / der Held rettet sich nicht durch große Stärke. 17 Nichts nützen die Rosse zum Sieg, / mit all ihrer Kraft können sie niemand retten. 18 Doch das Auge des Herrn ruht auf allen, die ihn fürchten und ehren, / die nach seiner Güte ausschaun; 19 denn er will sie dem Tod entreißen / und in der Hungersnot ihr Leben erhalten. 20 Unsre Seele hofft auf den Herrn; / er ist für uns Schild und Hilfe. 21 Ja, an ihm freut sich unser Herz, / wir vertrauen auf seinen heiligen Namen. 22 Laß deine Güte über uns walten, o Herr, / denn wir schauen aus nach dir. (E)

Ein Gott, der mitgeht

In meiner Lutherbibel trägt der 33. Psalm die Überschrift »Ein Loblied auf Gottes Allmacht und Hilfe«. Der Psalmbeter preist die Macht Gottes und erinnert dabei an die Schöpfungsgeschichte am Beginn des Alten Testaments. Es genügt ein Wort aus dem Munde Gottes, und alles ist so, wie es sein soll. Er ist derjenige, der die Fäden zieht, er überläßt die Welt nicht sich selbst oder solchen, die nur die eigene Macht und Stärke im Kopf haben.

Der Psalm beginnt mit einem kräftigen »Freuet euch«, daß ihr einen solchen Gott habt, der dies alles vermag. Wenn wir uns aber umschauen, dann ist das Wort »Freude« selbst im Wortschatz der Christen auf dem besten Wege, ein Fremdwort zu werden. Woran liegt es, daß Freude und Fröhlichkeit nur selten in unseren Gottesdiensten aufkommen wollen? Haben wir es verlernt, uns über die frohmachende Botschaft des Evangeliums zu freuen? Wenn ja, dann brauchen wir uns nicht zu wundern, daß andere sich durch unsere ernsten Mienen nicht einladen lassen. Nur Fröhlichkeit steckt an und reißt mit.

»Wohl dem Volk, dessen Gott der Herr ist«, heißt es in Psalm 33. Gott steht auf unserer Seite. Er läßt uns in der Weite des Universums nicht allein. Er ist ein Gott, der mitgeht. Das Volk Israel hat das schon erfahren, als es durch die Wüste zog. Bei Tag wies Gott in einer Wolkensäule, bei Nacht in einer Feuersäule den Weg. Uns hat er sein Wort anvertraut, daß wir einen Begleiter fürs Leben haben.

Kommt da nicht Freude auf, daß wir einen lebendigen Gott haben, der vom Himmel herabschaut und alle Menschenkinder sieht, wie es in unserem Psalm heißt? Er ist nicht der große Bruder, der uns überwacht, sondern der liebende Vater, dem die Seinen nicht egal sind.

Fällt es da nicht leicht, mit den Worten des Psalms zu antworten: »Unsere Seele harrt auf den Herrn, er ist unsere Hilfe und Schild. Denn unser Herz freut sich seiner, und wir trauen auf seinen heiligen Namen. Deine Güte, Herr, sei über uns, wie wir auf dich hoffen.«?

UDO HAHN

Herr, laß uns fröhlich sein und uns freuen, daß du bei uns bist.

34 [Von David, als er sich wahnsinnig
stellte vor Abimelech und dieser
ihn von sich trieb und er wegging.] 2 Ich
will den Herrn loben allezeit; / sein Lob
soll immerdar in meinem Munde sein.
3 Meine Seele soll sich rühmen des
Herrn, / daß es die Elenden hören und
sich freuen. 4 Preiset mit mir den Herrn /
und laßt uns miteinander seinen Namen
erhöhen! 5 Als ich den Herrn suchte, ant-
wortete er mir / und errettete mich aus al-
ler meiner Furcht. 6 Die auf ihn sehen,
werden strahlen vor Freude, / und ihr An-
gesicht soll nicht schamrot werden. 7 Als
einer im Elend rief, hörte der Herr / und
half ihm aus allen seinen Nöten. 8 Der En-
gel des Herrn lagert sich um die her, / die
ihn fürchten, und hilft ihnen heraus.
9 Schmecket und sehet, wie freundlich der
Herr ist. / Wohl dem, der auf ihn trauet!
10 Fürchtet den Herrn, ihr seine Heili-
gen! / Denn die ihn fürchten, haben kei-
nen Mangel. 11 Reiche müssen darben und
hungern; / aber die den Herrn suchen, ha-
ben keinen Mangel an irgendeinem Gut.
12 Kommt her, ihr Kinder, höret mir zu! /
Ich will euch die Furcht des Herrn lehren.
13 Wer möchte gern gut leben / und schöne
Tage sehen? 14 Behüte deine Zunge vor
Bösem / und deine Lippen, daß sie nicht
Trug reden. 15 Laß ab vom Bösen und tu
Gutes; / suche Frieden und jage ihm
nach! 16 Die Augen des Herrn merken auf
die Gerechten / und seine Ohren auf ihr
Schreien. 17 Das Angesicht des Herrn
steht wider alle, die Böses tun, / daß er ih-
ren Namen ausrotte von der Erde.
18 Wenn die Gerechten schreien, so hört
der Herr / und errettet sie aus all ihrer
Not. 19 Der Herr ist nahe denen, die zer-
brochenen Herzens sind, / und hilft de-
nen, die ein zerschlagenes Gemüt haben.
20 Der Gerechte muß viel erleiden, / aber
aus alledem hilft ihm der Herr. 21 Er be-
wahrt ihm alle seine Gebeine, / daß nicht
eines zerbrochen wird. 22 Den Gottlosen
wird das Unglück töten, / und die den Ge-
rechten hassen, fallen in Schuld. 23 Der
Herr erlöst das Leben seiner Knechte, /
und alle, die auf ihn trauen, werden frei
von Schuld. (L)

Auf Gott vertrauen

Haben Sie heute schon ein Dankgebet zu Gott gesprochen? Oder geht es Ihnen am Ende auch so, daß ganze Forderungskataloge mit zu erfüllenden Bitten leichter zu formulieren sind als ein Dankeswort? Meine Erfahrung ist, daß das Gute, das einem täglich widerfährt, meist als selbstverständlich hingenommen wird. Und was dann noch zum absoluten Glück fehlt, wird in ein Bittgebet eingekleidet. Unser Psalm setzt einen ganz anderen Akzent: »Ich will den Herrn loben allezeit; sein Lob soll immerdar in meinem Munde sein.« Der Psalmbeter beginnt mit einem überschwenglichen Dank an Gott.

Das Kirchenjahr kennt mehrere Anlässe, darunter auch das Erntedankfest, bei denen jeder einzelne seine persönliche Bilanz der letzten Tage, Wochen und Monate ziehen kann. Wer sich einmal darauf konzentriert, die positiven Widerfahrnisse zu bilanzieren, sich dessen zu freuen, was buchstäblich in die Scheuern eingefahren werden konnte, der wird diesen Psalm aus vollem Herzen mitbeten können.

Wer Psalm 34 jedoch so interpretiert, daß es dem frommen Christen im landläufigen Sinne gutgehen müsse, so als sei das Vertrauen auf Gott eine Art Garantieschein für Glück und Erfolg im Leben, der sollte noch einmal genauer hinsehen. Die Nähe Gottes und die Erfahrung seiner Hilfe, nicht aber die Verschonung von Leid und Not, werden als zwei Seiten einer Medaille angesehen, die zum Christsein gehört: »Der Gerechte muß viel leiden, aber aus alledem hilft ihm der Herr.« Diese Worte erinnern an das Schicksal Hiobs. Gott läßt die Seinen nicht ganz fallen, er wendet den völligen Zusammenbruch ab. Gott steht auch im Leiden bei. Ganz anders die Erfahrung der Gottlosen: Sie sind auf sich gestellt. In ihrer Konzeption von Leben gibt es keinen Rettungsanker.

UDO HAHN

Herr, laß auch uns die Erfahrung des Psalmisten machen: »Als ich den Herrn suchte, antwortete er mir und errettete mich aus aller meiner Furcht.«

35 [Von David.] Herr, führe meine
Sache wider meine Widersacher, /
bekämpfe, die mich bekämpfen! 2 Er-
greife Schild und Waffen / und mache
dich auf, mir zu helfen! 3 Zücke Speer und
Streitaxt wider meine Verfolger! Sprich
zu mir: Ich bin deine Hilfe! 4 Es sollen sich
schämen und zum Spott werden, / die mir
nach dem Leben trachten; es sollen zu-
rückweichen und zuschanden werden, /
die mein Unglück wollen. 5 Sie sollen wer-
den wie Spreu vor dem Winde, / und der
Engel des Herrn stoße sie weg. 6 Ihr Weg
soll finster und schlüpfrig werden, / und
der Engel des Herrn verfolge sie. 7 Denn
ohne Grund haben sie mir ihr Netz ge-
stellt, / ohne Grund mir eine Grube ge-
graben. 8 Unversehens soll ihn Unheil
überfallen; sein Netz, das er gestellt hat,
fange ihn selber, / zum eigenen Unheil
stürze er hinein. 9 Aber meine Seele soll
sich freuen des Herrn / und fröhlich sein
über seine Hilfe. 10 Alle meine Gebeine
sollen sagen: / Herr, wer ist dir gleich?
Der du den Elenden rettest vor dem, der
ihm zu stark ist, / und den Elenden und
Armen vor seinen Räubern. 11 Es treten
falsche Zeugen auf; / sie fordern von mir,
wovon ich nichts weiß. 12 Sie vergelten mir
Gutes mit Bösem, / um mich in Herzeleid
zu bringen. 13 Ich aber zog einen Sack an,
wenn sie krank waren, tat mir wehe mit
Fasten / und betete immer wieder von
Herzen. 14 Als wäre es mein Freund und
Bruder, / so ging ich einher; wie einer
Leid trägt über seine Mutter, / so beugte
ich mich in Trauer. 15 Sie aber freuen sich,
wenn ich wanke, / und rotten sich zusam-
men; sie rotten sich heimlich zum Schlag
wider mich, / sie lästern und hören nicht
auf. 16 Sie lästern und spotten immerfort /
und knirschen wider mich mit ihren Zäh-
nen. 17 Herr, wie lange willst du zuse-
hen? / Errette doch meine Seele vor ih-
rem Unheil, mein Leben vor den jungen
Löwen! 18 Ich will dir danken in großer
Gemeinde; / unter vielem Volk will ich
dich rühmen. (L)

35 [Von David.] Streite, Herr, gegen
alle, die gegen mich streiten, / be-
kämpfe alle, die mich bekämpfen! 2 Er-
greife Schild und Waffen; / steh auf, um
mir zu helfen! 3 Schwing den Speer und die
Lanze gegen meine Verfolger! / Sag zu
mir: »Ich bin deine Hilfe.« 4 In Schmach
und Schande sollen alle fallen, / die mir
nach dem Leben trachten. Zurückwei-
chen sollen sie und vor Scham erröten, /
die auf mein Unglück sinnen. 5 Sie sollen
werden wie Spreu vor dem Wind; / der
Engel des Herrn stoße sie fort. 6 Ihr Weg
soll finster und schlüpfrig sein; / der Engel
des Herrn verfolge sie. 7 Denn sie haben
mir ohne Grund ein Netz gelegt, / mir
ohne Grund eine Grube gegraben. 8 Un-
vermutet ereile ihn das Verderben; / er
fange sich selbst in seinem Netz, / er falle
in die eigene Grube. 9 Meine Seele aber
wird jubeln über den Herrn / und sich
über seine Hilfe freuen. 10 Mit Leib und
Seele will ich sagen: / Herr, wer ist wie
du? Du entreißt den Schwachen dem, der
stärker ist, / den Schwachen und Armen
dem, der ihn ausraubt. 11 Da treten ruch-
lose Zeugen auf. / Man wirft mir Dinge
vor, von denen ich nichts weiß. 12 Sie ver-
gelten mir Gutes mit Bösem; / ich bin ver-
lassen und einsam. 13 Ich aber zog ein Buß-
kleid an, als sie erkrankten, / und quälte
mich ab mit Fasten. / Nun kehre mein Ge-
bet zurück in meine Brust. 14 Als wäre es
ein Freund oder ein Bruder, / so ging ich
betrübt umher, wie man Leid trägt um die
Mutter, / trauernd und tief gebeugt.
15 Doch als ich stürzte, lachten sie / und ta-
ten sich zusammen. Sie taten sich gegen
mich zusammen / wie Fremde, die ich
nicht kenne. Sie hören nicht auf, mich zu
schmähen; / 16 sie verhöhnen und verspot-
ten mich, / knirschen gegen mich mit den
Zähnen. 17 Herr, wie lange noch wirst du
das ansehn? / Rette mein Leben vor den
wilden Tieren, / mein einziges Gut vor
den Löwen! 18 Ich will dir danken in gro-
ßer Gemeinde, / vor zahlreichem Volk
dich preisen. (E)

Die Tür zum Herzen Gottes

Unschuldig angeklagt, verleumdet, wegen Unglücks oder Krankheit (V. 15) hämischen Nachreden ausgesetzt: Das läßt uns an der Gerechtigkeit Gottes zweifeln, macht uns bitter. Man kann die Bitterkeit in sich hineinfressen, man kann Rache schwören. Beides läßt uns nur tiefer im Haß versinken. Man kann aber auch seinen Schmerz, ja seinen Haß vor Gott ausbreiten. Seinen Haß? Wir sollen nicht hassen, sondern unsere Feinde lieben! Wohin aber mit dem Haß, wenn er den anderen nicht treffen, uns selbst nicht verzehren soll? Wer glaubt, durch Entschluß lieben statt hassen zu können, weiß nichts von den stärksten Mächten unseres Lebens. Unsere Empörung können wir loswerden, wenn wir sie vor Gott aussprechen, so wie es der Psalmist uns vorspricht.

Dies ist nicht mit einem Satz getan. Wenn die Gefühle und Leidenschaften so aufgewühlt sind, geht das Gespräch mit Gott hin und her, von Verzweiflung zur Hoffnung, von erneuter Klage zum Vertrauen. Es fehlt dann auch nicht an Unschuldsbeteuerungen. Der Psalmist zeigt uns, daß wir zu Gott kommen können, wie wir sind. Wir brauchen uns nicht hochzustilisieren zu einem frommen Menschen, wenn unser Herz schreit: »Sie sollen werden wie Spreu vor dem Winde, und der Engel des Herrn stoße sie weg.«

Unser Gebet kann die Tür zu Gottes Herz sein. Diese Tür hängt in zwei Angeln: 1. Erhörungsgewißheit. »Alle meine Gebete sollen sagen: Herr, wer ist dir gleich, der du den Elenden rettest vor dem, der ihm zu stark ist.« Diese Erhörungsgewißheit drückt sich auch aus in dem vorweggenommenen Dank: »Ich will dir danken in großer Gemeinde.« 2. Die Erkenntnis, daß die wirksamste Hilfe der Zuspruch Gottes ist: »Ich bin deine Hilfe« (V. 3). Wer sich daran hält, darf wissen, daß diese Hilfe in unserem alltäglichen und leiblichen Leben gilt. Sie umfaßt zugleich weniger und mehr, als wir in unserer Not erbitten. Weniger: Sie stellt nicht überall und in jedem Fall die Gerechtigkeit her, auf die wir Anrecht haben. Mehr: Sie bringt uns zurecht, sie hilft uns heraus aus Angst und Klage, aus Rachegefühl und Haß, sie stellt uns unter das Kreuz Christi und gibt uns Anteil an dem Leben Jesu, an dem aller Haß der Feinde zerbrach, weil er ihnen Vergebung entgegenbrachte und damit ewiges Leben. HERMANN KALINNA

Was kränkst du dich in deinem Sinn und grämst dich Tag und Nacht?
Nimm deine Sorg und wirf sie hin auf den, der dich gemacht.

22 Herr, du hast es gesehen, schweige
nicht; / Herr, sei nicht ferne von mir!
23 Wache auf, werde wach, mir Recht zu
schaffen / und meine Sache zu führen,
mein Gott und Herr! 24 Herr, mein Gott,
verhilf mir zum Recht nach deiner Ge-
rechtigkeit, / daß sie sich nicht über mich
freuen. 25 Laß sie nicht sagen in ihrem
Herzen: »Da, da! das wollten wir.« / Laß
sie nicht sagen: »Wir haben ihn verschlun-
gen.« 26 Sie sollen sich schämen und zu-
schanden werden, / alle, die sich meines
Unglücks freuen; sie sollen in Schmach
und Schande sich kleiden, / die sich wider
mich rühmen. 27 Jubeln und freuen sollen
sich, / die mir gönnen, daß ich recht be-
halte, und immer sagen: Der Herr sei
hoch gelobt, / der seinem Knecht so wohl
will! 28 Und meine Zunge soll reden von
deiner Gerechtigkeit / und dich täglich
preisen. (L)

22 Du hast es gesehen, Herr. So schweig
doch nicht! / Herr, bleib mir nicht fern!
23 Wach auf, tritt ein für mein Recht, / ver-
teidige mich, mein Gott und mein Herr!
24 Verschaff mir Recht nach deiner Ge-
rechtigkeit, Herr, mein Gott! / Sie sollen
sich über mich nicht freuen. 25 Laß sie
nicht denken: »Recht so! Das freut
uns.« / Sie sollen nicht sagen: »Wir haben
ihn verschlungen.« 26 In Schmach und
Schande sollen alle fallen, / die sich über
mein Unglück freuen, in Schimpf und
Schande sich kleiden, / die gegen mich
prahlen. 27 Alle sollen sich freuen und ju-
beln, / die wünschen, daß ich im Recht
bin. Sie sollen jederzeit sagen: »Groß ist
der Herr, / er will das Heil seines Knech-
tes.« 28 Meine Zunge soll deine Gerechtig-
keit verkünden, / dein Lob alle Tage. (E)

Als Narren verlästert und doch fröhlich

Man muß diesen Psalm ganz lesen, um eine Ahnung zu bekommen von der Angst, die die Kehle würgt. »Es treten falsche Zeugen wider mich auf, sie fordern von mir, wovon ich nichts weiß. Sie ersinnen falsche Anklagen wider die Stillen im Lande... laß nicht mit den Augen spotten, die mich ohne Grund hassen.«

Als der junge Graf Zinzendorf etwas angestellt hatte, zwang ihn der berühmte Pädagoge August Hermann Francke, stundenlang mit »Eselsohren« vor den Toren der Anstalt zu stehen. Noch während der Kulturrevolution wurden in China bewährte Männer mit dem »Schandhut« durch die Straßen getrieben. Bei uns war es der gelbe Davidstern, mit dem die jüdischen Mitbürger Spießruten laufen mußten, solange sie noch am Leben waren. Derartige Verkleidungen sind ja auch eine Art Maskerade, und letztlich haben sie alle ihren Ursprung in jener Dornenkrone und jenem Krönungsmantel, mit dem die Kriegsknechte Jesus verhöhnten. Was wohl in Pilatus, dem Vertreter der mächtigsten Macht der Welt, vorgegangen ist, als er vor allem Volk im Blick auf den so Verhöhnten sagte: »Sehet – welch ein Mensch!«?

»Wir sind ein Schauspiel geworden der Welt und den Engeln und den Menschen – wir sind Narren um Christi willen!« So, in dieser Solidarität der Nachfolge, hat sich Paulus verstanden, der wie kein anderer vor ihm und nach ihm das Evangelium um die Welt getragen hat. Die Kraft dazu gewann er aus der Überzeugung, daß letztlich dieser Welt Weisheit Torheit bei Gott ist, weil der die Weisen in ihrer Klugheit »erhascht« (2. Korinther 3,19). Darum: Niemand betrüge sich selbst. »Welcher sich unter euch dünkt, weise zu sein, der werde ein Narr, auf daß er möge weise sein.« CHRISTIAN TRÖBST

Meine Zunge soll reden von deiner Gerechtigkeit und dich täglich preisen.

36 [Von David, dem Knecht des
Herrn, vorzusingen.] 2 Es sinnen
die Übertreter auf gottloses Treiben im
Grund ihres Herzens. / Es ist keine Got-
tesfurcht bei ihnen. 3 Und doch hat Gott
den Weg vor ihnen geebnet, / um ihre
Schuld aufzufinden und zu hassen. 4 Alle
ihre Worte sind falsch und erlogen, / ver-
ständig und gut handeln sie nicht mehr.
5 Sie trachten auf ihrem Lager nach Scha-
den / und stehen fest auf dem bösen Weg
und scheuen kein Arges. 6 Herr, deine
Güte reicht, so weit der Himmel ist, / und
deine Wahrheit, so weit die Wolken ge-
hen. 7 Deine Gerechtigkeit steht wie die
Berge Gottes und dein Recht wie die
große Tiefe. / Herr, du hilfst Menschen
und Tieren. 8 Wie köstlich ist deine Güte,
Gott, / daß Menschenkinder unter dem
Schatten deiner Flügel Zuflucht haben!
9 Sie werden satt von den reichen Gütern
deines Hauses, / und du tränkst sie mit
Wonne wie mit einem Strom. 10 Denn bei
dir ist die Quelle des Lebens, / und in dei-
nem Lichte sehen wir das Licht. 11 Breite
deine Güte über die, die dich kennen, /
und deine Gerechtigkeit über die From-
men. 12 Laß mich nicht kommen unter den
Fuß der Stolzen, / und die Hand der Gott-
losen vertreibe mich nicht! 13 Sie da, sie
sind gefallen, die Übeltäter, / sind ge-
stürzt und können nicht wieder aufstehen.
(L)

36 [Für den Chormeister. Von David,
dem Knecht des Herrn.] 2 Der
Frevler spricht: »Ich bin entschlossen zum
Bösen.« / In seinen Augen gibt es kein Er-
schrecken vor Gott. 3 Er gefällt sich
darin, / sich schuldig zu machen und zu
hassen. 4 Die Worte seines Mundes sind
Trug und Unheil; / er hat es aufgegeben,
weise und gut zu handeln. 5 Unheil plant
er auf seinem Lager, / er betritt schlimme
Wege / und scheut nicht das Böse. 6 Herr,
deine Güte reicht, so weit der Himmel
ist, / deine Treue, so weit die Wolken
ziehn. 7 Deine Gerechtigkeit steht wie die
Berge Gottes, / deine Urteile sind tief wie
das Meer. Herr, du hilfst Menschen und
Tieren. / 8 Gott, wie köstlich ist deine
Huld! Die Menschen bergen sich im
Schatten deiner Flügel, / 9 sie laben sich
am Reichtum deines Hauses; / du tränkst
sie mit dem Strom deiner Wonnen.
10 Denn bei dir ist die Quelle des Lebens, /
in deinem Licht schauen wir das Licht.
11 Erhalte denen, die dich kennen, deine
Huld / und deine Gerechtigkeit den Men-
schen mit redlichem Herzen! 12 Laß mich
nicht kommen unter den Fuß der Stol-
zen; / die Hand der Frevler soll mich nicht
vertreiben. 13 Dann brechen die Bösen zu-
sammen, / sie werden niedergestoßen und
können nie wieder aufstehn. (E)

Unter dem Schatten deiner Flügel

»Wie tröstlich ist deine Güte, Gott, daß Menschen unter dem Schatten deiner Flügel Zuflucht haben.« Es war Jochen Kleppers Schwester, die dem Tagebuch ihres Bruders nach dessen Tod diesen Titel gegeben hat: »Unter dem Schatten deiner Flügel«. Von viel Bosheit und Anfechtung ist in diesem Psalm die Rede, wie in Jochen Kleppers Leben auch. »Es ist keine Gottesfurcht bei ihnen ... alle ihre Worte sind falsch und erlogen ... sie stehen fest auf dem bösen Weg und scheuen kein Arges.«

Zwei Momente spielen in den Tagebüchern eine tragende Rolle: die Losungen der Herrnhuter Brüdergemeine und Kleppers Geburtstag am 22. März. Auch in den dunkelsten Tagen ist ihm die vorösterliche Zeit wie lichtdurchflutet. Noch an seinem letzten Geburtstag im Jahre 1942 – er ist gerade 39 Jahre geworden – schreibt er:

»Ein Geburtstag, wie man ihn sich nur vorstellen kann und kaum zu wünschen wagt, so strahlend, so feierlich. Der Himmel blau, der letzte Schnee im Schmelzen, weiße Birken, dunkle Kiefern – leuchtend, keine Kältegrade, reine Luft. Mein ganzer Schreibtisch war von einem Goldregenstrauch überkrönt, von Blumen umstellt, deren nun, vom Morgen bis zum Abend, immer mehr wurden.«

Und immer wieder sind es die blauen Hyazinthen und die gelben Osterglocken, die ihn beglücken.

Kurz vor Weihnachten des gleichen Jahres war klar, daß es für Hanni, Kleppers jüdische Frau, keine Rettung mehr geben würde. Selbst Eichmann, der in letzter Minute die Ausreise genehmigt hatte, war machtlos. So endete das Tagebuch: »Unter dem Schatten deiner Flügel« am 10. Dezember 42 mit der Eintragung:

»Wir sterben nun – ach, auch das steht bei Gott. Wir gehen heute Nacht gemeinsam in den Tod. Über uns steht in den letzten Stunden das Bild des segnenden Christus, der um uns ringt. In dessen Anblick endet unser Leben.«

Der 36. Psalm aber endet mit den Worten: »Laß mich nicht kommen unter den Fuß der Stolzen, und die Hand der Gottlosen vertreibe mich nicht. Sieh da, sie sind gefallen, die Übeltäter, sind gestürzt und können nicht wieder aufstehen.« CHRISTIAN TRÖBST

Wir beten noch einmal Psalm 36.

37 [Von David.] Entrüste dich nicht
über die Bösen, / sei nicht neidisch
auf die Übeltäter. 2 Denn wie das Gras
werden sie bald verdorren, / und wie das
grüne Kraut werden sie verwelken.
3 Hoffe auf den Herrn und tu Gutes, /
bleibe im Lande und nähre dich redlich.
4 Habe deine Lust am Herrn; / der wird dir
geben, was dein Herz wünscht. 5 Befiehl
dem Herrn deine Wege / und hoffe auf
ihn, er wird's wohl machen 6 und wird
deine Gerechtigkeit heraufführen wie das
Licht / und dein Recht wie den Mittag.
7 Sei stille dem Herrn und warte auf ihn. /
Entrüste dich nicht über den, dem es gut
geht, der seinen Mutwillen treibt. 8 Steh
ab vom Zorn und laß den Grimm, / entrü-
ste dich nicht, damit du nicht Unrecht
tust. 9 Denn die Bösen werden ausgerot-
tet; / die aber des Herrn harren, werden
das Land erben. 10 Noch eine kleine Zeit,
so ist der Gottlose nicht mehr da; / und
wenn du nach seiner Stätte siehst, ist er
weg. 11 Aber die Elenden werden das
Land erben / und ihre Freude haben an
großem Frieden. 12 Der Gottlose droht
dem Gerechten / und knirscht mit seinen
Zähnen wider ihn. 13 Aber der Herr lacht
seiner; / denn er sieht, daß sein Tag
kommt. 14 Die Gottlosen ziehen das
Schwert / und spannen ihren Bogen, daß
sie fällen den Elenden und Armen / und
morden die Frommen. 15 Aber ihr Schwert
wird in ihr eigenes Herz dringen, / und ihr
Bogen wird zerbrechen. 16 Das Wenige,
das ein Gerechter hat, / ist besser als der
Überfluß vieler Gottloser. 17 Denn der
Gottlosen Arm wird zerbrechen, / aber
der Herr erhält die Gerechten. 18 Der
Herr kennt die Tage der Frommen, / und
ihr Gut wird ewiglich bleiben. 19 Sie wer-
den nicht zuschanden in böser Zeit, / und
in der Hungersnot werden sie genug ha-
ben. 20 Denn die Gottlosen werden um-
kommen; / und die Feinde des Herrn,
wenn sie auch sind wie prächtige Auen, /
werden sie doch vergehen, wie der Rauch
vergeht. (L)

37 [Von David.] Errege dich nicht
über die Bösen, / wegen der Übel-
täter ereifere dich nicht! 2 Denn sie ver-
welken schnell wie das Gras, / wie grünes
Kraut verdorren sie. 3 Vertrau auf den
Herrn und tu das Gute, / bleib wohnen im
Land und bewahre Treue! 4 Freu dich in-
nig am Herrn! / Dann gibt er dir, was dein
Herz begehrt. 5 Befiehl dem Herrn deinen
Weg und vertrau ihm; / er wird es fügen.
6 Er bringt deine Gerechtigkeit heraus wie
das Licht / und dein Recht so hell wie den
Mittag. 7 Sei still vor dem Herrn und harre
auf ihn! / Erhitze dich nicht über den
Mann, dem alles gelingt, / den Mann, der
auf Ränke sinnt. 8 Steh ab vom Zorn und
laß den Grimm; / erhitze dich nicht, es
führt nur zu Bösem. 9 Denn die Bösen
werden ausgetilgt; / die aber auf den
Herrn hoffen, werden das Land besitzen.
10 Eine Weile noch, und der Frevler ist
nicht mehr da; / schaust du nach seiner
Wohnung – sie ist nicht mehr zu finden.
11 Doch die Armen werden das Land be-
kommen, / sie werden Glück in Fülle ge-
nießen. 12 Der Frevler sinnt auf Ränke ge-
gen den Gerechten / und knirscht gegen
ihn mit den Zähnen. 13 Der Herr verlacht
ihn, / denn er sieht, daß sein Tag kommt.
14 Die Frevler zücken das Schwert / und
spannen ihren Bogen; sie wollen den
Schwachen und Armen fällen / und alle
hinschlachten, die den rechten Weg gehn.
15 Ihr Schwert dringe in ihr eigenes Herz, /
und ihre Bogen sollen zerbrechen. 16 Bes-
ser das Wenige, das der Gerechte be-
sitzt, / als der Überfluß vieler Frevler.
17 Denn die Arme der Frevler werden zer-
schmettert, / doch die Gerechten stützt
der Herr. 18 Der Herr kennt die Tage der
Bewährten, / ihr Erbe hat ewig Bestand.
19 In bösen Zeiten werden sie nicht zu-
schanden, / sie werden satt in den Tagen
des Hungers. 20 Doch die Frevler gehen
zugrunde, / die Feinde des Herrn sind wie
die Pracht der Auen: / Sie schwinden da-
hin, wie Rauch schwinden sie hin. (E)

Du kannst abwarten

Hand aufs Herz: Habe ich schon einen abgrundtiefen, gerechten Zorn auf jemanden gehabt, der mir oder einem anderen Unrecht tat? Nicht die kurze, vorübergehende Wut, sondern den langdauernden, ehrlichen und gewiß berechtigten Bestrafungswunsch? Wie wird mir dann meine Ohnmacht bewußt – erst recht gegenüber politischen Machthabern, die mit Gewalt das Menschenrecht zertreten! Sollte ich mich da nicht entrüsten? Steht Gott nicht mehr auf meiner Seite, wenn ich für die Würde des Menschen kämpfe – und damit auch für mein Selbstwertgefühl? Wie, um Himmels willen, werde ich damit fertig, daß ein trickreicher Intrigant und Sittenverächter mir überlegen ist? Soll ich denn aufgeben?

Der Psalmist kennt diese Situation durch und durch. Er antwortet darauf: Nein, nicht aufgeben, aber abgeben! Nicht apathisch die Flinte ins Korn werfen, sondern das Beschwerende »überwälzen« auf Gott (V. 5). Die eigene Entrüstung (V. 1 und 7) abrüsten, das Rechte tun und darin Treue bewahren (V. 3: »redlich«!), das Vertrauen (V. 3), das Hoffen (V. 5), das Warten (V. 7) auf Gott unentwegt voranstellen. – Hier wird nicht zum Haß auf die Gottlosen (»Rachepsalm«) aufgerufen, im Gegenteil: zu äußerster Gelassenheit! Du kannst warten. Hab doch Geduld. Du brauchst nicht den Richter zu spielen. Das kann Gott besser. Schau doch zurück in deine, in unser aller Geschichte: Was ist denn aus den Volksverhetzern, Kriegsverbrechern, Folterern, Massenvernichtern, Synagogenschändern geworden – in Deutschland, Rußland, Spanien, Griechenland, Argentinien...? Kaum ein paar der »tausend Jahre« vergingen, und sie selbst gingen zugrunde (V. 10. 15. 17. 20). Das Gericht kommt schneller, als du ahnst oder es selbst je fertigbrächtest. Wenn Gott über die Menschenverächter lacht (V. 13), so brauchst du dich nicht im verbissenen Kampf gegen sie aufzureiben und dabei selbst ungerecht zu werden (V. 8). »Warten bringt Rosen«, sagt die Volksweisheit. Wie wahr!

RENÉ LEUDESDORFF

Ein Herz, das Demut liebet, bei Gott am höchsten steht. Ein Herz, das Hochmut übet, mit Angst zugrunde geht. Ein Herz, das richtig ist und folget Gottes Leiten, das kann sich recht bereiten, zu dem kommt Jesus Christ.

21 Der Gottlose muß borgen und bezahlt
nicht, / aber der Gerechte ist barmherzig
und kann geben. 22 Denn die Gesegneten
des Herrn erben das Land; / aber die er
verflucht, werden ausgerottet. 23 Von dem
Herrn kommt es, wenn eines Mannes
Schritte fest werden, / und er hat Gefallen
an seinem Wege. 24 Fällt er, so stürzt er
doch nicht; / denn der Herr hält ihn fest
an der Hand. 25 Ich bin jung gewesen und
alt geworden / und habe noch nie den Ge-
rechten verlassen gesehen und seine Kin-
der um Brot betteln. 26 Er ist allezeit
barmherzig und leiht gerne, / und sein
Geschlecht wird zum Segen sein. 27 Laß ab
vom Bösen und tu Gutes, / so bleibst du
wohnen immerdar. 28 Denn der Herr hat
das Recht lieb / und verläßt seine Heiligen
nicht. Ewiglich werden sie bewahrt, / aber
das Geschlecht der Gottlosen wird ausge-
rottet. 29 Die Gerechten werden das Land
ererben / und darin wohnen allezeit.
30 Der Mund des Gerechten redet Weis-
heit, / und seine Zunge lehrt das Recht.
31 Das Gesetz seines Gottes ist in seinem
Herzen; / seine Tritte gleiten nicht. 32 Der
Gottlose lauert dem Gerechten auf / und
gedenkt, ihn zu töten. 33 Aber der Herr
läßt ihn nicht in seinen Händen / und läßt
ihn vor Gericht nicht zum Schuldigen wer-
den. 34 Harre auf den Herrn und halte dich
auf seinem Weg, so wird er dich erhöhen,
daß du das Land erbest; / du wirst es se-
hen, daß die Gottlosen ausgerottet wer-
den. 35 Ich sah einen Gottlosen, der
pochte auf Gewalt / und machte sich breit
und grünte wie eine Zeder. 36 Dann kam
ich wieder vorbei; siehe, da war er da-
hin. / Ich fragte nach ihm; doch ward er
nirgends gefunden. 37 Bleibe fromm und
halte dich recht; / denn einem solchen
wird es zuletzt gut gehen. 38 Die Übertre-
ter aber werden miteinander vertilgt, /
und die Gottlosen werden zuletzt ausge-
rottet. 39 Aber der Herr hilft den Gerech-
ten, / er ist ihre Stärke in der Not. 40 Und
der Herr wird ihnen beistehen und sie er-
retten; / er wird sie von den Gottlosen er-
retten und ihnen helfen; denn sie trauen
auf ihn. (L)

21 Der Frevler muß borgen und kann nicht
bezahlen, / doch freigebig schenkt der
Gerechte. 22 Denn wen der Herr segnet,
der wird das Land besitzen, / aber wen er
verflucht, der wird ausgetilgt. 23 Der Herr
festigt die Schritte des Mannes, / er hat
Gefallen an seinem Weg. 24 Auch wenn er
strauchelt, stürzt er nicht hin; / denn der
Herr hält ihn fest an der Hand. 25 Einst
war ich jung, nun bin ich alt, / nie sah ich
einen Gerechten verlassen / noch seine
Kinder betteln um Brot. 26 Allzeit ist er
mildtätig, gern leiht er aus, / seine Kinder
werden zum Segen. 27 Meide das Böse und
tu das Gute, / so bleibst du wohnen für im-
mer. 28 Denn der Herr liebt das Recht /
und verläßt seine Frommen nicht. Doch
das Geschlecht der Frevler wird ausge-
tilgt, / sie werden für immer vernichtet.
29 Die Gerechten werden das Land besit-
zen / und darin wohnen für alle Zeiten.
30 Der Mund des Gerechten bewegt Worte
der Weisheit, / und seine Zunge redet,
was recht ist. 31 Er hat die Weisung seines
Gottes im Herzen, / seine Schritte wan-
ken nicht. 32 Der Frevler belauert den Ge-
rechten / und sucht ihn zu töten. 33 Der
Herr überläßt ihn nicht seiner Hand, /
läßt nicht zu, daß man ihn vor Gericht ver-
urteilt. 34 Hoffe auf den Herrn / und bleib
auf seinem Weg! Er wird dich erhöhen
zum Erben des Landes; / du wirst sehen,
wie der Frevler vernichtet wird. 35 Ich sah
einen Frevler, bereit zu Gewalttat; / er
reckte sich hoch wie eine grünende Zeder.
36 Wieder ging ich vorüber, und er war
nicht mehr da; / ich suchte ihn, doch er
war nicht zu finden. 37 Achte auf den
Frommen und schau auf den Redlichen! /
Denn Zukunft hat der Mann des Frie-
dens. 38 Die Sünder aber werden alle zu-
sammen vernichtet; / die Zukunft der
Frevler ist Untergang. 39 Die Rettung der
Gerechten kommt vom Herrn, / er ist ihre
Zuflucht in Zeiten der Not. 40 Der Herr
hilft ihnen und rettet sie, / er rettet sie vor
den Frevlern; er schenkt ihnen Heil, /
denn sie suchen Zuflucht bei ihm. (E)

Erfahrungswert: Gott

Wie ein altgewordener Weisheitslehrer (V. 25) scheint der Psalmist – und sei es nur die literarische Form, die er wählte – mit einem jungen Heißsporn zu reden, der für sein und der Menschen Recht auf die Barrikaden gehen möchte (V. 1–20). Was seine Glaubensweisheit – gewiß: verheißungsvoll-einseitig – gegen alle schlimmen Unrechtserlebnisse (V. 12. 14) setzt, ist der Erfahrungswert Gott. Mit einer Unerschütterlichkeit ohnegleichen sagt er: Ich stehe auf Gott, weil der das Recht liebt (V. 28) und denen, die es ihm gleichtun (V. 30), das Land zum Erbe läßt (V. 3. 9. 22. 27. 29. 34). »Im Lande wohnen«, so heißt das Schlüsselwort für den Segen, der auf dem ruht, was Bonhoeffer das »Beten und Tun des Gerechten« nennt. Soziale Sicherheit ist nicht ohne Gerechtigkeit zu haben, und sei es in Armut (V. 11. 16) statt in einer Überflußgesellschaft (V. 16). Denn auf Pump und Prellerei (V. 21) kann weder das persönliche Glück noch ein gesundes Sozialgefüge aufgebaut werden.

Es ist erstaunlich, wie stark in diesem Weisheitspsalm individuelle und politische Seelsorge ineinander verwoben sind, in jedem Einzelzug getränkt mit dem Vertrauen darauf, daß die Verläßlichkeit Gottes über alle Gott-losigkeit siegt, etwa im Rechtsleben (V. 32–33), wo Gott den Mordversuch nicht unaufgeklärt läßt, oder beim Ernähren der Familie (V. 25), oder angesichts des vordergründigen Erfolgs von Gewalt (V. 35–36). Gott ist eben nicht bei den stärkeren Bataillonen, sondern, vielleicht zunächst unsichtbar, dann aber doch offenbar, beim kleinen Haufen der Gerechten (V. 39–40), denen er beisteht.

So wird jeder Leser dieses Psalms nicht nur ermutigt, »Unschuld zu bewahren« und »Redlichkeit zu üben« (V. 37); er wird auch vor die nicht immer leichte persönliche wie politische Alternative gestellt: mit Gott oder ohne Gott zu rechnen. Das Ende bleibt, wie die Zukunft, offen; doch Heil oder Unheil hängen von der Entscheidung heute ab.

RENÉ LEUDESDORFF

Von Herzensgrund ich spreche: Dir sei Dank allezeit, weil du mich lehrst die Rechte deiner Gerechtigkeit. Die Gnad auch ferner mir gewähr; ich will dein' Rechte halten. Verlaß mich nimmermehr!

38 [Ein Psalm Davids, zum Gedenk-
opfer.] 2 Herr, strafe mich nicht in
deinem Zorn / und züchtige mich nicht in
deinem Grimm! 3 Denn deine Pfeile stek-
ken in mir, / und deine Hand drückt mich.
4 Es ist nichts Gesundes an meinem Leibe
wegen deines Drohens / und ist nichts
Heiles an meinen Gebeinen wegen mei-
ner Sünde. 5 Denn meine Sünden gehen
über mein Haupt; / wie eine schwere Last
sind sie mir zu schwer geworden. 6 Meine
Wunden stinken und eitern / um meiner
Torheit willen. 7 Ich gehe krumm und sehr
gebückt; / den ganzen Tag gehe ich trau-
rig einher. 8 Denn meine Lenden sind ganz
verdorrt; / es ist nichts Gesundes an mei-
nem Leibe. 9 Ich bin matt geworden und
ganz zerschlagen; / ich schreie vor Un-
ruhe meines Herzens. 10 Herr, du kennst
all mein Begehren, / und mein Seufzen ist
dir nicht verborgen. 11 Mein Herz erbebt,
meine Kraft hat mich verlassen, / und das
Licht meiner Augen ist auch dahin.
12 Meine Lieben und Freunde scheuen zu-
rück vor meiner Plage, / und meine Näch-
sten halten sich ferne. 13 Die mir nach dem
Leben trachten, stellen mir nach; und die
mein Unglück suchen, bereden, wie sie
mir schaden; / sie sinnen auf Trug den
ganzen Tag. 14 Ich bin wie taub und höre
nicht, / und wie ein Stummer, der seinen
Mund nicht auftut. 15 Ich muß sein wie
einer, der nicht hört / und keine Wider-
rede in seinem Munde hat. 16 Aber ich
harre, Herr, auf dich; / du, Herr, mein
Gott, wirst erhören. 17 Denn ich denke:
Daß sie sich ja nicht über mich freuen! /
Wenn mein Fuß wankte, würden sie sich
hoch rühmen wider mich. 18 Denn ich bin
dem Fallen nahe, / und mein Schmerz ist
immer vor mir. 19 So bekenne ich denn
meine Missetat / und sorge mich wegen
meiner Sünde. 20 Aber meine Feinde le-
ben und sind mächtig; / die mich zu Un-
recht hassen, derer sind viele. 21 Die mir
Gutes mit Bösem vergelten, feinden mich
an, / weil ich mich an das Gute halte.
22 Verlaß mich nicht, Herr, / mein Gott,
sei nicht ferne von mir! 23 Eile, mir beizu-
stehen, / Herr, du meine Hilfe! (L)

38 [Ein Psalm Davids. Zum Weih-
rauchopfer.] 2 Herr, strafe mich
nicht in deinem Zorn, / und züchtige mich
nicht in deinem Grimm! 3 Denn deine
Pfeile haben mich getroffen, / deine Hand
lastet schwer auf mir. 4 Nichts blieb ge-
sund an meinem Leib, weil du mir
grollst, / weil ich gesündigt, blieb an mei-
nen Gliedern nichts heil. 5 Denn meine
Sünden schlagen mir über dem Kopf zu-
sammen, / sie erdrücken mich wie eine
schwere Last. 6 Mir schwären, mir eitern
die Wunden / wegen meiner Torheit. 7 Ich
bin gekrümmt und tief gebeugt, / den gan-
zen Tag geh' ich traurig einher. 8 Denn
meine Lenden sind voller Brand, / nichts
blieb gesund an meinem Leib. 9 Kraftlos
bin ich und ganz zerschlagen, / ich schreie
in der Qual meines Herzens. 10 All mein
Sehnen, Herr, liegt offen vor dir, / mein
Seufzen ist dir nicht verborgen. 11 Mein
Herz pocht heftig, mich hat die Kraft ver-
lassen, / geschwunden ist mir das Licht
der Augen. 12 Freunde und Gefährten
bleiben mir fern in meinem Unglück, /
und meine Nächsten meiden mich. 13 Die
mir nach dem Leben trachten, legen mir
Schlingen; / die mein Unheil suchen, pla-
nen Verderben, / den ganzen Tag haben
sie Arglist im Sinn. 14 Ich bin wie ein Tau-
ber, der nicht hört, / wie ein Stummer, der
den Mund nicht auftut. 15 Ich bin wie
einer, der nicht mehr hören kann, / aus
dessen Mund keine Entgegnung kommt.
16 Doch auf dich, Herr, harre ich; / du
wirst mich erhören, Herr, mein Gott.
17 Denn ich sage: Über mich sollen die sich
nicht freuen, / die gegen mich prahlen,
wenn meine Füße straucheln. 18 Ich bin
dem Fallen nahe, / mein Leid steht mir
immer vor Augen. 19 Ja, ich bekenne
meine Schuld, / ich bin wegen meiner
Sünde in Angst. 20 Die mich ohne Grund
befehden, sind stark; / viele hassen mich
wegen nichts. 21 Sie vergelten mir Gutes
mit Bösem, / sie sind mir feind; / denn ich
trachte nach dem Guten. 22 Herr, verlaß
mich nicht, bleib mir nicht fern, mein
Gott! / 23 Eile mir zu Hilfe, Herr, du mein
Heil! (E)

Der Zerstörungs- und der Werdeschmerz

Ein Kranker ist in seinen Schmerzen stumm geworden. Keiner hatte für ihn Zeit. Nicht einmal die Nächsten aus Freundschaft und Familie hielten sich zu ihm. Man hatte ihn vom Leben ausgeschlossen. Dabei ist gerade ein Mensch wie er darauf angewiesen, daß verstehende und mitleidende Menschen für ihn einstehen, um ihn vor eindringenden Pfeilen zu schützen, die ihm unter die Haut gegangen sind. Mit diesem orientalischen Kampf- und Kriegsbild abgeschossener Pfeile hatte man die Krankheit und ihre Auswirkung treffsicher bezeichnet. Während andere nur noch über ihn sprechen, spricht er von sich selbst zu Gott und benennt, was ihm fehlt. Er geht seinen körperlichen Schmerzen entlang. Er schildert den verwesenden Geruch abgestoßenen Gewebes und zerfallender Zellen, so wie ein Aussätziger oder ein durch Metastasen geschüttelter Krebspatient es erlebt. Er schildert den flatternden Pulsschlag, so wie ihn ein Infarktpatient kennt. In sich verkrümmt liegt er verlassen am Boden.

Zu Gott hin aber kann er sich aufrichten. Denn von ihm her fühlt er sich erkannt und verstanden. Er ist der einzige, an den er sich wenden und den er erreichen kann. Und er ist der einzige, mit dem zusammen er allein die Ursache seiner Schmerz- und Krankheitsgeschichte ergründen will. Denn zu einer Krankheitsgeschichte kann auch eine eigene Schuldgeschichte gehören, die einer allein für sich erarbeiten muß. Der Kranke übernahm selber die Verantwortung und bekam Zusammenhänge zu erfassen, die »über sein Haupt« gegangen sind. Er fragte nicht mehr: Was kann ich dagegen machen, sondern: Wo kommt meine Krankheit her? Er beförderte allmählich ans Licht, was er selbst vertan und versäumt hatte. Er erkannte und bekannte seine Missetat. Denn Schuld ist persönlich und Schuld ist konkret. Während die anderen neugierig und voreilig dazwischenreden und ihn verurteilen, setzt er sich gegen ihre Anfeindungen zur Wehr. Er verteidigt das Gute, das er getan hat, und läßt es sich nicht von anderen in böser Absicht durcheinanderwerfen oder verdrehen. Er bleibt bei seinem Schmerz, der eine zerstörerische und gemeine Kraft sein kann, aber er erfährt unter Gottes barmherzigem Antlitz, daß daraus ein Werdeschmerz geworden ist. Seine persönliche Wahrheit ist mit ihm ans Licht getreten und zu Wort gekommen. Sie schafft eine heilsame und befreiende Wirkung. ROLF STEINHILPER

Herr, du weißt, was verwundet ist und schmerzt, und hilfst zu erfassen, was ich verschuldet habe. Du bist unser Heil.

39 [Ein Psalm Davids, vorzusingen,
für Jedutun.] 2 Ich habe mir vorge-
nommen: Ich will mich hüten, / daß ich
nicht sündige mit meiner Zunge; ich will
meinem Mund einen Zaum anlegen, / so-
lange ich den Gottlosen vor mir sehen
muß. 3 Ich bin verstummt und still und
schweige fern der Freude / und muß mein
Leid in mich fressen. 4 Mein Herz ist ent-
brannt in meinem Leibe; wenn ich daran
denke, brennt es wie Feuer. / So rede ich
denn mit meiner Zunge: 5 »Herr, lehre
mich doch, daß es ein Ende mit mir haben
muß / und mein Leben ein Ziel hat und ich
davon muß. 6 Siehe, meine Tage sind eine
Handbreit bei dir, / und mein Leben ist
wie nichts vor dir. Wie gar nichts sind alle
Menschen, / die doch so sicher leben!
[Sela] 7 Sie gehen daher wie ein Schatten
und machen sich viel vergebliche Un-
ruhe; / sie sammeln und wissen nicht, wer
es einbringen wird.« 8 Nun, Herr, wessen
soll ich mich trösten? / Ich hoffe auf dich.
9 Errette mich aus aller meiner Sünde /
und laß mich nicht den Narren zum Spott
werden. 10 Ich will schweigen und meinen
Mund nicht auftun; / denn du hast es ge-
tan. 11 Wende deine Plage von mir; / ich
vergehe, weil deine Hand nach mir greift.
12 Wenn du den Menschen züchtigst um
der Sünde willen, so verzehrst du seine
Schönheit wie Motten ein Kleid. / Wie gar
nichts sind doch alle Menschen. [Sela]
13 Höre mein Gebet, Herr, und vernimm
mein Schreien, / schweige nicht zu mei-
nen Tränen; denn ich bin ein Gast bei
dir, / ein Fremdling wie alle meine Väter.
14 Laß ab von mir, daß ich mich erquicke, /
ehe ich dahinfahre und nicht mehr bin. (L)

39 [Für den Chormeister. Von Jedu-
tun. Ein Psalm Davids.] 2 Ich
sagte: Ich will auf meine Wege achten, /
damit ich nicht sündige mit meiner Zunge.
Ich lege meinem Mund einen Zaum an, /
solange der Frevler vor mir steht. 3 So
blieb ich stumm und still; / ich schwieg,
vom Glück verlassen, / doch mein
Schmerz war aufgerührt. 4 Heiß wurde mir
das Herz in der Brust, / bei meinem Grü-
beln entbrannte ein Feuer; / da mußte ich
reden: 5 Herr, tu mir mein Ende kund und
die Zahl meiner Tage! / Laß mich erken-
nen, wie sehr ich vergänglich bin! 6 Du
machtest meine Tage nur eine Spanne
lang, / meine Lebenszeit ist vor dir wie ein
Nichts. / Ein Hauch nur ist jeder Mensch.
[Sela] 7 Nur wie ein Schatten geht der
Mensch einher, / um ein Nichts macht er
Lärm. / Er rafft zusammen und weiß
nicht, wer es einheimst. 8 Und nun, Herr,
worauf soll ich hoffen? / Auf dich allein
will ich harren. 9 Entreiß mich allen, die
mir Unrecht tun, / und überlaß mich nicht
dem Spott der Toren! 10 Ich bin ver-
stummt, ich tue den Mund nicht mehr
auf. / Denn so hast du es gefügt. 11 Nimm
deine Plage weg von mir! / Unter der
Wucht deiner Hand vergehe ich. 12 Du
strafst und züchtigst den Mann wegen sei-
ner Schuld, / du zerstörst seine Anmut
wie Motten das Kleid, / ein Hauch nur ist
jeder Mensch. [Sela] 13 Hör mein Gebet,
Herr, vernimm mein Schreien, / schweig
nicht zu meinen Tränen! Denn ich bin nur
ein Gast bei dir, / ein Fremdling wie all
meine Väter. 14 Wende dein strafendes
Auge ab von mir, / so daß ich heiter blik-
ken kann, / bevor ich dahinfahre und
nicht mehr da bin. (E)

Gebet des Todkranken

Ein Mensch, der weiß, daß es mit ihm zu Ende geht (V. 5. 14), ringt mit sich selbst und seinem Gott. Er beißt sich auf die Zunge (V. 2–3. 10), um ihn nur ja nicht anzuklagen und sich und ihn bloßzustellen vor denen, die nur darauf warten (V. 2b. 9). So frißt er sein Leid – nicht nur die Krankheit, auch das um Gottes willen Nicht-Klagen und Nicht-schreien-Dürfen – in sich hinein (V. 3). Doch er hält diesen Druck nicht aus (V. 4) – und wer Sterbende begleitet hat, weiß, wie tötend das Schweigen in dieser Phase schon vor dem Tode ist. Wie glühende Lava sich aufstaut und endlich herausbricht, so hier bei dem Todkranken die Bitte: Laß mich, Gott, wissen, wann es vorbei ist, wann ich am Ziel bin (V. 5) und alles überstanden habe! Wie oft mag dieser Wunsch im stillen von Sterbebetten zu Gott gesandt werden.

Doch dann, ehe Gott antworten kann, breitet der Sterbende sein verzweifeltes Todeswissen vor ihm aus (V. 6–7), nicht zustimmend, nein, eher die übliche Glaubensweisheit zitierend und resignierend: Ja, das hat man mich gelehrt. Aber stimmt das? Hilft das? Tröstet mich das? Nein: Das Wissen um die eigene Vergänglichkeit läßt die Frage nach »dem einzigen Trost im Leben und im Sterben« (Heidelberger Katechismus, 1. Frage) erst recht dringend werden (V. 8). Und die Hoffnung hat einen Namen: »... auf dich! Errette mich ...!«

Aber da fällt dem Beter ein: Es gibt ja noch die anderen, die mich beobachten. Also schweige ich lieber. »Denn du hast es getan.« Ist das Klage? Vorwurf? Tiefes Wissen um Gottes Macht? Das Ringen hört damit nicht auf: »Wende ab die Plage.« Die Krankheit scheint unerträglich, das Leben wird nichtig (V. 6), ein Schatten (V. 7), eine Züchtigung und Strafe (V. 12), Schreie und Tränen (V. 13) erzeugend. Gott soll nicht schweigen – und dennoch »ablassen«, »wegschauen«, um dem Sterbenden Aufschub zu gewähren: ein letztes, erleichterndes Aufatmen vor dem Ende. – Protokoll eines Sterbens ohne christliche Erlösungshoffnung? Ja. Aber als ein Zeugnis des Redens und Ringens mit dem Gott der Hoffnung vielleicht Trost für manchen noch heute.

RENÉ LEUDESDORFF

Mach End, o Herr, mach Ende mit aller unsrer Not. Stärk unsre Füß und Hände und laß bis in den Tod uns allzeit deiner Pflege und Treu empfohlen sein, so gehen unsre Wege gewiß zum Himmel ein.

40 [Ein Psalm Davids, vorzusingen.]
2 Ich harrte des Herrn, / und er
neigte sich zu mir und hörte mein
Schreien. 3 Er zog mich aus der grausigen
Grube, / aus lauter Schmutz und
Schlamm, und stellte meine Füße auf
einen Fels, / daß ich sicher treten kann;
4 er hat mir ein neues Lied in meinen
Mund gegeben, / zu loben unsern Gott.
Das werden viele sehen und sich fürch-
ten / und auf den Herrn hoffen. 5 Wohl
dem, der seine Hoffnung setzt auf den
Herrn / und sich nicht wendet zu den Hof-
färtigen und denen, die mit Lügen umge-
hen! 6 Herr, mein Gott, groß sind deine
Wunder und deine Gedanken, die du an
uns beweisest; / dir ist nichts gleich! Ich
will sie verkündigen und davon sagen, /
wiewohl sie nicht zu zählen sind.
7 Schlachtopfer und Speisopfer gefallen
dir nicht, aber die Ohren hast du mir auf-
getan. / Du willst weder Brandopfer noch
Sündopfer. 8 Da sprach ich: Siehe, ich
komme; / im Buch ist von mir geschrie-
ben: 9 Deinen Willen, mein Gott, tue ich
gern, / und dein Gesetz hab ich in meinem
Herzen. 10 Ich verkündige Gerechtigkeit
in der großen Gemeinde. / Siehe, ich will
mir meinen Mund nicht stopfen lassen;
Herr, das weißt du. 11 Deine Gerechtig-
keit verberge ich nicht in meinem Her-
zen; / von deiner Wahrheit und von dei-
nem Heil rede ich. Ich verhehle deine
Güte und Treue nicht / vor der großen
Gemeinde. 12 Du aber, Herr, wollest
deine Barmherzigkeit nicht von mir wen-
den; / laß deine Güte und Treue allewege
mich behüten. 13 Denn es haben mich um-
geben Leiden ohne Zahl. / Meine Sünden
haben mich ereilt; ich kann sie nicht über-
blicken. Ihrer sind mehr als Haare auf
meinem Haupt, / und mein Herz ist ver-
zagt. 14 Laß dir's gefallen, Herr, mich zu
erretten; / eile, Herr, mir zu helfen!
15 Schämen sollen sich und zuschanden
werden, / die mir nach dem Leben trach-
ten, mich umzubringen. Es sollen zurück-
weichen und zuschanden werden, / die
mir mein Unglück gönnen. 16 Sie sollen in
ihrer Schande erschrecken, / die über
mich schreien: Da, da! 17 Laß deiner sich
freuen und fröhlich sein / alle, die nach dir
fragen; und die dein Heil lieben, laß alle-
wege sagen: / Der Herr sei hoch gelobt!
18 Denn ich bin arm und elend: / der Herr
aber sorgt für mich. Du bist mein Helfer
und Erretter; / mein Gott, säume doch
nicht! (L)

Wes das Herz voll ist...

Religion sei Privatsache, so heißt es. Doch der Mensch ist nie nur Privatmensch, er lebt unter anderen, mit vielen in einem Gemeinwesen. Und was ihn wirklich beschäftigt – er muß es mit denen teilen, die um ihn sind.

Da hat einer ganz tief im Dreck gesteckt, dem Tod näher als dem Leben, aus welchem Grund auch immer, und schrie bei Gott um Hilfe. Das Wunder der Rettung geschah; er hatte wieder festen Boden unter den Füßen (V. 3).

Doch nun ein zweifach Erstaunliches: Eben der Gott, der ihn herausholte, gibt dem Befreiten auch das Danklied auf die Lippen! Will heißen: Auch mein Lobpreis ist nicht mein Werk, sondern er kommt aus der Kraft des Gottes-Geistes. Und das zweite: Der Gesang bleibt nicht im stillen Kämmerlein, er wird zu einer öffentlichen Angelegenheit (V. 4b.6b.10a.11b). Die Weise aber, in der es geschieht, ist nicht minder bemerkenswert: Anstelle von Schlacht- und Speisopfer kommt der Gerettete mit einer Pergamentrolle (V. 8), einer – modern gesprochen – Dank-Anzeige, die im Tempel, allen sichtbar, angeheftet wird. Statt des üblichen Opferkults bringt der Dankbare – seinen Gehorsam! »Die Ohren hast du mir geöffnet« (V. 7). Und die aufgeschriebene Heilstat wird zum Dokument, das Gottes helfende Gerechtigkeit verkündet (V. 10 und 11), aber eben auch die Herzensliebe zur Thora als dem hilfreichen Lebensgesetz für den Betroffenen (V. 9).

So wird aus der sehr persönlichen Glaubenserfahrung eines einzelnen das verbindliche und verbindende Zeugnis vor der Gemeinde und damit vor aller Welt. Ob wir mit solch geradezu prallgefülltem Freudenausbruch Schritt halten können? Vielleicht muß jemand so tief im Elend versunken und dennoch zum Leben erweckt gewesen sein, um hinterher den Mund weit auftun zu können. RENÉ LEUDESDORFF

Das muß ich dir, mein Gott, bekennen, das rühm ich, wenn ein Mensch mich fragt; ich kann es nur Erbarmung nennen, so ist mein ganzes Herz gesagt. Ich beuge mich und bin erfreut und rühme die Barmherzigkeit.

41 [Ein Psalm Davids, vorzusingen.] 2 Wohl dem, der sich des Schwachen annimmt! / Den wird der Herr erretten zur bösen Zeit. 3 Der Herr wird ihn bewahren und beim Leben erhalten und es ihm lassen wohlgehen auf Erden / und ihn nicht preisgeben dem Willen seiner Feinde. 4 Der Herr wird ihn erquicken auf seinem Lager; / du hilfst ihm auf von aller seiner Krankheit. 5 Ich sprach: Herr, sei mir gnädig! Heile mich; / denn ich habe an dir gesündigt. 6 Meine Feinde reden Arges wider mich: / »Wann wird er sterben und sein Name vergehen?« 7 Sie kommen, nach mir zu schauen, / und meinen's doch nicht von Herzen; sondern sie suchen etwas, daß sie lästern können, / gehen hin und tragen's hinaus auf die Gasse. 8 Alle, die mich hassen, flüstern miteinanderr über mich / und denken Böses über mich: 9 »Unheil ist über ihn ausgegossen; / wer so daliegt, wird nicht wieder aufstehen.« 10 Auch mein Freund, dem ich vertraute, / der mein Brot aß, tritt mich mit Füßen. 11 Du aber, Herr, sei mir gnädig und hilf mir auf, / so will ich ihnen vergelten. 12 Daran merke ich, daß du Gefallen an mir hast, / daß mein Feind über mich nicht frohlocken wird. 13 Mich aber hältst du um meiner Frömmigkeit willen / und stellst mich vor dein Angesicht für ewig. 14 Gelobt sei der Herr, der Gott Israels, / von Ewigkeit zu Ewigkeit! Amen! Amen! (L)

41 [Für den Chormeister. Ein Psalm Davids.] 2 Wohl dem, der sich des Schwachen annimmt; / zur Zeit des Unheils wird der Herr ihn retten. 3 Ihn wird der Herr behüten / und am Leben erhalten. Man preist ihn glücklich im Land. / Gib ihn nicht seinen gierigen Feinden preis! 4 Auf dem Krankenbett wird der Herr ihn stärken; / seine Krankheit verwandelst du in Kraft. 5 Ich sagte: Herr, sei mir gnädig, / heile mich; denn ich habe gegen dich gesündigt. 6 Meine Feinde reden böse über mich: / »Wann stirbt er endlich, und wann vergeht sein Name?« 7 Besucht mich jemand, / so kommen seine Worte aus falschem Herzen. Er häuft in sich Bosheit an, / dann geht er hinaus und redet. 8 Im Haß gegen mich sind sich alle einig; / sie tuscheln über mich und sinnen auf Unheil: 9 »Verderben hat sich über ihn ergossen; / wer einmal daliegt, steht nicht mehr auf.« 10 Auch mein Freund, dem ich vertraute, / der mein Brot aß, hat gegen mich geprahlt. 11 Du aber, Herr, sei mir gnädig; / richte mich auf, damit ich ihnen vergelten kann. 12 Daran erkenne ich, daß du an mir Gefallen hast; / wenn mein Feind nicht über mich triumphieren darf. 13 Weil ich aufrichtig bin, hältst du mich fest / und stellst mich vor dein Antlitz für immer. 14 Gepriesen sei der Herr, der Gott Israels, / von Ewigkeit zu Ewigkeit. Amen, ja amen. (E)

Freundschaft oder Feindschaft?

Mit unserem heutigen Text endet das erste Psalmbuch. Auch dieser Psalm wird David zugeschrieben. Wer die Geschichte von der Enttäuschung Davids durch seine Söhne und ihm nahestehende Freunde nachlesen möchte – zur Erläuterung von Vers 10 des Psalms –, der sei auf das Buch 2. Samuel und auf 1. Könige 1–2 verwiesen.

Der Beter ist offensichtlich krank und ans Bett gefesselt. Er leidet unter den vordergründig gut gemeinten Krankenbesuchen, wohl wissend, daß doch nur geheuchelt wird – kaum zur Türe hinaus beginnt das Gerede. Wer kennte nicht ähnliche Situationen?!

Befremdend ist für mich allerdings, wie der Psalmist dieser Situation entkommen will: »Du aber, Herr, hilf mir auf, so will ich ihnen vergelten«, heißt es in Vers 11. Und nicht genug damit, im nächsten Vers wird deutlich, daß für den Psalmisten die Liebe Gottes nachgerade daran sichtbar wird, daß er Rache an seinen Feinden üben kann.

Wollen und sollen wir so glauben? Hat Jesus uns solchen Rache-Gedanken vorgelebt? War es nicht vielmehr so, daß gerade Jesus uns lehren wollte, bei uns selbst anzufangen? Dafür gibt es doch genügend Beispiele. Sein Wort: »Wer ohne Sünde ist, werfe den ersten Stein« (Johannes 8,7) mag genügen. Wir sind doch alle abhängig von Gottes Vergebung und als Menschen eben auch von der offenen, zur Versöhnung ausgestreckten Hand anderer.

Ich bin froh, daß die Bibel nicht bei Psalmen wie diesem endet, sondern im Neuen Testament eine Fortsetzung gefunden hat, die uns zu solchem Denken und Tun aufruft! Was der Psalmist denkt und betet, ist zutiefst menschlich und so auch verstehbar, aber nach meinem Verständnis von Jesus und seinem Vater so nicht gewollt. Und ich bin mir sicher, daß unser aller Leben – angefangen in der ganz kleinen und doch so wichtigen Familie bis hinein in die »große« Politik – gerade in *uns* Menschen finden muß, die ihre geballte Faust öffnen, um sie dem anderen zu reichen. Und auch da bin ich ganz zuversichtlich: Hier wird Gott uns helfen! CHRISTOPH HENSEL

Herr, öffne meine Faust und mein Herz gerade für die, die ich für meine Feinde halte.

42 [Eine Unterweisung der Söhne
Korach, vorzusingen.] 2 Wie der
Hirsch lechzt nach frischem Wasser, / so
schreit meine Seele, Gott, zu dir. 3 Meine
Seele dürstet nach Gott, / nach dem le-
bendigen Gott. Wann werde ich dahin
kommen, / daß ich Gottes Angesicht
schaue? 4 Meine Tränen sind meine Speise
Tag und Nacht, / weil man täglich zu mir
sagt: Wo ist nun dein Gott? 5 Daran will
ich denken / und ausschütten mein Herz
bei mir selbst: wie ich einherzog in großer
Schar, / mit ihnen zu wallen zum Hause
Gottes mit Frohlocken und Danken / in
der Schar derer, die da feiern. 6 Was be-
trübst du dich, meine Seele, / und bist so
unruhig in mir? Harre auf Gott; denn ich
werde ihm noch danken, / daß er meines
Angesichts Hilfe und mein Gott ist. 7 Mein
Gott, betrübt ist meine Seele in mir,
darum gedenke ich an dich / aus dem
Land am Jordan und Hermon, vom Berge
Misar. 8 Deine Fluten rauschen daher,
und eine Tiefe ruft die andere; / alle deine
Wasserwogen und Wellen gehen über
mich. 9 Am Tage sendet der Herr seine
Güte, / und des Nachts singe ich ihm und
bete zu dem Gott meines Lebens. 10 Ich
sage zu Gott, meinem Fels: / Warum hast
du mich vergessen? Warum muß ich so
traurig gehen, / wenn mein Feind mich
dränget? 11 Es ist wie Mord in meinen Ge-
beinen, wenn mich meine Feinde schmä-
hen / und täglich zu mir sagen: Wo ist nun
dein Gott? 12 Was betrübst du dich, meine
Seele, / und bist so unruhig in mir? Harre
auf Gott; denn ich werde ihm noch dan-
ken, / daß er meines Angesichts Hilfe und
mein Gott ist. (L)

42 [Für den Chormeister. Ein Weis-
heitslied der Korachiter.] 2 Wie der
Hirsch lechzt nach frischem Wasser, / so
lechzt meine Seele, Gott, nach dir.
3 Meine Seele dürstet nach Gott, / nach
dem lebendigen Gott. Wann darf ich
kommen / und Gottes Antlitz schauen?
4 Tränen waren mein Brot bei Tag und bei
Nacht; / denn man sagt zu mir den ganzen
Tag: / »Wo ist nun dein Gott?« 5 Das Herz
geht mir über, wenn ich daran denke: /
wie ich zum Haus Gottes zog in festlicher
Schar, / mit Jubel und Dank in feiernder
Menge. 6 Meine Seele, warum bist du be-
trübt / und bist so unruhig in mir? Harre
auf Gott; denn ich werde ihm noch dan-
ken, / meinem Gott und Retter, auf den
ich schaue. 7 Betrübt ist meine Seele in
mir, darum denke ich an dich / im Jordan-
land, am Hermon, am Mizar-Berg. 8 Flut
ruft der Flut zu beim Tosen deiner Was-
ser, / all deine Wellen und Wogen gehen
über mich hin. 9 Bei Tag schenke der Herr
seine Huld; / ich singe ihm nachts und
flehe zum Gott meines Lebens. 10 Ich sage
zu Gott, meinem Fels: / »Warum hast du
mich vergessen? Warum muß ich trau-
ernd umhergehen, / von meinem Feind
bedrängt?« 11 Wie ein Stechen in meinen
Gliedern / ist für mich der Hohn der Be-
dränger; denn sie rufen mir ständig zu: /
»Wo ist nun dein Gott?« 12 Meine Seele,
warum bist du betrübt / und bist so unru-
hig in mir? Harre auf Gott; denn ich
werde ihm noch danken, / meinem Gott
und Retter, auf den ich schaue. (E)

Verlangen nach Gott in der Fremde

Der Psalm läßt einen Blick tun in das Innere eines zutiefst einsam gewordenen Menschen. Anscheinend hat er niemand, dem er sein Herz ausschütten kann und mag. Befürchtet er, nicht verstanden zu werden mit dem, was ihn umtreibt? Will er keinem zumuten, mit ihm zusammen auszuhalten, daß er die Mitte seines Lebens verloren hat, weil Gott ihm fern erscheint?

Unfreiwillig – vielleicht verbannt, bestraft, krank – lebt der Psalmist weit weg von der geistlichen Heimat, wo sich Israel im Tempel gemeinsam der Nähe Gottes vergewisserte. Nun muß er seinen Glauben durchhalten – isoliert von der großen Gemeinde. Er kommt sich vor wie ein Verdurstender oder auch wie ein Ertrinkender, dem die Wogen über dem Kopf zusammenschlagen. Doch auch dieses Erleben will er von Gott geschickt sehen, auch wenn er sich gottverlassen vorkommt.

Besonders schlimm wird es aber dann, wenn zu den Fragen des eigenen Herzens, die ohne Antwort bleiben, noch Fragen von außen kommen: »Wo ist nun dein Gott?« Möchte denn nicht jeder, dem Gott etwas bedeutet, den Zweifel ausräumen? Wen läßt es unberührt, dann stumm dastehen zu müssen, statt einleuchtende Beweise geben zu können?

Der Psalmist beginnt ein Zwiegespräch mit sich selber. Er führt es vor dem Gott, der sich ihm verbirgt. Erinnerungen werden in ihm wach. Sie schmerzen, aber sie tragen auch eine Kraft in sich. Das, was der Beter in guten Zeiten erlebt hat, war Realität, die er nicht allein und nicht nur einmal erfahren hat. Sollten solche Erfahrungen sich nicht wiederholen können? So schöpft er heilende Kraft aus der Erinnerung.

Es ist eindrücklich, wie sein Glaube ihn in Frage stellt und ihn zugleich auch ermutigt. Immer wieder von neuem wird er sich selber zum Prediger, der sich und seine Lage wie von einem Standort außerhalb ansieht. So kann er sich mit fast liebevollem Kopfschütteln entgegentreten, weil er ja eigentlich wissen müßte, daß das Ziel seines Weges der Dank sein wird, eben weil Gott der »Gott des Lebens« ist. Deshalb muß er das gegenwärtige Erleben nicht als das Endgültige sehen. Deshalb will er das Warten aushalten, bis Gott selber ihm Zeichen der Nähe gibt. ERIKA SCHAUDT

Du führst durch Dunkel uns zum Licht.

43 Gott, schaffe mir Recht und führe
meine Sache wider das unheilige
Volk / und errette mich von den falschen
und bösen Leuten! 2 Denn du bist der Gott
meiner Stärke: / Warum hast du mich ver-
stoßen? Warum muß ich so traurig ge-
hen, / wenn mein Feind mich dränget?
3 Sende dein Licht und deine Wahrheit,
daß sie mich leiten / und bringen zu dei-
nem heiligen Berg und zu deiner Woh-
nung, 4 daß ich hineingehe zum Altar Got-
tes, zu dem Gott, der meine Freude und
Wonne ist, / und dir, Gott, auf der Harfe
danke, mein Gott. 5 Was betrübst du dich,
meine Seele, / und bist so unruhig in mir?
Harre auf Gott; denn ich werde ihm noch
danken, / daß er meines Angesichts Hilfe
und mein Gott ist. (L)

43 Verschaff mir Recht, o Gott, / und
führe meine Sache gegen ein treu-
loses Volk! / Rette mich vor bösen und
tückischen Menschen! 2 Denn du bist
mein starker Gott. / Warum hast du mich
verstoßen? Warum muß ich trauernd um-
hergehen, / von meinem Feind bedrängt?
3 Sende dein Licht und deine Wahrheit, /
damit sie mich leiten; sie sollen mich füh-
ren zu deinem heiligen Berg / und zu dei-
ner Wohnung. 4 So will ich zum Altar Got-
tes treten, zum Gott meiner Freude. /
Jauchzend will ich dich auf der Harfe lo-
ben, / Gott, mein Gott. 5 Meine Seele,
warum bist du betrübt / und bist so unru-
hig in mir? Harre auf Gott; denn ich
werde ihm noch danken, / meinem Gott
und Retter, auf den ich schaue. (E)

Sende dein Licht und deine Wahrheit

Wer kennt nicht den schönen Kanon: »Sende dein Licht und deine Wahrheit, daß sie mich leiten zu deiner Wohnung und ich dir danke, daß du mir hilfst«? Musik und Gesang spielten in den Gottesdiensten des alten Israel eine überragende Rolle. Es gab einen großen Reichtum an Instrumenten, und es gab berühmte Chöre und berühmte Sängerfamilien. Viele Psalmen sind Wallfahrtslieder, die während des Weges zu den großen Festen in Jerusalem gesungen wurden. Diese Reisen dauerten oft Tage und waren nicht ungefährlich. Es ging durch finstere Täler und über steile Höhen. Die Tage waren oft glutheiß und die Nächte eiskalt; und zudem hausten in den Bergen auch Raubtiere und Räuber. Und außer dem Reisegepäck schleppte jeder auch noch seine ganz persönliche Last mit.

»Warum hast du mich verstoßen – warum muß ich so traurig sein?«

Wer so redet oder betet, dem geht es nicht gut, dessen Seele ist unruhig und betrübt, und sein einziger Trost ist, daß er unterwegs ist zu dem Gott, der seine Freude und Wonne ist. Er weiß aus Erfahrung, daß seine Depressionen, von denen er immer wieder heimgesucht wird, verfliegen, sobald er im Tempel auf seiner Harfe Gott danken wird. Er erlebt das, was Jahrtausende später ein anderer großer Sänger, nämlich Martin Luther, einmal gesagt hat:

»Musika ist eine schöne, liebliche Gabe Gottes, sie hat mich oft also erweckt und bewegt, daß ich Lust zu predigen gewonnen habe. Die Musik ist aller Bewegungen des menschlichen Herzens eine Regiererin... Nichts auf Erden ist kräftiger, die Traurigen fröhlich, die Fröhlichen traurig, die Verzagten herzhaft zu machen, die Hoffärtigen zur Demut zu reizen, den Haß und den Neid zu mindern, denn die Musik.«

Es ist schön zu sehen und noch besser zu lernen, wie hier ein einsamer und trauriger Mensch sich selber gut zuredet, weil er weiß, daß es besser mit ihm werden wird. »Was betrübst du dich, meine Seele, und bist so unruhig in mir. Harre auf Gott, denn ich werde ihm noch danken, daß er meines Angesichtes Hilfe und mein Gott ist.«

CHRISTIAN TRÖBST

Wir beten noch einmal Psalm 43.

44 [Für den Chormeister. Ein Weisheitslied der Korachiter.] 2 Gott, wir hörten es mit eigenen Ohren, / unsere Väter erzählten uns von dem Werk, das du in ihren Tagen vollbracht hast, / in den Tagen der Vorzeit. 3 Mit eigener Hand hast du Völker vertrieben, / sie aber eingepflanzt. Du hast Nationen zerschlagen, / sie aber ausgesät. 4 Denn sie gewannen das Land nicht mit ihrem Schwert, / noch verschaffte ihr Arm ihnen den Sieg; nein, deine Rechte war es, dein Arm und dein leuchtendes Angesicht; / denn du hattest an ihnen Gefallen. 5 Du, mein König und mein Gott, / du bist es, der Jakob den Sieg verleiht. 6 Mit dir stoßen wir unsere Bedränger nieder, / in deinem Namen zertreten wir unsere Gegner. 7 Denn ich verlasse mich nicht auf meinen Bogen, / noch kann mein Schwert mir helfen; 8 nein, du hast uns vor unsern Bedrängern gerettet; / alle, die uns hassen, bedeckst du mit Schande. 9 Wir rühmen uns Gottes den ganzen Tag / und preisen deinen Namen auf ewig. [Sela] 10 Doch nun hast du uns verstoßen und mit Schmach bedeckt, / du ziehst nicht mit unserm Heer in den Kampf. 11 Du läßt uns vor unsern Bedrängern fliehen, / und Menschen, die uns hassen, plündern uns aus. 12 Du gibst uns preis wie Schlachtvieh, / unter die Völker zerstreust du uns. 13 Du verkaufst dein Volk um ein Spottgeld / und hast an dem Erlös keinen Gewinn. 14 Du machst uns zum Schimpf für die Nachbarn, / zu Spott und Hohn bei allen, die rings um uns wohnen. 15 Du machst uns zum Spottlied der Völker, / die Heiden zeigen uns nichts als Verachtung. 16 Meine Schmach steht mir allzeit vor Augen, / und Scham bedeckt mein Gesicht 17 wegen der Worte des lästernden Spötters, / wegen der rachgierigen Blicke des Feindes. 18 Das alles ist über uns gekommen, / und doch haben wir dich nicht vergessen, / uns von deinem Bund nicht treulos abgewandt. 19 Unser Herz ist nicht von dir gewichen, / noch hat unser Schritt deinen Pfad verlassen. 20 Doch du hast uns verstoßen an den Ort der Schakale / und uns bedeckt mit Finsternis. 21 Hätten wir den Namen unseres Gottes vergessen / und zu einem fremden Gott die Hände erhoben, 22 würde Gott das nicht ergründen? / Denn er kennt die heimlichen Gedanken des Herzens. 23 Nein, um deinetwillen werden wir getötet Tag für Tag, / behandelt wie Schafe, / die man zum Schlachten bestimmt hat. 24 Wach auf! Warum schläfst du, Herr? / Erwache, verstoß nicht für immer! 25 Warum verbirgst du dein Gesicht, / vergißt unsere Not und Bedrängnis? 26 Unsere Seele ist in den Staub hinabgebeugt, / unser Leib liegt am Boden. 27 Steh auf und hilf uns! / In deiner Huld erlöse uns! (E)

Wache auf?!

Mit Psalm 44, dem heutigen Text, verlassen wir das erste Buch der Psalmen, das mit Psalm 41 geendet hat. Der heutige Text gehört zum sogenannten Korah-Psalter, benannt nach den Korahsöhnen, die levitische Tempelsänger waren.

Der Anlaß zu unserem Text kann nur vermutet werden, vielleicht stammt er aus dem Schischak-Krieg, als Schischak, ein ägyptischer König, gegen Rehabeam zog. (Für Interessierte: 2. Chronik 12.) Fest steht jedenfalls, daß der Psalm eine einzige Anklage gegen Gott darstellt, die in der zunächst doch ziemlich unverschämt anmutenden Forderung »Wache auf, Herr! Warum schläfst du?« (V. 24) gipfelt.

Wenn ich selbstkritisch frage, wie ich mit solchen Problemen umgehe, fällt mir schnell auf, daß ich doch zu ähnlichem Verhalten neige: Geht's mir gut, bemerke ich das zwar, bin auch dankbar dafür, aber es ist doch in keinem Maß damit zu vergleichen, wie ich mit Gott zu hadern beginne, wenn ich irgendwelche Probleme habe. Die Frage »Warum läßt Gott das zu?« oder »Warum passiert dies gerade mir – gehe ich doch regelmäßig in die Kirche und glaube auch ganz fest!« ist doch in solcher Situation in aller Munde!

Und gerade dies ist wohl der große Trugschluß, der unserem allzu menschlichen Denken entspringt: So »menschlich« ist Gott nicht! Er verfährt eben nicht nach dem Motto »Eine Hand wäscht die andere«, sondern liebt uns uneingeschränkt! Jeden! Gott läßt sich nicht erpressen, und er ist nicht berechenbar. Daß wir dennoch oder gerade deshalb oft nicht begreifen, warum unser Leben so und nicht anders verläuft, gehört zum Leben, wir können daran nichts ändern. Aber gerade darin sollten wir uns üben: mit aller uns menschen-möglichen Freude zu leben, auch die dunklen Stunden anzunehmen. So verständlich der Ausruf »Wache auf, Herr!« auch ist, aufwachen muß der Psalmist, aufwachen müssen wir, indem wir ja sagen zu unserem Leben, auch zu den dunklen Seiten. CHRISTOPH HENSEL

Herr, gib uns Kraft zum Leben-Wollen, auch und gerade dann, wenn es besonders schwer ist.

45 [Eine Unterweisung der Söhne
Korach, vorzusingen, nach der
Weise »Lilien«, ein Brautlied.] 2 Mein
Herz dichtet ein feines Lied, einem König
will ich es singen; / meine Zunge ist ein
Griffel eines guten Schreibers: 3 Du bist
der Schönste unter den Menschenkin-
dern, voller Huld sind deine Lippen; /
wahrlich, Gott hat dich gesegnet für ewig.
4 Gürte dein Schwert an die Seite, du
Held, und schmücke dich herrlich! / 5 Es
möge dir gelingen in deiner Herrlichkeit.
Zieh einher für die Wahrheit in Sanftmut
und Gerechtigkeit, / so wird deine rechte
Hand Wunder vollbringen. 6 Scharf sind
deine Pfeile, daß Völker vor dir fallen; /
sie dringen ins Herz der Feinde des Kö-
nigs. 7 Gott, dein Thron bleibt immer und
ewig; / das Zepter deines Reichs ist ein
gerechtes Zepter. 8 Du liebst Gerechtig-
keit / und hassest gottloses Treiben;
darum hat dich der Herr, dein Gott, ge-
salbt / mit Freudenöl wie keinen deines-
gleichen. 9 Deine Kleider sind lauter
Myrrhe, Aloe und Kassia; / aus Elfen-
beinpalästen erfreut dich Saitenspiel. 10 In
deinem Schmuck gehen Töchter von Kö-
nigen; / die Braut steht zu deiner Rechten
in Goldschmuck aus Ofir. 11 Höre, Toch-
ter, sieh und neige dein Ohr: / Vergiß
dein Volk und dein Vaterhaus! 12 Den Kö-
nig verlangt nach deiner Schönheit; /
denn er ist dein Herr, und du sollst ihm
huldigen. 13 Die Tochter Tyrus kommt mit
Geschenken; / die Reichen im Volk su-
chen deine Gunst. 14 Die Königstochter ist
mit Perlen geschmückt; / sie ist mit golde-
nen Gewändern bekleidet. 15 Man führt
sie in gestickten Kleidern zum König; /
Jungfrauen folgen ihr, ihre Gespielinnen
führt man zu dir. 16 Man führt sie hin mit
Freude und Jubel; / sie ziehen ein in des
Königs Palast. 17 An deiner Väter Statt
werden deine Söhne sein; / die wirst du zu
Fürsten setzen in aller Welt. 18 Ich will dei-
nen Namen kundmachen von Kind zu
Kindeskind; / darum werden dir danken
die Völker immer und ewig. (L)

45 [Für den Chormeister. Nach der
Weise »Lilien«. Ein Weisheitslied
der Korachiter. Ein Liebeslied.] 2 Mein
Herz fließt über von froher Kunde, / ich
weihe mein Lied dem König. / Meine
Zunge gleicht dem Griffel des flinken
Schreibers. 3 Du bist der Schönste von al-
len Menschen, / Anmut ist ausgegossen
über deine Lippen; / darum hat Gott dich
für immer gesegnet. 4 Gürte, du Held,
dein Schwert um die Hüfte, / kleide dich
in Hoheit und Herrlichkeit! 5 Zieh aus mit
Glück, kämpfe für Wahrheit und Recht! /
Furchtgebietende Taten / soll dein rech-
ter Arm dich lehren. 6 Deine Pfeile sind
scharf, dir unterliegen die Völker, / die
Feinde des Königs verlieren den Mut.
7 Dein Thron, du Göttlicher, steht für im-
mer und ewig; / das Zepter deiner Herr-
schaft ist ein gerechtes Zepter. 8 Du liebst
das Recht und haßt das Unrecht, / darum
hat Gott, dein Gott, dich gesalbt mit dem
Öl der Freude / wie keinen deiner Gefähr-
ten. 9 Von Myrrhe, Aloe und Kassia duf-
ten all deine Gewänder, aus Elfenbeinhal-
len erfreut dich Saitenspiel. 10 Königstöch-
ter gehen dir entgegen, / die Braut steht
dir zur Rechten / im Schmuck von Ofir-
gold. 11 Höre, Tochter, sieh her und neige
dein Ohr, / vergiß dein Volk und dein Va-
terhaus! 12 Der König verlangt nach dei-
ner Schönheit; / er ist ja dein Herr, ver-
neig dich vor ihm! 13 Die Töchter von Ty-
rus kommen mit Gaben, / deine Gunst be-
gehren die Edlen des Volkes. 14 Die Kö-
nigstochter ist herrlich geschmückt, / ihr
Gewand ist durchwirkt mit Gold und Per-
len. 15 Man geleitet sie in buntgestickten
Kleidern zum König, / Jungfrauen sind
ihr Gefolge, / ihre Freundinnen führt man
zu dir. 16 Man geleitet sie mit Freude und
Jubel, / sie ziehen ein in den Palast des
Königs. 17 An die Stelle deiner Väter tre-
ten einst deine Söhne; / du bestellst sie zu
Fürsten im ganzen Land. 18 Ich will deinen
Namen rühmen von Geschlecht zu Ge-
schlecht, / darum werden die Völker dich
preisen immer und ewig. (E)

Ein Traum von einem König

Wer wird in diesem Psalm eigentlich besungen? Daß es sich hier um ein besonders kunstvolles Loblied auf einen König handelt, ist deutlich. Aber unklar ist, welcher König und welche Hochzeit da gemeint ist. Jedenfalls stellt sich einiges in den Weg, wenn wir einfach sagen, mit diesem König sei Gott gemeint. Umgekehrt ist es aber auch nicht möglich, diesen Psalm auf einen bestimmten König aus der Geschichte Israels zu beziehen. Was dann?

Alles, was wir über Gott sagen können, ist »Stückwerk«. Es ist kein Zufall, daß es in der Bibel so viele verschiedene Bilder gibt, mit denen Menschen versuchen, sich Gott zu nähern: Gott ist wie ein Hirte, wie ein Fels, wie die Sonne, wie ein Schild... und wie ein König. Keines der Bilder freilich reicht aus, um Gott zu erfassen. Es sind wirklich nur Bruchstücke.

Beim Bild vom König ist die Sache dazu besonders kompliziert. Lange gab es in Israel einen erbitterten Streit, ob ein weltlicher König erlaubt sei, ob er nötig sei, wo doch Israel den König aller Könige hat: den himmlischen König. Ein irdischer König könnte ja auch eine Konkurrenz zu dem einen König werden. Der Streit wurde schließlich in der Gestalt des Königs Saul entschieden, freilich mit einem ganz wichtigen Zeichen: König in Israel wurde er von Gottes Gnaden, erkennbar daran, daß der Gottesmann Samuel im Auftrag Gottes den König salbt. Der Gesalbte (V. 8) ist der Beauftragte Gottes. Er ist nicht selber der Sonnenkönig, er ist der Diener des Gottes, der Sonne und Schild ist. Seine Aufgabe war, der Wahrheit zu dienen und den Schwachen zum Recht zu verhelfen (V. 5).

Wenn nun in diesem Psalm ein König in den buntesten orientalischen Farben besungen wird als schön, gesegnet, stark, siegreich, als einer, der seinen göttlichen Aufgaben nachkommt, fragt man sich unwillkürlich: Gibt es einen menschlichen König, der so ideal ist? Oder schimmert durch dieses »traumhafte« Bild nicht vielmehr der himmlische König durch? Wird bei dieser königlichen Hochzeit, bei diesem Fest nicht ein Bild gemalt vom Fest des ewigen Königs, bei dem es Freude, Saitenspiel und vollkommenes Glück gibt? Irdische Bilder, die über sich selbst hinausweisen. DIETER KUNZ

Gott wohnt in einem Lichte, dem keiner nahen kann. Von seinem Angesichte trennt uns der Sünde Bann. Unsterblich und gewaltig ist unser Gott allein, will König tausendfaltig, Herr aller Herren sein.

46 [Ein Lied der Söhne Korach, vorzusingen, nach der Weise »Jungfrauen«.] 2 Gott ist unsre Zuversicht und Stärke, / eine Hilfe in den großen Nöten, die uns getroffen haben. 3 Darum fürchten wir uns nicht, wenngleich die Welt unterginge / und die Berge mitten ins Meer sänken, 4 wenngleich das Meer wütete und wallte / und von seinem Ungestüm die Berge einfielen. [Sela] 5 Dennoch soll die Stadt Gottes fein lustig bleiben / mit ihren Brünnlein, da die heiligen Wohnungen des Höchsten sind. 6 Gott ist bei ihr drinnen, darum wird sie fest bleiben; / Gott hilft ihr früh am Morgen. 7 Die Heiden müssen verzagen und die Königreiche fallen, / das Erdreich muß vergehen, wenn er sich hören läßt. 8 Der Herr Zebaoth ist mit uns, / der Gott Jakobs ist unser Schutz. [Sela] 9 Kommt her und schauet die Werke des Herrn, / der auf Erden solch ein Zerstören anrichtet, 10 der den Kriegen steuert in aller Welt, / der Bogen zerbricht, Spieße zerschlägt und Wagen mit Feuer verbrennt. 11 Seid stille und erkennet, daß ich Gott bin! / Ich will der Höchste sein unter den Heiden, der Höchste auf Erden. 12 Der Herr Zebaoth ist mit uns, / der Gott Jakobs ist unser Schutz. [Sela] (L)

46 [Für den Chormeister. Von den Korachitern. Nach der Weise »Mädchen«. Ein Lied.] 2 Gott ist uns Zuflucht und Stärke, / ein bewährter Helfer in allen Nöten. 3 Darum fürchten wir uns nicht, wenn die Erde auch wankt, / wenn Berge stürzen in die Tiefe des Meeres, 4 wenn seine Wasserwogen tosen und schäumen / und vor seinem Ungestüm die Berge erzittern. Der Herr der Heerscharen ist mit uns, / der Gott Jakobs ist unsre Burg. [Sela] 5 Die Wasser eines Stromes erquicken die Gottesstadt, / des Höchsten heilige Wohnung. 6 Gott ist in ihrer Mitte, darum wird sie niemals wanken; / Gott hilft ihr, wenn der Morgen anbricht. 7 Völker toben, Reiche wanken, / es dröhnt sein Donner, da zerschmilzt die Erde. 8 Der Herr der Heerscharen ist mit uns, / der Gott Jakobs ist unsre Burg. [Sela] 9 Kommt und schaut die Taten des Herrn, / der Furchtbares vollbringt auf der Erde. 10 Er setzt den Kriegen ein Ende / bis an die Grenzen der Erde; er zerbricht die Bogen, zerschlägt die Lanzen, / im Feuer verbrennt er die Schilde. 11 »Laßt ab und erkennt, daß ich Gott bin, / erhaben über die Völker, erhaben auf Erden.« 12 Der Herr der Heerscharen ist mit uns, / der Gott Jakobs ist unsre Burg. [Sela] (E)

Unerschütterliche Zuversicht

Gottes Wort richtet unsere Gedanken auch auf das Ende unseres Lebens, auf das Ende der Welt und auf die Ewigkeit. Erstaunlich, daß die Beter des 46. Psalms schon ganz zukunftsorientiert denken. Ihre Gedanken weisen über die damals noch bevorstehenden geschichtlichen Ereignisse hinaus, in denen Israel ohnmächtig dem Zugriff benachbarter Weltmächte ausgesetzt war. Mit großer Zuversicht erwartet man, daß Gott seine Stadt auf dieser Erde errichten wird. Deshalb fordern die Psalmbeter die Gemeinde auf, sich bewußt der Gegenwart des lebendigen Gottes zu stellen. Sie lassen Gott selbst zu Worte kommen: »Seid stille und erkennt, daß ich Gott bin.« Sie laden die Menschen ein, ihr Vertrauen allein auf Gottes Stärke und nicht auf kriegerische und zerstörerische Kräfte politischer Macht zu setzen. Durch den Blick auf die Geschichte Gottes mit der Welt und den Menschen gewinnen die Psalmbeter festes Vertrauen in Gottes Stärke. Denn immer wieder nimmt er das Steuer selbst in die Hand, um sein Werk auszurichten.

Diese Zuversicht ist in der Stadt Gottes begründet, mit der in Zukunft fest gerechnet wird. Weil der in ihr wohnen wird, der seinem Volk schon immer geholfen hat, werden Menschen dort Zuflucht, Schutz und neuen Lebensraum finden. Aus dieser Hoffnung gewinnen die Beter des 46. Psalms Kraft, ihre Zukunftsängste und die Furcht vor dem Weltuntergang zu überwinden. Ihr Gottvertrauen erscheint unerschütterlich.

Darüber können wir heute nur staunen. Doch dabei darf es nicht bleiben. Bedrohliche Zukunftsaussichten fordern die Gemeinde Jesu Christi heraus, die Kräfte des Glaubens und der Liebe spürbar in die Weltverantwortung einzubringen. Unsere Zuversicht gründet sich auf Jesus Christus. In ihm lebt Gott unter uns als der, dem alle Gewalt gegeben ist, im Himmel und auf Erden. Im Vertrauen auf diese unzerstörbare, bergende Macht Gottes haben wir Hoffnung für die Zukunft.

WOLFGANG FINGER

Ewigkeit, in die Zeit leuchte hell herein, daß uns werde klein das Kleine und das Große groß erscheine.

47 Ein Psalm der Söhne Korach, vor-
zusingen. 2 Schlagt froh in die
Hände, alle Völker, / und jauchzet Gott
mit fröhlichem Schall! 3 Denn der Herr,
der Allerhöchste, ist heilig, / ein großer
König über die ganze Erde. 4 Er beugt die
Völker unter uns / und Völkerschaften
unter unsere Füße. 5 Er erwählt uns unser
Erbteil, / die Herrlichkeit Jakobs, den er
lieb hat. Sela. 6 Gott fährt auf unter Jauch-
zen, / der Herr beim Hall der Posaune.
7 Lobsinget, lobsinget Gott, / lobsinget,
lobsinget unserm Könige! 8 Denn Gott ist
König über die ganze Erde; / lobsinget
ihm mit Psalmen! 9 Gott ist König über die
Völker, / Gott sitzt auf seinem heiligen
Thron. 10 Die Fürsten der Völker sind ver-
sammelt / als Volk des Gottes Abrahams;
denn Gott gehören die Starken auf Er-
den; / er ist hoch erhaben. (L)

47 [Für den Chormeister. Ein Psalm
der Korachiter.] 2 Ihr Völker alle,
klatscht in die Hände; / jauchzt Gott zu
mit lautem Jubel! 3 Denn furchtgebietend
ist der Herr, der Höchste, / ein großer Kö-
nig über die ganze Erde. 4 Er unterwirft
uns Völker / und zwingt Nationen unter
unsre Füße. 5 Er wählt unser Erbland für
uns aus, / den Stolz Jakobs, den er liebt.
[Sela] 6 Gott sieg empor unter Jubel, / der
Herr beim Schall der Hörner. 7 Singt un-
serm Gott, ja singt ihm! / Spielt unserm
König, spielt ihm! 8 Denn Gott ist König
der ganzen Erde. / Spielt ihm ein Psal-
menlied! 9 Gott wurde König über alle
Völker, / Gott sitzt auf seinem heiligen
Thron. 10 Die Fürsten der Völker sind ver-
sammelt / als Volk des Gottes Abrahams.
Denn Gott gehören die Mächte der
Erde; / er ist hoch erhaben. (E)

Jauchzt, alle Lande, Gott zu Ehren

Wer regiert die Welt? Wer ist Herr über die Geschichte und über die Zeit? Im späteren Judentum gab dieser Psalm am Neujahrstag die Antwort. Am ersten Tag des Jahres sollte es um dieses vorrangige Thema gehen: die Herrschaft Gottes. Gott herrscht, und zwar nicht nur in Israel, sondern auf der ganzen Welt, über alle Völker.

Nun ist in der Geschichte mehr als offenkundig, daß diese Herrschaft Gottes keineswegs unumstritten ist (weder in Israel noch in der Völkerwelt). Das Volk Israel hat fast ununterbrochen erfahren müssen, daß andere Herren es bedrängt haben. Wenn Israel überlebt hat, dann nicht aufgrund eigener Stärke, sondern durch Gottes Größe.

Der Form nach erinnert dieser Psalm an ein Thronbesteigungslied: Der König nimmt Platz. Alle sehen, wer der Herr ist. Mag nun in Babylon die Thronbesteigung des Gottes Marduk besungen werden, mögen Pharaonen, Gottkaiser oder andere Größen sich grausam niederlassen auf ihren Podesten und in der Geschichte – für Israel ist nur einer der Herr, der Gott Abrahams, Isaaks und Jakobs. Er ist schon der Herr, auch wenn im Laufe des Jahres und der Jahre sich andere als Herren aufspielen.

Dieses Loblied auf die Königsherrschaft Gottes nimmt im Glauben etwas voraus, besingt jetzt schon (wo noch nicht aller Tage Abend ist) den Mittel- und Zielpunkt der Geschichte: Was nur wenige geglaubt haben, wird von allen erkannt und anerkannt werden: Gott ist Herr über die ganze Welt. »Gottes sind die Schilde auf Erden« (V. 10) – in diesem Bild wird die alte Version vom Friedensreich Gottes angedeutet. Die bedrohlichen Waffenarsenale der anderen Herren haben ausgedient. Die Herrschaft Gottes ist unangefochten.

Wirklich? Wir singen doch »Jesus Christus herrscht als König, alles wird ihm untertänig« – und es sieht gar nicht danach aus. Haben wir trotzdem auch jetzt schon im Glauben die Kraft, Gottes Weltherrschaft über alle zu besingen? Sind wir frei davon, Loblieder auf andere Herrschaften zu singen? Und leben wir so, daß letztlich nur die Herrschaft Gottes Macht hat über uns? DIETER KUNZ

Gott ist Herr, der Herr ist Einer, und demselben gleichet keiner, nur der Sohn, der ist ihm gleich; dessen Stuhl ist unumstößlich, dessen Leben unauflöslich, dessen Reich ein ewig Reich.

48 [Ein Psalmlied der Söhne Korach.]
2 Groß ist der Herr und hoch zu
rühmen / in der Stadt unsres Gottes, auf
seinem heiligen Berg. 3 Schön ragt empor
der Berg Zion, / daran sich freut die ganze
Welt, der Gottesberg fern im Norden, /
die Stadt des großen Königs. 4 Gott ist in
ihren Palästen, / er ist bekannt als Schutz.
5 Denn siehe, Könige waren versammelt /
und miteinander herangezogen. 6 Sie ha-
ben sich verwundert, als sie solches sa-
hen; / sie haben sich entsetzt und sind da-
vongestürzt. 7 Zittern hat sie da erfaßt, /
Angst wie eine Gebärende. 8 Du zer-
brichst die großen Schiffe / durch den
Sturm von Osten. 9 Wie wir es gehört ha-
ben, so sehen wir es / an der Stadt des
Herrn Zebaoth, an der Stadt unsres Got-
tes: / Gott erhält sie ewiglich. [Sela]
10 Gott, wir gedenken deiner Güte / in dei-
nem Tempel. 11 Gott, wie dein Name, so
ist auch dein Ruhm / bis an der Welt En-
den. Deine Rechte ist voll Gerechtig-
keit. / 12 Dessen freue sich der Berg Zion,
und die Töchter Juda seien fröhlich, / weil
du recht richtest. 13 Ziehet um Zion herum
und umschreitet es, / zählt seine Türme;
14 habt gut acht auf seine Mauern, durch-
wandert seine Paläste, / daß ihr den Nach-
kommen davon erzählt: 15 Wahrlich, das
ist Gott, unser Gott für immer und ewig. /
Er ist's, der uns führet. (L)

48 [Ein Lied. Ein Psalm der Korachi-
ter.] 2 Groß ist der Herr und hoch
zu preisen / in der Stadt unseres Gottes.
3 Sein heiliger Berg ragt herrlich empor; /
Er ist die Freude der ganzen Welt. Der
Berg Zion liegt weit im Norden; / er ist die
Stadt des großen Königs. 4 Gott ist in ihren
Häusern bekannt / als ein sicherer Schutz.
5 Denn seht: Die Könige vereinten sich /
und zogen gemeinsam heran; 6 doch als sie
aufsahen, erstarrten sie vor Schreck, / sie
waren bestürzt und liefen davon. 7 Doch
packte sie das Zittern, / wie die Wehen
eine gebärende Frau, 8 wie der Sturm vom
Osten, / der die Schiffe von Tarschisch
zerschmettert. 9 Wie wir's gehört hatten,
so erlebten wir's jetzt / in der Stadt des
Herrn der Heere, in der Stadt unseres
Gottes; / Gott läßt sie ewig bestehen.
[Sela] 10 Über deine Huld, o Gott, denken
wir nach / in deinem heiligen Tempel.
11 Wie dein Name, Gott, so reicht dein
Ruhm bis an die Enden der Erde; / deine
rechte Hand ist voll von Gerechtigkeit.
12 Der Berg Zion freue sich, / die Töchter
Judas sollen über deine gerechten Urteile
jubeln. 13 Umkreist den Zion, / umschrei-
tet ihn, zählt seine Türme! 14 Betrachtet
seine Wälle, / geht in seinen Palästen um-
her, / damit ihr dem kommenden Ge-
schlecht erzählen könnt: 15 »Das ist Gott,
unser Gott für immer und ewig. / Er wird
uns führen in Ewigkeit.« (E)

Was eine Stadt zur Gottesstadt macht

Wer von Psalm 98 für Kantate zu Psalm 48 übergeht, ist dem Touristen vergleichbar, der nach einer gotischen Kathedrale eine romanische Wehrkirche besucht. Nein, eine heile Welt auch hier nicht. Die Krise zeichnet sich ab in Gestalt eines Ansturms der Völker aus dem Norden und Osten (V. 5–8). Doch von Gottes Treue erhofft man sich in diesem Zionslied Bewahrung der Gottesstadt, nicht wie in Psalm 98 Sammlung der Versprengten. Historisch also zurück in eine Zeit, als man gegen die assyrische Gefahr noch das Vertrauen in den Tempel als Bollwerk aufbieten kann (V. 13f.). Den phönizischen Prachtschiffen setzt man den Stolz der »Landratte« entgegen: Unser festgegründetes Heiligtum hält den Ostwinden besser stand als eure stets sturmgefährdeten Schiffe (V. 8). Historisch stehen wir damit bei religiösen Verhaltensweisen, die sich dem prüfenden Gewissen der Propheten als falsches Sicherheitsdenken darstellen. Daß Israel von ihnen auch dann nicht loskam, als ihre Zeit längst vorbei war, hat den messianischen Impuls national verengt und viel zur Katastrophe des Jahres 70 n. Chr. beigetragen.

Unser christlicher Zugang dazu, was sich als Vertrauen zu Gott in den Tempelfesten und -prozessionen des 8. Jahrhunderts v. Chr. niederschlug, kann nicht übersehen, was Jesus am Brunnen zu Sychar zur Samaritanerin über die Gottesanbetung auch auf dem Zion sagt (Johannes 4,20ff.). Danach steht fest: Was eine Stadt zur Gottesstadt macht, ist die Gemeinschaft mit Gott, die dort im Heiligen Geist und in der Wahrheit gelebt wird. Was den Zion über alle Berge, auch den sagenhaften Gottesberg im Norden, den syrisch-kanaanäischen »Olymp«, hinaushebt und zur Freude der ganzen Welt macht (V. 2), ist die Gerechtigkeit, die – im Glauben von oben empfangen (V. 10) – in der Stadt Gottes weiterwirkt. Weil diese Gerechtigkeit der Rechten Gottes, seinem Machtzentrum, entspringt, setzt sie sich als letzte Wahrheit über uns und die Geschichte durch (V. 11b). Oder mit dem Schluß des Psalms: Rückerinnerung ja, wenn sie Vertrauen in die Zukunft erschließt; wenn sie die Hoffnung anspornt: Der Geist von damals wird auch uns in alle Wahrheit leiten. HANS VORSTER

Zieh ein zu deinen Toren, sei meines Herzens Gast, der du, da ich geboren, mich neu geboren hast.

49 [Ein Psalm der Söhne Korach, vorzusingen, nach der Weise »Jugend«.] 2 Höret zu, alle Völker; / merket auf, alle, die in dieser Zeit leben, 3 einfache Leute und Herren, / reich und arm, miteinander! 4 Mein Mund soll Weisheit reden, / und was mein Herz sagt, / soll verständig sein. 5 Ich will einem Spruch mein Ohr neigen / und mein Rätselwort kundtun beim Klang der Harfe. 6 Warum sollte ich mich fürchten in bösen Tagen, / wenn mich die Missetat meiner Widersacher umgibt, 7 die sich verlassen auf Hab und Gut / und pochen auf ihren großen Reichtum? 8 Kann doch keiner einen andern auslösen / oder für ihn an Gott ein Sühnegeld geben 9 – denn es kostet zuviel, ihr Leben auszulösen; / er muß davon abstehen ewiglich –, 10 damit er immer weiterlebe / und die Grube nicht sehe. 11 Nein, er wird sehen: auch die Weisen sterben, so wie die Toren und Narren umkommen; / sie müssen ihr Gut andern lassen. 12 Gräber sind ihr Haus immerdar, ihre Wohnung für und für, / und doch hatten sie große Ehre auf Erden. 13 Ein Mensch in seiner Herrlichkeit kann nicht bleiben, / sondern muß davon wie das Vieh. 14 Dies ist der Weg derer, die so voll Torheit sind, / und das Ende aller, denen ihr Gerede so wohl gefällt. [Sela] 15 Sie liegen bei den Toten wie Schafe, der Tod weidet sie; / aber die Frommen werden gar bald über sie herrschen, und ihr Trotz muß vergehen; / bei den Toten müssen sie bleiben. 16 Aber Gott wird mich erlösen aus des Todes Gewalt; / denn er nimmt mich auf. [Sela] 17 Laß es dich nicht anfechten, wenn einer reich wird, / wenn die Herrlichkeit seines Hauses groß wird. 18 Denn er wird nichts bei seinem Sterben mitnehmen, / und seine Herrlichkeit wird ihm nicht nachfahren. 19 Er freut sich wohl dieses guten Lebens, / und man preist dich, wenn es dir gut geht. 20 Aber doch fahren sie ihren Vätern nach / und sehen das Licht nimmermehr. 21 Ein Mensch in seiner Herrlichkeit kann nicht bleiben, / sondern muß davon wie das Vieh. (L)

49 [Für den Chormeister. Ein Psalm der Korachiter.] 2 Hört dies an, ihr Völker alle, / vernehmt es, alle Bewohner der Erde, 3 ihr Leute aus dem Volk und vom Adel, / Reiche und Arme zusammen! 4 Mein Mund spreche weise Worte; / was mein Herz ersinnt, sei voller Einsicht. 5 Ich wende mein Ohr einem Weisheitsspruch zu, / ich enthülle mein Geheimnis beim Harfenspiel. 6 Warum soll ich mich in bösen Tagen fürchten, / wenn mich der Frevel tückischer Feinde umgibt? 7 Sie verlassen sich ganz auf ihren Besitz / und rühmen sich ihres großen Reichtums. 8 Loskaufen kann doch keiner den andern / noch an Gott für ihn ein Sühnegeld zahlen 9 – für das Leben ist jeder Kaufpreis zu hoch; / für immer muß man davon abstehn – 10 damit er auf ewig weiterlebt / und niemals das Grab schaut. 11 Denn man sieht: Weise sterben; / genauso gehen Tor und Narr zugrunde, / sie müssen andern ihren Reichtum lassen. 12 Das Grab ist ihr Haus auf ewig, / ist ihre Wohnung für immer, / ob sie auch Länder nach ihren Namen benannten. 13 Der Mensch bleibt nicht in seiner Pracht; / er gleicht dem Vieh, das verstummt. 14 So geht es denen, die auf sich selbst vertrauen, / und so ist das Ende derer, die sich in großen Worten gefallen. [Sela] 15 Der Tod führt sie auf seine Weide wie Schafe, / sie stürzen hinab zur Unterwelt. Geradewegs sinken sie hinab in das Grab; / ihre Gestalt zerfällt, die Unterwelt wird ihre Wohnstatt. 16 Doch Gott wird mich loskaufen aus dem Reich des Todes, / ja, er nimmt mich auf. [Sela] 17 Laß dich nicht beirren, wenn einer reich wird / und die Pracht seines Hauses sich mehrt; 18 denn im Tod nimmt er das alles nicht mit, / seine Pracht steigt nicht mit ihm hinab. 19 Preist er sich im Leben auch glücklich / und sagt zu sich: / »Man lobt dich, weil du dir's wohl sein läßt«, 20 so muß er doch zur Schar seiner Väter hinab, / die das Licht nie mehr erblicken. 21 Der Mensch in Pracht, doch ohne Einsicht, / er gleicht dem Vieh, das verstummt. (E)

Gott hat das letzte Wort

Eine alte, immer wieder gestellte Frage beschäftigt den Beter unseres Psalms. Er war wahrscheinlich ein Mann aus – wie wir heute sagen würden – einfachen Verhältnissen. Die Macht der Reichen hatte er leidvoll erfahren, und er hatte vor ihnen Angst gehabt. Arme hatten weniger Rechte als Reiche. Aber es war ihm gelungen, innerlich frei zu werden und zur Ruhe, zur Gelassenheit zu finden. Sein Vertrauen auf Gott hat ihn dazu gebracht. Und auf diesem Hintergrund hat er neue Erkenntnisse gewonnen, Erkenntnisse, die eigentlich selbstverständlich sind und die wir uns trotzdem immer wieder in Erinnerung rufen sollten. Kein Reicher kann für einen anderen bei Gott ein Lösegeld zahlen. Die Reichen werden sterben wie alle anderen, und alles, was sie erworben oder angesammelt haben, müssen sie anderen überlassen. Und trotz ihres hohen Ansehens bleibt ihnen als letzte Wohnung nur ein Grab. »Der Tod weidet sie«, heißt es im Psalm. Sie sind ihm ausgeliefert.

Diesem Bild stellt der Beter des Psalms seine eigene Überzeugung gegenüber. »Gott wird mich erlösen aus des Todes Gewalt«, sagt er, »denn er nimmt mich auf.« Nicht der Tod wird ihn weiden, sondern Gott. Diese Gewißheit macht ihn gelassen und froh. Deshalb kann er auch im zweiten Teil des Psalms die Lage der Reichen sachlich schildern und beurteilen. Er warnt die Wohlhabenden, nicht in Versuchung zu geraten. Wenn einer reich wird, wenn er ein herrliches Haus hat, sollte er daran denken, daß er beim Sterben nichts mitnehmen wird. »Seine Herrlichkeit wird ihm nicht nachfahren«, heißt es. Und dann wiederholt er einen Vers: »Ein Mensch in seiner Herrlichkeit kann nicht bleiben, sondern muß davon wie das Vieh.« Hier wird sehr nüchtern und ohne Beschönigung an den Tod gedacht. Die Bibel macht uns nichts vor. Deshalb erlaubt sie auch uns nicht, daß wir uns etwas vormachen. Um so mehr können wir uns halten an die Überzeugung dieses Psalmbeters, daß Gott ihn aus der Gewalt des Todes erlösen wird. Was der Beter glaubte und hoffte, ist für uns Wirklichkeit geworden, als Jesus auferstand. KARL-WILHELM GATTWINKEL

Herr, mach uns immer wieder deutlich, daß wir, ob arm oder reich, dem Tod verfallen wären, wenn es dich und deinen Sohn nicht gäbe. Du hast das letzte Wort. Wir danken dir und hoffen auf das endgültige Leben bei dir.

50 [Ein Psalm Asafs.] Gott, der Herr,
der Mächtige, redet und ruft der
Welt zu / vom Aufgang der Sonne bis zu
ihrem Niedergang. 2 Aus Zion bricht an
der schöne Glanz Gottes. / 3 Unser Gott
kommt und schweiget nicht. Fressendes
Feuer geht vor ihm her / und um ihn her
ein mächtiges Wetter. 4 Er ruft Himmel
und Erde zu, / daß er sein Volk richten
wolle: 5 »Versammelt mir meine Heili-
gen, / die den Bund mit mir schlossen
beim Opfer.« 6 Und die Himmel werden
seine Gerechtigkeit verkünden; / denn
Gott selbst ist Richter. [Sela] 7 »Höre,
mein Volk, laß mich reden; Israel, ich will
wider dich zeugen: / Ich, Gott, bin dein
Gott. 8 Nicht deiner Opfer wegen klage
ich dich an – / sind doch deine Brandopfer
täglich vor mir. 9 Ich will von deinem
Hause Stiere nicht nehmen / noch Böcke
aus deinen Ställen. 10 Denn alles Wild im
Walde ist mein / und die Tiere auf den
Bergen zu Tausenden. 11 Ich kenne alle
Vögel auf den Bergen; / und was sich regt
auf dem Felde, ist mein. 12 Wenn mich
hungerte, wollte ich dir nicht davon sa-
gen; / denn der Erdkreis ist mein und al-
les, was darauf ist. 13 Meinst du, daß ich
Fleisch von Stieren essen wolle / oder Blut
von Böcken trinken? 14 Opfere Gott
Dank / und erfülle dem Höchsten deine
Gelübde 15 und rufe mich an in der Not, /
so will ich dich erretten, und du sollst mich
preisen.« 16 Aber zum Gottlosen spricht
Gott: »Was hast du von meinen Geboten
zu reden / und nimmst meinen Bund in
deinen Mund, 17 da du doch Zucht has-
sest / und wirfst meine Worte hinter dich?
18 Wenn du einen Dieb siehst, so läufst du
mit ihm / und hast Gemeinschaft mit den
Ehebrechern. 19 Deinen Mund lässest du
Böses reden, / und deine Zunge treibt
Falschheit. 20 Du sitzest und redest wider
deinen Bruder; / deiner Mutter Sohn ver-
leumdest du. 21 Das tust du, und ich schwei-
ge; / da meinst du, ich sei so wie du. Aber
ich will dich zurechtweisen / und es dir vor
Augen stellen. 22 Begreift es doch, die ihr
Gott vergesset, / damit ich nicht hinraffe,
und kein Retter ist da! 23 Wer Dank opfert,
der preiset mich, / und da ist der Weg, daß
ich ihm zeige das Heil Gottes.« (L)

50 [Ein Psalm Asafs.] Der Gott der
Götter, der Herr, spricht, / er ruft
der Erde zu / vom Aufgang der Sonne bis
zum Untergang. 2 Vom Zion her, der
Krone der Schönheit, / geht Gott strah-
lend auf. 3 Unser Gott kommt und
schweigt nicht; / Feuer frißt vor ihm her;
um ihn stürmt es gewaltig. 4 Dem Himmel
droben und der Erde ruft er zu, / er werde
sein Volk nun richten: 5 »Versammelt mir
all meine Frommen, / die den Bund mit
mir schlossen beim Opfer.« 6 Die Himmel
sollen seine Gerechtigkeit künden; / Gott
selbst wird Richter sein. [Sela] 7 »Höre,
mein Volk, ich rede. / Israel, ich klage
dich an, / ich, der ich dein Gott bin.
8 Nicht wegen deiner Opfer rüge ich
dich, / deine Brandopfer sind mir immer
vor Augen. 9 Doch nehme ich von dir
Stiere nicht an / noch Böcke aus deinen
Hürden. 10 Denn mir gehört alles Getier
des Waldes, / das Wild auf den Bergen zu
Tausenden. 11 Ich kenne alle Vögel des
Himmels, / was sich regt auf dem Feld, ist
mein eigen. 12 Hätte ich Hunger, ich
brauchte es dir nicht zu sagen, / denn
mein ist die Welt und was sie erfüllt. 13 Soll
ich denn das Fleisch von Stieren essen /
und das Blut von Böcken trinken? 14 Bring
Gott als Opfer dein Lob, / und erfülle
dem Höchsten deine Gelübde! 15 Rufe
mich an am Tag der Not, / dann rette ich
dich, und du wirst mich ehren.« 16 Zum
Frevler aber spricht Gott: / »Was zählst
du meine Gebote auf / und nimmst mei-
nen Bund in deinen Mund? 17 Dabei ist
Zucht dir verhaßt, / meine Worte wirfst
du hinter dich. 18 Siehst du einen Dieb, so
läufst du mit, / du machst dich mit Ehe-
brechern gemein. 19 Dein Mund redet
böse Worte, / und deine Zunge stiftet Be-
trug an. 20 Von deinem Bruder redest du
schändlich, / auf den Sohn deiner Mutter
häufst du Verleumdung. 21 Das hast du ge-
tan, und ich soll schweigen? / Meinst du,
ich bin wie du? / Ich halte es dir vor Au-
gen und rüge dich. 22 Begreift es doch, ihr,
die ihr Gott vergeßt! / Sonst zerreiße ich
euch, und niemand kann euch retten.
23 Wer Opfer des Lobes bringt, ehrt
mich; / wer rechtschaffen lebt, dem zeig'
ich mein Heil.« (E)

Echte Gottesverehrung

In der Regel spricht in den Psalmen der Mensch zu Gott. In unserem Psalm spricht Gott zum Menschen. Eine prophetische Rede, die wie am Sinai und an Pfingsten unter Sturm und Feuer den Menschen trifft. Etwas vom Endgericht kündigt sich an und wirft seine Blitze voraus.

Einen doppelten Redegang können wir unterscheiden. In den Versen 7–15 spricht Gott zu den Frommen, in den Versen 16–23 zu den Frevlern. Die Frommen – wir würden heute sagen die »praktizierenden« Christen – klagt Gott an, daß sie zwar den vorgeschriebenen Dienst pünktlich und genau vollziehen, aber mit dem Herzen weit weg sind von ihm. Gott braucht nicht die Opfer der Menschen. Aber wir brauchen ihn! Wir brauchen die Zuwendung zu ihm, das Schauen auf ihn, das Staunen und Sich-Freuen über ihn, das Sich-Beschenken-Lassen von ihm, die Hingabe an ihn. Da der Mensch als Ebenbild Gottes geschaffen ist, kann er sich nur »selbst verwirklichen« in der Hinordnung auf Gott, in der Rückbindung an ihn! Erst wenn Gott die Mitte meines Lebens wird, gewinnen die irdischen Dinge ihren wahren Stellenwert, wird der Mensch heil und heilig.

Der zweite Redegang richtet sich an die Frevler. Bei näherem Zusehen zeigt sich, daß der Unterschied zwischen den »Frommen« und den »Sündern« gar nicht groß ist, ja vielleicht überhaupt nicht besteht. Bei beiden rügt Gott die Diskrepanz zwischen Außen und Innen, zwischen Sonntag und Werktag. »U-Boot-Christen« hat einer sie genannt. Nur sonntags tauchen sie für eine Stunde auf. Liegt nicht hier ein Grund, weshalb viele junge Leute sich vom kirchlichen Leben abwenden? Bis sie bei sich selbst auch diese Doppelbödigkeit feststellen.

Für uns Christen hat sich gegenüber dem Alten Bund die Lage noch verschärft. In unserem Gottesdienst werden Jesu Kreuz und Auferstehung gegenwärtige Wirklichkeit. Er schenkt sich uns persönlich! Je größer die Gabe, desto größer die Aufgabe. Zwei Fragen als »Hausaufgaben« für den lieben Leser:

1. Welche anderen Stellen der Bibel passen zu diesem Psalm, vor allem welche Worte des Herrn?

2. Welche Erfahrungen im Alltag haben Sie mit sich selbst und mit Ihren Mitmenschen gemacht, die sich diesem Psalm zuordnen lassen?

BEDA MÜLLER

Gott, komm und schweige nicht!

51 [Ein Psalm Davids, vorzusingen, 2 als der Prophet Nathan zu ihm kam, nachdem er zu Batseba eingegangen war.] 3 Gott, sei mir gnädig nach deiner Güte, / und tilge meine Sünden nach deiner großen Barmherzigkeit. 4 Wasche mich rein von meiner Missetat, / und reinige mich von meiner Sünde; 5 denn ich erkenne meine Missetat, / und meine Sünde ist immer vor mir. 6 An dir allein habe ich gesündigt / und übel vor dir getan, auf daß du recht behaltest in deinen Worten / und rein dastehst, wenn du richtest. 7 Siehe, ich bin als Sünder geboren, / und meine Mutter hat mich in Sünden empfangen. 8 Siehe, dir gefällt Wahrheit, die im Verborgenen liegt, / und im Geheimen tust du mir Weisheit kund. 9 Entsündige mich mit Ysop, daß ich rein werde; / wasche mich, daß ich schneeweiß werde. 10 Laß mich hören Freude und Wonne, / daß die Gebeine fröhlich werden, die du zerschlagen hast. 11 Verbirg dein Antlitz vor meinen Sünden, / und tilge alle meine Missetat. 12 Schaffe in mir, Gott, ein reines Herz, / und gib mir einen neuen, beständigen Geist. 13 Verwirf mich nicht von deinem Angesicht, / und nimm deinen heiligen Geist nicht von mir. 14 Erfreue mich wieder mit deiner Hilfe, / und mit einem willigen Geist rüste mich aus. 15 Ich will die Übertreter deine Wege lehren, / daß sich die Sünder zu dir bekehren. 16 Errette mich von Blutschuld, Gott, der du mein Gott und Heiland bist, / daß meine Zunge deine Gerechtigkeit rühme. 17 Herr, tu meine Lippen auf, / daß mein Mund deinen Ruhm verkündige. 18 Denn Schlachtopfer willst du nicht, ich wollte sie dir sonst geben, / und Brandopfer gefallen dir nicht. 19 Die Opfer, die Gott gefallen, sind ein geängsteter Geist, / ein geängstetes, zerschlagenes Herz wirst du, Gott, nicht verachten. 20 Tu wohl an Zion nach deiner Gnade, / baue die Mauern zu Jerusalem. 21 Dann werden dir gefallen rechte Opfer, Brandopfer und Ganzopfer; / dann wird man Stiere auf deinem Altar opfern. (L)

51 [Für den Chormeister. Ein Psalm Davids, 2 als der Prophet Natan zu ihm kam, nachdem sich David mit Batseba vergangen hatte.] 3 Gott, sei mir gnädig nach deiner Huld, / tilge meine Frevel nach deinem reichen Erbarmen! 4 Wasch meine Schuld von mir ab, / und mach mich rein von meiner Sünde! 5 Denn ich erkenne meine bösen Taten, / meine Sünde steht mir immer vor Augen. 6 Gegen dich allein habe ich gesündigt, / ich habe getan, was dir mißfällt. So behältst du recht mit deinem Urteil, / rein stehst du da als Richter. 7 Denn ich bin in Schuld geboren; / in Sünde hat mich meine Mutter empfangen. 8 Lauterer Sinn im Verborgenen gefällt dir, / im Geheimen lehrst du mich Weisheit. 9 Entsündige mich mit Ysop, dann werde ich rein; / wasche mich, dann werde ich weißer als Schnee. 10 Sättige mich mit Entzücken und Freude! / Jubeln sollen die Glieder, die du zerschlagen hast. 11 Verbirg dein Gesicht vor meinen Sünden, / tilge all meine Frevel! 12 Erschaffe mir, Gott, ein reines Herz, / und gib mir einen neuen, beständigen Geist! 13 Verwirf mich nicht von deinem Angesicht, / und nimm deinen heiligen Geist nicht von mir! 14 Mach mich wieder froh mit deinem Heil; / mit einem willigen Geist rüste mich aus! 15 Dann lehre ich Abtrünnige deine Wege, / und die Sünder kehren um zu dir. 16 Befrei mich von Blutschuld, Herr, du Gott meines Heiles, dann wird meine Zunge jubeln über deine Gerechtigkeit. 17 Herr, öffne mir die Lippen, / und mein Mund wird deinen Ruhm verkünden. 18 Schlachtopfer willst du nicht, ich würde sie dir geben; / an Brandopfern hast du kein Gefallen. 19 Das Opfer, das Gott gefällt, ist ein zerknirschter Geist, / ein zerbrochenes und zerschlagenes Herz wirst du, Gott, nicht verschmähen. 20 In deiner Huld tu Gutes an Zion; / bau die Mauern Jerusalems wieder auf! 21 Dann hast du Freude an rechten Opfern, / an Brandopfern und Ganzopfern, / dann opfert man Stiere auf deinem Altar. (E)

Gottes reiches Erbarmen

Die alten Bußpsalmen Israels lassen keine Gleichgültigkeit dem Bösen gegenüber zu, aber auch keine zerstörerische Selbstanklage. Sie führen uns Schritt für Schritt auf dem Weg der echten Umkehr in die liebende Nähe Gottes.

Der Psalmist zögert nicht, seine Schuld dem »reichen Erbarmen Gottes« gegenüberzustellen. Gewiß, er ist sich seiner Sünde schmerzlich bewußt, er leidet unter der unergründlichen Verstrickung mit dem Bösen, und dennoch schwingt in seiner Bitte um Vergebung schon die Gewißheit der alles übersteigenden Liebe Gottes mit. Nur im Lichte des reichen Erbarmens Gottes können wir unsere Schuld richtig sehen.

Im Vertrauen, daß Gott rein waschen wird, bringt der Psalm die tiefe Sehnsucht des Alten Testamentes zum Ausdruck, die wir auch bei den Propheten Jeremia und Hesekiel finden: Erschaffe mich neu, o Gott; gib mir ein reines Herz und einen neuen, beständigen Geist. Lege in mich deinen Willen.

Wem Gott vergeben hat, der wird zu einem lebendigen Zeichen der Liebe Gottes. Durch sein Leben werden andere die Befreiung der Vergebung Gottes kennenlernen. Wem Gott vergeben hat, der jubelt über die Gerechtigkeit Gottes, die unser allzu menschliches Rechnen unendlich übersteigt.

Die Bereitschaft zur Hingabe erwacht von neuem. Nicht in äußerlichen Opfern, sondern in der Hingabe unserer Person finden wir die Fülle unserer menschlichen Würde, für die Gott uns geschaffen hat.

Der Psalm endet mit einer Fürbitte für das ganze Volk Gottes. Die Vergebung Gottes entreißt uns der Vereinzelung. Unser Gebet wird weit, unsere Fürbitte trägt andere. EIN BRUDER AUS TAIZÉ

O Gott, gib mir einen neuen, beständigen Geist, lege in mich deinen Willen!

52 [Eine Unterweisung Davids, vorzusingen, 2 als Doëg, der Edomiter, kam und zeigte es Saul an und sprach: David ist in Ahimelechs Haus gekommen.] 3 Was rühmst du dich der Bosheit, du Tyrann, / da doch Gottes Güte noch täglich währt? 4 Deine Zunge trachtet nach Schaden / wie ein scharfes Schermesser, du Betrüger! 5 Du liebst das Böse mehr als das Gute / und redest lieber Falsches als Rechtes. [Sela] 6 Du redest gern alles, was zum Verderben dient, / mit falscher Zunge. 7 Darum wird dich auch Gott für immer zerstören, dich zerschlagen und aus deinem Zelte reißen / und aus dem Lande der Lebendigen ausrotten. [Sela] 8 Und die Gerechten werden es sehen und sich fürchten / und werden seiner lachen: 9 »Siehe, das ist der Mann, / der nicht auf Gott sein Vertrauen setzte, sondern verließ sich auf seinen großen Reichtum / und war mächtig, Schaden zu tun.« 10 Ich aber werde bleiben wie ein grünender Ölbaum im Hause Gottes; / ich verlasse mich auf Gottes Güte immer und ewig. 11 Ich will dir danken ewiglich, / denn du hast es getan. Ich will harren auf deinen Namen vor deinen Heiligen, / denn du bist gütig. (L)

52 [Für den Chormeister. Ein Weisheitslied Davids, 2 als der Edomiter Doëg zu Saul kam und ihm meldete: David ist in das Haus des Ahimelech gegangen.] 3 Was rühmst du dich deiner Bosheit, du Mann der Gewalt, / was prahlst du allzeit vor dem Frommen? 4 Du Ränkeschmied, du planst Verderben; / deine Zunge gleicht einem scharfen Messer. 5 Du liebst das Böse mehr als das Gute / und Lüge mehr als wahrhaftige Rede. [Sela] 6 Du liebst lauter verderbliche Worte, / du tückische Zunge. 7 Darum wird Gott dich verderben für immer, / dich packen und herausreißen aus deinem Zelt, / dich entwurzeln aus dem Land der Lebenden. [Sela] 8 Gerechte werden es sehen und sich fürchten; / sie werden über ihn lachen und sagen: 9 »Seht, das ist der Mann, / der nicht zu Gott seine Zuflucht nahm; auf seinen großen Reichtum hat er sich verlassen / und auf seinen Frevel gebaut.« 10 Ich aber bin im Haus Gottes wie ein grünender Ölbaum; / auf Gottes Huld vertraue ich immer und ewig. 11 Ich danke dir, Herr, in Ewigkeit; / denn du hast das alles vollbracht. Ich hoffe auf deinen Namen im Kreis der Frommen; / denn du bist gütig. (E)

Gottvertrauen

Es sind harte Beschuldigungen, die da vorgebracht werden. David läßt kein gutes Haar an seinem Widersacher. Er schildert ihn als durch und durch schlecht, als einen Menschen, der das Böse mehr liebt als das Gute.

Für mich hören sich diese Zeilen an wie die spontane Reaktion eines tief verletzten oder verärgerten Menschen: Da ist einer gekränkt und enttäuscht, fühlt sich ungerecht behandelt und total verkannt und holt jetzt verbal zum Gegenschlag aus. Ich kenne solche Situationen aus eigener Erfahrung und weiß, was ich dann in Gedanken oder Selbstgesprächen alles loswerden muß. Die Verse 1 bis 6 sind mir sehr vertraut; so ähnlich habe ich auch schon gedacht.

Aber dann verhält sich der Psalmist ganz anders, als ich es erwartet hätte. Er sinnt nicht darüber nach, wie er die Bosheit entlarven könnte; er verschwendet keinen Gedanken daran, den Betrug aufzudecken. Er denkt überhaupt nicht daran, Strategien zu entwickeln, die den anderen in die Knie zwingen. Er schleudert seine ganze Empörung, seinen Zorn Gott vor die Füße. Dabei nimmt er sich auch noch die Freiheit, ausschließlich subjektiv, nur aus seiner Sicht zu berichten. David klagt massiv an, aber Richter will er offenbar nicht sein. Beurteilung, Gerechtigkeit und Rehabilitation erwartet er durch Gottes Wirken. Ihn spricht er als den Souverän des Lebens an: David ist überzeugt, daß Gott jeder Lage gewachsen ist, und sei sie noch so schwierig, bedrohlich und verworren.

Das ist ein Urvertrauen in Gottes Nähe und Schutz, zu dem wir heute kaum mehr fähig sind. Die Liedstrophen beschreiben eine Beziehung, die voll auf Gottes Gerechtigkeit baut. Deswegen wird irdische Rechtsprechung nicht überflüssig; Regeln und Normen des Zusammenlebens braucht jede Gemeinschaft. Aber vielleicht wollen wir zu oft gegen unseren Mitmenschen Kläger und Richter gleichzeitig sein. Dabei wird vergessen, daß richten nicht nur verurteilen und strafen bedeutet, sondern viel direkter mit her-richten, zurecht-rücken, in Ordnung bringen zusammenhängt. David scheint davon gewußt zu haben: Trotz heftiger Beschuldigungen und finsterer Vernichtungswünsche betet er: »Ich verlasse mich auf Gottes Güte immer und ewig.«

VERONIKA BESAU

Vater, wo du verläßlich bist, bin ich oft kleingläubig. Stärke meinen Glauben, damit ich mehr Vertrauen wage.

53 [Eine Unterweisung Davids, vorzusingen, zum Reigentanz.] 2 Die
Toren sprechen in ihrem Herzen: / »Es ist
kein Gott.« Sie taugen nichts; ihr Freveln
ist ein Greuel; / da ist keiner, der Gutes
tut. 3 Gott schaut vom Himmel auf die
Menschenkinder, / daß er sehe, ob jemand klug sei und nach Gott frage. 4 Aber
sie sind alle abgefallen und allesamt verdorben; / da ist keiner, der Gutes tut,
auch nicht einer. 5 Wollen denn die Übeltäter sich nichts sagen lassen, / die mein
Volk fressen, daß sie sich nähren, Gott
aber rufen sie nicht an? 6 Sie fürchten sich
da, / wo nichts zu fürchten ist; doch Gott
zerstreut die Gebeine derer, / die dich bedrängen. Du machst sie zuschanden, /
denn Gott hat sie verworfen. 7 Ach daß die
Hilfe aus Zion über Israel käme und Gott
sein gefangenes Volk erlöste! / So würde
Jakob sich freuen und Israel fröhlich sein.

(L)

53 [Für den Chormeister. Nach der Weise »Krankheit«. Ein Weisheitslied Davids.] 2 Die Toren sagen in ihrem Herzen: / »Es gibt keinen Gott.« Sie
handeln verwerflich und schnöde; / da ist
keiner, der Gutes tut. 3 Gott blickt vom
Himmel herab auf die Menschen, / ob
noch ein Verständiger da ist, der Gott
sucht. 4 Alle sind sie abtrünnig und verdorben, / keiner tut Gutes, auch nicht ein
einziger. 5 Haben denn die Übeltäter
keine Einsicht? / Sie verschlingen mein
Volk. Sie essen Gottes Brot, / doch seinen
Namen rufen sie nicht an. 6 Es trifft sie
Furcht und Schrecken, / obwohl doch
nichts zu fürchten ist. Deinen Bedrängern
hat Gott die Glieder zerschlagen. / Gott
läßt sie scheitern, denn er hat sie verworfen. 7 Ach käme doch vom Zion Hilfe für
Israel! / Wenn Gott einst das Geschick
seines Volkes wendet, / dann jubelt Jakob, dann freut sich Israel.

(E)

Der Mensch ohne Gott

Der Psalm – eine fast wörtliche Wiederholung von Psalm 14 – entwirft ein pessimistisches Bild vom Menschen. »Die Toren sagen in ihrem Herzen: Es gibt keinen Gott.« Einer unserer verstorbenen Brudermönche fragte mich einmal: »Stimmt es wirklich, daß es Leute gibt, die nicht an Gott glauben?« Diese anima candida konnte es nicht fassen, wo doch der Mensch nicht einmal einen Grashalm machen kann. Im Buch der Weisheit (13,1ff.) steht: »Toren sind alle Menschen, denen die Erkenntnis Gottes fehlt und die aus den sichtbaren Vollkommenheiten den Seienden nicht zu erkennen vermögen und bei Betrachtung seiner Werke den Werkmeister nicht finden.«

Dann aber heißt es im Psalm ganz pauschal: »Alle sind sie abtrünnig und verdorben, keiner tut Gutes, auch nicht ein einziger.« Vielleicht denken wir, daß es sich um die Schilderung der noch nicht erlösten Menschheit handelt. Doch wird von Franz von Assisi berichtet, daß er sich für einen so großen Sünder hielt, daß er nicht wert wäre, von der Erde getragen und von der Sonne beschienen zu werden. Auf den Protest der Brüder, alle Welt hielte ihn für einen Heiligen, entgegnete er: »Wenn ein anderer die Gnaden empfangen hätte, die mir geschenkt wurden, dann...« Je mehr sich ein Mensch dem Lichte Gottes öffnet, desto deutlicher erkennt er, wieviel er Gott und den Mitmenschen schuldig geblieben ist.

Vielleicht soll die summarische Abwertung der ganzen Menschheit uns provozieren, zum Widerspruch, besser noch zum Widerstand herausfordern, zum Kampf mit der Bosheit in unserem eigenen Herzen. »Sie essen Gottes Brot, doch seinen Namen rufen sie nicht an.« Wenn ein junger Mann seiner Verehrten ein Geschenk macht, um ihr seine Liebe zu erklären, das Mädchen sich aber in die Gabe verliebt statt in den Geber, dann haben wir diese Unvernunft, die wir Gott gegenüber laufend an den Tag legen.

Und weil die Realität Gottes uns entschwunden, der Glaube »verdunstet« ist, deshalb überfällt uns »Furcht und Schrecken, obwohl doch nichts zu fürchten ist«. Die Existenzangst wird mehr und mehr zur Grundbefindlichkeit des modernen Menschen.

Der letzte Vers schenkt einen Lichtblick: Freude und Jubel klingen auf.

BEDA MÜLLER

Ach, daß Gott sein gefangenes Volk erlöste! So würde Jakob sich freuen und Israel fröhlich sein!

54 [Eine Unterweisung Davids, vorzusingen, beim Saitenspiel, 2 als die Männer von Sif kamen und zu Saul sprachen: David hält sich bei uns verborgen.] 3 Hilf mir, Gott, durch deinen Namen / und schaffe mir Recht durch deine Kraft. 4 Gott, erhöre mein Gebet, / vernimm die Rede meines Mundes. 5 Denn Stolze erheben sich gegen mich, und Gewalttäter trachten mir nach dem Leben; / sie haben Gott nicht vor Augen. [Sela] 6 Siehe, Gott steht mir bei, / der Herr erhält mein Leben. 7 Er wird die Bosheit meinen Feinden vergelten. / Vertilge sie um deiner Treue willen! 8 So will ich dir ein Freudenopfer bringen / und deinen Namen, Herr, preisen, daß er so tröstlich ist. 9 Denn du errettest mich aus aller meiner Not, / daß mein Auge auf meine Feinde herabsieht. (L)

54 [Für den Chormeister. Mit Saitenspiel. Ein Weisheitslied Davids, 2 als die Sifiter kamen und Saul meldeten: David hält sich bei uns verborgen.] 3 Hilf mir, Gott, durch deinen Namen, / verschaff mir Recht mit deiner Kraft! 4 Gott, höre mein Flehen, / vernimm die Worte meines Mundes! 5 Denn es erheben sich gegen mich stolze Menschen, / freche Leute trachten mir nach dem Leben; / sie haben Gott nicht vor Augen. [Sela] 6 Doch Gott ist mein Helfer, / der Herr beschützt mein Leben. 7 Auf meine Gegner falle das Unheil zurück. / Weil du treu bist, vernichte sie! 8 Freudig bringe ich dir dann mein Opfer dar / und lobe deinen Namen, Herr; denn du bist gütig. 9 Der Herr hat mich herausgerissen aus all meiner Not, / und mein Auge kann auf meine Feinde herabsehn. (E)

Gott mit uns?

Auch bei diesem Psalm, der David zugeschrieben wird, sei ein kurzer Gang in die Geschichte erlaubt. Wer mehr wissen möchte, sei auf das 1. Buch Samuel verwiesen (Kap. 23). Dort wird erzählt, wie David vor Saul fliehen muß und von den Männern von Siph verraten wird. Dennoch gelingt es Saul nicht, ihn zu fangen. In dieser Situation betet David zu Gott und erbittet Hilfe und Beistand von ihm.

Interessant finde ich in diesem Zusammenhang den Vers 3 des Psalms: »Hilf mir, Gott, durch deinen Namen und schaffe mir Recht durch deine Kraft.« Da ist also einer, der erkannt hat, daß Hilfe nur dann Sinn hat, wenn sie Gottes Autorität hinter sich hat. Aus dem Gang der Geschichte wissen wir, daß David letztlich über Saul triumphiert hat und dies Gottes Wille war.

Aber können wir heute so genau entscheiden, ob Gottes Autorität hinter uns steht bei unseren Versuchen, unser Recht durchzusetzen? Da gibt es doch vielfältig Streitereien in unseren Kirchen um den »rechten« Weg, zum Beispiel ob Christen in der Armee dienen dürfen oder nachgerade dazu verpflichtet sind, den Dienst mit der Waffe zu verweigern. Auf welcher Seite steht Gott da? Es fällt mir auf, daß der Streit gerade dann am erbittertsten geführt wird, wenn man meint, Gott auf jeden Fall auf seiner Seite zu haben. Gerade dann ist der Weg zur Vergebung, der Wunsch, aufeinander zuzugehen, am meisten verbaut.

Verallgemeinerungen sind schlecht, und doch wage ich die Behauptung, daß wir immer dann nur noch unsere menschliche Sache vertreten, wenn wir am unversöhnlichsten streiten.

Gott liebt jeden einzelnen von uns. Jeder hat seine menschliche Würde und eine Aufgabe in Gottes Plan. Deshalb kann es in Gottes Augen nicht unser Ziel sein, den anderen wie auch immer fertig zu machen. Gott mit uns muß heißen, auf den anderen zuzugehen, denn nur ein Miteinander-, ein Aufeinanderzugehen kann uns wohl die Augen dafür öffnen, wie es mit uns und unserer Welt weitergehen soll.

Wo wir dies begriffen haben, kann eine faire Auseinandersetzung sicher hilfreich und wichtig sein, gerade dann, wenn wir uns am Ende noch offen in die Augen blicken können. CHRISTOPH HENSEL

Herr, sei du mit uns, laß uns menschen-würdig miteinander umgehen.

55 [Eine Unterweisung Davids, vor-
zusingen, beim Saitenspiel.] 2 Gott,
höre mein Gebet / und verbirg dich nicht
vor meinem Flehen. 3 Merke auf mich und
erhöre mich, / wie ich so ruhelos klage und
heule, 4 da der Feind so schreit / und der
Gottlose mich bedrängt; denn sie wollen
Unheil über mich bringen / und sind mir
heftig gram. 5 Mein Herz ängstet sich in
meinem Leibe, / und Todesfurcht ist auf
mich überfallen. 6 Furcht und Zittern ist
über mich gekommen, / und Grauen hat
mich überfallen. 7 Ich sprach: O hätte ich
Flügel wie Tauben, / daß ich wegflöge und
Ruhe fände! 8 Siehe, so wollte ich in die
Ferne fliehen / und in der Wüste bleiben.
[Sela] 9 Ich wollte eilen, daß ich entrinne /
vor dem Sturmwind und Wetter. 10 Mache
ihre Zunge uneins, Herr, und verwirre
sie; / denn ich sehe Frevel und Hader in der
Stadt. 11 Das geht Tag und Nacht um auf
ihren Mauern, / und Mühsal und Unheil ist
drinnen. 12 Verderbnis regiert darin, / Lü-
gen und Trügen weicht nicht aus ihren Gas-
sen. 13 Wenn mein Feind mich schmähte, /
wollte ich es ertragen; wenn einer, der
mich haßt, groß tut wider mich, / wollte ich
mich vor ihm verbergen. 14 Aber nun bist
du es, mein Gefährte, / mein Freund und
mein Vertrauter, 15 die wir freundlich mit-
einander waren, / die wir in Gottes Haus
gingen inmitten der Menge! 16 Der Tod
übereile sie, daß sie lebendig zu den Toten
fahren; / denn es ist lauter Bosheit bei ih-
nen. 17 Ich aber will zu Gott rufen, / und der
Herr wird mir helfen. 18 Abends und mor-
gens und mittags will ich klagen und heu-
len; / so wird er meine Stimme hören. 19 Er
erlöst mich von denen, die an mich wol-
len, / und schafft mir Ruhe; denn ihrer
sind viele wider mich. 20 Gott wird hören
und sie demütigen, / der allewege bleibet.
[Sela] Denn sie werden nicht anders / und
wollen Gott nicht fürchten. 21 Sie legen ihre
Hände an ihre Freunde / und entheiligen
ihren Bund. 22 Ihr Mund ist glatter als
Butter / und haben doch Krieg im Sinn;
ihre Worte sind linder als Öl / und sind
doch gezückte Schwerter. 23 Wirf dein An-
liegen auf den Herrn; der wird dich ver-
sorgen / und wird den Gerechten
in Ewigkeit nicht wanken lassen. 24 Und
du, Gott, wirst sie hinunterstoßen in die
tiefe Grube. Die Blutgierigen und Fal-
schen werden ihr Leben nicht bis zur
Hälfte bringen. / Ich aber hoffe auf dich.

(L)

Vom Lastentragen

In diesem Klagepsalm steht ein Mensch vor uns, der nicht mehr ein noch aus weiß: »Grauen hat mich zugehüllt.« Angst foltert ihn. Er ist zutiefst erschüttert von der Feindschaft und dem Unrecht, das ihn umgibt. Wohin er schaut, herrscht Ungerechtigkeit. Auf die Worte der Menschen ist kein Verlaß mehr, sie »dünken weicher als Öl, aber gezückte Schwerter sind sie«. Versprechen werden gebrochen. Es ist keine Treue mehr unter den Menschen. Selbst Lebensgefährten und Freunde werden zu Feinden.

Wie geht dieser Be-Lastete mit Angst und Not um? Können wir Menschen von heute von seiner Erfahrung lernen? Ja!

Zunächst muß man feststellen: Er ist nicht geflohen. Zwar hat er mit dem Gedanken an Flucht gespielt, aber er ist geblieben. Die Fluchtmöglichkeiten heute scheinen bequemer und damit noch verlockender: statt Wüste Rausch und statt Einsamkeit »Betrieb«.

Anstatt aus seiner Situation zu fliehen, hat er sich an Gott gewandt und hat ihm aus übervollem Herzen alles gesagt, was ihn belastet. Und wie er das gesagt hat! Nicht in wohlgesetzter Rede, druckreif, sondern er »schüttet« sein Herz aus. Auch seinen Zorn wirft er gewissermaßen Gott vor die Füße. Diese Bitten befremden uns teilweise zutiefst. Aber es ist wohl besser, seinen Zorn Gott zu sagen, als ihn in sich hineinzufressen – oder selbst Richter spielen zu wollen. Darauf können wir uns ja verlassen, daß Gott sich nicht zum blinden Werkzeug unseres Zornes machen läßt.

Aber über dem Klagen und dem Zorn vergißt er nicht, daß er auch Grund zum Danken hat. Er erinnert sich daran, was er an Erhörungen und Hilfen erfahren hat. Darum setzt er sein Vertrauen auch weiterhin auf den, »der von ureinst thront« (so übersetzt M. Buber), daß er ihn weiter hören wird.

Und schließlich fordert dieser Be-Lastete sich und damit auch uns auf: Wirf deine Last ab! Wirf sie auf Gott, der wird dich versorgen! Er läßt dich nicht im Stich!

Luther mahnt: Wer ein Christ sein will, der werfe seine Sorgen von sich. Nicht in einen Winkel, denn sie stecken im Herzen. Sondern er lerne, »sein Herz mit seinen Sorgen Gott auf den Rücken zu werfen, denn er hat starke Schultern, daß er es wohl tragen kann«.

HELMUT HERION

Herr, wir danken dir, daß wir auch unsere Klagen vor dich bringen dürfen. Hilf uns, daß wir es auch tun!

56 [Ein güldenes Kleinod Davids,
vorzusingen, nach der Weise »Die
stumme Taube unter den Fremden«, als
ihn die Philister in Gat ergriffen hatten.]
2 Gott, sei mir gnädig, denn Menschen
stellen mir nach; / täglich bekämpfen und
bedrängen sie mich. 3 Meine Feinde stel-
len mir täglich nach; / denn viele kämpfen
gegen mich voll Hochmut. 4 Wenn ich
mich fürchte, / so hoffe ich auf dich. 5 Ich
will Gottes Wort rühmen; auf Gott will
ich hoffen und mich nicht fürchten. / Was
können mir Menschen tun? 6 Täglich fech-
ten sie meine Sache an; / alle ihre Gedan-
ken suchen mir Böses zu tun. 7 Sie rotten
sich zusammen, sie lauern und haben acht
auf meine Schritte, / wie sie mir nach dem
Leben trachten. 8 Sollten sie mit ihrer Bos-
heit entrinnen? / Gott, stoß diese Leute
ohne alle Gnade hinunter! 9 Zähle die
Tage meiner Flucht, sammle meine Trä-
nen in deinen Krug; / ohne Zweifel, du
zählst sie. 10 Dann werden meine Feinde
zurückweichen, wenn ich dich anrufe. /
Das weiß ich, daß du mein Gott bist. 11 Ich
will rühmen Gottes Wort; / ich will rüh-
men des Herrn Wort. 12 Auf Gott hoffe ich
und fürchte mich nicht; / was können mir
Menschen tun? 13 Ich habe dir, Gott, ge-
lobt, / daß ich dir danken will. 14 Denn du
hast mich vom Tode errettet, / meine
Füße vom Gleiten, daß ich wandeln kann
vor Gott / im Licht der Lebendigen. (L)

56 [Für den Chormeister. Nach der
Weise »Stumme Taube der
Ferne«. Ein Lied Davids. Aus der Zeit,
als die Philister ihn in Gat ergriffen.] 2 Sei
mir gnädig, Gott, denn Menschen stellen
mir nach; / meine Feinde bedrängen mich
Tag für Tag. 3 Täglich stellen meine Geg-
ner mir nach; / ja, es sind viele, die mich
voll Hochmut bekämpfen. 4 An dem Tag,
da ich mich fürchten muß, / setze ich auf
dich mein Vertrauen. 5 Ich preise Gottes
Wort. / Ich vertraue auf Gott und fürchte
mich nicht. / Was können Menschen mir
antun? 6 Sie verdrehen meine Worte den
ganzen Tag; / auf mein Verderben geht
ihr ganzes Sinnen. 7 Sie lauern und spähen
und beobachten genau meine Schritte; /
denn sie trachten mir nach dem Leben.
8 Sie haben gefrevelt; es gibt für sie kein
Entrinnen. / In deinem Zorn, o Gott, wirf
die Völker zu Boden! 9 Mein Elend ist auf-
gezeichnet bei dir. / Sammle meine Trä-
nen in einem Krug, / zeichne sie auf in dei-
nem Buch! 10 Dann weichen die Feinde
zurück an dem Tag, da ich rufe. / Ich habe
erkannt: Mir steht Gott zur Seite. 11 Ich
preise Gottes Wort, / ich preise das Wort
des Herrn. 12 Ich vertraue auf Gott und
fürchte mich nicht. / Was können Men-
schen mir antun? 13 Ich schulde dir die Er-
füllung meiner Gelübde, o Gott; / ich will
dir Dankopfer weihen. 14 Denn du hast
mein Leben dem Tod entrissen, / meine
Füße bewahrt vor dem Fall. So gehe ich
vor Gott meinen Weg / im Licht der Le-
benden. (E)

Getrostes Gottvertrauen

Nicht jeder wird in dem Maß Anfeindung und Verfolgung ausgesetzt sein wie der Beter dieses Psalms. Doch in seine Lage hineinversetzen wird sich jeder können. Es ist ja nicht zu bestreiten, daß es Anlaß genug gibt, sich zu fürchten. Da warnt einer vor Fehlentwicklungen und gerät zwischen die Fronten von Interessenvertretern. Da setzt sich einer für eine gute Sache ein und muß dann erleben, wie ihm Eigennutz oder Profilierungssucht unterstellt wird. Da weiß einer sich nicht zu wehren, während andere mit großem Selbstbewußtsein auftreten und ihn in die Enge treiben.

Wir wissen sehr wohl, was Menschen einander antun können: einander nicht hochkommen lassen, sich den Lebensraum einengen, physischen und psychischen Druck ausüben bis hin zu Folter und Krieg...

Die Bitte gegen Gegner und Feinde liegt so nahe. Erst recht, wenn man sich ihnen gegenüber ohnmächtig und hilflos fühlt und nichts tun kann. Aber ahnen wir auch, wie sehr die Verhaltensweisen, die wir an ihnen verurteilen, auch in uns selber schlummern?

Es ist sicher besser, wie der Beter dem Grundmuster des Glaubens nachzuspüren. »Wenn ich mich fürchte, so hoffe ich auf dich« (V. 4). Was angst macht, wird hier keineswegs ausgeblendet oder heruntergespielt. Der Psalmist läßt sich aber auch nicht davon überschwemmen. Er setzt das Wagnis des Glaubens dagegen – in der Zuversicht, daß da dennoch einer ist, der ihn halten kann und der seine Tränen ernst nimmt. Es scheint paradox: Gerade indem er sich mit seiner Furcht hingibt und losläßt, hat er die Chance, davon loszukommen und bei dem, was er tut, Boden unter die Füße zu bekommen.

Da wird auch der Blick für die wirklichen Größenverhältnisse frei werden (V. 5. 12), die wir häufig in unserem Betroffensein und Engagement verzerrt sehen. Menschen, so mächtig und selbstbewußt, so einflußreich sie auch erscheinen, sind und bleiben doch vergängliche Geschöpfe, deren Pläne von einem Tag zum andern zunichte sein können (Lukas 12,20). So verwandelt sich unversehens unser oft so furchtsames Fragen in der Perspektive des Glaubens zum Lob des Gottes, dessen Wort Neues setzt. Was können mir dann Menschen tun?

ERIKA SCHAUDT

Gott, mache uns im Glauben kühn!

57 [Ein güldenes Kleinod Davids,
vorzusingen, nach der Weise »Ver-
tilge nicht«, als er vor Saul in die Höhle
floh.] 2 Sei mir gnädig, Gott, sei mir gnä-
dig! / Denn auf dich traut meine Seele,
und unter dem Schatten deiner Flügel
habe ich Zuflucht, / bis das Unglück vor-
übergehe. 3 Ich rufe zu Gott, dem Aller-
höchsten, / zu Gott, der meine Sache zum
guten Ende führt. 4 Er sende vom Himmel
und helfe mir von der Schmähung dessen,
der mir nachstellt. [Sela] / Gott sende
seine Güte und Treue. 5 Ich liege mitten
unter Löwen; / verzehrende Flammen
sind die Menschen, ihre Zähne sind
Spieße und Pfeile / und ihre Zungen
scharfe Schwerter. 6 Erhebe dich, Gott,
über den Himmel / und deine Herrlich-
keit über alle Welt! 7 Sie haben meinen
Schritten ein Netz gestellt / und meine
Seele gebeugt; sie haben vor mir eine
Grube gegraben – / und fallen doch selbst
hinein. [Sela] 8 Mein Herz ist bereit,
Gott, / mein Herz ist bereit, daß ich singe
und lobe. 9 Wach auf, meine Seele, wach
auf, Psalter und Harfe, / ich will das Mor-
genrot wecken! 10 Herr, ich will dir dan-
ken unter den Völkern, / ich will dir lob-
singen unter den Leuten. 11 Denn deine
Güte reicht, so weit der Himmel ist, / und
deine Wahrheit, so weit die Wolken ge-
hen. 12 Erhebe dich, Gott, über den Him-
mel / und deine Herrlichkeit über alle
Welt! (L)

57 [Für den Chormeister. Nach der
Weise »Zerstöre nicht!«. Ein Lied
Davids, als er vor Saul in die Höhle floh.]
2 Sei mir gnädig, o Gott, sei mir gnädig; /
denn ich flüchte mich zu dir. Im Schatten
deiner Flügel finde ich Zuflucht, / bis das
Unheil vorübergeht. 3 Ich rufe zu Gott,
dem Höchsten, / zu Gott, der mir bei-
steht. 4 Er sende mir Hilfe vom Himmel, /
meine Feinde schmähen mich. [Sela] /
Gott sende seine Huld und Treue. 5 Ich
muß mich mitten unter Löwen lagern, /
die gierig auf Menschen sind. Ihre Zähne
sind Spieße und Pfeile, / ein scharfes
Schwert ihre Zunge. 7 Sie haben meinen
Schritten ein Netz gelegt / und meine
Seele gebeugt. Sie haben mir eine Grube
gegraben; / doch fielen sie selbst hinein.
[Sela] 6 Erheb dich über die Himmel, o
Gott! / Deine Herrlichkeit erscheine über
der ganzen Erde. 8 Mein Herz ist bereit, o
Gott, / mein Herz ist bereit, / ich will dir
singen und spielen. 9 Wach auf, meine
Seele! / Wacht auf, Harfe und Saiten-
spiel! / Ich will das Morgenrot wecken.
10 Ich will dich vor den Völkern preisen,
Herr, / dir vor den Nationen lobsingen.
11 Denn deine Güte reicht, so weit der
Himmel ist, / deine Treue, so weit die
Wolken ziehn. 12 Erheb dich über die
Himmel, o Gott; / deine Herrlichkeit er-
scheine über der ganzen Erde. (E)

In Sicherheit gebracht

Es gibt eine vertrauensselige Art, die den Menschen nicht so sehen will, wie er wirklich ist, sondern ihn überhöht und mit einem falschen schönen Schein versieht. Nur Liebes und Gutes wird ihm zugetraut. Sein Böses wird weit weg gehalten oder gar verniedlicht. Der Beter dieses Psalms machte andere Erfahrungen. In seinem Gebet tritt das Schicksal Davids unter dem verfolgenden Saul deutlich hervor. Wie er sich vor dem zornigen und gewalttätigen König in Sicherheit bringen mußte, weil das harmonische Zusammensein beim heiteren Spiel plötzlich in tierischen Ernst umgeschlagen war, das lebt in vielen anderen Erfahrungen auf. Deshalb suchte er Schutz bei den über der Bundeslade im Tempel ausgebreiteten Cherubflügeln. Er kam sich vor wie unter Löwen. Man zeigte ihm die Zähne. Das ist nicht die offene und darum hilfreiche Art einer Auseinandersetzung, sondern der zurückgehaltene Vorwurf und die unausgesprochene Feindschaft. Man möchte ihn fertigmachen, kleinkriegen und ihn zur Strecke bringen. Man kann auch mit Worten und Blicken einen Menschen verletzen oder gar töten. An wen kann er sich wenden? Wo findet er Hilfe?

Der verfolgte und gejagte Mensch schaute flehentlich nach dem aus, der sich zur Treue für sein Volk und so auch für ihn verpflichtet hatte. An der gleichen Stelle, wo der Prophet Jesaja im Tempel einen Zipfel der Herrlichkeit Gottes begriffen hatte, bat er Gott um seinen Rechtsbeistand für sich und seine Sache. Er legte bei ihm Berufung ein gegen seine Verkläger und war gewiß, daß er nicht abgewiesen würde. Dadurch legte er einen rettenden Abstand ein zwischen sich und seinem Verfolger. Er löste sich von seiner bedrängenden Sorge und bekam ein gelöstes Herz. Er konnte sogar wieder singen und spielen. Er freute sich am Leben und war neugierig auf den neuen Tag. Er sah wieder hinaus. Der weite Horizont Gottes umspannte sowohl sein persönliches Schicksal wie das der Völker.

Unter diesem Himmel ist zu lernen, daß Gott seine Sonne aufgehen läßt über den Guten wie über den Bösen. Das sind nicht zwei unterschiedliche Lebensgestalten, sondern zwei Seiten, wie sie in ein und demselben Menschen zu erkennen sind. ROLF STEINHILPER

Lieber Herr und Gott. Weil wir Menschen sind, sind wir im Bösen wie im Guten auch einander ausgesetzt. Bei dir sind wir geschützt. Du hilfst uns, einander so zu sehen, wie wir wirklich sind, und hast uns in Christus getragen und vom Bösen erlöst.

58 [Ein güldenes Kleinod Davids,
vorzusingen, nach der Weise »Ver-
tilge nicht«.] 2 Sprecht ihr in Wahrheit
Recht, ihr Mächtigen? / Richtet ihr in Ge-
rechtigkeit die Menschenkinder? 3 Nein,
mutwillig tut ihr Unrecht im Lande, / und
eure Hände treiben Frevel. 4 Die Gottlo-
sen sind abtrünnig vom Mutterschoß an, /
die Lügner gehen irre von Mutterleib an.
5 Sie sind voller Gift wie eine giftige
Schlange, / wie eine taube Otter, die ihr
Ohr verschließt, 6 daß sie nicht höre die
Stimme des Zauberers, / des Beschwö-
rers, der gut beschwören kann. 7 Gott,
zerbrich ihnen die Zähne im Maul, / zer-
schlage, Herr, das Gebiß der jungen Lö-
wen! 8 Sie werden vergehen wie Wasser,
das verrinnt. / Zielen sie mit ihren Pfei-
len, so werden sie ihnen zerbrechen. 9 Sie
gehen dahin, wie Wachs zerfließt, / wie
eine Fehlgeburt, die die Sonne nicht sieht.
10 Ehe eure Töpfe das Dornfeuer spüren, /
reißt alles der brennende Zorn hinweg.
11 Der Gerechte wird sich freuen, wenn er
solche Vergeltung sieht, / und wird seine
Füße baden in des Gottlosen Blut; 12 und
die Leute werden sagen: Ja, der Gerechte
empfängt seine Frucht, / ja, Gott ist noch
Richter auf Erden. (L)

58 [Für den Chormeister. Nach der
Weise »Zerstöre nicht!«. Ein Lied
Davids.] 2 Sprecht ihr wirklich Recht, ihr
Mächtigen? / Richtet ihr die Menschen
gerecht? 3 Nein, ihr schaltet im Land nach
Willkür, / euer Herz ist voll Bosheit; /
eure Hände bahnen dem Unrecht den
Weg. 4 Vom Mutterschoß an sind die
Frevler treulos, / von Geburt an irren sie
vom Weg ab und lügen. 5 Ihr Gift ist wie
das Gift der Schlange, / wie das Gift der
tauben Natter, die ihr Ohr verschließt,
6 die nicht auf die Stimme des Beschwö-
rers hört, / der sich auf Zaubersprüche
versteht. 7 O Gott, zerbrich ihnen die
Zähne im Mund! / Zerschlage, Herr, das
Gebiß der Löwen! 8 Sie sollen vergehen
wie verrinnendes Wasser, / wie Gras, das
verwelkt auf dem Weg, 9 wie die
Schnecke, die sich auflöst in Schleim; /
wie eine Fehlgeburt sollen sie die Sonne
nicht schauen. 10 Ehe eure Töpfe das
Feuer des Dornstrauchs spüren, / fege
Gott die Feinde hinweg, ob frisch, ob ver-
dorrt. 11 Wenn er die Vergeltung sieht,
freut sich der Gerechte; / er badet seine
Füße im Blut des Frevlers. 12 Dann sagen
die Menschen: »Der Gerechte erhält sei-
nen Lohn; / es gibt einen Gott, der auf Er-
den Gericht hält.« (E)

Von Mächtigen, Macht und Mächten

Mit diesen Versen habe ich große Schwierigkeiten: Da wird den Mächtigen erbarmungslos Tod und Verderben gewünscht. Der Psalmist arbeitet mit Bildern brutalster Gewalt. Angefangen bei eingeschlagenen Zähnen, bis hin zu der unsäglichen Forderung, sie sollen wie Schnecken in Schleim zerfließen und gleich Totgeburten die Sonne niemals sehen: Weil die Mächtigen Ungerechtigkeit verbreiten und »mit Wissen und Willen« Verbrechen begehen, sollen sie restlos ausgetilgt werden.

Unsere Erde ist voll von Mächtigen; sie sitzen in Banken und Konzernspitzen, sie tun sich dick in internationaler Diplomatie und Politik – egal auf welchem Kontinent, gleichgültig, in welchem ideologischen System. Es gibt keine Behörde und keine Institution, auch keine kirchliche, ohne Macht und Mächtige. Wie häufig sie »das Recht zum Verstummen bringen«, wieviel Unrecht sie produzieren und durchsetzen, das läßt sich an den täglichen Nachrichten aus aller Welt und im eigenen Land verfolgen. Gelten die Liedstrophen diesen Männern und Frauen? Dann sind die Verse nur ein aufhetzender Rachegesang, der keinen Raum läßt für Buße, Umkehr oder Gnade.

Von dieser Seite komme ich einfach nicht an den Text heran: Ich fürchte, die Personifizierung der Mächtigen verstellt den Blick auf Macht und Mächte. Der Psalm spricht interessanterweise nicht ein einziges Mal von Königen, Herrschern oder sonstigen Realfiguren, sondern eben nur von »Mächtigen«; in einer älteren Fassung von »Göttern«. Vielleicht liegt da der Schlüssel. »Sprecht ihr wirklich, ›ihr Götter‹, Recht? Richtet ihr recht die Menschenkinder?« heißt dort der erste Vers.

Da werden Kräfte und Mächte, nicht aber Personen angesprochen, die gegen Gott arbeiten oder seinen Willen nicht ernst nehmen. Ihr Einfluß treibt vom Gottes-Dienst weg hin zum Dienst am Götzen. Meist ist dieser weder auffällig noch laut oder spektakulär, sondern schleicht sich auf leisen Sohlen in den Alltag ein. Ab und zu spüren wir unsere tiefe Beteiligung am Unrecht – und hören dann nur zu gern auf die mächtige Rede von den »unabänderlichen Sachzwängen«. So kann die letzte Psalmzeile ebenso tröstlich wie erschreckend sein.

VERONIKA BESAU

Lieber Gott, laß uns immer neu darüber nachdenken, wer oder was Macht über uns hat, welchen Kräften wir dienen, auf welche Mächte wir hören.

59 [Ein güldenes Kleinod Davids,
vorzusingen, nach der Weise »Ver-
tilge nicht«, als Saul hinsandte und sein
Haus bewachen ließ, um ihn zu töten.]
2 Errette mich, mein Gott, von meinen
Feinden / und schütze mich vor meinen
Widersachern. 3 Errette mich von den
Übeltätern / und hilf mir von den Blutgie-
rigen! 4 Denn siehe, Herr, sie lauern mir
auf; / Starke rotten sich wider mich zu-
sammen ohne meine Schuld und Missetat.
5 Ich habe nichts verschuldet; sie aber lau-
fen herzu und machen sich bereit. / Erwa-
che, komm herbei und sieh darein! 6 Du,
Herr, Gott Zebaoth, Gott Israels, / wache
auf und suche heim alle Völker! Sei kei-
nem von ihnen gnädig, / die so verwegene
Übeltäter sind. [Sela] 7 Jeden Abend kom-
men sie wieder, / heulen wie die Hunde
und laufen in der Stadt umher. 8 Siehe, sie
geifern mit ihrem Maul; / Schwerter sind
auf ihren Lippen: »Wer sollte es hören?«
9 Aber du, Herr, wirst ihrer lachen / und
aller Völker spotten. 10 Meine Stärke, zu
dir will ich mich halten; denn Gott ist
mein Schutz. 11 Gott erzeigt mir reichlich
seine Güte, / Gott läßt mich auf meine
Feinde herabsehen. 12 Bringe sie nicht
um, / daß es mein Volk nicht vergesse;
zerstreue sie aber mit deiner Macht, Herr,
unser Schild, / und stoß sie hinunter!
13 Das Wort ihrer Lippen ist nichts als
Sünde; / darum sollen sie sich fangen in
ihrer Hoffart mit all ihren Flüchen und
Lügen. 14 Vertilge sie ohne alle Gnade,
vertilge sie, / daß sie nicht mehr da sind!
Laß sie innewerden, daß Gott Herrscher
ist in Jakob, / bis an die Enden der Erde.
[Sela] 15 Jeden Abend kommen sie wie-
der, / heulen wie die Hunde und laufen in
der Stadt umher. 16 Sie laufen hin und her
nach Speise / und murren, wenn sie nicht
satt werden. 17 Ich aber will von deiner
Macht singen und des Morgens rühmen
deine Güte; / denn du bist mir Schutz und
Zuflucht in meiner Not. 18 Meine Stärke,
dir will ich lobsingen; / denn Gott ist mein
Schutz, mein gnädiger Gott. (L)

59 [Für den Chormeister. Nach der
Weise »Zerstöre nicht!«. Ein Lied
Davids, als Saul hinschickte und man das
Haus bewachte, um ihn zu töten.] 2 Ent-
reiß mich den Feinden, mein Gott, /
beschütze mich vor meinen Gegnern!
3 Entreiß mich denen, die Unrecht tun, /
rette mich vor den Mördern! 4 Sieh her:
Sie lauern mir auf, / Mächtige stellen mir
nach. Ich aber habe keinen Frevel began-
gen und keine Sünde; / 5 Herr, ich bin
ohne Schuld. Sie stürmen vor und stellen
sich auf. / Wach auf, komm mir entgegen,
sieh her! 6 Herr, du Gott der Heerscharen,
Gott Israels, / werde wach, suche alle
Völker heim! / Sei keinem treulosen
Frevler gnädig! [Sela] 7 Abend für Abend
kommen sie wieder, / sie kläffen wie
Hunde, durchstreifen die Stadt. 8 Ja, sie
geifern mit ihrem Maul. / Die Schwerter
zwischen ihren Lippen, wer nimmt sie
wahr? 9 Du aber, Herr, verlachst sie; / du
spottest über alle Völker. 10 Meine Stärke,
an dich will ich mich halten, / denn du,
Gott, bist meine Burg. 11 Mein huldrei-
cher Gott kommt mir entgegen; / Gott
läßt mich herabsehen auf meine Gegner.
12 Töte sie nicht, / damit mein Volk nicht
vergißt. In deiner Kraft zerstreue sie, /
wirf sie nieder, Herr, unser Schild! 13 We-
gen der Sünde ihres Mundes, wegen all ih-
rer Reden / sollen sie sich in ihrem Hoch-
mut verfangen; / denn sie fluchen und
verbreiten nur Lügen. 14 Vernichte sie im
Zorn, / vernichte sie; sie sollen zugrunde-
gehen. Sie sollen erkennen, daß Gott der
Herrscher in Jakob ist / und bis an das
Ende der Erde. [Sela] 15 Abend für Abend
kommen sie wieder, / sie kläffen wie
Hunde, durchstreifen die Stadt. 16 Sie
streunen umher, gierig nach Fraß; / wer-
den sie nicht satt, dann knurren sie. 17 Ich
aber will deine Macht besingen, / will
über deine Huld jubeln am Morgen. Denn
du bist eine Burg für mich, / bist meine
Zuflucht am Tag der Not. 18 Meine Stärke,
dir will ich singen und spielen; / denn du,
Gott, bist meine Burg, mein huldreicher
Gott. (E)

Gebet mitten unter Feinden

Überaus starke Gefühle werden in diesem Psalm laut: Wut, Aggression, Vernichtungswünsche. Man erschrickt fast davor. So beten wir nicht. Doch wir können von diesem Beter etwas lernen. Er macht bei seinem Beten Gott nichts vor. Er zeigt offen, wie es ihm ums Herz ist, was er denkt und fühlt. Unsere Gebete klingen meist viel maßvoller. Aber verdrängen wir nicht manches, eben weil wir »recht« beten wollen? Wollen wir zuweilen einfach nicht wahrhaben, was aus unserem Inneren aufsteigt und so gar nicht ins Bild eines frommen Menschen paßt?

Hier betet einer ehrlich. Mächtige Leute bedrohen sein Leben. Sie verstehen zudem gut, mit Worten umzugehen. Verleumdungen und Verdächtigungen streuen sie aus und finden Gehör. Durch Rufmord wird Leben zerstört.

Der Beter hat kein Mittel, sich gegen solche Machenschaften zu wehren. Er kann nur noch bei Gott um Hilfe schreien. Mit Nachdruck beteuert er seine Unschuld. Er hat ein gutes Gewissen.

Mit einem Weckruf fordert er Gott auf, nicht länger zuzuwarten. Er ruft ihn mit dem alten Beinamen Gott Zebaoth – Herr der Heerscharen. Als solcher war er in Zeiten größter Bedrohung seinem Volk zu Hilfe gekommen.

Auch für sein persönliches Schicksal erwartet der Beter das gleiche Eingreifen. Was können schon Menschen ausrichten angesichts dieses Gottes? Zwar scheint er noch fern, aber ist er nicht einer, der für ein Treiben wie das der Feinde nicht mehr als ein Lachen übrig hat (Psalm 2,4)? Auf ihn als Bundesgenossen kann man sich verlassen. Er wird seine gute Ordnung wiederherstellen. Darauf zielen die Bitten.

Wir können fragen, ob Gott nicht zur Erfüllung privater Rachegelüste mißbraucht wird. Doch wir sollten das eigentliche Ziel jener Bitten nicht übersehen: Am Ergehen der Feinde soll alle Welt sehen können, wer der Herr ist! Dem Beter liegt daran, daß die Gottheit Gottes nicht verdunkelt wird. Gott soll durch das Gericht über die Feinde selbst dafür sorgen, daß er erkannt wird. Der Beter erhebt seine Hand nicht. Welche Mittel Gott einsetzt, bleibt seine Sache. In diesem Sinn entlastet, kann der Beter ein Loblied ankündigen. ERIKA SCHAUDT

Dein Reich komme!

60 [Ein güldenes Kleinod Davids,
vorzusingen, nach der Weise »Lilie
des Zeugnisses«, zur Belehrung, 2 als er
mit den Aramäern von Mesopotamien
und mit den Aramäern von Zoba Krieg
führte; als Joab umkehrte und die Edo-
miter im Salztal schlug, zwölftausend
Mann.] 3 Gott, der du uns verstoßen und
zerstreut hast / und zornig warst, tröste
uns wieder; 4 der du die Erde erschüttert
und zerrissen hast, / heile ihre Risse; denn
sie wankt. 5 Du ließest deinem Volk Har-
tes widerfahren, / du gabst uns einen
Wein zu trinken, daß wir taumelten. 6 Du
hast doch ein Zeichen gegeben denen, die
dich fürchten, / damit sie fliehen können
vor dem Bogen. [Sela] 7 Daß deine
Freunde errettet werden, / dazu hilf mit
deiner Rechten und erhöre uns! 8 Gott hat
in seinem Heiligtum geredet: / Ich will
frohlocken; ich will Sichem verteilen /
und das Tal Sukkot ausmessen; 9 Gilead
ist mein, mein ist Manasse, Ephraim ist
der Schutz meines Hauptes, / Juda ist
mein Zepter. 10 Moab ist mein Waschbek-
ken, meinen Schuh werfe ich auf Edom, /
Philisterland, jauchze mir zu! 11 Wer wird
mich führen in die feste Stadt? / Wer ge-
leitet mich nach Edom? 12 Wirst du es
nicht tun, Gott, der du uns verstoßen
hast / und ziehst nicht aus, Gott, mit un-
serm Heer? 13 Schaff uns Beistand in der
Not; / denn Menschenhilfe ist nichts
nütze. 14 Mit Gott wollen wir Taten tun. /
Er wird unsre Feinde niedertreten. (L)

60 [Für den Chormeister. Nach der
Weise »Lilie des Zeugnisses«. Ein
Lied Davids zum Lehren, 2 als er mit den
Aramäern Mesopotamiens und den Ara-
mäern von Zoba kämpfte und als Joab
umkehrte und die Edomiter im Salztal
schlug, zwölftausend Mann.] 3 Du hast uns
verworfen, o Gott, und zerschlagen. / Du
hast uns gezürnt. Richte uns wieder auf!
4 Erschüttert hast du das Land und gespal-
ten. / Heile seine Risse! Denn es kam ins
Wanken. 5 Du hast dein Volk hart ge-
prüft, / du gabst uns betäubenden Wein
zu trinken. 6 Für alle, die dich fürchten,
hast du ein Zeichen aufgestellt, / zu dem
sie fliehen können vor dem Bogen. [Sela]
7 Hilf mit deiner Rechten, erhöre uns, /
damit die gerettet werden, die du so sehr
liebst. 8 Gott hat in seinem Heiligtum ge-
sprochen: / »Ich will triumphieren, will
Sichem verteilen / und das Tal von Sukkot
vermessen. 9 Mein ist Gilead, mein auch
Manasse, / Efraim ist der Helm auf mei-
nem Haupt, / Juda mein Herrscherstab.
10 Doch Moab ist mein Waschbecken, /
auf Edom werfe ich meinen Schuh, / ich
triumphiere über das Land der Philister.«
11 Wer führt mich hin zu der befestigten
Stadt, / wer wird mich nach Edom gelei-
ten? 12 Gott, hast denn du uns verwor-
fen? / Du ziehst ja nicht aus, o Gott, mit
unseren Heeren. 13 Bring uns doch Hilfe
im Kampf mit dem Feind! / Denn die
Hilfe von Menschen ist nutzlos. 14 Mit
Gott werden wir Großes vollbringen; / er
selbst wird unsere Feinde zertreten. (E)

Von Gott verstoßen

Vor meinem inneren Auge steht das Bild vom Konzentrationslager in Auschwitz. Schienen führen ins Nichts – Lebenslinien werden ausgelöscht. Im Museum erinnern Habseligkeiten an Menschen, die auf den Schienen hinter das Tor abgeschoben wurden. Wo ist Gott gewesen bei den Zügen ins Nichts, bei den Menschen in den Gaskammern? Ausgelöschte Lebenslinien – Beweise für die »Gott ist tot«-Theologie? Noch schlimmer der Verdacht, daß Gott auf der Seite derer steht, die sagen: »Das Volk Israel muß weg, es stört in der Welt!«

Über die Frage spricht der Beter anläßlich eines Bittgottesdienstes nach einer Niederlage im Krieg des Volkes mit benachbarten Völkern. Was ist mit Gott los? Hat er sein Volk im Stich gelassen? »Gott, tröste uns wieder! Du hast doch ein Zeichen gegeben denen, die dich fürchten.« Der Bogen – wieder Schienen, die ins Leben zurückführen, Lebenslinien, die aufleuchten, der Bogen zwischen Gott und Mensch, der an die Verheißung erinnert: »Es soll nicht aufhören, was dem Leben dient.«

Warum wird das Volk immer wieder in die Tiefe geführt? Die Erde zerrissen, erschüttert wie von einem Erdbeben, sie wankt und mit ihr, die Schritte darauf wagen. Das Leben ist hart geworden. Warum? Ich werde an die Frage Jesu am Kreuz erinnert: »Mein Gott, warum hast du mich verlassen?«

Welche Antwort hört das Volk? Gottes Macht bestimmt die Völker, er weiß ihre Zeiten. Er weiß, wozu es Auschwitz und andere Lager gegeben hat, er kennt auch die Orte, wo es sie noch gibt. Er weiß, warum er Schweres zuläßt: »Auschwitz mußte wohl sein«, sagt ein junger polnischer Pfarrer, »damit wir den Holocaust in uns entdecken, der losbricht, wenn wir nicht Gott Raum in unserem Leben geben.« Auschwitz als Mahnung für uns! Es gibt Gottesliebe im Leiden. Wer sie hat, bittet ihn um Hilfe. »Menschenhilfe ist nichts nütze!« Unser Gott ist nicht tot. Er holt »seine Freunde« heim – mit seiner »rechten Hand«. Wir wissen gar nicht, was seine Hand auch während der Vernichtung getan hat! Er tröstet wieder! »Mit Gott wollen wir Taten tun!« Das heißt: Lebenslinien von Menschen schützen, vertrauensvolle Wegen bauen, Zuversicht weitersagen. Gottes Liebe ins Leben holen. HELGA MANTELS

Lieber Vater im Himmel, dein Reich komme. Wenn dein Reich kommt, wird die Welt verändert sein. Komm und führe uns in die ewige Freude.

61 [Von David, vorzusingen, beim
Saitenspiel.] 2 Höre, Gott, mein
Schreien / und merke auf mein Gebet!
3 Vom Ende der Erde rufe ich zu dir, denn
mein Herz ist in Angst; / du wollest mich
führen auf einen hohen Felsen. 4 Denn du
bist meine Zuversicht, / ein starker Turm
vor meinen Feinden. 5 Laß mich wohnen
in deinem Zelte ewiglich / und Zuflucht
haben unter deinen Fittichen. [Sela]
6 Denn du, Gott, hörst mein Gelübde /
und gibst mir Teil am Erbe derer, die dei-
nen Namen fürchten. 7 Du wollest dem
König langes Leben geben, / daß seine
Jahre währen für und für, 8 daß er immer
throne vor Gott. / Laß Güte und Treue
ihn behüten! 9 So will ich deinem Namen
lobsingen ewiglich, / daß ich meine Ge-
lübde erfülle täglich. (L)

61 [Für den Chormeister. Mit Saiten-
spiel. Von David.] 2 Gott, höre
mein Flehen, / achte auf mein Beten!
3 Vom Ende der Erde rufe ich zu dir; /
denn mein Herz ist verzagt. / Führe mich
auf den Felsen, der mir zu hoch ist! 4 Du
bist meine Zuflucht, / ein fester Turm ge-
gen die Feinde. 5 In deinem Zelt möchte
ich Gast sein auf ewig, / mich bergen im
Schutz deiner Flügel. [Sela] 6 Denn du, o
Gott, hast meine Gelübde gehört / und
denen das Erbe gegeben, / die deinen Na-
men fürchten. 7 Füge den Tagen des Kö-
nigs noch viele hinzu! / Seine Jahre mö-
gen dauern / von Geschlecht zu Ge-
schlecht. 8 Er throne ewig vor Gottes An-
gesicht. / Huld und Treue mögen ihn be-
hüten. 9 Dann will ich allzeit deinen Na-
men singen und spielen / und Tag für Tag
meine Gelübde erfüllen. (E)

Ruhe finden

Verse eines Psalm können Leitworte für unseren Alltag sein, der von so vielen Worten überflutet und überreizt ist.

»Bei Gott allein kommt meine Seele zur Ruhe...« (V. 2). – Schon die erste Zeile des Psalms läßt aufhorchen. Denn sie spricht das Grundbedürfnis nach Ruhe an und sagt zugleich, wo der Ort ist, an dem sich meine Seele ausruhen kann – nämlich bei Gott.

Erstaunlich und doch zugleich auch verständlich, wie gut die Psalmen uns Menschen kennen! Sie sind »geronnene Menschheitserfahrung«. Sie lehren uns, die sich jagen lassen müssen von der Hetze und Hektik unserer Tage, daß wir eine Seele haben, eine Seele, die der Rücksichtnahme, der Pflege und Kultur bedarf. Unsere Seele braucht Zeit, nachzukommen; sie braucht Zeit, auszuruhen. Dreimal setzt der Psalm zur Ortsbeschreibung an und sagt, wo die Seele sich ausruhen kann: bei Gott, der für mich Fels, Hilfe und Burg ist, von dem mir Hoffnung kommt, der meine Zuflucht ist – Bildworte, die es zu betrachten gilt.

Der Beter des Alten Testaments weiß um den Ort, wo seine Seele Ruhe findet. Im Neuen Testament gibt Jesus sich selbst an als Ort, wo wir Ruhe finden können: »Kommet her zu mir« (Matthäus 11,28).

Für Jesus, den großen Psalmenbeter, war unser Psalm sicher ein Gebet, das er als besonders angemessen für sein eigenes Herz, für sein Leben und seine Geschichte empfand. Um so mehr sollten die Beter des Neuen Bundes die Gläubigkeit dieses Psalms betend in sich aufnehmen, um daraus leben zu können. Durch Jesus Christus haben wir schließlich den Gott kennenlernen dürfen, bei dem Macht und Hilfe zugleich sind, der groß ist in der unendlich großen Liebe, die er aufgeboten hat zum Heil für alle. Bei ihm kommt unsere Seele zur Ruhe, sonst nirgends.

HANS NAGEL

»Du bist die Geborgenheit, die Ruhe, die Fröhlichkeit und die Freude« (Franz von Assisi).

62 [Ein Psalm Davids, vorzusingen, für Jedutun.] 2 Meine Seele ist stille / zu Gott, der mir hilft. 3 Denn er ist mein Fels, meine Hilfe, mein Schutz, / daß ich gewiß nicht fallen werde. 4 Wie lange stellt ihr alle einem nach, / wollt alle ihn morden, als wäre er eine hangende Wand / und eine rissige Mauer? 5 Sie denken nur, wie sie ihn stürzen, / haben Gefallen am Lügen; mit dem Munde segnen sie, / aber im Herzen fluchen sie. [Sela] 6 Aber sei nur stille zu Gott, meine Seele; / denn er ist meine Hoffnung. 7 Er ist mein Fels, meine Hilfe und mein Schutz, / daß ich nicht fallen werde. 8 Bei Gott ist mein Heil und meine Ehre, der Fels meiner Stärke, / meine Zuversicht ist bei Gott. 9 Hoffet auf ihn allezeit, liebe Leute, schüttet euer Herz vor ihm aus; / Gott ist unsre Zuversicht. [Sela] 10 Aber Menschen sind ja nichts, große Leute täuschen auch; / sie wiegen weniger als nichts, soviel ihrer sind. 11 Verlaßt euch nicht auf Gewalt / und setzt auf Raub nicht eitle Hoffnung; fällt euch Reichtum zu, / so hängt euer Herz nicht daran. 12 Eines hat Gott geredet, / ein Zweifaches habe ich gehört; Gott allein ist mächtig, / 13 und du, Herr, bist gnädig; denn du vergibst einem jeden, / wie er's verdient hat. (L)

62 [Für den Chormeister. Nach Jedutun. Ein Psalm Davids.] 2 Bei Gott allein kommt meine Seele zur Ruhe, / von ihm kommt mir Hilfe. 3 Nur er ist mein Fels, meine Hilfe, meine Burg; / darum werde ich nicht wanken. 4 Wie lange rennt ihr an gegen einen einzigen, / stürmt alle heran wie gegen eine fallende Wand, / wie gegen eine Mauer, die einstürzt? 5 Ja, sie planen, ihn von seiner Höhe zu stürzen; / Lügen ist ihre Lust. Sie segnen mit ihrem Mund, / doch in ihrem Herzen fluchen sie. [Sela] 6 Bei Gott allein kommt meine Seele zur Ruhe; / denn von ihm kommt meine Hoffnung. 7 Nur er ist mein Fels, meine Hilfe, meine Burg; / darum werde ich nicht wanken. 8 Bei Gott ist mein Heil, meine Ehre; / Gott ist mein schützender Fels, meine Zuflucht. 9 Vertrau ihm, Volk (Gottes), zu jeder Zeit! / Schüttet euer Herz vor ihm aus! / Denn Gott ist unsere Zuflucht. [Sela] 10 Nur ein Hauch sind die Menschen, / die Leute nur Lug und Trug. Auf der Waage schnellen sie empor, / leichter als ein Hauch sind sie alle. 11 Vertraut nicht auf Gewalt, / verlaßt euch nicht auf Raub! Wenn der Reichtum auch wächst, / so verliert doch nicht euer Herz an ihn! 12 Eines hat Gott gesagt, / zweierlei habe ich gehört: Bei Gott ist die Macht; / 13 Herr, bei dir ist die Huld. Denn du wirst jedem vergelten, / wie es seine Taten verdienen. (E)

Still werden vor Gott

Ein kleiner Junge wird ermahnt, während einer Veranstaltung ruhig auf seinem Stuhl zu sitzen. Er befolgt das eine ganze Weile mit ernstem Gesicht. Dann bricht es aus ihm heraus: »Hört ihr nicht, wie still ich bin?« Alles lacht! Eigentlich ist das nicht zum Lachen. Still sein ist anspruchsvolle Arbeit, verlangt ein Aktivsein nach innen, das Kraft kostet.

Still sein vor Gott – eintreten in den Raum seines Wirkens, seines Wortes, seiner Segnungen – braucht die innere Bereitschaft, manches an der Türe loszulassen, was der Stille hinderlich ist: eigene Unruhe, Planung, Selbstbetrachtung. Können wir überhaupt noch still sein, die Kraft aufbringen zum Hören, Warten, Hoffen? Viele laute Stimmen verwirren unseren Weg: Beurteilungen, Normen, Verführungen, Spottstimmen und schlechte Einrede. Welcher Stimme sollen wir glauben?

Der Beter hat in dieser Frage Gewißheit gefunden. Er kann herausgehen aus allem, was ihn wie »Sturm« umgibt. Er tritt in den stillen »Kern« ein und fühlt sich geborgen: »Meine Seele ist still, weil sie Gott hat, der hilft.« Braucht er Hilfe? Offenbar hat er es mit ungläubigen Menschen zu tun, die Religion und die daraus resultierenden Worte ablehnen. Er steht in der »Wertediskussion«, was in der Welt gilt: Macht, Gewalt, Lüge, Besitz oder Liebe, Gnade, Treue, Ehrlichkeit? Seine Entscheidung für Gott reizt andere zum Widerspruch. Er gerät in schmerzliche Situationen, hat Gegner, die ihn »kleinkriegen« wollen.

In der Stille vor Gott denkt er über die Menschen nach: Was sind sie wert? Biologisch, geistig vergänglich – ein Nichts. Ihr Machtgehabe kann heute oder morgen wie ein Kartenhaus zusammenfallen – durch eine Katastrophe, eine Krankheit, durch den Tod. Machtausübung des Menschen über den Menschen ist Scheinmacht. Allmächtig ist Gott.

So wirbt er bei seinem Volk um die Liebe zu Gott: »Hoffet auf Gott alle Zeit, liebe Leute!« Das hört der Beter zweimal: Gott, sein Herr – er merkt es sich genau. Daraus wird die persönliche Bejahung Gottes für sein Leben. Das Gebet endet im zärtlichen »Du«. Auch wir brauchen Stille vor Gott, um Wegweisung zu bekommen. Nehmen wir doch diese geistliche Arbeit auf uns! HELGA MANTELS

Laß du mich stille werden, mein Herr und Gott, auf deine Stimme hören in Freud' und Not.

63 [Ein Psalm Davids, als er in der
Wüste Juda war.] 2 Gott, du bist
mein Gott, den ich suche. / Es dürstet
meine Seele nach dir, mein ganzer
Mensch verlangt nach dir / aus trocke-
nem, dürrem Land, wo kein Wasser ist.
3 So schaue ich aus nach dir in deinem Hei-
ligtum, / wollte gerne sehen deine Macht
und Herrlichkeit. 4 Denn deine Güte ist
besser als Leben; / meine Lippen preisen
dich. 5 So will ich dich loben mein Leben
lang / und meine Hände in deinem Namen
aufheben. 6 Das ist meines Herzens
Freude und Wonne, / wenn ich dich mit
fröhlichem Munde loben kann; 7 wenn ich
mich zu Bette lege, so denke ich an dich, /
wenn ich wach liege, sinne ich über dich
nach. 8 Denn du bist mein Helfer, / und
unter dem Schatten deiner Flügel froh-
locke ich. 9 Meine Seele hängt an dir; /
deine rechte Hand hält mich. 10 Sie aber
trachten mir nach dem Leben, mich zu
verderben; / sie werden in die Tiefen der
Erde hinunterfahren. 11 Sie werden dem
Schwert dahingegeben / und den Schaka-
len zur Beute werden. 12 Aber der König
freut sich in Gott. Wer bei ihm schwört,
der darf sich rühmen; / denn die Lügen-
mäuler sollen verstopft werden. (L)

63 [Ein Psalm Davids, als er in der
Wüste Juda war.] 2 Gott, du mein
Gott, dich suche ich, / meine Seele dürstet
nach dir. Nach dir schmachtet mein Leib /
wie dürres, lechzendes Land ohne Was-
ser. 3 Darum halte ich Ausschau nach dir
im Heiligtum, / um deine Macht und
Herrlichkeit zu sehen. 4 Denn deine Huld
ist besser als das Leben; / darum preisen
dich meine Lippen. 5 Ich will dich rühmen
mein Leben lang, / in deinem Namen die
Hände erheben. 6 Wie an Fett und Mark
wird satt meine Seele, / mit jubelnden
Lippen soll mein Mund dich preisen. 7 Ich
denke an dich auf nächtlichem Lager /
und sinne über dich nach, wenn ich wa-
che. 8 Ja, du wurdest meine Hilfe; / jubeln
kann ich im Schatten deiner Flügel.
9 Meine Seele hängt an dir, / deine rechte
Hand hält mich fest. 10 Viele trachten mir
ohne Grund nach dem Leben, / aber sie
müssen hinabfahren in die Tiefen der
Erde. 11 Man gab sie der Gewalt des
Schwertes preis, / sie werden eine Beute
der Schakale. 12 Der König aber freue sich
an Gott. / Wer bei ihm schwört, darf sich
rühmen. / Doch allen Lügnern wird der
Mund verschlossen. (E)

Wenn die Seele Durst hat

Eigentlich kann sich das heute niemand mehr leisten: nach Gott zu dürsten. In einer auf Effektivität, Kosten/Nutzen-Denken fixierten Gesellschaft sind das höchst überflüssige Gefühle. Und selbst wenn man sie hätte, spräche man besser nicht davon; es schadete dem Image.

Doch seltsam: Ganz dicht unter dieser Oberfläche hausen Ängste und Sehnsüchte, lauern Hunger und Durst der verkümmerten, ausgetrockneten Wohlstands-Seele nach einem lebenspendenden Gott. Gäbe es ihn doch! Dann würde das Herz aufblühen wie bei der ersten Liebe. Dann würden Geist und Seele singen vor Freude.

Welch ein kleiner und doch großer Schritt ist es für Unzählige vom »würde« zum »wird«. Was hat jenen Beter bloß angerührt, daß er nicht nur nach einer Gotteserscheinung Ausschau hält (V. 3), sondern ganz getrost sagen kann: »Meine Seele hängt an dir«? Offensichtlich braucht er gar keine übernatürlichen Begegnungen mit Gott. Es reicht ihm, in seiner bedrängten Lebenssituation in die Kirche – den Tempel – zu gehen und dort die Hände zu falten – schöner noch: sie in die Höhe zu heben – und Gottes Namen auszusprechen. Es genügt ihm, diesen seinen Gott »mit seinen Lippen«, also lauthals zu preisen.

Das verschafft ihm nicht nur Geborgenheit, nicht nur das feste Gefühl, daß Gottes Hand ihn hält. Vielmehr öffnet es ihm eine ganz wesentliche Einsicht: »Deine Güte ist besser als Leben« (V. 4). Umgehend verändern sich die Perspektiven. An die Stelle des eigenen, für über-wichtig gehaltenen, selbstbemitleideten Lebens tritt dessen Schöpfer. Plötzlich kann der oder die so Betende sich aus dem Mittelpunkt rücken. Auch die Feinde geraten an den Rand des Geschehens; man muß sich nicht mehr selbst verteidigen; Gott wird es schon besorgen. Und man kann sogar für den politisch Verantwortlichen bei Gott ein gutes, fürbittendes Wort einlegen. Ja, irgendwie wird das Leben weiter und freier, wenn die Suche nach Gott zum Ziel führt: daß Gott mich findet.

RENÉ LEUDESDORFF

Ich will dich loben mein Leben lang. Meine Seele hängt an dir; deine rechte Hand hält mich.

64 [Ein Psalm Davids, vorzusingen.]
2 Höre, Gott, meine Stimme in
meiner Klage, / behüte mein Leben vor
dem schrecklichen Feinde. 3 Verbirg mich
vor den Anschlägen der Bösen, / vor dem
Toben der Übeltäter, 4 die ihre Zunge
schärfen wie ein Schwert, / mit ihren gifti-
gen Worten zielen wie mit Pfeilen, 5 daß
sie heimlich schießen auf den Frommen; /
plötzlich schießen sie auf ihn ohne alle
Scheu. 6 Sie verstehen sich auf ihre bösen
Anschläge und reden davon, wie sie
Stricke legen wollen, / und sprechen: Wer
kann sie sehen? 7 Sie haben Böses im Sinn
und halten's geheim, / sind verschlagen
und haben Ränke im Herzen. 8 Da trifft
sie Gott mit dem Pfeil, / plötzlich sind sie
zu Boden geschlagen. 9 Ihre eigene Zunge
bringt sie zu Fall, / daß ihrer spotten wird,
wer sie siehet. 10 Und alle Menschen wer-
den sich fürchten und sagen: Das hat Gott
getan! / und erkennen, daß es sein Werk
ist. 11 Die Gerechten werden sich des
Herrn freuen und auf ihn trauen, / und
alle frommen Herzen werden sich seiner
rühmen. (L)

64 [Für den Chormeister. Ein Psalm
Davids.] 2 Höre, o Gott, mein lau-
tes Klagen, / schütze mein Leben vor dem
Schrecken des Feindes! 3 Verbirg mich vor
der Schar der Bösen, / vor dem Toben de-
rer, die Unrecht tun. 4 Sie schärfen ihre
Zunge wie ein Schwert, / schießen giftige
Worte wie Pfeile, 5 um den Schuldlosen
von ihrem Versteck aus zu treffen. / Sie
schießen auf ihn, plötzlich und ohne
Scheu. 6 Sie sind fest entschlossen zu bö-
sem Tun. / Sie planen, Fallen zu stellen, /
und sagen: »Wer sieht uns schon?« 7 Sie
haben Bosheit im Sinn, / doch halten sie
ihre Pläne geheim. Ihr Inneres ist heillos
verdorben, / ihr Herz ist ein Abgrund.
8 Da trifft sie Gott mit seinem Pfeil; / sie
werden jählings verwundet. 9 Ihre eigene
Zunge bringt sie zu Fall. / Alle, die es se-
hen, schütteln den Kopf. 10 Dann fürchten
sich alle Menschen; / sie verkünden Got-
tes Taten / und bedenken sein Wirken.
11 Der Gerechte freut sich am Herrn und
sucht bei ihm Zuflucht. / Und es rühmen
sich alle Menschen mit redlichem Herzen.
(E)

Bitte um Schutz vor bösen Anschlägen

Unsere Sprache – welch eine wunderbare Gabe Gottes ist sie doch! Wir können nur darüber staunen, wozu sie uns befähigt. Wir können uns verstehen und verständigen. Wir können miteinander beraten und planen, miteinander streiten, aber auch einander vergeben. Wir können mit der Sprache herausrücken, es kann uns aber auch die Sprache verschlagen. Gott selbst macht sich uns durch die Sprache verständlich, so daß wir ihn vernehmen und mit ihm sprechen können. Die Sprache läßt uns auch von Mensch zu Mensch Brücken bauen.

Unser Psalmist aber hat Gegenteiliges erfahren. Worte können zum mörderischen Schwert und zum giftigen Pfeil werden. Sie können zu Stricken werden, über die ein anderer stolpern soll. Sie werden dazu mißbraucht, Fallen zu stellen oder andere zu verführen. Mit Worten kann man drohen, aber auch so feine Intrigen spinnen, daß der Betroffene sie kaum merkt.

Vermutlich meint das auch Lessing mit seiner Fabel vom Dornbusch. »Aber sage mir doch, fragte die Weide den Dornbusch, warum du nach den Kleidern des vorbeigehenden Menschen so begierig bist. Was willst du damit? Was können sie dir helfen? – Nichts! sagte der Dornbusch. Ich will sie ihm auch nicht nehmen, ich will sie nur zerreißen.«

Das erschreckendste Beispiel für die mörderische Wirkung des Wortes ist das Lebensende Jesu. Zunächst war es der Teufel selbst, der ihn versuchte, indem er ihn mit Versprechen umgarnte. Jesus aber widerstand. Alsdann waren es Gegner und Feinde, die ihre Anschläge schmiedeten, um ihn zu beseitigen. Ihre Worte sollten Fallen sein, in denen Jesus hängenbleiben sollte. Als das nicht gelang, griffen sie zu Verleumdungen. Sie sollten Jesus bei jedermann unglaubwürdig machen. Er, der das Wort selber war, wurde durch Worte erledigt.

Jesus suchte Zuflucht bei Gott. Es war nicht vergebens. Gott erhörte ihn. Gott will, daß auch wir uns an ihn wenden. Wir dürfen auch darin Jesus nacheifern. Mit Recht sagt unser Psalm: »Und alle Menschen werden sich fürchten und sagen: ›Das hat Gott getan!‹ und erkennen, daß es sein Werk ist.« Mit anderen Worten: Gott kennt nicht das Instrument der langen Bank. Er hört uns, wenn wir um seinen Schutz bitten.

ERICH WARMERS

Herr, bewahre mich davor, anderen durch mein Wort zu schaden. Wenn ich verleumdet werde, laß es mich geduldig tragen.

65 [Ein Psalmlied Davids, vorzusin-
gen.] 2 Gott, man lobt dich in der
Stille zu Zion, / und dir hält man Ge-
lübde. 3 Du erhörst Gebete; / darum
kommt alles Fleisch zu dir. 4 Unsre Misse-
tat drückt uns hart; / du wollest unsre
Sünde vergeben. 5 Wohl dem, den du er-
wählst und zu dir lässest, / daß er in dei-
nen Vorhöfen wohne; der hat reichen
Trost von deinem Hause, / deinem heili-
gen Tempel. 6 Erhöre uns nach der wun-
derbaren Gerechtigkeit, Herr, unser
Heil, / der du bist die Zuversicht aller auf
Erden und fern am Meer; 7 der du die
Berge festsetzest in deiner Kraft / und ge-
rüstet bist mit Macht; 8 der du stillst das
Brausen des Meeres, / das Brausen seiner
Wellen und das Toben der Völker, 9 daß
sich entsetzen, die an den Enden wohnen,
vor deinen Zeichen. / Du machst fröhlich,
was da lebet im Osten wie im Westen.
10 Du suchst das Land heim und bewäs-
serst es und machst es sehr reich; / Gottes
Brünnlein hat Wasser die Fülle. Du läs-
sest ihr Getreide gut geraten; / denn so
baust du das Land. 11 Du tränkst seine
Furchen und feuchtest seine Schollen; /
mit Regen machst du es weich und segnest
sein Gewächs. 12 Du krönst das Jahr mit
deinem Gut, / und deine Fußtapfen trie-
fen von Segen. 13 Es triefen auch die Auen
in der Steppe, / und die Hügel sind erfüllt
mit Jubel. 14 Die Anger sind voller Schafe,
und die Auen stehen dick mit Korn, / daß
man jauchzet und singet. (L)

65 [Für den Chormeister. Ein Psalm
Davids. Ein Lied.] 2 Dir gebührt
Lobgesang, Gott, auf dem Zion, / dir er-
füllt man Gelübde. 3 Du erhörst die Ge-
bete. / Alle Menschen kommen zu dir
4 unter der Last ihrer Sünden. Unsere
Schuld ist zu groß für uns, / du wirst sie
vergeben. 5 Wohl denen, die du erwählst
und in deine Nähe holst, / die in den Vor-
höfen deines Heiligtums wohnen. Wir
wollen uns am Gut deines Hauses sätti-
gen, / am Gut deines Tempels. 6 Du voll-
bringst erstaunliche Taten, / erhörst uns
in Treue, du Gott unsres Heiles, du Zu-
versicht aller Enden der Erde / und der
fernsten Gestade. 7 Du gründest die Berge
in deiner Kraft, / du gürtest dich mit
Stärke. 8 Du stillst das Brausen der
Meere, / das Brausen ihrer Wogen, das
Tosen der Völker. 9 Alle, die an den En-
den der Erde wohnen, / erschauern vor
deinen Zeichen; / Ost und West erfüllst
du mit Jubel. 10 Du sorgst für das Land und
tränkst es; / du überschüttest es mit
Reichtum. Der Bach Gottes ist reichlich
gefüllt, / du schaffst ihnen Korn; so ord-
nest du alles. 11 Du tränkst die Furchen,
ebnest die Schollen, / machst sie weich
durch Regen, segnest ihre Gewächse.
12 Du krönst das Jahr mit deiner Güte, /
deinen Spuren folgt Überfluß. 13 In der
Steppe prangen die Auen, / die Höhen
umgürten sich mit Jubel. 14 Die Weiden
schmücken sich mit Herden, / die Täler
hüllen sich in Korn. / Sie jauchzen und
singen. (E)

Ein Loblied für den Schöpfer

Wes das Herz voll ist, des geht der Mund über. Der 65. Psalm ist ein schlagender Beleg für diesen Satz aus dem Matthäusevangelium. Denn hier sprechen Menschen, die überwältigt sind von der Erfahrung der heilsamen Gegenwart ihres Gottes und die Freude darüber in einen hymnischen Lobpreis Gottes fließen lassen.

Wie haben sie ihren Gott erfahren? Zuerst als einen, der das Gebet der Menschen erhört, einen Gott also, der den Menschen nicht fern und unerreichbar gegenübersteht, sondern an den sie sich mit ihren Anliegen wenden können. Ein Bereich wird dabei besonders hervorgehoben: die Vergebung von Schuld. Gerade das, was Menschen als die größte Schranke zwischen sich und ihrem Gott empfinden, das Bewußtsein der eigenen Unwürdigkeit und Schuldbeladenheit, kann im Gebet vor Gott gebracht werden und wird von ihm durch die Vergebung der Schuld beiseite geschoben.

Dazu kommt die zweite Weise, in der Gott erfahren wird: als einer, der die Erde fest gründet gegen alle lebensbedrohenden, chaotischen Mächte und sie gegen diese Mächte, den zerstörerischen Ansturm des Meeres und kriegerischer Völker, am Leben erhält.

Und drittens: die Erfahrung Gottes als Spender des Erntesegen ermöglichenden Regens, der die Wüste in fruchtbares Weideland verwandelt und die Felder mit wogendem Getreide erfüllt.

Bis heute hat keine dieser Erfahrungen an Aktualität eingebüßt. Die Erfahrung des antwortenden Gottes vermag das Bewußtsein von Sinn wachzuhalten in einer Welt, die an der Sinnleere zu verzweifeln droht. Die Erfahrung des Gehaltenseins der Schöpfung vermag Mut zu machen, wo zusammen mit dem besseren Verständnis der Strukturen der Welt auch die Einsicht in ihre Bedrohtheit wächst, die Einsicht, wie gefährdet das Gleichgewicht der Natur auf Erden ist und wie groß die Verantwortung für ihren Erhalt. Die Erfahrung, daß Erntesegen – trotz allen technischen Fortschritts – immer auch von Dingen abhängig ist, die wir nicht machen können: vom Lauf der Jahreszeiten, von Sonne und Regen, weist uns auf unsere Grenzen hin und warnt uns vor der Hybris des Allmächtigkeitswahns.

HANNELORE JAHR

Ich weiß, daß du der Brunn der Gnad und ewge Quelle bist, daraus uns allen früh und spat viel Heil und Gutes fließt.

66 [Ein Psalmlied, vorzusingen.] Jauchzet Gott, alle Lande! 2 Lobsinget zur Ehre seines Namens; / rühmet ihn herrlich! 3 Sprecht zu Gott: Wie wunderbar sind deine Werke! / Deine Feinde müssen sich beugen vor deiner großen Macht. 4 Alles Land bete dich an und lobsinge dir, / lobsinge deinem Namen. [Sela] 5 Kommet her und sehet an die Werke Gottes, / der so wunderbar ist in seinem Tun an den Menschenkindern. 6 Er verwandelte das Meer in trockenes Land, sie konnten zu Fuß durch den Strom gehen. / Darum freuen wir uns seiner. 7 Er herrscht mit seiner Gewalt ewiglich, seine Augen schauen auf die Völker. / Die Abtrünnigen können sich nicht erheben. [Sela] 8 Lobet, ihr Völker, unsern Gott, / laßt seinen Ruhm weit erschallen, 9 der unsre Seelen am Leben erhält / und läßt unsere Füße nicht gleiten. 10 Denn, Gott, du hast uns geprüft und geläutert, / wie das Silber geläutert wird; 11 du hast uns in den Turm werfen lassen, / du hast auf unsern Rücken eine Last gelegt, 12 du hast Menschen über unser Haupt kommen lassen, wir sind in Feuer und Wasser geraten. / Aber du hast uns herausgeführt und uns erquickt. 13 Darum will ich in dein Haus gehen mit Brandopfern / und dir meine Gelübde erfüllen, 14 wie ich meine Lippen aufgetan habe / und mein Mund geredet hat in meiner Not. 15 Ich will dir Brandopfer bringen von fetten Schafen mit dem Opferrauch von Widdern; / ich will opfern Rinder mit Böcken. [Sela] 16 Kommet her, höret zu, alle, die ihr Gott fürchtet; / ich will erzählen, was er an mir getan hat. 17 Zu ihm rief ich mit meinem Munde / und pries ihn mit meiner Zunge. 18 Wenn ich Unrechtes vorgehabt hätte in meinem Herzen, / so hätte der Herr nicht gehört. 19 Aber Gott hat mich erhört / und gemerkt auf mein Flehen. 20 Gelobt sei Gott, der mein Gebet nicht verwirft / noch seine Güte von mir wendet. (L)

66 [Für den Chormeister. Ein Lied. Ein Psalm.] Jauchzt vor Gott, alle Länder der Erde! / 2 Spielt zum Ruhm seines Namens! / Verherrlicht ihn mit Lobpreis! 3 Sagt zu Gott: »Wie ehrfurchtgebietend sind deine Taten; / vor deiner gewaltigen Macht müssen die Feinde sich beugen.« 4 Alle Welt bete dich an und singe dein Lob, / sie lobsinge deinem Namen! [Sela] 5 Kommt und seht die Taten Gottes! / Staunenswert ist sein Tun an den Menschen: 6 Er verwandelte das Meer in trockenes Land, / sie schritten zu Fuß durch den Strom; / dort waren wir über ihn voll Freude. 7 In seiner Kraft ist er Herrscher auf ewig; / seine Augen prüfen die Völker. / Die Trotzigen können sich gegen ihn nicht erheben. [Sela] 8 Preist unseren Gott, ihr Völker; / laßt laut sein Lob erschallen! 9 Er erhielt uns am Leben / und ließ unseren Fuß nicht wanken. 10 Du hast, o Gott, uns geprüft, / und uns geläutert, wie man Silber läutert. 11 Du brachtest uns in schwere Bedrängnis / und legtest uns eine drückende Last auf die Schulter. 12 Du ließest Menschen über unsere Köpfe schreiten. / Wir gingen durch Feuer und Wasser. / Doch du hast uns in die Freiheit hinausgeführt. 13 Ich komme mit Opfern in dein Haus; / ich erfülle dir meine Gelübde, 14 die ich einst dir versprach, / die dir mein Mund in der Not gelobte. 15 Fette Tiere bringe ich dir als Brandopfer dar, / zusammen mit dem Rauch von Widdern; / ich richte dir Rinder und Böcke zu. [Sela] 16 Ihr alle, die ihr Gott fürchtet, kommt und hört; / ich will euch erzählen, was er mir Gutes getan hat. 17 Zu ihm hatte ich mit lauter Stimme gerufen, / und schon konnte mein Mund ihn preisen. 18 Hätte ich Böses im Sinn gehabt, / dann hätte der Herr mich nicht erhört. 19 Gott aber hat mich erhört, / hat auf mein drängendes Beten geachtet. 20 Gepriesen sei Gott; denn er hat mein Gebet nicht verworfen / und mir seine Huld nicht entzogen. (E)

»Endlich wieder loben lernen«

Diese Überschrift trug kürzlich die Wochenglosse einer verbreiteten Zeitung. Die Schlagzeile war durchaus als Alarmsignal gemeint – gegen die zunehmende Tendenz zum bloßen Analysieren und Sezieren von Menschen und Meinungen. Demgegenüber brauche es wieder mehr das anerkennende Wort zur weiterführenden Motivation.

»Endlich wieder loben lernen« – das könnte auch ein Programm für den Glauben sein. Echte Religiosität lebt ja nicht von Problemanalysen, sondern von der Erfahrung des Verdanktseins. Solches Verdanktsein findet seinen Ausdruck im Lob als vorbehaltloser Anerkennung Gottes, und nur von daher entgeht auch zwischenmenschliches Loben der Gefahr, in manchmal höchst raffinierter Weise als Mittel zum Zweck individueller wie kollektiver Leistungssteigerung eingesetzt zu werden.

»Endlich wieder loben lernen« – wo könnte man dies besser als in einer ganzen Reihe von Psalmen, die menschliches Staunen über Gottes Initiative zur heilenden, helfenden Begegnung mit dem Menschen zum Ausdruck bringen? So ist auch Psalm 66 als ganzer ein Dankeslied, das über den Inhalt hinaus in seiner formalen Gliederung beeindruckt, indem es ins Loben die entscheidenden menschlichen Daseinsweisen einbringt: die Gemeinschaft (V. 1–12) ebenso wie den einzelnen (V. 13ff.); die Erinnerung an die Vergangenheit (V. 5f., 9ff.) genauso wie das dadurch grundgelegte Vertrauen in Gottes Gegenwart und sein Handeln in Zukunft (V. 3. 7). Dabei profiliert sich das Lob Gottes als eine Erinnerung mit Konsequenzen: Die konkrete Lebensgeschichte ist in Gottes Handeln eingebunden und macht gleichzeitig deutlich, daß diese lobende Erinnerung bei allem Begeistertsein nicht enthusiastische Schwärmerei bedeutet, sondern gerade auch das Harte im Leben ohne falsche Harmonisierung als Ort der helfenden Gotteserfahrung einbeziehen kann (V. 11f.). Andererseits wehrt der Gedanke an die ganze Welt (V. 4) sowie an alle Menschen und Völker (V. 5. 7f.) einer falschen Privatisierung des Gotteslobes.

KARL HILLENBRAND

Wir sind getauft auf Christi Tod und auferweckt mit ihm zu Gott. Uns ist geschenkt sein heiliger Geist, ein Leben, das kein Tod entreißt.

67 [Ein Psalmlied, vorzusingen, beim
Saitenspiel.] 2 Gott sei uns gnädig
und segne uns, / er lasse uns sein Antlitz
leuchten, [Sela] 3 daß man auf Erden er-
kenne seinen Weg, / unter allen Heiden
sein Heil. 4 Es danken dir, Gott, die Völ-
ker, / es danken dir alle Völker. 5 Die Völ-
ker freuen sich und jauchzen, / daß du die
Menschen recht richtest und regierst die
Völker auf Erden. [Sela] 6 Es danken dir,
Gott, die Völker, / es danken dir alle Völ-
ker. 7 Das Land gibt sein Gewächs; / es
segne uns Gott, unser Gott! 8 Es segne uns
Gott, / und alle Welt fürchte ihn! (L)

67 [Für den Chormeister. Mit Saiten-
spiel. Ein Psalm. Ein Lied.] 2 Gott
sei uns gnädig und segne uns. / Er lasse
über uns sein Angesicht leuchten, [Sela]
3 damit auf Erden sein Weg erkannt wird /
und unter allen Völkern sein Heil. 4 Die
Völker sollen dir danken, o Gott, / dan-
ken sollen dir die Völker alle. 5 Die Natio-
nen sollen sich freuen und jubeln. / Denn
du richtest den Erdkreis gerecht. Du rich-
test die Völker nach Recht / und regierst
die Nationen auf Erden. [Sela] 6 Die Völ-
ker sollen dir danken, o Gott, / danken
sollen dir die Völker alle. 7 Das Land gab
seinen Ertrag. / Es segne uns Gott, unser
Gott. 8 Es segne uns Gott. / Alle Welt
fürchte und ehre ihn. (E)

Weltbefreiender Gottesdienst

Eine beliebte Fernsehsendung zeigt den Besuch eines Pfarrers bei einer alten Dame. Sie ist aus der Kirche ausgetreten. Im Gespräch betont die lebenserfahrene Frau, daß sie mit ihrem Kirchenaustritt einmal im Leben eine ehrliche Entscheidung treffen wolle. Der Drehbuchautor hat wohl nicht übertrieben. Beim Kirchenaustritt wollen viele aufhören mit einer inneren Lüge. Zu breit ist der Graben geworden zwischen dem Alltag und dem Gottesdienst der Gemeinde.

Ein Blick in den Gottesdienst Israels kann uns weiterhelfen. Der 67. Psalm ist wahrscheinlich der Abschluß des Erntedankfestes. Der Segen ist über der Gemeinde ausgesprochen und klingt in V. 2 noch nach. Gottes Angesicht leuchtet über der Gemeinde. Sie sind Gesegnete. Segen ist »gottgebende Lebenssteigerung, Zuwendung unsichtbarer Gaben, die die heilsame Gegenwart Gottes bezeugen« (H. J. Kraus). Gesegnet sein heißt: sich und die Welt neu sehen. Die Gesegneten erkennen, daß die Völker der Erde eingeladen sind, den Weg Gottes, d.h. die Spur seiner Menschenfreundlichkeit zu erkennen. Die nichts von Gott wissen, sollen erfahren, daß Gott Lebenssteigerung und Zuwendung schenkt. Niemand findet eine Selbstverwirklichung in sich selber, jeder braucht dazu eine Beziehung. Die gesegnete Gemeinde weiß, Gott schenkt dies und noch viel mehr. Aber sie sieht noch weiter. Sie hat erfahren, daß auf dieser Welt Unrecht herrscht, und durch Unterdrückung werden Menschen und ganze Völker ihres Lebens nicht mehr froh. Gott ist bereit, ihnen heilsame Rechtshilfe zu schaffen (V. 5). Recht ist in der Bibel das Lebensrecht derer, die sich allein nicht durchsetzen können. Dieses Gottesrecht muß respektiert werden. Dafür trägt die gesegnete Gemeinde Verantwortung, damit Freude, ja sogar Jubel die Völker bewegt. Der Gottesdienst der Gemeinde bewegt den Alltag! Gottes Handeln kann von allen beobachtet werden am Wachstum der Früchte des Landes. Wer danken kann, beginnt Gottes Handeln neu zu sehen. Beobachtung des Wachstums will uns Gotteslob lehren. Aus dem Danken kommt neues Denken für den Alltag. Im Denken erkennen wir Gottes Schenken, das uns in die Pflicht nimmt für diese Welt. Danken ist eine ehrliche Entscheidung. Kirchenaustritt läßt niemand dankbar werden. Nur Danken bringt Neues ins Leben hinein. Gesegnete sind Dankende im Alltag der Welt. JOHANNES HASSELHORN

Es danke Gott und lobe dich das Volk in guten Taten. Das Land bringt Frucht und bessert sich, dein Wort ist wohl geraten.

68 [Für den Chormeister. Ein Psalm
Davids. Ein Lied.] 2 Gott steht auf,
seine Feinde zerstieben; / die ihn hassen,
fliehen vor seinem Angesicht. 3 Sie verflie-
gen, wie Rauch verfliegt; / wie Wachs am
Feuer zerfließt, / so vergehen die Frevler
vor Gottes Angesicht. 4 Die Gerechten
aber freuen sich und jubeln vor Gott; / sie
jauchzen in heller Freude. 5 Singt für Gott,
spielt seinem Namen; / jubelt ihm zu,
ihm, der auf den Wolken einherfährt!
Preist seinen Namen! / Freut euch vor sei-
nem Angesicht! 6 Ein Vater der Waisen,
ein Anwalt der Witwen / ist Gott in seiner
heiligen Wohnung. 7 Gott bringt die Ver-
lassenen heim, / führt die Gefangenen
hinaus in das Glück; / doch die Empörer
müssen wohnen im dürren Land. 8 Gott,
als du deinem Volk voranzogst, / als du
die Wüste durchschrittest, [Sela] / 9 da
bebte die Erde, da ergossen sich die Him-
mel vor Gott, / vor Gott, dem Herrn vom
Sinai, vor Israels Gott. 10 Gott, du ließest
Regen strömen in Fülle / und erquicktest
dein verschmachtendes Erbland. 11 Deine
Geschöpfe finden dort Wohnung; / Gott,
in deiner Güte versorgst du den Armen.
12 Der Herr entsendet sein Wort; / groß ist
der Siegesbotinnen Schar. 13 Die Könige
der Heere fliehen, sie fliehen. / Im Haus
verteilt man die Beute. 14 Was bleibt ihr
zurück in den Hürden? / Du Taube mit
silbernen Schwingen, mit goldenem Flü-
gel! 15 Als der Allmächtige die Könige ver-
trieb, / fiel Schnee auf dem Zalmon. 16 Ein
Gottesberg ist der Baschanberg, / ein Ge-
birge, an Gipfeln reich, ist der Baschan.
17 Warum blickt ihr voll Neid, ihr hohen
Gipfel, / auf den Berg, den Gott sich zum
Wohnsitz erwählt hat? / Dort wird der
Herr wohnen in Ewigkeit. 18 Die Wagen
Gottes sind zahllos, tausendmal tau-
send. / Vom Sinai zieht der Herr zu sei-
nem Heiligtum. 19 Du zogst hinauf zur
Höhe, / führtest Gefangene mit; du
nahmst Gaben entgegen von den Men-
schen. / Auch Empörer müssen wohnen
bei Gott, dem Herrn. 20 Gepriesen sei der
Herr, Tag für Tag! / Gott trägt uns, er ist
unsre Hilfe. [Sela] 21 Gott ist ein Gott, der
uns Rettung bringt, / Gott, der Herr,
führt uns heraus aus dem Tod. (E)

Der stets nahe Gott

Kaum irgendwo in der Hebräischen Bibel ist der Text ähnlich verderbt. Welche Übersetzung wir auch heranziehen, keine kann, soll das Ganze Sinn gewinnen, auf die Hilfe alter Übersetzungen oder auf Verbesserung vermuteter Abschreibfehler verzichten. Wir haben diesen Schatz in irdenen Gefäßen! Allerdings ist das Textchaos Folge eines intensiven liturgischen Gebrauchs über mehr als ein halbes Jahrtausend an verschiedenen Heiligtümern.

Die ältesten Stücke, die Vision von Gottes Erscheinen vom Sinai her (V. 2f. 18), der Gottesspruch (V. 12f.) und die Verherrlichung des Gottesberges Baschan (V. 16f.) weisen auf ein Heiligtum auf dem Berg Tabor hin. Die Flucht der Könige (V. 13), die Beuteverteilung und der Sängerchor zum Lobe Gottes, der einigen diesem Heiligtum verbundenen Stämmen den Sieg verschaffte (V. 25ff.), sind von den Ereignissen nicht zu trennen, die uns im Richterbuch Kap. 4 und 5 aus dem 12. oder 11. Jahrhundert v. Chr. berichtet werden. Dann aber hat ganz Israel eine Liturgie übernommen und erweitert, in der zuerst nur der Debora-Sieg gefeiert wurde: Die Heilsgeschichte Israels, der Auszug aus Ägypten, die Sinai-Offenbarung, sind in Vers 2f. und 8f. ebenso zu erkennen wie der Dank für den Segen Gottes im Kulturland am Erntefest (V. 10f.). Auch wird klar: Die Heilsgeschichte Israels ist sozial, nicht national zu sehen. Gott führt Gefangene heraus, hilft Witwen und Waisen und labt die Elenden (V. 6f. 11). Irgendwann wurde in großen Teilen dieser Liturgie der ursprüngliche Personname Jahwe durch den Gattungsnamen »Gott« ersetzt. Der Einschub in Vers 5b »Er heißt Herr. Freuet euch vor ihm!« sagt, daß eine Anpassung an veränderte Sprachgewohnheiten, kein Bruch im Bekenntnis gemeint ist.

Was bedeutet das alles für unser Beten dieses Psalms am Himmelfahrtsfest? Doch mit Vers 19 und Epheser 4,8 dies: Die Auffahrt des Sohnes zum Vater darf nicht als Rückzug von den Seinen verstanden werden. Sie ist vielmehr seine Aufnahme in das Machtzentrum Gottes. Von dorther ist Jesus Christus den Seinen alle Tage bis an der Welt Ende nahe und überwindet als der Stärkere, der über den Starken kommt, sogar unseren Tod (V. 21). HANS VORSTER

Das Reich, in das du wiederkehrst, ist keine ferne Höhe. Der Himmel, dem du zugehörst, ist Herrschaft und ist Nähe. Präg du uns ein, Herr Jesu Christ: Gott ist nicht, wo der Himmel ist. Wo Gott ist, da ist Himmel.

22 Denn Gott zerschmettert das Haupt sei-
ner Feinde, / den Kopf des Frevlers, der
in Sünde dahinlebt. 23 Der Herr hat ge-
sprochen: »Ich bringe (sie) vom Baschan
zurück, / ich bringe (sie) zurück aus den
Tiefen des Meeres. 24 Dein Fuß wird ba-
den im Blut, / die Zunge deiner Hunde ih-
ren Anteil bekommen an den Feinden.«
25 Gott, sie sahen deinen Einzug, / den
Einzug meines Gottes und Königs ins Hei-
ligtum: 26 voraus die Sänger, die Saiten-
spieler danach, / dazwischen Mädchen
mit kleinen Pauken. 27 Versammelt euch
und preist unsern Gott, / den Herrn in der
Gemeinde Israels: 28 voran der kleine
Stamm Benjamin, / im Zug die Fürsten
von Juda, / die Fürsten von Sebulon, die
Fürsten von Naftali. 29 Biete auf, o Gott,
deine Macht, / die Gottesmacht, die du an
uns erwiesen hast / 30a von deinem Tempel
aus, hoch über Jerusalem. 31 Wehr ab das
Untier im Schilf, die Rotte der Starken, /
wehr ab die Herrscher der Völker! Sie
sind gierig nach Silber, tritt sie nieder; /
zerstreue die Völker, die Lust haben am
Krieg. 30b Könige kommen mit Gaben, /
32 aus Ägypten bringt man Geräte von
Erz, / Kusch erhebt zu Gott seine Hände.
33 Ihr Königreiche der Erde, singt für
Gott, / singt und spielt für den Herrn,
[Sela] 34 der dahinfährt über den Himmel,
den uralten Himmel, / der seine Stimme
erhebt, seine machtvolle Stimme. 35 Preist
Gottes Macht! / Über Israel ragt seine
Hoheit empor, / seine Macht ragt bis zu
den Wolken. 36 Gott in seinem Heiligtum
ist voll Majestät, Israels Gott; / seinem
Volk verleiht er Stärke und Kraft. Geprie-
sen sei Gott. (E)

Unterwegs zu gemeinsamer Anbetung

Die Verse 25–28 beziehen sich auf die Machttaten Gottes, deren Gedächtnis mit dem Berg Tabor verbunden ist (siehe zu Himmelfahrt). Sie schildern, wie diese liturgisch gefeiert wurden. Die Verse 29–32 sind wohl hinzugekommen, als diese Liturgie in den salomonischen Tempel nach Jerusalem übernommen wurde. Gottes Machtfülle erscheint nicht mehr nur so, daß Israel in seinen Gottesdiensten die grundlegenden Hilfen am Anfang seiner Geschichte wachhält und feiert (V. 27); sie wird unterstrichen dadurch, daß die Mächtigen der Welt sich in Jerusalem einstellen, allen voran die Königin von Saba (1. Könige 10), aber auch Delegationen aus Ägypten und Schwarzafrika. Ganz froh vermag man dieses Zustroms fremder Völker zum eigenen Heiligtum indes nicht zu werden. Dessen Pracht weckt auch deren Begehrlichkeit (V. 31). Das »Tier im Schilf« ist Verschlüsselung der Großmacht am Nil; Rotte der Mächtigen, Gebieter der Völker deutet auf mögliche Koalitionen gegen das Gottesvolk. Aber – so das Vertrauen des Glaubens – Gott verwandelt Bedrohung in Versöhnung, Begehrlichkeit in gemeinsame Anbetung (V. 32).

Die Verse 33–35 sind das jüngste und einheitlichste Stück des Psalms. Was über die Jahrhunderte nur durch Weiterverwendung in der Liturgie bewahrt, dabei aber zu kompakten Fragmenten verdichtet wurde, ist hier von einem Könner der Spätzeit hymnisch zusammengefaßt worden, und zwar in der Absicht, nicht mehr nur die Wallfahrer zum Tabor und nach Jerusalem, sondern die ganze Menschheit zur Teilnahme am Gottesdienst und der Gottesgemeinschaft Israels einzuladen (V. 33). Dieser Abschnitt ist also Missionsrede. Gott, der Schöpfer, umgreift den Kosmos von Anfang an. Er gebietet der Völkerwelt und ordnet sie (V. 34). Die Menschheit kann deshalb nichts Sinnvolleres tun, als die Herrlichkeit des Gottes anzuerkennen, der sich Israel als Vorhut für die Völkerwelt erwählte und sich in dessen Gottesdiensten offenbart. Wer sich diesem Gott zuwendet, empfängt dieselbe Kraft und Hilfe wie diejenigen, denen dieser Gott sich in einer langen Geschichte des Heils durch die Jahrhunderte hin zugewendet hat.

HANS VORSTER

Im Himmel und auf Erden ist alle Macht nun dein, bis alle Völker werden zu deinen Füßen sein, bis die von Süd und Norden, bis die von Ost und West sind deine Gäste worden bei deinem Hochzeitsfest.

69 [Von David, vorzusingen, nach
der Weise »Lilien«.] 2 Gott, hilf
mir! / Denn das Wasser geht mir bis an die
Kehle. 3 Ich versinke in tiefem Schlamm, /
wo kein Grund ist; ich bin in tiefe Wasser
geraten, / und die Flut will mich ersäufen.
4 Ich habe mich müde geschrien, / weil ich
so lange harren muß auf meinen Gott.
5 Die mich ohne Grund hassen, / sind
mehr, als ich Haare auf dem Haupte habe.
Die mir zu Unrecht feind sind und mich
verderben wollen, sind mächtig. / Ich soll
zurückgeben, was ich nicht geraubt habe.
6 Gott, du kennst meine Torheit, / und
meine Schuld ist dir nicht verborgen. 7 Laß
an mir nicht zuschanden werden, / die dei-
ner harren, Herr, Herr Zebaoth! Laß an
mir nicht schamrot werden, / die dich su-
chen, Gott Israels! 8 Denn um deinetwil-
len trage ich Schmach, / mein Angesicht
ist voller Schande. 9 Ich bin fremd gewor-
den meinen Brüdern / und unbekannt den
Kindern meiner Mutter; 10 denn der Eifer
um dein Haus hat mich gefressen, / und
die Schmähungen derer, die dich schmä-
hen, sind auf mich gefallen. 11 Ich weine
bitterlich und faste, / und man spottet
meiner dazu. 12 Ich habe einen Sack ange-
zogen, / aber sie treiben ihren Spott mit
mir. 13 Die im Tor sitzen, schwatzen vor
mir, / und beim Zechen singt man von
mir. 14 Ich aber bete zu dir, Herr, zur Zeit
der Gnade; / Gott, nach deiner großen
Güte erhöre mich mit deiner treuen Hilfe.
15 Errette mich aus dem Schlamm, / daß
ich nicht versinke, daß ich errettet werde
vor denen, die mich hassen, / und aus den
tiefen Wassern; 16 daß mich die Flut nicht
ersäufe und die Tiefe nicht verschlinge /
und das Loch des Brunnens sich nicht
über mir schließe. 17 Erhöre mich, Herr,
denn deine Güte ist tröstlich; / wende
dich zu mir nach deiner großen Barmher-
zigkeit 18 und verbirg dein Angesicht nicht
vor deinem Knechte, / denn mir ist angst;
erhöre mich eilends. 19 Nahe dich zu mei-
ner Seele und erlöse sie, / erlöse mich um
meiner Feinde willen. (L)

69 [Für den Chormeister. Nach der
Weise »Lilien«. Von David.] 2 Hilf
mir, o Gott! / Schon reicht mir das Wasser
bis an die Kehle. 3 Ich bin in tiefem
Schlamm versunken / und habe keinen
Halt mehr; ich geriet in tiefes Wasser, /
die Strömung reißt mich fort. 4 Ich bin
müde vom Rufen, / meine Kehle ist hei-
ser, mir versagen die Augen, / während
ich warte auf meinen Gott. 5 Zahlreicher
als die Haare auf meinem Kopf / sind die,
die mich grundlos hassen. Zahlreich sind
meine Verderber, meine verlogenen
Feinde. / Was ich nicht geraubt habe,
soll ich erstatten. 6 Gott, du kennst meine
Torheit, / meine Verfehlungen sind dir
nicht verborgen. 7 Wer auf dich hofft,
Herr, du Herr der Heere, / soll durch mich
nicht scheitern; wer dich sucht, Gott
Israels, / gerate durch mich nicht in
Schande. 8 Denn deinetwegen erleide ich
Schmach, / und Schande bedeckt mein
Gesicht. 9 Entfremdet bin ich den eigenen
Brüdern, / den Söhnen meiner Mutter
wurde ich fremd. 10 Denn der Eifer für
dein Haus hat mich verzehrt; / die Schmä-
hungen derer, die dich schmähen, haben
mich getroffen. 11 Ich nahm mich durch
Fasten in Zucht, / doch es brachte mir
Schmach und Schande. 12 Ich ging in Sack
und Asche, / doch sie riefen Spottverse
hinter mir her. 13 Man redet über mich in
der Versammlung am Tor, / von mir sin-
gen die Zecher beim Wein. 14 Ich aber
bete zu dir, / Herr, zur Zeit der Gnade.
Erhöre mich in deiner großen Huld, /
Gott, hilf mir in deiner Treue! 15 Entreiß
mich dem Sumpf, / damit ich nicht ver-
sinke. Zieh mich heraus aus dem Verder-
ben, / aus dem tiefen Wasser! 16 Laß nicht
zu, daß die Flut mich überschwemmt, /
die Tiefe mich verschlingt, / der Brunnen-
schacht über mir seinen Rachen schließt.
17 Erhöre mich, Herr, in deiner Huld und
Güte, / wende dich mir zu in deinem gro-
ßen Erbarmen! 18 Verbirg nicht dein Ge-
sicht vor deinem Knecht; / denn mir ist
angst. Erhöre mich bald! 19 Sei mir nah,
und erlöse mich! / Befrei mich meinen
Feinden zum Trotz! (E)

Um deinetwillen

Wie bin ich immer wieder froh, daß die Bibel nicht eine heilige Schrift ist, die unanfechtbare und makellose Mustermenschen geschrieben haben, sondern daß unser menschliches Leben in seinen Höhen wie auch in seinen Tiefen darin angesprochen und ernst genommen wird.

Hier in Psalm 69 hören wir einen Mann, der offen ausspricht, was ihn schmerzt und zu Tode ängstet. Ja, er schreit seine Not sich von der Seele! In Ermangelung der passenden Worte, die seine große Bedrängnis ausdrücken könnten, gebraucht er verschiedene Bilder: Er sieht sich wie einen, dem das Wasser schon bis an den Hals gestiegen ist (V. 2); der im tiefen Schlamm verzweifelt nach festem Boden tastet (V. 3a); der in einen tiefen Strudel geraten ist, wo der Strom ihn mit sich fortreißen will (V. 3b); ja der von der Flut des Wassers überspült zu werden droht, für immer im Abgrund verschlungen (V. 16).

Was ist passiert? Warum ist dieser Mensch in solche verzweifelte Lage geraten? Gerade dieser, der sich offenbar doch von Gottes Wort bestimmen und leiten läßt als sein »Knecht« (V. 18) und der sich hingebungsvoll für ihn und seine Sache eingesetzt hat (V. 10)?

In diesem Psalm finden wir neben mancher Andeutung von Anfeindungen und sogar von Haß und Spott den einen entscheidenden Hinweis: um Gottes willen. Ja, unbegreiflicherweise hat Gott diesen Menschen – gerade diesen – in solche bedrohend tiefen Nöte und Ängste geraten lassen, um seinetwillen! Das übersteigt unser Denken und Verstehen. In allem Dunkel ist es mir jedoch wie ein leuchtendes Signal, daß wir diesen Hinweis auf Gottes geheimnisvollen Rat nicht von irgendeinem außenstehenden gelehrten Alleswisser erhalten, sondern von eben diesem heimgesuchten Menschen selbst. Sein Psalm ist ein Gebet, in dem er Gott all sein Leid klagt und bekennt: »Um deinetwillen trage ich Schmach, denn der Eifer um dein Haus hat mich gefressen« (V. 8.10). Gerade so betend verläßt er aber auch sich selbst und klammert sich an Gott, der ihn auch in der tiefsten Tiefe noch hoffen läßt auf seine große Barmherzigkeit: »denn deine Güte ist tröstlich« (V. 17) ERIKA ILSCHNER

Herr, deine Barmherzigkeit ist jeden Morgen neu. Hab' Dank, daß du auch uns hältst und trägst in allen Nöten.

30 Ich aber bin elend und voller Schmer-
zen. / Gott, deine Hilfe schütze mich!
31 Ich will den Namen Gottes loben mit
einem Lied / und will ihn hoch ehren mit
Dank. 32 Das wird dem Herrn besser gefal-
len / als ein Stier, der Hörner und Klauen
hat. 33 Die Elenden sehen es und freuen
sich, / und die Gott suchen, denen wird
das Herz aufleben. 34 Denn der Herr hört
die Armen / und verachtet seine Gefange-
nen nicht. 35 Es lobe ihn Himmel und
Erde, / die Meere mit allem, was sich
darin regt. 36 Denn Gott wird Zion helfen
und die Städte Judas bauen, / daß man
dort wohne und sie besitze. 37 Und die
Kinder seiner Knechte werden sie er-
ben, / und die seinen Namen lieben, wer-
den darin bleiben. (L)

30 Ich aber bin elend und voller Schmer-
zen; / doch deine Hilfe, o Gott, wird mich
erhöhen. 31 Ich will den Namen Gottes
rühmen im Lied, / in meinem Danklied
ihn preisen. 32 Das gefällt dem Herrn mehr
als ein Opferstier, / mehr als Rinder mit
Hörnern und Klauen. 33 Schaut her, ihr
Gebeugten, und freut euch; / ihr, die ihr
Gott sucht: euer Herz lebe auf! 34 Denn
der Herr hört auf die Armen, / er verach-
tet die Gefangenen nicht. 35 Himmel und
Erde sollen ihn rühmen, / die Meere und
was sich in ihnen regt. 36 Denn Gott wird
Zion retten, / wird Judas Städte neu er-
bauen. Seine Knechte werden dort woh-
nen und das Land besitzen, / 37 ihre Nach-
kommen sollen es erben; / wer seinen Na-
men liebt, soll darin wohnen. (E)

Lob Gottes

Nun hat David es also geschafft. Nach seinem tiefen Hilfeschrei, von dem wir im ersten Teil am vergangenen Sonntag gehört haben, stimmt er nun den Lobpreis Gottes an.

Die ganze Erde, alles, was darauf lebt und wirkt, soll miteinstimmen. Er schäumt förmlich über vor Freude, und es wäre uns allen zu wünschen, daß wir uns davon anstecken lassen könnten.

David hat in seinem Leben ja wirklich viel Schlimmes und Trauriges erfahren, Dinge, die sein Leben aufs erheblichste einschränkten. Und: Er war ja auch ein großer Sünder. Wie oft hat er sich weit entfernt von dem, was er als Gottes Willen erkannt hat. »Wir sind allzumal Sünder«, der Inhalt dieses Satzes war ihm nur zu gut bekannt. Er wußte um sein Sündig-Sein und bezog es in sein Leben mit ein, lobte Gott deshalb um so mehr. Denn dies war ja seine Erkenntnis: Gott nimmt mich an als den Sünder, der ich bin, als den Menschen, der gerade mitten im ärgsten Unglück steht. Auf ihn kann ich mich verlassen. Für ihn waren dies keine leeren Worthülsen, sondern fester Halt. Und er nahm dies eben auch in Anspruch. Er wußte, daß er gar nicht anders konnte, als aus dieser Gewißheit heraus zu leben, daß er von Gott angenommen ist.

Obwohl uns diese ausgestreckte Hand Gottes durch Jesu Geburt noch sehr viel deutlicher gemacht worden ist als David damals, sind wir oft doch so kleingläubig.

Natürlich gibt's im Leben Probleme. Natürlich ist es sehr schwer, bei allen Dingen, die uns oft überspülen wie eine Welle, den Mut und die Lebensfreude nicht zu verlieren und nicht zu verzweifeln. Niemand kann sich davon ausnehmen. Wir sollten auch so ehrlich sein und dies uns und anderen eingestehen. Falscher Hochmut schadet da nur – und oft wird das Tragen viel leichter, wenn wir um andere wissen, die hier auch ringen müssen. Aber es ist dann um so schöner, wenn wir nach solch dunklen Stunden wieder aus so einer Talsohle herausfinden und wieder neu spüren, wie das Leben schmeckt.

CHRISTOPH HENSEL

Herr, laß du uns deine bergende Liebe erfahren. Gib uns Mut, gerade dann nicht zu verzweifeln, wenn wir meinen, du seist nicht da.

70 [Von David, vorzusingen, zum
Gedenkopfer.] 2 Eile, Gott, mich
zu erretten, / Herr, mir zu helfen! 3 Es sol-
len sich schämen und zuschanden wer-
den, / die mir nach dem Leben trachten;
sie sollen zurückweichen und zum Spott
werden, / die mir Übles wünschen; 4 sie
sollen umkehren um ihrer Schande wil-
len, / die über mich schreien: Da, da!
5 Laß deiner sich freuen und fröhlich sein /
alle, die nach dir fragen; und die dein Heil
lieben, laß allewege sagen: / Hoch gelobt
sei Gott! 6 Ich aber bin elend und arm;
Gott, eile zu mir! / Du bist mein Helfer
und Erretter; Herr, säume nicht! (L)

70 [Für den Chormeister. Von David.
Zum Weihrauchopfer.] 2 Gott,
komm herbei, um mich zu retten, / Herr,
eile mir zu Hilfe! 3 In Schmach und
Schande sollen alle fallen, / die mir nach
dem Leben trachten. Zurückweichen sol-
len sie und vor Scham erröten, / die sich
über mein Unglück freuen. 4 Beschämt
sollen sich alle abwenden, die lachen und
höhnen / und sagen: »Dir geschiet recht.«
5 Alle, die dich suchen, frohlocken; / sie
mögen sich freuen in dir. Die dein Heil lie-
ben, sollen immer sagen: / »Groß ist
Gott, der Herr.« 6 Ich aber bin arm und
gebeugt. / Eile, o Gott, mir zu Hilfe!
Meine Hilfe und mein Retter bist du. /
Herr, säume doch nicht! (E)

Wandlung durchs Gebet

Der Mensch, der den 70. Psalm betet, nimmt kein Blatt vor den Mund. Er redet mit Gott, da braucht er sich nicht zu verstecken: Die ganze Enttäuschung, die ganze Angst und die ganze Verbitterung, ja auch der Zorn – vor Gott kann es heraus. Der Mensch hat Grund, zornig zu sein. Man trachtet ihm nach dem Leben. Üble Menschen zeigen mit dem Finger auf ihn: »Da, seht ihn euch an, diesen nichtswürdigen Kerl!« Das tut weh. Wehren kann sich der Mensch gegen solche Niedertracht nicht mehr. Im Angesicht seiner Feinde spürt er seine ganze Hilflosigkeit. Nur Gott kann noch helfen. Nur er kann diese böswilligen Menschen zum Schweigen bringen. »Eile, Gott, mich zu erretten, Herr, mir zu helfen!«

Ich kann den Zorn des Menschen, der diesen Psalm gebetet hat, gut verstehen. Trotzdem wirken seine Worte fremd. Darf ich Gott darum bitten, daß die, die mir Böses wollen, zuschanden werden? Von Jesus habe ich gelernt: »Liebet eure Feinde, tut wohl denen, die euch hassen!« (Matthäus 5,44). Sein Wort gilt. Zum Vater Jesu Christi beten wir mit den Worten aus dem Alten Testament. Er hört ein ehrliches Gebet. Er läßt den Beter nicht allein in seiner Angst und Wut.

Es geht also nicht darum, daß der Mensch mit seinen Feindbildern vor Gott recht behält und in seinem Zorn bestätigt wird. Aber er kann seine Nöte, auch seine dunklen Gefühle, vor Gott aussprechen. Er muß sich nicht die Maske des immer frommen und immer geduldigen Beters aufsetzen. Der Mensch ist elend und arm. Und zu seinem Elend gehört auch, daß er in den Menschen, die ihn bedrängen, nur noch seine Feinde, ja Gottes Feinde sehen kann. Aber das ist nicht das letzte Wort. Wer vor Gott seinem Zorn so drastisch Luft machen kann, der muß, ja der darf auch damit rechnen, daß Gott seinen Zorn verwandelt. Der Beter des 70. Psalms hat es erfahren, wie sein Gebet sich und ihn selbst verändert. Sein Zorn bricht. Wo er erst nur nach der Vernichtung seiner Feinde schreien konnte (V. 3), da kann er dann um ihre Umkehr bitten (V. 4), da kann er auf neue Freunde hoffen und auf Gottes Hilfe. Das Gebet hat den Beter verändert. Wer sich Gott auch mit seinen dunklen Gefühlen anvertraut, der wird erfahren, wie er selbst anders wird, wie er lernt, daß seine dunklen Gefühle sich im Licht der Liebe Jesu wandeln. AKO HAARBECK

Du, Gott, bist mein Helfer! Du führst mich heraus aus den Dunkelheiten und aus dem Gefängnis meines Zorns!

71 Herr, ich suche Zuflucht bei dir. /
Laß mich doch niemals scheitern!
2 Reiß mich heraus und rette mich in dei-
ner Gerechtigkeit, / wende dein Ohr mir
zu und hilf mir! 3 Sei mir ein sicherer
Hort, / zu dem ich allzeit kommen darf.
Du hast mir versprochen zu helfen; / denn
du bist mein Fels und meine Burg. 4 Mein
Gott, rette mich aus der Hand des Frev-
lers, / aus der Faust des Bedrückers und
Schurken! 5 Herr, mein Gott, du bist
meine Zuversicht, / meine Hoffnung von
Jugend auf. 6 Vom Mutterleib an stütze
ich mich auf dich, / vom Mutterschoß an
bist du mein Beschützer; / dir gilt mein
Lobpreis allezeit. 7 Für viele bin ich wie
ein Gezeichneter, / du aber bist meine
starke Zuflucht. 8 Mein Mund ist erfüllt
von deinem Lob, / von deinem Ruhm den
ganzen Tag. 9 Verwirf mich nicht, wenn
ich alt bin, / verlaß mich nicht, wenn
meine Kräfte schwinden. 10 Denn meine
Feinde reden schlecht von mir, / die auf
mich lauern, beraten gemeinsam; 11 sie sa-
gen: »Gott hat ihn verlassen. / Verfolgt
und ergreift ihn! / Für ihn gibt es keinen
Retter.« 12 Gott, bleib doch nicht fern von
mir! / Mein Gott, eile mir zu Hilfe!
13 Alle, die mich bekämpfen, / sollen
scheitern und untergehn; über sie komme
Schmach und Schande, / weil sie mein
Unglück suchen. 14 Ich aber will jederzeit
hoffen, / all deinen Ruhm noch mehren.
15 Mein Mund soll von deiner Gerechtig-
keit künden / und von deinen Wohltaten
sprechen den ganzen Tag; / denn ich kann
sie nicht zählen. 16 Ich will kommen in den
Tempel Gottes, des Herrn, / deine großen
und gerechten Taten allein will ich rüh-
men. 17 Gott, du hast mich gelehrt von Ju-
gend auf, / und noch heute verkünde ich
dein wunderbares Walten. 18 Auch wenn
ich alt und grau bin, / o Gott, verlaß mich
nicht, damit ich von deinem machtvollen
Arm der Nachwelt künde, / den kommen-
den Geschlechtern von deiner Stärke /
19 und von deiner Gerechtigkeit, Gott, die
größer ist als alles. Du hast Großes voll-
bracht. / Mein Gott, wer ist wie du? 20 Du
ließest mich viel Angst und Not erfah-
ren. / Belebe mich neu, / führe mich her-
auf aus den Tiefen der Erde! 21 Bring mich
wieder zu Ehren! / Du wirst mich wie-
derum trösten. 22 Dann will ich dir danken
mit Saitenspiel / und deine Treue preisen:
mein Gott, du Heiliger Israels, / ich will
dir auf der Harfe spielen. 23 Meine Lippen
sollen jubeln, / denn dir will ich singen
und spielen, / meine Seele, die du erlöst
hast, soll jubeln. 24 Auch meine Zunge soll
von deiner Gerechtigkeit reden den gan-
zen Tag. / Denn alle, die mein Unglück
suchen, müssen vor Scham erröten und
scheitern. (E)

Kindheit und Ursprung

Viele machen die Erfahrung: Altern heißt nicht nur, »die unzähligen Taten Gottes kennenlernen«, sondern auch Scheitern, Angst und Not, ja Schande erleben; dazu kommt, daß die eigenen Kräfte schwinden; manche erleben dabei das Schlimmste: als Gottverlassene angesehen zu werden, rettungslos verloren. Der Psalm erzählt auf extreme Weise, was jeder erfährt, der am Versprechen Gottes festhält. Doch wie der inneren Verbitterung und Verhärtung entgehen?

Immer wieder bezieht sich der Psalmist auf seine Jugend, ja auf seine früheste Kindheit. Dort hat Gott ihn gestützt, getragen und gelehrt. Und aus der Erinnerung kommt Vertrauen.

Einen ähnlichen Weg weisen die Propheten dem Volk Israel, als es die größte Niederlage und Schande erlitt, zerstört und verbannt wurde. In der Versuchung, zu verbittern und sich zu verhärten, ruft Gott Israel zu: »Hört auf mich, ihr alle, die mir aufgebürdet sind vom Mutterleib an, die von mir getragen wurden, seit sie den Schoß ihrer Mutter verließen. Ich bleibe derselbe, so alt ihr auch werdet; bis ihr grau werdet, will ich euch schleppen und retten« (Jesaja 46,3–4). Können wir in diesen Worten nicht den Weg einer tiefgreifenden Erneuerung der Kirche entdecken? Oft hören wir, die Kirche müsse zu ihrem Ursprung zurückkehren. Unser Psalm und die Propheten sagen dasselbe, wenn sie von der Jugendzeit und Kindheit sprechen. Doch das darf nicht zur Sehnsucht nach der Urkirche führen; wir sollen vielmehr entdecken, daß Gott uns *heute* trägt. Ist der ganze Psalm – Gebet eines alten Menschen – nicht von kindlichem Vertrauen und Jubel durchzogen? Hilft er uns nicht, ein neues Kindsein zu erleben? Auch für die Kirche als Ganzes ist es möglich, wie ein Kind zu sein!

»Sich dem Kindsein der Kirche zuzuwenden, bedeutet neu zu entdecken, wie Kinder leben: das Vertrauen, das aus dem Herzen kommt, Einfachheit, Staunen über eine Liebe.« Selbst wenn wir in der Kirche auf Verhärtungen und erstarrte Strukturen stoßen: »Anstatt sich aufhalten zu lassen, die Strukturen einfach zu durchqueren suchen, wie ein Rinnsal, dem es immer gelingt, sich einen Lauf zu bahnen. All ihrer Zerbrechlichkeit zum Trotz wird die Kirche werden wie ein Kind. Und Gemeinschaft wird in all ihrer Frische entspringen, eine Quelle unerschöpflichen Vertrauens« (Taizé, Brief aus Italien).

EIN BRUDER AUS TAIZÉ

Laß deine Kirche, die so alt geworden ist, umkehren und heimkehren zum Kindsein, zum Ursprung, zum Vertrauen in deine Treue.

72 [Von Salomo.] Gott, gib dein Ge-
richt dem König / und deine Ge-
rechtigkeit dem Königssohn, [2] daß er dein
Volk richte mit Gerechtigkeit / und deine
Elenden rette. [3] Laß die Berge Frieden
bringen für das Volk / und die Hügel Ge-
rechtigkeit. [4] Er soll den Elenden im Volk
Recht schaffen / und den Armen helfen
und die Bedränger zermalmen. [5] Er soll le-
ben, solange die Sonne scheint / und so-
lange der Mond währt, von Geschlecht zu
Geschlecht. [6] Er soll herabfahren wie der
Regen auf die Aue, / wie die Tropfen, die
das Land feuchten. [7] Zu seinen Zeiten soll
blühen die Gerechtigkeit / und großer
Friede sein, bis der Mond nicht mehr ist.
[8] Er soll herrschen von einem Meer bis ans
andere, / und von dem Strom bis zu den
Enden der Erde. [9] Vor ihm sollen sich nei-
gen die Söhne der Wüste, / und seine
Feinde sollen Staub lecken. [10] Die Könige
von Tarsis und auf den Inseln / sollen Ge-
schenke bringen, die Könige aus Saba und
Scheba / sollen Gaben senden. [11] Alle Kö-
nige sollen vor ihm niederfallen / und alle
Völker ihm dienen. [12] Denn er wird den
Armen erretten, der um Hilfe schreit, /
und den Elenden, der keinen Helfer hat.
[13] Er wird gnädig sein den Geringen und
Armen, / und den Armen wird er helfen.
[14] Er wird sie aus Bedrückung und Frevel
erlösen, / und ihr Blut ist wert geachtet
vor ihm. [15] Er soll leben, und man soll ihm
geben / vom Gold aus Saba. Man soll im-
merdar für ihn beten / und ihn täglich seg-
nen. [16] Voll stehe das Getreide im Land
bis oben auf den Bergen; / wie am Liba-
non rausche seine Frucht. In den Städten
sollen sie grünen / wie das Gras auf Er-
den. [17] Sein Name bleibe ewiglich; / so-
lange die Sonne währt, blühe sein Name.
Und durch ihn sollen gesegnet sein alle
Völker, / und sie werden ihn preisen.
[18] Gelobt sei Gott der Herr, der Gott Isra-
els, / der allein Wunder tut! [19] Gelobt sei
sein herrlicher Name ewiglich, / und alle
Lande sollen seiner Ehre voll werden!
Amen! Amen! [20] Zu Ende sind die Gebete
Davids, des Sohnes Isais. (L)

Der König

Mit diesem Hymnus wurde in Altisrael ein »neuer« König in sein Amt eingeführt. Ein Mensch soll König werden und Mensch bleiben. Frieden soll er suchen und Recht schaffen. Dafür bittet das Volk um Gottes Segen für den König.

Die allgemeine Nörgelei über Mißstände könnte mit solch einer Sonntagsrede durchbrochen werden. Der Sonntag bringt vielleicht so viel Entlastung und Befreiung, daß die Bitte um Segen trotz allem Unheil zu Wort kommt. Was kein Gericht kann, wird der König ermöglichen: Der Mensch ohne Rechtsanspruch, der Elende wird einen Lebensraum zugewiesen bekommen. »Geschriebene Gesetze«, bewährte Praktiken wird der König auf ihre Menschlichkeit hin überprüfen. Den Blick für die Verhältnismäßigkeit der Mittel wird er schärfen und die Eigengesetzlichkeit von Angebot und Nachfrage in ihre Schranken weisen, damit nicht die Armen immer ärmer und die Reichen immer reicher werden.

Sonntagsreden klingen hohl, wenn sie nur verherrlichen. Und solange die Unterdrückten nur erwähnt werden, entsteht allenfalls Mitleid. Aber aus dem Psalm 72 ist zu ersehen, daß der König in Israel als der »Sohn Gottes« angesprochen wurde. Er hatte also einen Schöpfungsauftrag. Er wird deshalb umjubelt, weil er das verwirklichen kann, was Gottes Wille ist: Leben auch für Menschen »ohne Zukunft«.

Über dem gekreuzigten Jesus kann jeder heute noch lesen: Der König der Juden. In letztgültiger Weise hat Jesus den Weg zu Frieden und Gerechtigkeit eröffnet, auch wenn sein Segen nicht das »Gold aus Saba« war. Aber durch ihn geschah: »Blinde sehen, Lahme gehen, Aussätzige werden rein, und den Armen wird von Gott frohe Botschaft verkündet.« Schon früh haben Jünger Jesu sich so verstanden, daß sie ihrem jeweils Nächsten zum Christus werden wollen: Sofern einer Jesu Weg zum Frieden und zur Gerechtigkeit beschreitet und an ihm weiterbaut, kann auch er zum König werden. Möge uns der Thronbesteigungspsalm aus Altisrael in Bewegung setzen: Die Gemeinschaft dieser Könige wird ein Fest sein. JOH. CHR. DINKELAKER

Himmlischer Vater, laß mich Herr werden, wo ich mich scheue oder ängstige. Und laß mich Diener dessen bleiben, was ich beherrsche.

73 [Ein Psalm Asafs.] Gott ist den-
noch Israels Trost / für alle, die rei-
nen Herzens sind. 2 Ich aber wäre fast ge-
strauchelt mit meinen Füßen; / mein Tritt
wäre beinahe geglitten. 3 Denn ich erei-
ferte mich über die Ruhmredigen, / als ich
sah, daß es den Gottlosen so gut ging.
4 Denn für sie gibt es keine Qualen, / ge-
sund und feist ist ihr Leib. 5 Sie sind nicht
in Mühsal wie sonst die Leute / und wer-
den nicht wie andere Menschen geplagt.
6 Darum prangen sie in Hoffart / und hül-
len sich in Frevel. 7 Sie brüsten sich wie ein
fetter Wanst, / sie tun, was ihnen einfällt.
8 Sie achten alles für nichts und reden
böse, / sie reden und lästern hoch her.
9 Was sie reden, das soll vom Himmel
herab geredet sein; / was sie sagen, das
soll gelten auf Erden. 10 Darum fällt ihnen
der Pöbel zu / und läuft ihnen zu in Hau-
fen wie Wasser. 11 Sie sprechen: Wie sollte
Gott es wissen? / Wie sollte der Höchste
etwas merken? 12 Siehe, das sind die Gott-
losen; / die sind glücklich in der Welt und
werden reich. 13 Soll es denn umsonst sein,
daß ich mein Herz rein hielt / und meine
Hände in Unschuld wasche? 14 Ich bin
doch täglich geplagt, / und meine Züchti-
gung ist alle Morgen da. 15 Hätte ich ge-
dacht: Ich will reden wie sie, / siehe, dann
hätte ich das Geschlecht deiner Kinder
verleugnet. 16 So sann ich nach, ob ich's
begreifen könnte, / aber es war mir zu
schwer, 17 bis ich ging in das Heiligtum
Gottes / und merkte auf ihr Ende. 18 Ja, du
stellst sie auf schlüpfrigen Grund / und
stürzest sie zu Boden. 19 Wie werden sie so
plötzlich zunichte! / Sie gehen unter und
nehmen ein Ende mit Schrecken. 20 Wie
ein Traum verschmäht wird, wenn man
erwacht, / so verschmähst du, Herr, ihr
Bild, wenn du dich erhebst. 21 Als es mir
wehe tat im Herzen / und mich stach in
meinen Nieren, 22 da war ich ein Narr und
wußte nichts, / ich war wie ein Tier vor
dir. 23 Dennoch bleibe ich stets an dir; /
denn du hältst mich bei meiner rechten
Hand, 24 du leitest mich nach deinem Rat /
und nimmst mich am Ende mit Ehren an.
25 Wenn ich nur dich habe, / so frage ich
nichts nach Himmel und Erde. 26 Wenn
mir gleich Leib und Seele verschmach-
tet, / so bist du doch, Gott, allezeit meines
Herzens Trost und mein Teil. 27 Denn
siehe, die von dir weichen, werden um-
kommen; / du bringst um alle, die dir die
Treue brechen. 28 Aber das ist meine
Freude, daß ich mich zu Gott halte und
meine Zuversicht setze auf Gott den
Herrn, / daß ich verkündige all dein Tun.

(L)

Die Rechnung geht nie auf

Dieser Psalm ist eine der klassischen Belegstellen für die Meinung des christlichen Glaubens, daß die Rechnung mit dem menschlichen Unglück nicht aufgeht. Und er zeigt zugleich, warum die Rechnung nicht aufgeht. Warum es mit dem Unglück von Menschen nichts zu rechnen gibt. Die Theodizeefrage hat man diese Rechnung genannt. Diese Theodizeefrage versucht, das Unglück eines Menschen mit der angeblichen oder wirklichen Gerechtigkeit des Weltenlaufs zu verrechnen. Auch der Beter dieses Psalmes versucht dies. Er sagt sich in seinem Unglück: aber die anderen da, die Ruhmredigen und Hoffärtigen, alle die an meinem Unglück schuld sind, sie kommen auch noch dran, sie bekommen auch noch ihren Teil ab. Aber der Beter in unserem Psalm merkt sehr schnell, daß diese Rechnung nicht aufgeht. Zu der Last über das Unglück kommt noch die Scham über die Neidgefühle denen gegenüber, denen es besser geht.

Es gibt eine vornehmere Rechnung mit dem Unglück eines Menschen. Sie hält dem Unglücklichen die eigenen Fehler vor. Und seien's die aus einem früheren Leben: Du selbst bist schuld an deinem Unglück. Gegen solche karmischen Zumutungen hat sich schon Hiob erfolgreich verteidigt. Und er mußte doch verstummen vor der Majestät der göttlichen Geheimnisse.

Nein, die Suche nach einer ausgleichenden Gerechtigkeit im menschlichen Leben ist ganz vergeblich. Sie gehört zu den großen Geheimnissen Gottes. »Dennoch bleibe ich stets bei dir.« Dieses Dennoch wird durch keine Erfahrung gedeckt. Vielmehr muß gegen den Augenschein, gegen alle Erfahrung geglaubt werden. Aber: Dieser Glaube hört auf, mit dem Unglück zu hadern. Er lernt damit zu leben. Er hat Gott gefunden und lebt nun sein Dennochleben.

KLAUS BANNACH

Ich halte mich an dich, Herr, wenn ich all das Unglück in meinem Leben und in dieser Welt sehe. Ich will es wenigstens versuchen.

74 [Ein Weisheitslied Asafs.]
Warum, Gott, hast du uns für im-
mer verstoßen? / Warum ist dein Zorn ge-
gen die Herde deiner Weide entbrannt?
2 Denk an deine Gemeinde, die du vorzei-
ten erworben, / als Stamm dir zu eigen er-
kauft, / an den Berg Zion, den du zur
Wohnung erwählt hast. 3 Erheb deine
Schritte zu den uralten Trümmern! / Der
Feind hat im Heiligtum alles verwüstet.
4 Deine Widersacher lärmten an deiner
heiligen Stätte, / stellten ihre Banner auf
als Zeichen des Sieges. 5 Wie einer die Axt
schwingt im Dickicht des Waldes, / 6 so
zerschlugen sie all das Schnitzwerk mit
Beil und Hammer. 7 Sie legten an dein
Heiligtum Feuer, / entweihten die Woh-
nung deines Namens bis auf den Grund.
8 Sie sagten in ihrem Herzen: »Wir zerstö-
ren alles.« / Und sie verbrannten alle Got-
tesstätten ringsum im Land. 9 Zeichen für
uns sehen wir nicht, / es ist kein Prophet
mehr da, / niemand von uns weiß, wie
lange noch. 10 Wie lange, Gott, darf der
Bedränger noch schmähen, / darf der
Feind ewig deinen Namen lästern?
11 Warum ziehst du die Hand von uns ab, /
hältst deine Rechte im Gewand verbor-
gen? 12 Doch Gott ist mein König von al-
ters her, / Taten des Heils vollbringt er auf
Erden. 13 Mit deiner Macht hast du das
Meer zerspalten, / die Häupter der Dra-
chen über den Wassern zerschmettert.
14 Du hast die Köpfe des Leviatan zer-
malmt, / ihn zum Fraß gegeben den Unge-
heuern der See. 15 Hervorbrechen ließest
du Quellen und Bäche, / austrocknen
Ströme, die sonst nie versiegen. 16 Dein ist
der Tag, dein auch die Nacht, / hingestellt
hast du Sonne und Mond. 17 Du hast die
Grenzen der Erde festgesetzt, / hast Som-
mer und Winter geschaffen. 18 Denk
daran: Der Feind schmäht den Herrn, /
ein Volk ohne Einsicht lästert deinen Na-
men. 19 Gib dem Raubtier das Leben dei-
ner Taube nicht preis; / das Leben deiner
Armen vergiß nicht für immer! 20 Blick hin
auf deinen Bund! / Denn voll von
Schlupfwinkeln der Gewalt ist unser
Land. 21 Laß den Bedrückten nicht be-
schämt von dir weggehn! / Arme und Ge-
beugte sollen deinen Namen rühmen.
22 Erheb dich, Gott, und führe deine Sa-
che! / Bedenke, wie die Toren dich täglich
schmähen. 23 Vergiß nicht das Geschrei
deiner Gegner, / das Toben deiner Wider-
sacher, das ständig emporsteigt. (E)

Dein ist auch die Nacht

Wer Psalmen betet, tut gut daran, sich seiner Vor- und Mitbeter zu erinnern. Das Gottesvolk des Alten Bundes, der Täufer Johannes, Maria, Jesus und seine Jünger haben die Psalmen gebetet. Die jüdischen und die christlichen Gemeinden beten sie bis heute.

In diesem Klagelied nach der Verwüstung des Tempels haben sich viele Beter wiedergefunden, seit es zum ersten Mal erklungen ist. In unserem Jahrhundert sind es Juden nach der furchtbaren Nacht des 9. November 1938 und solche, die nach der Wiedervereinigung Jerusalems an der Klagemauer beten, Christen in Coventry, in Würzburg, in Dresden nach der Kriegszerstörung ihrer Dome und Gemeindekirchen, Menschen in den Trümmern von Beirut, Flüchtlinge aus Eritrea und dem Tur-Abdin. Wie dem jüdischen Bundesvolk galten auch ihnen ihre Heiligtümer als Zeichen der Nähe Gottes, der Erfüllung seiner Namenszusage: Ich bin da bei euch!

Nicht nur die eigene Not und Aussichtslosigkeit, das bittere Gefühl, verstoßen zu sein, läßt sie fragen: Warum? Wie lange noch? Es geht doch auch um Gottes Ehre, um seine Sache. Gottes »Wider-Sacher« triumphieren als Sieger. »Denk daran: Der Feind schmäht den Herrn, ein Volk ohne Einsicht lästert deinen Namen!« (V. 18). Aber das ist kein Verzweiflungruf. Er gründet auf einer Glaubenserfahrung der »bar aller Hoffnung, voll Hoffnung« (Römer 4,18) Betenden: »Doch Gott ist mein König von alters her, Taten des Heils vollbringt er auf Erden« (V. 12). Im aussichtslosen Dunkel rufen sie: »Dein ist der Tag, dein ist auch die Nacht!« (V. 16).

Diese vertrauensvolle Zuversicht dürfen auch wir festhalten, wenn wir in unseren Tagen den rapiden Glaubensverlust und die abnehmenden Besucherzahlen in den Gottesdiensten beklagen. Die nüchterne Bestandsaufnahme muß in die Bitte münden: »Erhebe dich, Gott, und führe deine Sache!« (V. 22). SIGISBERT KRAFT

Die Mitte der Nacht ist der Anfang des Tages.

75 [Ein Psalmlied Asafs, vorzusingen, nach der Weise »Vertilge nicht«.] 2 Wir danken dir, Gott, wir danken dir / und verkündigen deine Wunder, daß dein Name so nahe ist. 3 »Wenn meine Zeit gekommen ist, / werde ich recht richten. 4 Die Erde mag wanken und alle, die darauf wohnen, / aber ich halte ihre Säulen fest.« [Sela] 5 Ich sprach zu den Ruhmredigen: Rühmet euch nicht so! / und zu den Gottlosen: Pochet nicht auf Gewalt! 6 Pocht nicht so hoch auf eure Gewalt, / redet nicht so halsstarrig! 7 Denn es kommt nicht vom Anfang und nicht vom Niedergang, / nicht von der Wüste und nicht von den Bergen, 8 sondern Gott ist Richter, / der diesen erniedrigt und jenen erhöht. 9 Denn der Herr hat einen Becher in der Hand, / mit starkem Wein voll eingeschenkt. Er schenkt daraus ein, und die Gottlosen auf Erden müssen alle trinken / und sogar die Hefe schlürfen. 10 Ich aber will verkündigen ewiglich / und lobsingen dem Gott Jakobs: 11 Er wird alle Gewalt der Gottlosen zerbrechen, / daß die Gewalt des Gerechten erhöht werde. (L)

75 [Für den Chormeister. Nach der Weise »Zerstöre nicht!«. Ein Psalm Asafs. Ein Lied.] 2 Wir preisen dich, Gott, wir preisen dich; / dein Name ist denen nahe, die deine Wunder erzählen. 3 »Ja, zu der Zeit, die ich selbst bestimme, / halte ich Gericht nach meinem Recht. 4 Die Erde mit allen, die auf ihr wohnen, mag wanken; / doch ich selbst habe ihre Säulen auf festen Grund gestellt.« [Sela] 5 Ich sage zu den Stolzen: Seid nicht so vermessen!, / und zu den Frevlern: Brüstet euch nicht mit eurer Macht! 6 Brüstet euch nicht stolz mit eurer Macht, / redet nicht so überheblich daher! 7 Denn weder vom Osten noch vom Westen / noch aus der Wüste kommt die Erhöhung. 8 Nein, der Richter ist Gott; / den einen erniedrigt er, den andern erhöht er. 9 Ja, in der Hand des Herrn ist ein Becher, / herben, gärenden Wein reicht er dar; ihn müssen alle Frevler der Erde trinken, / müssen ihn samt der Hefe schlürfen. 10 Ich aber werde jubeln für immer; / dem Gott Jakobs will ich singen und spielen. 11 »Ich schlage die ganze Macht der Frevler nieder; / doch das Haupt des Gerechten wird hoch erhoben.« (E)

Über Hals und Kopf

Ist Gott der Richter? Oder haben wir ihn vor lauter »Gott ist Liebe«, vor lauter Gottesnähe als den Fernen, Verborgenen, Unbequemen aus den Augen verloren? Daß wir uns den Lobpreis seiner Wunder (V. 1) nicht zu einfach machen! Es könnte, wie bei diesem Psalm, geschehen, daß mitten im Gottesdienst ein harscher Gottesspruch (V. 3–4) uns trifft: »Wenn meine Zeit gekommen ist...« Der Richter steht vor der Tür (Jakobus 5,9); er könnte, ja er wird uns auf dem falschen Fuß erwischen! Denn obgleich uns durchaus eine Katastrophe im Weltmaßstab (V. 4) als denkbar erscheint: das Gericht über unser Tun und Lassen schieben wir gerne, wie einst die Menschen in Israel, irgendwo an den Rand, ganz gleich in welche Himmelsrichtung (V. 7). Nein! lautet die Antwort des (Kult-)Propheten auf den Gottesspruch: Das Gericht spielt sich nicht woanders auf der Weltbühne ab, so daß wir von einer Tribüne aus zuschauen könnten. Es wird uns über Hals und Kopf kommen, und Gott wird alles kopfstehen lassen: die Gottlosen nach unten, die Gerechten nach oben.

Die Mahnung klingt deshalb wie eine letzte Warnung, und sie gilt zwei offenbar besonders gefährdeten Typen: den Großmäulern und den Gewalttätigen. Doch wer Ohren hat, zu hören, der höre! Gewalt wird meist schon in den eigenen vier Wänden geübt: gegen Kinder, Frauen, schwächere Geschwister. Und auch Sprache ist eine Form von Gewaltausübung. Die Sanften werden das Erdreich besitzen, die Friedensstifter Gottes Kinder heißen, die Reinherzigen Gott schauen – wohlgemerkt: nach dem Gericht, nicht vorher! Jesus will uns das nicht vergessen machen. Und auch dieser Psalm nicht, mit dem die Gemeinde am Anfang (V. 2) wie am Ende (V. 10–11) den Lobpreis des richtenden Gottes singt. RENÉ LEUDESDORFF

Er kommt zum Weltgerichte: zum Fluch dem, der ihm flucht, mit Gnad und süßem Lichte dem, der ihn liebt und sucht. Ach komm, ach komm, o Sonne, und hol uns allzumal zum ewgen Licht und Wonne in deinen Freudensaal.

76 [Ein Psalmlied Asafs, vorzusingen, beim Saitenspiel.] 2 Gott ist in Juda bekannt, / in Israel ist sein Name herrlich. 3 So erstand in Salem sein Zelt / und seine Wohnung in Zion. 4 Dort zerbricht er die Pfeile des Bogens, / Schild, Schwert und Streitmacht. [Sela] 5 Du bist herrlicher und mächtiger / als die ewigen Berge. 6 Beraubt sind die Stolzen und in Schlaf gesunken, / und allen Kriegern versagen die Hände. 7 Von deinem Schelten, Gott Jakobs, / sinken in Schlaf Roß und Wagen. 8 Furchtbar bist du! / Wer kann vor dir bestehen, wenn du zürnest? 9 Wenn du das Urteil lässest hören vom Himmel, / erschrickt das Erdreich und wird still, 10 wenn Gott sich aufmacht zu richten, / daß er helfe allen Elenden auf Erden. [Sela] 11 Wenn Menschen wider dich wüten, / bringt es dir Ehre; und wenn sie noch mehr wüten, / bist du auch noch gerüstet. 12 Tut Gelübde dem Herrn, eurem Gott, und haltet sie! / Alle, die ihr um ihn her seid, bringt Geschenke dem Furchtbaren, 13 der den Fürsten den Mut nimmt / und furchtbar ist unter den Königen auf Erden. (L)

76 [Für den Chormeister. Mit Saitenspiel. Ein Psalm Asafs. Ein Lied.] 2 Gott gab sich zu erkennen in Juda, / sein Name ist groß in Israel. 3 Sein Zelt erstand in Salem, / seine Wohnung auf dem Zion. 4 Dort zerbrach er die blitzenden Pfeile des Bogens, / Schild und Schwert, die Waffen des Krieges. [Sela] 5 Du bist furchtbar und herrlich, / mehr als die ewigen Berge. 6 Ausgeplündert sind die tapferen Streiter, / sie sinken hin in den Schlaf; / allen Helden versagen die Hände. 7 Wenn du drohst, Gott Jakob, / erstarren Rosse und Wagen. 8 Fuchtbar bist du. Wer kann bestehen vor dir, / vor der Gewalt deines Zornes? 9 Vom Himmel her machst du das Urteil bekannt; / Furcht packt die Erde, und sie verstummt, 10 wenn Gott sich erhebt zum Gericht, / um allen Gebeugten auf der Erde zu helfen. [Sela] 11 Denn auch der Mensch voll Trotz muß dich preisen / und der Rest der Völker dich feiern. 12 Legt Gelübde ab und erfüllt sie dem Herrn, eurem Gott! / Ihr alle ringsum, bringt Gaben ihm, den ihr fürchtet. 13 Er nimmt den Fürsten den Mut; / furchterregend ist er für die Könige der Erde. (E)

Gott ist gegenwärtig in seiner Gemeinde

Heute stimmt uns der Bibeltext nahezu auf einen Gang zum Gottesdienst ein. Gegenüber der üblichen Motivation des einzelnen: persönlich erbaut, getröstet, gestärkt zu werden oder auch nur eine gute Predigt zu hören, steht die Aussage des Psalms, daß die Gemeinde ihren Gottesdienst in Gegenwart des Allmächtigen feiert. Gott wohnt in seiner Gemeinde und ist in ihr bekannt als ihr Schirm und Schild, der den Ansturm der Feinde durch sein Schelten abschlägt, ja alle Waffen des Feindes zerbrochen hat. Jedenfalls jubelt die Gemeinde dem Herrn in ihrer Mitte mit Recht zu. Sein Volk darf in gesicherter Ruhe und großer Freude seinem Herrn dienen.

Erstaunlich! Nicht wahr? Denn das gilt für alle Zeiten, wie uns die Psalmen Marias und des Zacharias signalisieren. Maria, die Mutter unsres Herrn, jauchzt, weil sie sich geborgen weiß in der Hand Gottes, der die Gewaltigen vom Stuhl stößt und die Kleinen und Niedrigen erhebt. Das soll unsern Glauben stärken in einer Zeit, in der von furchtbaren Bedrohungen alles Lebens auf Erden, von Klimakatastrophen, Hungersnöten, Waffenarsenalen unvorstellbarer Zerstörungskraft zu hören ist. Wir leben in der Gewißheit der nahen göttlichen Hilfe. Erstaunlich auch der Lobpreis von Gottes Rechtspflege. Im Reiche dieses Königs hat man das Recht lieb. Gottes Urteil tritt für die Elenden und Unterdrückten ein. In der Zuwendung Gottes zu seiner Gemeinde sicher und geborgen, sieht sie deutlich den Lauf der Dinge, wie ihn die Mächtigen steuern: daß die Großen immer größer werden wollen und die Kleinen dabei unter die Räder kommen. Wer Gottes Urteil preist und anerkennt, kann nicht Zuschauer bei diesem Spiel sein. Er wird Gottes Urteil bekannt machen und fordern, daß ihm entsprochen wird.

Nimmt sich Gott der Elenden und Armen auf Erden an, kann seine Gemeinde nicht untätig bleiben. Gottes Wort nimmt sie in Pflicht. Darum wird in den letzten Versen des Psalms von Gelübden, vom gottesdienstlichen Opfer der Gemeinde gesprochen. Wir werden im Gottesdienst auf »Brot für die Welt« und auf »Misereor« hingewiesen. Diese weltweiten Hilfswerke der Christenheit entsprechen der vom Psalm uns gezeigten Perspektive göttlichen Handelns in unserer Zeit.

REINHARD FREESE

Gott, der du deine Gemeinde gewürdigt hast, den Thron deines Sohnes in ihr zu errichten, gib, daß wir uns nicht zu Unrecht rühmen, sein Volk zu sein.

77 [Ein Psalm Asafs, vorzusingen, für
Jedutun.] 2 Ich rufe zu Gott und
schreie um Hilfe, / zu Gott rufe ich, und er
erhört mich. 3 In der Zeit meiner Not su-
che ich den Herrn; meine Hand ist des
Nachts ausgereckt und läßt nicht ab; /
denn meine Seele will sich nicht trösten
lassen. 4 Ich denke an Gott – und bin be-
trübt; / ich sinne nach – und mein Herz ist
in Ängsten. [Sela] 5 Meine Augen hältst
du, daß sie wachen müssen; / ich bin so
voll Unruhe, daß ich nicht reden kann.
6 Ich gedenke der alten Zeit, / der vergan-
genen Jahre. 7 Ich denke und sinne des
Nachts und rede mit meinem Herzen, /
mein Geist muß forschen. 8 Wird denn der
Herr auf ewig verstoßen / und keine
Gnade mehr erweisen? 9 Ist's denn ganz
und gar aus mit seiner Güte, / und hat die
Verheißung für immer ein Ende? 10 Hat
Gott vergessen, gnädig zu sein, / oder sein
Erbarmen im Zorn verschlossen? [Sela]
11 Ich sprach: Darunter leide ich, / daß die
rechte Hand des Höchsten sich so ändern
kann. 12 Darum denke ich an die Taten des
Herrn, / ja, ich denke an deine früheren
Wunder 13 und sinne über alle deine
Werke / und denke deinen Taten nach.
14 Gott, dein Weg ist heilig. / Wo ist ein so
mächtiger Gott, wie du, Gott, bist? 15 Du
bist der Gott, der Wunder tut, / du hast
deine Macht bewiesen unter den Völkern.
16 Du hast dein Volk erlöst mit Macht, /
die Kinder Jakobs und Josefs. [Sela] 17 Die
Wasser sahen dich, Gott, die Wasser sa-
hen dich und ängstigten sich, ja, die Tie-
fen tobten. 18 Wasser ergossen sich aus
dem Gewölk, die Wolken donnerten, /
und deine Pfeile fuhren einher. 19 Dein
Donner rollte, Blitze erhellten den Erd-
kreis, / die Erde erbebte und wankte.
20 Dein Weg ging durch das Meer und dein
Pfad durch große Wasser; / doch niemand
sah deine Spur. 21 Du führtest dein Volk
wie eine Herde durch die Hand des Mose
und Aaron. (L)

77 [Für den Chormeister. Nach Jedu-
tun. Ein Psalm Asafs.] 2 Ich rufe zu
Gott, ich schreie, / ich rufe zu Gott, bis er
mich hört. 3 Am Tag meiner Not suche ich
den Herrn; / unablässig erhebe ich nachts
meine Hände, / meine Seele läßt sich
nicht trösten. 4 Denke ich an Gott, muß
ich seufzen; / sinne ich nach, dann will
mein Geist verzagen. [Sela] 5 Du läßt mich
nicht mehr schlafen; / ich bin voll Unruhe
und kann nicht reden. 6 Ich sinne nach
über die Tage von einst, / ich will denken
an längst vergangene Jahre. 7 Mein Herz
grübelt bei Nacht, / ich sinne nach, es
forscht mein Geist. 8 Wird der Herr mich
denn auf ewig verstoßen / und mir niemals
mehr gnädig sein? 9 Hat seine Huld für im-
mer ein Ende, / ist seine Verheißung auf-
gehoben für alle Zeiten? 10 Hat Gott seine
Gnade vergessen, / im Zorn sein Erbar-
men verschlossen? [Sela] 11 Da sagte ich
mir: »Das ist mein Schmerz, / daß die
Rechte des Höchsten so anders handelt.«
12 Ich denke an die Taten des Herrn, / ich
will denken an deine früheren Wunder.
13 Ich erwäge all deine Werke / und will
nachsinnen über deine Taten. 14 Gott,
dein Weg ist heilig. / Wo ist ein Gott, so
groß wie unser Gott? 15 Du allein bist der
Gott, der Wunder tut, / du hast deine
Macht den Völkern kundgetan. 16 Du hast
mit starkem Arm dein Volk erlöst, / die
Kinder Jakobs und Josefs. [Sela] 17 Die
Wasser sahen dich, Gott, / die Wasser sa-
hen dich und bebten. / Die Tiefen des
Meeres tobten. 18 Die Wolken gossen ihr
Wasser aus, / das Gewölk ließ die Stimme
dröhnen, / auch deine Pfeile flogen dahin.
19 Dröhnend rollte dein Donner, / Blitze
erhellten den Erdkreis, / die Erde bebte
und wankte. 20 Durch das Meer ging dein
Weg, / dein Pfad durch gewaltige Was-
ser, / doch niemand sah deine Spuren.
21 Du führtest dein Volk wie eine Herde /
durch die Hand von Mose und Aaron. (E)

Wo ist Gott?

Der Psalter ist wie die fünf Bücher Mose in fünf Abschnitte unterteilt; unser heutiger Text gehört zum dritten Buch und stammt von Asaph, wie es ja aus Vers 1 hervorgeht.
Asaph war ein Levit, der den Chor Davids leitete und damit wohl auch verantwortlich war für Neudichtungen, die im Gottesdienst zur Aufführung kamen.

Der Psalm ist in zwei Abschnitte gegliedert; im ersten steht eine einzige große Frage im Raum: Gott, wo bist du? Es ist eine Erfahrung, die wohl niemandem erspart bleibt, nämlich, daß Gott scheinbar nicht anwesend ist, sich scheinbar von dieser Welt abgekehrt hat. Jeder hat im Leben Schweres zu verdauen, jeder hat sicher schon oft mit Gott gehadert, warum gerade ihm dieses Leid zugemutet wird. Auch der Psalmist hat wohl viel Schweres erlebt; dies hat soweit geführt, daß er nicht mehr beten kann (V. 5).

Aber damit endet der Psalm nicht. Im zweiten Teil erinnert Asaph sich an die vielen guten Taten, die ihm von Gott erinnerlich sind. Und er stimmt – für uns vielleicht zunächst unbegreiflich – einen Lobgesang an, wie gut und mächtig dieser Gott doch ist. Er erfährt in seiner Not Trost durch das, was er an Gutem von Gott erfahren hat. Dies richtet ihn wieder auf.

Wie geht es uns in solchen Dingen? Können wir auch so einfach vom Klagen auf den Lobpreis und die Freude »umschalten«? Ich kann es oft nicht. In unserer hochzivilisierten Welt sind wir gar nicht mehr daran gewöhnt, daß etwas »schief«laufen kann. Gerade auch in Fragen unserer Gesundheit meinen wir oft, daß »die im Krankenhaus« das wieder hinbekommen müssen. Daß auch die »nur« Menschen sind, die keine Wunder aus sich heraus vollbringen können, wird gerne verdrängt.

Aber gerade darin liegt wohl die Kunst des Lebens, auch in der größten Not nicht zu verzweifeln, sich die Hoffnung und den Glauben zu bewahren, auch dann, wenn uns der Sinn dieser Not unbegreiflich bleibt. Der Psalmist gibt uns hierfür ein Beispiel.

CHRISTOPH HENSEL

Herr, hilf uns, daß wir Leid, das uns widerfährt, tragen können und gerade dann am meisten Hilfe und Kraft erfahren dürfen.

78 [Eine Unterweisung Asafs.] Höre,
mein Volk, meine Unterweisung, /
neiget eure Ohren zu der Rede meines
Mundes! 2 Ich will meinen Mund auftun zu
einem Spruch / und Geschichten verkün-
den aus alter Zeit. 3 Was wir gehört haben
und wissen / und unsre Väter uns erzählt
haben, 4 das wollen wir nicht verschwei-
gen ihren Kindern; / wir verkündigen
dem kommenden Geschlecht den Ruhm
des Herrn und seine Macht / und seine
Wunder, die er getan hat. 5 Er richtete ein
Zeugnis auf in Jakob / und gab ein Gesetz
in Israel und gebot unsern Vätern, / es
ihre Kinder zu lehren, 6 damit es die Nach-
kommen lernten, / die Kinder, die noch
geboren würden; die sollten aufstehen /
und es auch ihren Kindern verkündigen,
7 daß sie setzten auf Gott ihre Hoffnung
und nicht vergäßen die Taten Gottes, /
sondern seine Gebote hielten 8 und nicht
würden wie ihre Väter, / ein abtrünniges
und ungehorsames Geschlecht, dessen
Herz nicht fest war / und dessen Geist sich
nicht treu an Gott hielt, 9 wie die Söhne
Ephraim, die den Bogen führten, / abfie-
len zur Zeit des Streits; 10 sie hielten den
Bund Gottes nicht / und wollten nicht in
seinem Gesetz wandeln 11 und vergaßen
seine Taten und seine Wunder, / die er ih-
nen erwiesen hatte. 12 Vor ihren Vätern
tat er Wunder / in Ägyptenland, im Ge-
filde von Zoan. 13 Er zerteilte das Meer
und ließ sie hindurchziehen / und stellte
das Wasser fest wie eine Mauer. 14 Er lei-
tete sie am Tage mit einer Wolke / und die
ganze Nacht mit einem hellen Feuer. 15 Er
spaltete die Felsen in der Wüste / und
tränkte sie mit Wasser in Fülle; 16 er ließ
Bäche aus den Felsen kommen, / daß sie
hinabflossen wie Wasserströme. 17 Den-
noch sündigten sie weiter wider ihn / und
empörten sich in der Wüste gegen den
Höchsten; 18 sie versuchten Gott in ihrem
Herzen, / als sie Speise forderten für ihr
Gelüste, 19 und redeten wider Gott und
sprachen: / Kann Gott wohl einen Tisch
bereiten in der Wüste? 20 Siehe, er hat
wohl den Felsen geschlagen, / daß Wasser
strömten und Bäche sich ergossen; kann
er aber auch Brot geben / und seinem
Volk Fleisch verschaffen? 21 Da der Herr
das hörte, entbrannte er im Grimm, / und
Feuer brach aus in Jakob, und Zorn kam
über Israel, 22 weil sie nicht glaubten an
Gott / und nicht hofften auf seine Hilfe.
23 Und er gebot den Wolken droben / und
tat auf die Türen des Himmels 24 und ließ
Manna auf sie regnen zur Speise / und gab
ihnen Himmelsbrot. 25 Brot der Engel
aßen sie alle, / er sandte ihnen Speise in
Fülle. 26 Er ließ wehen den Ostwind unter
dem Himmel / und erregte durch seine
Stärke den Südwind 27 und ließ Fleisch auf
sie regnen wie Staub / und Vögel wie Sand
am Meer; 28 mitten in das Lager fielen sie
ein, / rings um seine Wohnung her. 29 Da
aßen sie und wurden sehr satt; / und was
sie verlangten, gewährte er ihnen. 30 Sie
hatten ihr Verlangen noch nicht gestillt, /
ihre Speise war noch in ihrem Munde,
31 da kam der Zorn Gottes über sie und
brachte ihre Vornehmsten um / und
schlug die Besten in Israel nieder. (L)

Gottes Treue bleibt uns »rätselhaft«

Zum Aufhorchen auf die Rätsel der Vorzeit wird Israel hier vom Weisheitslehrer aufgefordert. Was sind diese »Rätsel«? Was ist hier so wichtig, daß es den kommenden Generationen keinesfalls verborgen bleiben darf? So geheimnisvoll diese Worte klingen, die Ernüchterung folgt auf dem Fuße. Was so spektakulär angekündigt wird, stellt sich schnell als katastrophaler Rückblick heraus!

Gott hatte Israel seine Lebensordnung anvertraut, aber vom ersten Augenblick des gemeinsamen Weges an erscheint die Antwort der Erwählten als eine Geschichte der Abwendung von ihm: Trotz und Treulosigkeit, Widerspenstigkeit und Verweigerung vom ersten Tag an. Gott tut Wunder, das heißt, er müht sich, Leben zu schenken im Land der Versklavung und in der Bedrohlichkeit der Wüste Sinai. Es sind keine »Mirakel«, sondern es ist ungeschuldete Zuwendung, die Israels Begegnung mit seinem Gott prägen soll: Ohne Durchzug durch das Schilfmeer, ohne Gottes dauerndes Geleit, ohne Wasser in der Hitze und Trockenheit wäre das Volk niemals zum Berg des Bundesschlusses gelangt. Aber gerade das, was sie »noch nicht« haben, verlangen sie als Beweis der Treue und Verläßlichkeit Gottes: »Vermag er auch Brot und Fleisch zu beschaffen?«

Und wenngleich ihn der Zorn packt, erscheint hier der Herr fast willfährig ihrem Verlangen, er setzt alles daran, Israel für sich zu gewinnen.

Schon vor dem eigentlichen Weg wird deutlich, welche Erfahrung Gott immer wieder mit Israel machen wird: Er hat sich Menschen zugewandt, die meinen, ihr Heil zu finden, indem sie sich von ihm abwenden.

Rätselhaft wird darum immer bleiben, warum Gott treu bleibt, so treu, daß er im Neuen Bund das Zeichen der Hingabe des eigenen Sohnes gesetzt hat.

SR. KATHARINA OPPEL (KOMMUNITÄT VENIO OSB)

Herr, lehre uns begreifen, daß jeder unserer Schritte von deiner Treue getragen und ermöglicht wird.

32 Zu dem allen sündigten sie noch mehr /
und glaubten nicht an seine Wunder.
33 Darum ließ er ihre Tage dahinschwin-
den ins Nichts / und ihre Jahre in Schrek-
ken. 34 Wenn er den Tod unter sie brachte,
suchten sie Gott / und fragten wieder nach
ihm 35 und dachten daran, daß Gott ihr
Hort ist / und Gott, der Höchste, ihr Erlö-
ser. 36 Doch betrogen sie ihn mit ihrem
Munde / und belogen ihn mit ihrer Zunge.
37 Ihr Herz hing nicht fest an ihm, / und sie
hielten nicht treu an seinem Bunde. 38 Er
aber war barmherzig und vergab die
Schuld / und vertilgte sie nicht und
wandte oft seinen Zorn ab / und ließ nicht
seinen ganzen Grimm an ihnen aus.
39 Denn er dachte daran, daß sie Fleisch
sind, / ein Hauch, der dahinfährt und
nicht wiederkommt. 40 Wie oft trotzten sie
ihm in der Wüste / und betrübten ihn in
der Einöde! 41 Sie versuchten Gott immer
wieder / und kränkten den Heiligen Isra-
els. 42 Sie dachten nicht an die Taten seiner
Hand, / an den Tag, als er sie erlöste von
den Feinden, 43 wie er seine Zeichen in
Ägypten getan hatte / und seine Wunder
im Lande Zoan; 44 als er ihre Ströme in
Blut verwandelte, / daß sie aus ihren Flüs-
sen nicht trinken konnten; 45 als er Unge-
ziefer unter sie schickte, das sie fraß, / und
Frösche, die ihnen Verderben brachten,
46 und ihr Gewächs den Raupen gab / und
ihre Saat den Heuschrecken; 47 als er ihre
Weinstöcke mit Hagel schlug / und ihre
Maulbeerbäume mit Schloßen; 48 als er ihr
Vieh preisgab dem Hagel / und ihre Her-
den dem Wetterstrahl; 49 als er die Glut
seines Zornes unter sie sandte, / Grimm
und Wut und Drangsal, eine Schar Ver-
derben bringender Engel; 50 als er seinem
Zorn freien Lauf ließ und ihre Seele vor
dem Tode nicht bewahrte / und ihr Leben
preisgab der Pest; 51 als er alle Erstgeburt
in Ägypten schlug, / die Erstlinge ihrer
Kraft in den Zelten Hams. 52 Er ließ sein
Volk ausziehen wie Schafe / und führte sie
wie eine Herde in der Wüste; 53 und er lei-
tete sie sicher, daß sie sich nicht fürchte-
ten; / aber ihre Feinde bedeckte das
Meer. 54 Er brachte sie zu seinem heiligen
Lande, / zu diesem Berge, den seine
Rechte erworben hat, 55 und vertrieb vor
ihnen her die Völker und verteilte ihr
Land als Erbe / und ließ in ihren Zelten
die Stämme Israels wohnen. (L)

Erinnerung ist lebensnotwendig

»Er dachte daran, daß sie nur Fleisch sind, ein Hauch, der dahingeht ohne Wiederkehr« (V. 39). In diesem Vers scheint der Schlüssel zu liegen dafür, warum Gottes Treue unverbrüchlich an Israel festhält auch angesichts der Treulosigkeit und Unaufrichtigkeit seines Volkes. Sie betrüben ihn, indem sie die in Ägypten erlebten Machttaten des Herrn aus ihrem Herzen und Gedächtnis tilgen. Dafür, daß er Israels Feinde dem Verderben preisgab, erntet er nur Kränkung.

Doch der Weisheitslehrer, der den ganzen Weg der Vätergeneration bis in das verheißene Land mit seinen Zuhörern gleichsam neu abschreitet, findet dabei zu der entscheidenden Einsicht, die den Vätern verschlossen blieb: Es heißt nicht, Gott füge sich in das Unvermeidliche, weil von Menschen nichts anderes zu erwarten ist – so, als habe er es aufgegeben, an den Plan eines gemeinsamen Weges mit ihnen zu glauben. Nein, er »erinnert sich« der Schwäche dieser Menschen, er schätzt sie richtig ein, wo sie in ihrer Selbstüberschätzung ihn vergessen haben, wo es nur noch mit Drohgebärden gelingt, sie an das Tun Gottes zu erinnern. »Sich erinnern«, das bewegt den Herrn dazu, barmherzig zu sein in dem Maße, wie das Vergessen Israels zu unbarmherzigem Verhalten gegen Gott und Mitmensch führt.

Erinnerung ist biblisch der Weg Gottes mit seinem Volk; Erinnerung ist das, was im Neuen Bund den Aposteln und Jüngern anempfohlen ist: »Tut dies zu meinem Gedächtnis!« Glauben heißt dann: sich festmachen in dem, worin man sich an Gott erinnert.

SR. KATHARINA OPPEL (KOMMUNITÄT VENIO OSB)

Herr, schenke uns, in dieser schnellebigen Zeit Menschen der Erinnerung zu sein, wann immer wir dir im Wort und im Brotbrechen begegnen.

[56] Aber sie versuchten Gott und trotzten
dem Höchsten / und hielten seine Gebote
nicht; [57] sie wichen zurück und waren treu-
los wie ihre Väter / und versagten wie ein
schlaffer Bogen; [58] sie erzürnten ihn mit
ihren Höhen / und reizten ihn zum Zorn
mit ihren Götzen. [59] Als das Gott hörte,
entbrannte sein Grimm, / und er verwarf
Israel so sehr, [60] daß er seine Wohnung in
Silo dahingab, / das Zelt, in dem er unter
Menschen wohnte; [61] er gab seine Macht
in Gefangenschaft / und seine Herrlich-
keit in die Hand des Feindes; [62] er übergab
sein Volk dem Schwert / und ergrimmte
über sein Erbe. [63] Ihre junge Mannschaft
fraß das Feuer, / und ihre Jungfrauen
mußten ungefreit bleiben. [64] Ihre Priester
fielen durchs Schwert, / und die Witwen
konnten die Toten nicht beweinen. [65] Da
erwachte der Herr wie ein Schlafender, /
wie ein Starker, der beim Wein fröhlich
war, [66] und schlug seine Feinde hinten /
und hängte ihnen ewige Schande an. [67] Er
verwarf das Zelt Josefs / und erwählte
nicht den Stamm Ephraim, [68] sondern er-
wählte den Stamm Juda, / den Berg Zion,
den er liebhat. [69] Er baute sein Heiligtum
wie Himmelshöhen, / wie die Erde, die er
gegründet hat für immer, [70] und erwählte
seinen Knecht David / und nahm ihn von
den Schafhürden; [71] von den säugenden
Schafen holte er ihn, / daß er sein Volk
Jakob weide und sein Erbe Israel. [72] Und
er weidete sie mit aller Treue / und leitete
sie mit kluger Hand. (L)

Das Schwache Gottes ist stärker als die Menschen

Schon ansässig im Land der Verheißung, treibt Israel das Erproben von Gottes Treue auf die Spitze. Nun kommen andere Götter ins Spiel, und Gott scheint in seiner Wut nichts anderes mehr zu wollen als die völlige Preisgabe seines Volkes in das selbstgewählte Unglück: Er entzieht Israel den Ort, wo er in der Mitte des Volkes wohnte, er entzieht sich selbst denen, denen er sich ganz geben wollte. Und doch wird seine Empörung noch übertroffen von der »Macht seines Erwachens« aus diesem Rausch.

Gott besinnt sich da, wo sein Volk die Besinnung verloren hat, er macht mit der Erwählung Davids einen neuen Anfang und bestellt den einfachen Viehhirten zum Hirten Israels. Ja er teilt mit einem Menschen, zu dem er Vertrauen hat, die ihm allein zukommende Herrscherwürde und Hirtensorge.

Hier zeigt sich die Souveränität dieses Gottes, der »umsonst« erwählt und frei verwerfen kann, der aber im Blick auf das, was sein Volk jeweils »jetzt« braucht, doch nicht der Willkür verfällt. So erweist er sich als der kluge Hirt der ihm anvertrauten Herde bis in die Gegenwart derer, die den Psalm hören und nachsprechen.

Gott behält sich vor, aus schwachen Hirten »Menschenhirten«, aus einfachen Fischern »Menschenfischer« zu machen, weil er ihnen zutraut, Treue erlernen zu können. Nur wenn der Erwählte glaubt, sich auf die eigene Kraft verlassen zu müssen, gerät er vom Weg ab, den er zum Heil gehen soll.

SR. KATHARINA OPPEL (KOMMUNITÄT VENIO OSB)

Herr, hilf mir, meinen Weg heute in deiner Kraft zu gehen, und laß mich nicht mutlos werden, wo ich an meine Grenzen stoße.

79 [Ein Psalm Asafs.] Gott, es sind
die Heiden in dein Erbe eingefal-
len; die haben deinen heiligen Tempel
entweiht / und aus Jerusalem einen Stein-
haufen gemacht. 2 Sie haben die Leich-
name deiner Knechte den Vögeln unter
dem Himmel zu fressen gegeben / und das
Fleisch deiner Heiligen den Tieren im
Lande. 3 Sie haben ihr Blut vergossen um
Jerusalem her wie Wasser, / und da war
niemand, der sie begrub. 4 Wir sind bei un-
sern Nachbarn eine Schmach geworden, /
zu Spott und Hohn bei denen, die um uns
her sind. 5 Herr, wie lange willst du so sehr
zürnen / und deinen Eifer brennen lassen
wie Feuer? 6 Schütte deinen Grimm auf
die Völker, die dich nicht kennen, / und
auf die Königreiche, die deinen Namen
nicht anrufen. 7 Denn sie haben Jakob ge-
fressen / und seine Stätte verwüstet.
8 Rechne uns die Schuld der Väter nicht
an, / erbarme dich unser bald, denn wir
sind sehr elend. 9 Hilf du uns, Gott, unser
Helfer, / um deines Namens Ehre willen!
Errette uns und vergib uns unsre Sünden /
um deines Namens willen! 10 Warum läßt
du die Heiden sagen: / »Wo ist nun ihr
Gott?« Laß unter den Heiden vor unsern
Augen kundwerden / die Vergeltung für
das Blut deiner Knechte, das vergossen
ist. 11 Laß vor dich kommen das Seufzen
der Gefangenen; / durch deinen starken
Arm erhalte die Kinder des Todes 12 und
vergilt unsern Nachbarn siebenfach auf
ihr Haupt / ihr Schmähen, mit dem sie
dich, Herr, geschmäht haben. 13 Wir aber,
dein Volk, die Schafe deiner Weide, /
danken dir ewiglich und verkünden dei-
nen Ruhm für und für. (L)

79 [Ein Psalm Asafs.] Gott, die Hei-
den sind eingedrungen in dein
Erbe, / sie haben deinen heiligen Tempel
entweiht / und Jerusalem in Trümmer ge-
legt. 2 Die Leichen deiner Knechte haben
sie zum Fraß gegeben den Vögeln des
Himmels, / die Leiber deiner Frommen
den Tieren des Feldes. 3 Ihr Blut haben sie
wie Wasser vergossen / rings um Jerusa-
lem, / und keiner hat sie begraben. 4 Zum
Schimpf sind wir geworden / in den Au-
gen der Nachbarn, / zu Spott und Hohn
bei allen, die rings um uns wohnen. 5 Wie
lange noch, Herr? Willst du auf ewig zür-
nen? / Wie lange noch wird dein Eifer lo-
dern wie Feuer? 6 Gieß deinen Zorn aus
über die Heiden, / die dich nicht ken-
nen, / über jedes Reich, das deinen Na-
men nicht anruft. 7 Denn sie haben Jakob
aufgezehrt / und seine Felder verwüstet.
8 Rechne uns die Schuld der Vorfahren
nicht an! / Mit deinem Erbarmen komm
uns eilends entgegen! / Denn wir sind sehr
erniedrigt. 9 Um der Ehre deines Namens
willen / hilf uns, du Gott unsres Heils! /
Um deines Namens willen reiß uns heraus
und vergib uns die Sünden! 10 Warum dür-
fen die Heiden sagen: / »Wo ist nun ihr
Gott?« Laß kund werden an den Heiden
vor unsern Augen, / wie du das vergos-
sene Blut deiner Knechte vergiltst. 11 Das
Stöhnen der Gefangenen dringe zu dir. /
Befrei die Todgeweihten durch die Kraft
deines Armes! 12 Zahl unsern Nachbarn
siebenfach heim / die Schmach, die sie
dir, Herr, angetan. 13 Wir aber, dein Volk,
die Schafe deiner Weide, / wollen dir ewig
danken, / deinen Ruhm verkünden von
Geschlecht zu Geschlecht. (E)

Ein vorchristlicher Psalm? Ein sehr christlicher Psalm!

Dieser Psalm gehört wohl nicht zu denen, die man spontan und gern zu seinem eigenen Gebet macht. Es stellt sich – angesichts der drastischen Schilderungen und heftigen Rachewünsche – sogar die Frage, ob dies denn ein geeignetes Gebet für einen Christen sein könne.

Aber »alles, was einst geschrieben worden ist, ist zu unserer Belehrung geschrieben« (Römer 15,4), so formuliert Paulus die Überzeugung der ersten Christen. Legen wir also diesen Psalm nicht befremdet beiseite, sondern fragen wir, was auch er heute zu unserer Belehrung sagen kann!

Die Verse 1–4 klagen in intensivem Schmerz und ungemilderter Sprache über einen vernichtenden Schlag, der das Volk Israel getroffen hat (es ist wohl die Eroberung Jerusalems durch die Babylonier 587 gemeint). Die Darstellung des mörderischen Wütens der Sieger bleibt aber für uns keine bloße historische Erinnerung an ferne barbarische Zeiten. Worte wie »das Blut deiner Knechte haben sie wie Wasser vergossen, und keiner hat sie begraben« passen schrecklich genau auf den massenhaften Mord an Menschen des jüdischen Volkes in unserem Jahrhundert, im »christlichen« Abendland!

Auch Vers 11 ist von unverminderter Aktualität. »Das Stöhnen der Gefangenen dringe zu dir, befreie die Todgeweihten!« Darum zu bitten ist vielfacher Anlaß in unserer Welt, und der Vers ruft uns zur Fürbitte und zum Handeln auf für Opfer von Ungerechtigkeit, besonders auch für die, die »um der Ehre des Namens Gottes willen« verfolgt werden.

Was aber tun wir mit Rachewünschen wie »zahle ihnen siebenfach heim« (V. 12)? Ist das nicht wirklich zu unchristlich? Doch auch diese Bitten weisen einen bemerkenswerten Zug auf, der gewiß auch für Christen gilt: Die Beter suchen nicht selbst Rache, sondern stellen es Gott anheim, Gerechtigkeit walten zu lassen: »Laß kundwerden vor unseren Augen, wie du ... vergiltst.«

Wahrhaftig, vor unseren Augen ist es geschehen: Jesus Christus hat uns gezeigt, »wie Gott vergilt« – »durch das Kreuz, indem er in seiner Person die Feindschaft tötete, ... den Frieden kundzutun« (Epheser 2,16). SR. EUSTOCHIUM BISCHOPINK (KOMMUNITÄT VENIO OSB)

Barmherziger Gott, lehre uns, im Blick auf deinen Sohn so mit Bösem umzugehen, daß der Teufelskreis der Rache zerbricht.

80 [Ein Psalm Asafs, vorzusingen,
nach der Weise »Lilien des Zeug-
nisses«.] 2 Du Hirte Israels, höre, der du
Josef hütest wie Schafe! / Erscheine, der
du thronst über den Cherubim, 3 vor
Ephraim, Benjamin und Manasse! Er-
wecke deine Kraft / und komm uns zu
Hilfe! 4 Gott, tröste uns wieder / und laß
leuchten dein Antlitz, so genesen wir.
5 Herr, Gott Zebaoth, wie lange willst du
zürnen, / während dein Volk zu dir betet?
6 Du speisest sie mit Tränenbrot / und
tränkest sie mit einem großen Krug voll
Tränen. 7 Du lässest unsre Nachbarn sich
um uns streiten, / und unsre Feinde ver-
spotten uns. 8 Gott Zebaoth, tröste uns
wieder; / laß leuchten dein Antlitz, so ge-
nesen wir. 9 Du hast einen Weinstock aus
Ägypten geholt, / hast vertrieben die Völ-
ker und ihn eingepflanzt. 10 Du hast vor
ihm Raum gemacht und hast ihn lassen
einwurzeln, / daß er das Land erfüllt hat.
11 Berge sind mit seinem Schatten be-
deckt / und mit seinen Reben die Zedern
Gottes. 12 Du hast seine Ranken ausge-
breitet bis an das Meer / und seine Zweige
bis an den Strom. 13 Warum hast du denn
seine Mauer zerbrochen, / daß jeder seine
Früchte abreißt, der vorübergeht? 14 Es
haben ihn zerwühlt die wilden Säue / und
die Tiere des Feldes ihn abgeweidet.
15 Gott Zebaoth, wende dich doch!
Schaue vom Himmel und sie darein, /
nimm dich dieses Weinstocks an!
16 Schütze doch, was deine Rechte ge-
pflanzt hat, / den Sohn, den du dir großge-
zogen hast! 17 Sie haben ihn mit Feuer ver-
brannt wie Kehricht; / vor dem Drohen
deines Angesichts sollen sie umkommen.
18 Deine Hand schütze den Mann deiner
Rechten, / den Sohn, den du dir großge-
zogen hast. 19 So wollen wir nicht von dir
weichen. / Laß uns leben, so wollen wir
deinen Namen anrufen. 20 Herr, Gott Ze-
baoth, tröste uns wieder; / laß leuchten
dein Antlitz, so genesen wir. (L)

80 [Für den Chormeister. Nach der
Weise »Lilien«. Ein Zeugnis. Ein
Psalm Asafs.] 2 Du Hirte Israels, höre, /
der du Josef weidest wie eine Herde! Der
du auf den Kerubim thronst, erscheine /
3 vor Efraim, Benjamin und Manasse!
Biete deine gewaltige Macht auf, / und
komm uns zu Hilfe! 4 Gott, richte uns wie-
der auf! / Laß dein Angesicht leuchten,
dann ist uns geholfen. 5 Herr, Gott der
Heerscharen, wie lange noch zürnst du, /
während dein Volk zu dir betet? 6 Du hast
sie gespeist mit Tränenbrot, / sie über-
reich getränkt mit Tränen. 7 Du machst
uns zum Spielball der Nachbarn, / und un-
sere Feinde verspotten uns. 8 Gott der
Heerscharen, richte uns wieder auf! / Laß
dein Angesicht leuchten, dann ist uns ge-
holfen. 9 Du hobst in Ägypten einen
Weinstock aus, / du hast Völker vertrie-
ben, ihn aber eingepflanzt. 10 Du schufst
ihm weiten Raum; / er hat Wurzeln ge-
schlagen / und das ganze Land erfüllt.
11 Sein Schatten bedeckte die Berge, /
seine Zweige die Zedern Gottes. 12 Seine
Ranken trieb er bis hin zum Meer / und
seine Schößlinge bis zum Eufrat.
13 Warum rissest du seine Mauern ein? /
Alle, die des Weges kommen, plündern
ihn aus. 14 Der Eber aus dem Wald wühlt
ihn um, / die Tiere des Feldes fressen ihn
ab. 15 Gott der Heerscharen, wende dich
uns wieder zu! / Blick vom Himmel
herab, und sieh auf uns! Sorge für diesen
Weinstock / 16 und für den Garten, den
deine Rechte gepflanzt hat. 17 Die ihn im
Feuer verbrannten wie Kehricht, / sie sol-
len vergehen vor deinem drohenden An-
gesicht. 18 Deine Hand schütze den Mann
zu deiner Rechten, / den Menschensohn,
den du für dich groß und stark gemacht.
19 Erhalt uns am Leben! / Dann wollen wir
deinen Namen anrufen und nicht von dir
weichen. 20 Herr, Gott der Heerscharen,
richte uns wieder auf! / Laß dein Ange-
sicht leuchten, dann ist uns geholfen. (E)

Laß leuchten dein Antlitz!

»Herr Zebaoth, stelle uns wieder her!« So läßt sich Psalm 80 überschreiben. »Gott Zebaoth, tröste uns wieder; laß leuchten dein Antlitz, so genesen wir!« Dieser Kehrvers (Refrain) bestimmt dieses »Klagelied des Volkes«. Solche Psalmen wurden in Zeiten besonderer Not an heiliger Stätte angestimmt. Vorsänger trugen Klage und Bitte vor; die Gemeinde fiel mit lauten Bittrufen ein.

Wann wurde unser Psalm erstmalig angestimmt? Im Text wird auf den Auszug des Gottesvolkes aus Ägypten angespielt. Da ist vom gottgewollten Besitzrecht Israels an seinem Land die Rede. Da wird Israel mit einem Weinstock verglichen, was an Jesu Bildrede in Johannes 15 erinnert. Viele Termine sind möglich: ein Zeichen für die Lebendigkeit und zeitüberdauernde Gültigkeit dieses Psalms!

Mit diesem Klage- und Bittgebet ruft das Gottesvolk zu allen Zeiten seinen Gott an: Er möge hervortreten und erscheinen! Wer Gott so anruft, wer ihn so dringend bittet, der ist dessen gewiß: Dieser Gott kann helfen! Er besitzt Macht! Doch dieser Gewißheit stand und steht die Erfahrung gegenüber, daß Gottes Volk oft schutzlos seinen Feinden ausgeliefert ist. Welch ein Widerspruch kommt in diesem Gebet zur Sprache! In der Not schaut Gottes Volk zurück: Es erinnert sich der großen Heilstaten des »Hirten Israels«, der sein Volk aus Ägypten herausgeführt und ihm das versprochene Land Kanaan gegeben hat. Ja: Das Gottesvolk erinnert Gott selbst an seine Wohltaten. Er möge Israel wiederherstellen, sein Antlitz wie damals seinem Volk leuchten lassen!

Wer so betet, ist angefochten. Aber mitten in aller Anfechtung vertraut er auf Gottes Hilfe. Gott hat doch seinen Weinberg gepflanzt; er möge ihn bald wiederherstellen!

Als Christen nehmen wir diese Klage und Bitte des Gottesvolkes im Blick auf Jesus Christus als den Gekommenen und Kommenden auf: »Laß aller Welt dein Antlitz leuchten!« KARL DIENST

Du Hirte Israels, höre, der du Joseph hütest wie Schafe; erscheine, der du thronst über den Cherubim.

81 [Von Asaf, vorzusingen, auf der
Gittit.] 2 Singet fröhlich Gott, der
unsre Stärke ist, / jauchzet dem Gott Ja-
kobs! 3 Hebt an mit Psalmen und laßt hö-
ren die Pauken, / liebliche Zithern und
Harfen! 4 Blaset am Neumond die Po-
saune, / am Vollmond, am Tag unsres Fe-
stes! 5 Denn das ist eine Satzung für Is-
rael / und eine Ordnung des Gottes Ja-
kobs. 6 Das hat er zum Zeugnis gesetzt für
Josef, / als Er auszog wider Ägyptenland.
Eine Sprache höre ich, die ich bisher nicht
kannte: / 7 Ich habe ihre Schultern von der
Last befreit und ihre Hände vom Trag-
korb erlöset. 8 Als du mich in der Not an-
riefst, half ich dir heraus / und antwortete
dir aus der Wetterwolke und prüfte dich
am Haderwasser. [Sela] 9 Höre, mein
Volk, ich will dich ermahnen. / Israel, du
sollst mich hören! 10 Kein andrer Gott sei
unter dir, / und einen fremden Gott sollst
du nicht anbeten! 11 Ich bin der Herr, dein
Gott, der dich aus Ägyptenland geführt
hat: / Tu deinen Mund weit auf, laß mich
ihn füllen! 12 Aber mein Volk gehorcht
nicht meiner Stimme, / und Israel will
mich nicht. 13 So hab ich sie dahingegeben
in die Verstocktheit ihres Herzens, / daß
sie wandeln nach eigenem Rat. 14 Wenn
doch mein Volk mir gehorsam wäre / und
Israel auf meinem Wege ginge! 15 Dann
wollte ich seine Feinde bald demütigen /
und meine Hand gegen seine Widersacher
wenden! 16 Und die den Herrn hassen,
müßten sich vor ihm beugen, / aber Isra-
els Zeit würde ewiglich währen, 17 und ich
würde es mit dem besten Weizen speisen /
und mit Honig aus dem Felsen sättigen.
(L)

81 [Für den Chormeister. Nach dem
Kelterlied. Von Asaf.] 2 Jubelt
Gott zu, er ist unsre Zuflucht; / jauchzt
dem Gott Jakobs zu! 3 Stimmt an den Ge-
sang, schlagt die Pauke, / die liebliche
Laute, dazu die Harfe! 4 Stoßt in die Po-
saune am Neumond / und zum Vollmond,
am Tag unsres Festes! 5 Denn das ist Sat-
zung für Israel, / Entscheid des Gottes Ja-
kobs. 6 Das hat er als Gesetz für Josef er-
lassen, / als Gott gegen Ägypten auszog.
Eine Stimme höre ich, die ich noch nie
vernahm: / 7 Seine Schulter hab' ich von
der Bürde befreit, / seine Hände kamen
los vom Lastkorb. 8 Du riefst in der Not, /
und ich riß dich heraus; ich habe dich aus
dem Gewölk des Donners erhört, / an den
Wassern von Meríba geprüft. [Sela]
9 Höre, mein Volk, ich will dich mahnen! /
Israel, wolltest du doch auf mich hören!
10 Für dich gibt es keinen andern Gott. /
Du sollst keinen fremden Gott anbeten.
11 Ich bin der Herr, dein Gott, / der dich
heraufgeführt hat aus Ägypten. / Tu dei-
nen Mund auf! Ich will ihn füllen. 12 Doch
mein Volk hat nicht auf meine Stimme ge-
hört; / Israel hat mich nicht gewollt. 13 Da
überließ ich sie ihrem verstockten Her-
zen, / und sie handelten nach ihren eige-
nen Plänen. 14 Ach daß doch mein Volk
auf mich hörte, / daß Israel gehen wollte
auf meinen Wegen! 15 Wie bald würde ich
seine Feinde beugen, / meine Hand gegen
seine Bedränger wenden. 16 Alle, die den
Herrn hassen, müßten Israel schmei-
cheln, / und das sollte für immer so blei-
ben. 17 Ich würde es nähren mit bestem
Weizen / und mit Honig aus dem Felsen
sättigen. (E)

Gott wirbt um den Menschen

Unglaublich, wie weit Gott seinen Menschen entgegenkommt. Auch durch ihre unentwegte Selbstherrlichkeit und Vergeßlichkeit läßt er sich nicht beeinflussen. Trotz allem soll zum Beispiel der gottesdienstliche Festakt durch begeisternde Musik und ansteckende Jubelchöre eingeleitet werden. Doch dann soll Stille einkehren. Eine prophetische Stimme soll zu hören sein, stellvertretend für das Reden Gottes. Erinnerungen werden wachgerufen. Vorgestellt werden die entscheidenden Rettungsaktionen Gottes in der Geschichte des Volkes. Angeprangert werden aber auch politische und wirtschaftliche Katastrophen. Und die Ursachen werden gleich mitgenannt: Abwendung vom fürsorglichen Gott. Hingabe an Eigenmächtigkeiten. Doch erstaunlicherweise droht Gott jetzt nicht. Nein, er lockt die Abtrünnigen mit erneuten Zusagen. Er läßt durch seinen Sprecher eine Zukunft ausmalen, die sich ergeben könnte, wenn, ja wenn das Volk Gottes sich davon überzeugen lassen würde, daß es nur unter Gott wirklich frei sein könnte.

Und wie hat die gottesdienstliche Gemeinde von damals reagiert? Haben sich die Festpilger und Lobsänger im nachfolgenden Alltag in ihrer Einstellung zu Gott tatsächlich verändert? Wir wissen es nicht. Wie aber reagieren die heutigen Gottesdienstbesucher und Bibelleser auf Gottes Angebot? Was damals galt, gilt auch noch heute. Wer sich dem werbenden Angebot Gottes entzieht, der bleibt sich selbst überlassen. Der bleibt eingeschlossen in seine Eigenmächtigkeiten und in seine Ohnmacht. Doch damit gibt sich Gott nicht zufrieden. Immer wieder neu wirbt er um Vertrauen. In Jesus hat er sich sogar selbst unter die Menschen gemischt. Mit ihm ist er auch an den Menschen gescheitert. Aber mit ihm ist er aus dem Tod ausgebrochen. Und mit dem Auferstandenen und der angesagten Geistgegenwart wirbt er unermüdlich weiter um Glaubensgehorsam. Warum wohl klingt manch liturgisch verordneter Jubel so hohl? Warum bleibt so manches Danklied uns im Hals stecken? Wir sollten überprüfen, ob Gott noch immer auf unser aktives Ja zu ihm wartet. FRITZ HARRIEFELD

Lieber Herr, ich danke dir für deine behutsame Geduld mit uns Menschen. Vergib, wenn wir sie so oft mißachten. Hilf uns durch deinen Geist zu vertrauensvollem Gehorsam.

82 [Ein Psalm Asafs.] Gott steht in
der Gottesgemeinde / und ist Rich-
ter unter den Göttern. 2 »Wie lange wollt
ihr unrecht richten / und die Gottlosen
vorziehen? [Sela] 3 Schaffet Recht dem
Armen und der Waise / und helft dem
Elenden und Bedürftigen zum Recht.
4 Errettet den Geringen und Armen / und
erlöst ihn aus der Gewalt der Gottlosen.«
5 Sie lassen sich nichts sagen und sehen
nichts ein, sie tappen dahin im Finstern. /
Darum wanken alle Grundfesten der
Erde. 6 »Wohl habe ich gesagt: Ihr seid
Götter / und allzumal Söhne des
Höchsten; 7 aber ihr werdet sterben wie
Menschen / und wie ein Tyrann zugrunde
gehen.« 8 Gott, mache dich auf und richte
die Erde; / denn du bist Erbherr über alle
Heiden! (L)

82 [Ein Psalm Asafs.] Gott steht auf
in der Versammlung der Götter, /
im Kreis der Götter hält er Gericht. 2 »Wie
lange noch wollt ihr ungerecht richten /
und die Frevler begünstigen? [Sela] 3 Ver-
schafft Recht den Unterdrückten und
Waisen, / verhelft den Gebeugten und
Bedürftigen zum Recht! 4 Befreit die Ge-
ringen und Armen, / entreißt sie der
Hand der Frevler!« 5 Sie aber haben we-
der Einsicht noch Verstand, / sie tappen
dahin im Finstern. / Alle Grundfesten der
Erde wanken. 6 »Wohl habe ich gesagt:
Ihr seid Götter, / ihr alle seid Söhne des
Höchsten. 7 Doch nun sollt ihr sterben wie
Menschen, / sollt stürzen wie jeder der
Fürsten.« 8 Erheb dich, Gott, und richte
die Erde! / Denn alle Völker werden dein
Erbteil sein. (E)

Gottes Gerechtigkeit kommt ans Ziel

Ein Gott, der im Kreis der Götter entweder auf gerechtes Handeln oder auf gerechte Bestrafung drängt, welch ein fremdes Gottesbild! Fremd für den Beter von heute, fremd aber auch für den Beter aus der Zeit des Alten Testaments. Sprache des Mythos, menschliche Redeweise über göttliche Dinge, tritt uns hier entgegen.

Was uns aufs erste befremdet, soll den Zugang zum Inhalt des Psalms nicht versperren. Zwar ist das unserem Text zugrundeliegende Gottesbild nicht das hohe monotheistische Gottesbild, das uns Jesus von Nazareth gebracht hat. Doch die im Psalm auftretende Frage nach Recht und Gerechtigkeit ist seit den Zeiten der Propheten über die Zeit Jesu bis heute eng mit der Gottesfrage verbunden: Wie kann der gerechte Gott auf dieser Welt so viel Leid zulassen und zumuten?

Auch wenn diese Frage täglich gestellt wird, bleibt sie ohne restlos befriedigende Antwort. Selbst der, der gekommen ist, um Gottes Gerechtigkeit zur Sprache zu bringen, erliegt der Gewalt von Menschen und stirbt mit dieser Warum-Frage auf den Lippen, verspottet von denen, die vor ihm eigentlich in die Knie gehen müßten. Daß der gerechte Gott den längeren Arm hat, zeigt das Sterben und Auferstehen Jesu Christi. Er, der sich in den Willen des Vaters ergeben hat, hat sich damit dem Leben übergeben, das keinen Tod mehr kennt.

Die Bitte in Vers 8 ermuntert uns zum Gebet, daß der Vater Jesu Christi auch in unserer Zeit seine Macht zeige. Denn schließlich rechnen wir Christen damit, daß er »kommen wird, zu richten die Lebenden und die Toten«. Diese Hoffnung auf Gottes Gerechtigkeit am Ende der Zeiten ist es, die uns ausharren läßt in den Leiden dieser Zeit. Sie gibt uns aber auch die Kraft, durch die Leiden dieser Zeit hindurch den größeren Gott zu erblicken und wegen seiner Zusage »Ich bin bei euch« nicht zu verzweifeln, sondern in der Kraft des Glaubens seinem Tag entgegenzugehen. Wir sind noch nicht im Festsaal angelangt, beschreibt Dom Helder Camara unsere jetzige Situation, doch wir sehen schon die Lichter und hören die Musik. HANS NAGEL

Die höchste Gerechtigkeit ist mir erworben, da du bist am Stamme des Kreuzes gestorben.

83 [Ein Psalmlied Asafs.] 2 Gott,
schweige doch nicht! / Gott, bleib
nicht so still und ruhig! 3 Denn siehe,
deine Feinde toben, / und die dich hassen,
erheben das Haupt. 4 Sie machen listige
Anschläge wider dein Volk / und halten
Rat wider die, die bei dir sich bergen.
5 »Wohlan!« sprechen sie, »laßt uns sie
ausrotten, daß sie kein Volk mehr seien /
und des Namens Israel nicht mehr gedacht
werde!« 6 Denn sie sind miteinander eins
geworden / und haben einen Bund wider
dich gemacht: 7 die in den Zelten von
Edom und Ismael wohnen, / Moab und
die Hagariter, 8 Gebal, Ammon und Ama-
lek, / die Philister mit denen von Tyrus;
9 auch Assur hat sich zu ihnen geschla-
gen, / sie helfen den Söhnen Lot. [Sela]
10 Mach's mit ihnen wie mit Midian, / wie
mit Sisera, mit Jabin am Bach Kischon,
11 die vertilgt wurden bei En-Dor / und
wurden zu Mist auf dem Acker. 12 Mache
ihre Fürsten wie Oreb und Seeb, / alle
ihre Edlen wie Sebach und Zalmunna,
13 die auch einmal sagten: / Wir wollen das
Land Gottes einnehmen. 14 Mein Gott,
mache sie wie verwehende Blätter, / wie
Spreu vor dem Winde. 15 Wie ein Feuer
den Wald verbrennt / und wie eine
Flamme die Berge versengt, 16 so verfolge
sie mit deinem Sturm / und erschrecke sie
mit deinem Ungewitter. 17 Bedecke ihr
Angesicht mit Schande, / daß sie, Herr,
nach deinem Namen fragen müssen.
18 Schämen sollen sie sich und erschrecken
für immer / und zuschanden werden und
umkommen. 19 So werden sie erkennen,
daß du allein Herr heißest / und der
Höchste bist in aller Welt. (L)

83 [Ein Lied. Ein Psalm Asafs.]
2 Schweig doch nicht, o Gott, bleib
nicht still, / o Gott, bleib nicht stumm!
3 Sieh doch, deine Feinde toben; / die dich
hassen, erheben das Haupt. 4 Gegen dein
Volk ersinnen sie listige Pläne / und hal-
ten Rat gegen die, die sich bei dir bergen.
5 Sie sagen: »Wir wollen sie ausrotten als
Volk; / an den Namen Israel soll niemand
mehr denken.« 6 Ja, sie halten einmütig
Rat / und schließen ein Bündnis gegen
dich: 7 Edoms Zelte und die Ismaeliter, /
Moab und die Hagariter, 8 Gebal, Am-
mon und Amalek, / das Philisterland und
die Bewohner von Tyrus. 9 Zu ihnen ge-
sellt sich auch Assur / und leiht seinen
Arm den Söhnen Lots. [Sela] 10 Mach es
mit ihnen wie mit Midian und Sisera, / wie
mit Jabin am Bach Kischon, 11 die du bei
En-Dór vernichtet hast. / Sie wurden zum
Dung für die Äcker. 12 Mach ihre Fürsten
wie Oreb und Seeb, / wie Sebach und Zal-
munna mach all ihre Führer! / 13 Sie sag-
ten: »Wir wollen Gottes Land erobern.«
14 Mein Gott, laß sie dahinwirbeln wie
Staub, / wie Spreu vor dem Wind! 15 Wie
das Feuer, das ganze Wälder verbrennt, /
wie die Flamme, die Berge versengt, 16 so
jage sie davon mit deinem Sturm, / und
schrecke sie mit deinem Wetter! 17 Be-
decke mit Schmach ihr Gesicht, / damit
sie, Herr, nach deinem Namen fragen.
18 Beschämt sollen sie sein und verstört für
immer, / sollen vor Schande zugrunde
gehn. 19 Sie sollen erkennen, daß du es
bist. Herr ist dein Name. / Du allein bist
der Höchste über der ganzen Erde. (E)

Schweigt Gott?

Gott schweigt. Diese grausame Erfahrung des Glaubens steht hinter diesem Klagepsalm. Eine Erfahrung, die bis heute als Anfechtung und Irrewerden den Glauben begleitet und ihn immer wieder heimsucht. Wo immer Menschen mit ihrer Frage »Warum?« ohne Antwort bleiben, führt das in die Anfechtung im Glauben. Damals haben sie sich angesichts des schweigenden Gottes nicht von ihm abgewandt, sondern gerade vor dem schweigenden Gott geklagt, ja ihn angeklagt!

Doch unser Psalm spricht nicht von der Anfechtung des einzelnen, sondern von der des ganzen Volkes Gottes. Dieses Volk des alten Israel hat von Anbeginn – bis heute! – eine geradezu provozierende Rolle unter den Völkern spielen müssen: es sah sich unter Gott gestellt und allein an ihn gebunden. Keine andere Macht sollte und konnte Herrschaft und Gehorsam beanspruchen. Das machte dieses Volk – und letztlich seinen Gott! – für alle Mächte und Herren so gefährlich. Die Erfahrung von Verfolgung und Haß durch die Geschichte hindurch spiegelt sich in der Aufzählung der Völker in den Versen 6–13, und diese Liste ist bis heute noch nicht abgeschlossen. Jeder Antisemitismus entspringt seit Jahrtausenden diesem »Ärgernis« der Sonderstellung dieses Volkes: Es bleibt dem 1. Gebot Gottes verpflichtet und paßt sich darum nicht in seinem Denken und Glauben an! Wird man das auch von dem »neuen« Volk Gottes sagen können? Darin liegt die bleibende und beschämende Herausforderung Israels für die Christenheit.

Wir erschrecken heute über die grausam klingenden Bitten des Volkes an den schweigenden Gott (V. 14–19). Sie sind das Echo auf die erlittenen Grausamkeiten durch die Völker. Aber es geht in ihnen nicht um das politische Überleben, letztlich auch nicht um Rache, sondern um Gott, »der allein Herr heißt«. Aber wie so oft scheint nicht er, sondern scheinen die Mächte dieser Welt das Sagen zu behalten. Gott schweigt zu ihrem Gebaren, als gäbe es ihn nicht, ja als seien die Menschen die Herren! Gott sei's geklagt! Aber der Psalm klagt in der dennoch bleibenden Gewißheit, daß er »der Höchste ist in aller Welt«. So wird das Ziel der Klage die Bitte, Gott möge die Völker zum Glauben an ihn, den einzigen Herrn, führen. MARTIN VOIGT

Tu der Völker Türen auf, deines Himmelreiches Lauf hemme keine List noch Macht. Schaffe Licht in dunkler Nacht. Erbarm dich, Herr.

84 [Ein Psalm der Söhne Korach, vorzusingen, auf der Gittit.] 2 Wie lieb sind mir deine Wohnungen, Herr Zebaoth! / 3 Meine Seele verlangt und sehnt sich nach den Vorhöfen des Herrn; mein Leib und Seele freuen sich / in dem lebendigen Gott. 4 Der Vogel hat ein Haus gefunden / und die Schwalbe ein Nest für ihre Jungen – deine Altäre, Herr Zebaoth, / mein König und mein Gott. 5 Wohl denen, die in deinem Hause wohnen; / die loben dich immerdar. [Sela] 6 Wohl den Menschen, die dich für ihre Stärke halten / und von Herzen dir nachwandeln! 7 Wenn sie durchs dürre Tal ziehen, wird es ihnen zum Quellgrund, / und Frühregen hüllt es in Segen. 8 Sie gehen von einer Kraft zur andern / und schauen den wahren Gott in Zion. 9 Herr, Gott Zebaoth, höre mein Gebet; / vernimm es, Gott Jakobs! [Sela] 10 Gott, unser Schild, schaue doch; / sieh doch an das Antlitz deines Gesalbten! 11 Denn ein Tag in deinen Vorhöfen / ist besser als sonst tausend. Ich will lieber die Tür hüten in meines Gottes Hause / als wohnen in der Gottlosen Hütten. 12 Denn Gott der Herr ist Sonne und Schild; der Herr gibt Gnade und Ehre. / Er wird kein Gutes mangeln lassen den Frommen. 13 Herr Zebaoth, wohl dem Menschen, / der sich auf dich verläßt! (L)

84 [Für den Chormeister. Nach dem Kelterlied. Ein Psalm der Korachiter.] 2 Wie liebenswert ist deine Wohnung, Herr der Heerscharen! / 3 Meine Seele verzehrt sich in Sehnsucht / nach dem Tempel des Herrn. Mein Herz und mein Leib jauchzen ihm zu, / ihm, dem lebendigen Gott. 4 Auch der Sperling findet ein Haus / und die Schwalbe ein Nest für ihre Jungen – / deine Altäre, Herr der Heerscharen, mein Gott und mein König. 5 Wohl denen, die wohnen in deinem Haus, / die dich allezeit loben. [Sela] 6 Wohl den Menschen, die Kraft finden in dir, / wenn sie sich zur Wallfahrt rüsten. 7 Ziehen sie durch das trostlose Tal, / wird es für sie zum Quellgrund, / und Frühregen hüllt es in Segen. 8 Sie schreiten dahin mit wachsender Kraft; / dann schauen sie Gott auf dem Zion. 9 Herr der Heerscharen, hör mein Beten, / vernimm es, Gott Jakobs! [Sela] 10 Gott, sieh her auf unsern Schild, / schau auf das Antlitz deines Gesalbten! 11 Denn ein einziger Tag in den Vorhöfen deines Heiligtums / ist besser als tausend andere. Lieber an der Schwelle stehen im Haus meines Gottes als wohnen in den Zelten der Frevler. 12 Denn Gott der Herr ist Sonne und Schild. / Er schenkt Gnade und Herrlichkeit; der Herr versagt denen, die rechtschaffen sind, keine Gabe. / 13 Herr der Heerscharen, wohl dem, der dir vertraut! (E)

Glückhafte Stunden

Ja, es gibt auch heitere Psalmen, die für den Glaubenden zu singen oder zu beten sind. Ein Lied für Leute, die unterwegs sind, so wie wir alle unterwegs sind. Damals als Wallfahrer auf dem Wege nach Jerusalem, heute und alle Tage auf dem Weg zu dem, der uns ruft: »Kommet her zu mir alle, die ihr mühselig und beladen seid!« Wohl den Menschen, die Jesus Christus für ihre Stärke halten. Ihnen verwandeln sich die Durststrecken des Lebens – die dürren Täler – zum »Quellgrund«. Heute würden wir sagen: zum Biotop, das heißt zu einem Lebensraum, der uns in seiner Vielfalt an den Garten Eden erinnert.

Der Psalm bietet ein schönes Bild für den »Segen«. Wenn im Frühjahr die Saat dahinkümmert, wenn sich nichts bewegt in den Töpfen und Beeten, die wir ausgesät haben, dann bedarf es nur eines warmen »Frühregens«, und alles, was da lebt und webt und wächst, richtet sich auf, atmet durch und schaut alsbald der »Sonne erwünschtes Gesicht«. So wirkt der Segen des Himmels für alle, die sich immer wieder sehnen nach den »Vorhöfen des Herrn«. Sie machen die gleiche Erfahrung, die schon die Christen der Urgemeinde gemacht haben. Sie erfahren in der Gemeinschaft, im Gebet und im Brotbrechen, daß eine Stunde im Gottesdienst besser ist denn sonst tausend, die wir zubringen »wie ein Geschwätz« (Psalm 90,9).

Aber freilich – auch das andere ist wahr. Wir erleben diese glückhaften Stunden, diese Freude an Leib (!) und Seele nicht immer und nicht ein für allemal. Wir erleben sie nur »von einer Kraft zur anderen«. Gott gibt uns das Lebensbrot nicht auf Vorrat, sondern immer nur für den heutigen Tag. Derselbe Vogel, der heute fröhlich ist, weil er ein Haus gefunden hat und ein Nest für seine Jungen, der kann morgen der »einsame Vogel auf dem Dache«, das klagende »Käuzchen in den Trümmern« sein (Psalm 102,8).

Vielleicht sollten wir deshalb nicht immer nur mit gefalteten Händen beten, zum Zeichen dafür, daß wir Gottes Willen an uns geschehen lassen wollen. Vielleicht sollten wir deshalb immer wieder einmal im Gebet unsere Hände wie eine Schale öffnen, um den »Frühregen«, den Segen von oben aufzufangen. CHRISTIAN TRÖBST

Gott der Herr ist Sonne und Schild. Der Herr gibt Gnade und Ehre. Er wird kein Gutes mangeln lassen den Frommen.

85 [Ein Psalm der Söhne Korach, vor-
zusingen.] 2 Herr, der du bist vor-
mals gnädig gewesen deinem Lande / und
hast erlöst die Gefangenen Jakobs; 3 der
du die Missetat vormals vergeben hast
deinem Volk / und alle seine Sünde be-
deckt hast; [Sela] 4 der du vormals hast all
deinen Zorn fahren lassen / und dich ab-
gewandt von der Glut deines Zorns; 5 hilf
uns, Gott, unser Heiland, / und laß ab von
deiner Ungnade über uns! 6 Willst du denn
ewiglich über uns zürnen / und deinen
Zorn walten lassen für und für? 7 Willst du
uns denn nicht wieder erquicken, / daß
dein Volk sich über dich freuen kann?
8 Herr, erweise uns deine Gnade / und gib
uns dein Heil! 9 Könnte ich doch hören, /
was Gott der Herr redet, daß er Frieden
zusagte seinem Volk und seinen Heili-
gen, / damit sie nicht in Torheit geraten.
10 Doch ist ja seine Hilfe nahe denen, die
ihn fürchten, / daß in unserem Lande
Ehre wohne; 11 daß Güte und Treue ein-
ander begegnen, / Gerechtigkeit und
Friede sich küssen; 12 daß Treue auf der
Erde wachse / und Gerechtigkeit vom
Himmel schaue; 13 daß uns auch der Herr
Gutes tue, / und unser Land seine Frucht
gebe; 14 daß Gerechtigkeit vor ihm her
gehe / und seinen Schritten folge. (L)

85 [Für den Chormeister. Ein Psalm
der Korachiter.] 2 Einst hast du,
Herr, dein Land begnadet / und Jakobs
Unglück gewendet, 3 hast deinem Volk
die Schuld vergeben, / all seine Sünden
zugedeckt, [Sela] 4 hast zurückgezogen
deinen ganzen Grimm / und deinen glü-
henden Zorn gedämpft. 5 Gott, unser Ret-
ter, richte uns wieder auf, / laß von dei-
nem Unmut gegen uns ab! 6 Willst du uns
ewig zürnen, / soll dein Zorn dauern von
Geschlecht zu Geschlecht? 7 Willst du uns
nicht wieder beleben, / so daß dein Volk
sich an dir freuen kann? 8 Erweise uns,
Herr, deine Huld, / und gewähre uns dein
Heil! 9 Ich will hören, was Gott redet: /
Frieden verkündet der Herr seinem Volk
und seinen Frommen, / den Menschen
mit redlichem Herzen. [Sela] 10 Sein Heil
ist denen nahe, die ihn fürchten. / Seine
Herrlichkeit wohne in unserm Land. 11 Es
begegnen einander Huld und Treue; /
Gerechtigkeit und Friede küssen sich.
12 Treue sproß aus der Erde hervor; / Ge-
rechtigkeit blickt vom Himmel hernieder.
13 Auch spendet der Herr dann Segen, /
und unser Land gibt seinen Ertrag. 14 Ge-
rechtigkeit geht vor ihm her, / und Heil
folgt der Spur seiner Schritte. (E)

Solidarität vor Gott

Die Psalmen gehören zur Weltliteratur. Sie vermögen mit der Kraft ihrer Bildsprache auch jene Leser zu fesseln, die zur religiösen Aussage keinen Bezug finden. Sie sind Fundgruben für die Forschung von Theologen und Historikern. Aber jenseits aller wissenschaftlichen Deutung und literarischen Wertschätzung sind sie Dialoge des Menschen mit Gott. Zu allen Zeiten haben Menschen in ihnen Gedanken gefunden, die ganz unmittelbar und ganz unabhängig von Zeit und Ort Bezug zu eigenen Erfahrungen haben; jahrtausendalte Worte, so aktuell wie eh und je.

»Hast deinem Volk die Schuld vergeben«, heißt es im Psalm 85. Da ist ein Volk als Ganzes vor Gott schuldig geworden, und niemand ist ausgenommen oder von der Verantwortung befreit. Den ganzen Psalm hindurch ist allein von »wir« und »uns« die Rede, da gibt es keine Unmündigen oder Unzurechnungsfähigen, keine, die nicht dabeigewesen sind. Auch der Segen, der auf die Vergebung folgt, wird allen zuteil, dem ganzen Land.

Welch ein Bild solidarischer Gemeinschaft in der Verantwortung vor Gott wird in diesem Psalm angesprochen! Das Wir – ohne Wenn und Aber – bedeutet auch, für gemeinsames Versagen vor Gott füreinander einzustehen, anstatt anderen Schuld zuzuschieben, um sich selbst reinzuwaschen. Wie schmerzlich erinnert dieser Psalmvers an unseren Umgang mit der gemeinsamen Verantwortung für begangenes Unrecht, für die schrecklichen Verbrechen im Namen des Volkes! Viele tun so, als ob das Strafrecht des Staates, das sich an die nachweisbare Tat einzelner halten muß, schon alles an Schuld, an Versagen abdeckt, womit sich Menschen beladen können. Verantwortung vor Gott geht viel weiter und tiefer, denn Gott sieht ins Herz, und er richtet Völker.

Gern sind wir im Erfolg solidarisch. Man kann das jedes Wochenende auf den Fußballplätzen erleben, das große Wirgefühl: »Wir haben gewonnen«; oder wirtschaftlich: »Wir sind wieder wer.« Der Psalm 85 mahnt zur Solidarität in der Verantwortung vor Gott, auch bei Problemen der Gegenwart, sei es Rassenhaß und Ausländerfeindlichkeit, die schuldhafte Ungerechtigkeit der internationalen Wirtschaftsordnung, die Verschmutzung der Umwelt und vieles andere, das man einzelnen gar nicht anlasten kann. Gemeinsam nur können wir auch den verheißenen Segen erfahren: »Es begegnen einander Huld und Treue; Gerechtigkeit und Friede küssen sich.« ILSE BRINKHUES

Sieh nicht an unsre Sünde groß. Sprich uns davon aus Gnaden los.

86 [Ein Gebet Davids.] Herr, neige
deine Ohren und erhöre mich; /
denn ich bin elend und arm. 2 Bewahre
meine Seele, denn ich bin dein. / Hilf du,
mein Gott, deinem Knechte, der sich ver-
läßt auf dich. 3 Herr, sei mir gnädig; /
denn ich rufe täglich zu dir. 4 Erfreue die
Seele deines Knechts; / denn nach dir,
Herr, verlangt mich. 5 Denn du, Herr, bist
gut und gnädig, / von großer Güte allen,
die dich anrufen. 6 Vernimm, Herr, mein
Gebet / und merke auf die Stimme meines
Flehens! 7 In der Not rufe ich dich an; / du
wollest mich erhören! 8 Herr, es ist dir kei-
ner gleich unter den Göttern, / und nie-
mand kann tun, was du tust. 9 Alle Völker,
die du gemacht hast, werden kommen /
und vor dir anbeten, Herr, und deinen
Namen ehren, 10 daß du so groß bist und
Wunder tust / und du allein Gott bist.
11 Weise mir, Herr, deinen Weg, / daß ich
wandle in deiner Wahrheit; / erhalte mein
Herz bei dem einen, / daß ich deinen Na-
men fürchte. 12 Ich danke dir, Herr, mein
Gott, von ganzem Herzen / und ehre dei-
nen Namen ewiglich. 13 Denn deine Güte
ist groß gegen mich, / du hast mich erret-
tet aus der Tiefe des Todes. 14 Gott, es er-
heben sich die Stolzen gegen mich, und
eine Rotte von Gewalttätern trachtet mir
nach dem Leben / und haben dich nicht
vor Augen. 15 Du aber, Herr, Gott, bist
barmherzig und gnädig, / geduldig und
von großer Güte und Treue. 16 Wende
dich zu mir und sei mir gnädig; / stärke
deinen Knecht mit deiner Kraft und hilf
dem Sohn deiner Magd! 17 Tu ein Zeichen
an mir, / daß du's gut mit mir meinst, daß
es sehen, die mich hassen, und sich schä-
men, / weil du mir beistehst, Herr, und
mich tröstest. (L)

86 [Ein Gebet Davids.] Wende dein
Ohr mir zu, erhöre mich, Herr! /
Denn ich bin arm und gebeugt. 2 Be-
schütze mich, denn ich bin dir ergeben! /
Hilf deinem Knecht, der dir vertraut! 3 Du
bist mein Gott. Sei mir gnädig, o Herr! /
Den ganzen Tag rufe ich zu dir. 4 Herr, er-
freue deinen Knecht; / denn ich erhebe
meine Seele zu dir. 5 Herr, du bist gütig
und bereit zu verzeihen, / für alle, die zu
dir rufen, reich an Gnade. 6 Herr, ver-
nimm mein Beten, / achte auf mein lautes
Flehen! 7 Am Tag meiner Not rufe ich zu
dir; / denn du wirst mich erhören. 8 Herr,
unter den Göttern ist keiner wie du, / und
nichts gleicht den Werken, die du geschaf-
fen hast. 9 Alle Völker kommen und beten
dich an, / sie geben, Herr, deinem Namen
die Ehre. 10 Denn du bist groß und tust
Wunder; / du allein bist Gott. 11 Weise
mir, Herr, deinen Weg; / ich will ihn ge-
hen in Treue zu dir. Richte mein Herz dar-
auf hin, / allein deinen Namen zu fürch-
ten! 12 Ich will dir danken, Herr, mein
Gott, / aus ganzem Herzen, / will deinen
Namen ehren immer und ewig. 13 Du hast
mich den Tiefen des Totenreichs entris-
sen. / Denn groß ist über mir deine Huld.
14 Gott, freche Menschen haben sich ge-
gen mich erhoben, / die Rotte der Ge-
walttäter trachtet mir nach dem Leben; /
doch dich haben sie nicht vor Augen.
15 Du aber, Herr, bist ein barmherziger
und gnädiger Gott, / du bist langmütig,
reich an Huld und Treue. 16 Wende dich
mir zu und sei mir gnädig, / gib deinem
Knecht wieder Kraft, / und hilf dem Sohn
deiner Magd! 17 Tu ein Zeichen, und
schenke mir Glück! / Alle, die mich has-
sen, sollen es sehen und sich schämen, /
weil du, Herr, mich gerettet und getröstet
hast. (E)

Die Macht des Gottvertrauens

Es gibt Situationen, in denen Menschen keinen Ausweg mehr sehen. Sie sind gefangen in ihrer Not. Abgeschnitten von aller Freude, fühlen sie sich dem Tod näher als dem Leben. Die Klagepsalmen des Alten Testaments sind in solchen Situationen entstanden. Deshalb können sie die Menschen, die in sie einstimmen, in der Tiefe ihrer Not abholen und ihnen behutsam den Weg eröffnen, der aus dieser Not herausführt. Psalm 86 ist ein Beispiel dafür.

Die ersten vier Verse variieren immer neu den Hilfeschrei des Leidenden. Aber schon die Tatsache, daß er um Hilfe schreien kann, ist der erste Schritt aus der Not. Denn der Hilferuf richtet sich nicht an Menschen, deren Möglichkeiten zu helfen beschränkt sind, sondern an Gott. Ihn ruft der Beter als seinen Herrn an, dem er seine Rettung zutraut. Dem entspricht, daß sein Hilferuf jedesmal verbunden ist mit einem Bekenntnis des Vertrauens zu Gott. Hilferuf und Bekenntnis verdichten sich noch einmal in Vers 5–7, um dann in Vers 8–10 in ein überschwengliches Lob Gottes einzumünden. Denn der Gott, dem solches Vertrauen entgegengebracht werden kann, ist einzigartig. Er ist der Schöpfer aller Völker, der zuletzt von allen Völkern als Gott verehrt werden wird. Wunderbar ist sein Handeln, und darum ist das Vertrauen, das ihm entgegengebracht wird, nicht vergebens. Die Bitte um Hilfe kann daher an dieser Stelle übergehen in die Bitte, den Beter auf dem Lebensweg zu begleiten, so daß dieser Gottes Willen entspricht. Ja, mehr noch: Der Beter kann Gott für seine Rettung danken, als sei diese bereits Wirklichkeit geworden.

Von diesem sicheren inneren Halt her kann sich der Beter jetzt auch seiner eigenen Situation wieder zuwenden. Er ist Anfeindungen von gewalttätigen Menschen ausgesetzt, die ihm nach dem Leben trachten. Gegen ihre Anfeindung erbittet er ein Zeichen von Gott, vielleicht einen prophetischen Spruch, in dem Gott ihm seine Hilfe zusagt und seine Feinde beschämt. Obwohl sich äußerlich noch nichts geändert hat, hat sich für den Beter des Psalms doch alles geändert, weil er weiß, daß Gott ihm beisteht und ihn tröstet.

HANNELORE JAHR

Befiehl du deine Wege und was dein Herze kränkt der allertreusten Pflege des, der den Himmel lenkt. Der Wolken, Luft und Winden gibt Wege, Lauf und Bahn, der wird auch Wege finden, da dein Fuß gehen kann.

87 [Ein Psalmlied der Söhne Korach.]
Sie ist fest gegründet auf den heili-
gen Bergen. / 2 Der Herr liebt die Tore
Zions mehr als alle Wohnungen in Jakob.
3 Herrliche Dinge werden in dir gepre-
digt, / du Stadt Gottes. [Sela] 4 Ich zähle
Ägypten und Babel / zu denen, die mich
kennen, auch die Philister und Tyrer samt
den Mohren: / »Die sind hier geboren.«
5 Doch von Zion wird man sagen: »Mann
für Mann ist darin geboren«; / und er
selbst, der Höchste, erhält es. 6 Der Herr
spricht, wenn er aufschreibt die Völker: /
»Die sind hier geboren.« [Sela] 7 Und sie
singen beim Reigen: / Alle meine Quellen
sind in dir! (L)

87 [Ein Psalm der Korachiter. Ein
Lied.] 2 Der Herr liebt (Zion),
seine Gründung auf heiligen Bergen; /
mehr als all seine Stätten in Jakob liebt er
die Tore Zions. 3 Herrliches sagt man von
dir, / du Stadt unseres Gottes. [Sela]
4 Leute aus Ägypten und Babel / zähle ich
zu denen, die mich kennen; auch von Leu-
ten aus dem Philisterland, / aus Tyrus und
Kusch / sagt man: Er ist dort geboren.
5 Doch von Zion wird man sagen: / Jeder
ist dort geboren. / Er, der Höchste, hat
Zion gegründet. 6 Der Herr schreibt,
wenn er die Völker verzeichnet: / Er ist
dort geboren. [Sela] 7 Und sie werden
beim Reigentanz singen: / All meine
Quellen entspringen in dir. (E)

Zion als Mutter der Völker

Der strahlende Ton der Freude läßt sich in diesem Psalm nicht überhören, trotz aller Schwierigkeiten, die er den Auslegern bereitet.

Vielleicht hat sich der Psalmsänger auf den Weg gemacht, um in Jerusalem eines der großen Wallfahrtsfeste mitzufeiern. Die ganze Geschichte dieses Ortes mag ihm dabei vor Augen kommen: wie David die Bundeslade mit Gesang und Tanz dorthin brachte, wie Salomo den prächtigen Tempel baute, wie die Stadt in Kriegszeiten oft unerklärlicherweise bewahrt blieb, und wie selbst nach der Zerstörung des Tempels ein neuer gebaut werden konnte.

Wer wollte da nicht voll Staunen sein Loblied darauf singen, daß Gott in seiner Liebe nicht von Zion läßt? Wer wollte den Ort nicht preisen, an dem die Gottesdienste die Erinnerung daran wachhielten, welche Wege Gott sein Volk geführt hatte? Dort dankte man ihm und richtete sich neu auf ihn aus.

Vieles im Gottesdienst war geordnet und geregelt von alters her. Vieles wußte man im voraus. Aber zugleich wußte man auch, daß einem Ungewohntes begegnen konnte. Zu diesem Überraschenden gehörten sicher auch Sätze wie die, die wir in den Versen 4 und 5 lesen. Die erbittertsten Feinde, die sich Gottes Volk je in den Weg gestellt hatten, halten sich zu denen, die diesen Gott bekennen! Auch auf sie achtet Gott. Liebevoll registriert er sie bei sich, daß nur keiner davon verlorengeht. Welch eine Weite tut sich hier auf! Unvorstellbares wird Wirklichkeit.

Es gibt keinen Grund mehr, sich ängstlich abzugrenzen, sich zu fürchten. Gottes Stadt wird weit. Wer dort seine Heimat sieht und findet, der hat das Bürgerrecht und gehört dazu.

Das Lied der Freude (V. 7) über den Gott, der sich so den Menschen zuwendet und wie eine nie versiegende Quelle Lebenskraft und Geborgenheit ausströmt, verbindet die, die sich Gott schon immer nahe fühlten, mit denen, die ihm ferne, ja als Feinde gegenüberstanden.

Nicht von ungefähr starb Jesus in Jerusalem. Um seinetwillen haben auch wir Heimatrecht in Gottes Reich. ERIKA SCHAUDT

Dein Heil kennt keine Schranken.

88 [Ein Psalmlied der Söhne Korach,
vorzusingen, zum Reigentanz im
Wechsel, eine Unterweisung Hemans,
des Esrachiters.] 2 Herr, Gott, mein
Heiland, / ich schreie Tag und Nacht nach
dir. 3 Laß mein Gebet vor dich kommen, /
neige deine Ohren zu meinem Schreien.
4 Denn meine Seele ist übervoll an Lei-
den, / und mein Leben ist nahe dem Tode.
5 Ich bin denen gleich geachtet, die in die
Grube fahren, / ich bin wie ein Mann, der
keine Kraft mehr hat. 6 Ich liege unter den
Toten verlassen, / wie die Erschlagenen,
die im Grabe liegen, derer du nicht mehr
gedenkst / und die von deiner Hand ge-
schieden sind. 7 Du hast mich hinunter in
die Grube gelegt, / in die Finsternis und in
die Tiefe. 8 Dein Grimm drückt mich nie-
der, / du bedrängst mich mit allen deinen
Fluten. [Sela] 9 Meine Freunde hast du mir
entfremdet, / du hast mich ihnen zum Ab-
scheu gemacht. / Ich liege gefangen und
kann nicht heraus, 10 mein Auge sehnt sich
aus dem Elend. / Herr, ich rufe zu dir täg-
lich; / ich breite meine Hände aus zu dir.
11 Wirst du an den Toten Wunder tun, /
oder werden die Verstorbenen aufstehen
und dir danken? [Sela] 12 Wird man im
Grabe erzählen deine Güte / und deine
Treue bei den Toten? 13 Werden denn
deine Wunder in der Finsternis erkannt /
oder deine Gerechtigkeit im Lande des
Vergessens? 14 Aber ich schreie zu dir,
Herr, / und mein Gebet kommt frühe vor
dich: 15 Warum verstößt du, Herr, meine
Seele / und verbirgst dein Antlitz vor mir?
16 Ich bin elend und dem Tode nahe von
Jugend auf; / ich erleide deine Schrecken,
daß ich fast verzage. 17 Dein Grimm geht
über mich, / deine Schrecken vernichten
mich. 18 Sie umgeben mich täglich wie Flu-
ten / und umringen mich allzumal.
19 Meine Freunde und Nächsten hast du
mir entfremdet, / und meine Verwandten
hältst du fern von mir. (L)

88 [Ein Lied. Ein Psalm der Korachi-
ter. Für den Chormeister. Nach
der Weise »Krankheit« zu singen. Ein
Weisheitslied Hemans, des Esrachiters.]
2 Herr, du Gott meines Heils, / zu dir
schreie ich am Tag und bei Nacht. 3 Laß
mein Gebet zu dir dringen, / wende dein
Ohr meinem Flehen zu! 4 Denn meine
Seele ist gesättigt mit Leid, / mein Leben
ist dem Totenreich nahe. 5 Schon zähle ich
zu denen, die hinabsinken ins Grab, / bin
wie ein Mann, dem alle Kraft genommen
ist. 6 Ich bin zu den Toten hinweggerafft, /
wie Erschlagene, die im Grabe ruhen; an
sie denkst du nicht mehr, / denn sie sind
deiner Hand entzogen. 7 Du hast mich ins
tiefste Grab gebracht, / tief hinab in fin-
stere Nacht. 8 Schwer lastet dein Grimm
auf mir, / all deine Wogen stürzen über
mir zusammen. [Sela] 9 Die Freunde hast
du mir entfremdet, / mich ihrem Abscheu
ausgesetzt; / ich bin gefangen und kann
nicht heraus. 10 Mein Auge wird trübe vor
Elend. / Jeden Tag, Herr, rufe ich zu
dir; / ich strecke nach dir meine Hände
aus. 11 Wirst du an den Toten Wunder
tun, / werden Schatten aufstehn, um dich
zu preisen? [Sela] 12 Erzählt man im Grab
von deiner Huld, / von deiner Treue im
Totenreich? 13 Werden deine Wunder in
der Finsternis bekannt, / deine Gerechtig-
keit im Land des Vergessens? 14 Herr,
darum schreie ich zu dir, / früh am
Morgen tritt mein Gebet vor dich hin.
15 Warum, o Herr, verwirfst du mich, /
warum verbirgst du dein Gesicht vor mir?
16 Gebeugt bin ich und todkrank von frü-
her Jugend an, / deine Schrecken lasten
auf mir, und ich bin zerquält. 17 Über mich
fuhr die Glut deines Zorns dahin, / deine
Schrecken vernichten mich. 18 Sie umflu-
ten mich allzeit wie Wasser / und dringen
auf mich ein von allen Seiten. 19 Du hast
mir die Freunde und Gefährten entfrem-
det; / mein Vertrauter ist nur noch die
Finsternis. (E)

Der dunkelste aller Psalmen

In diesem Text begegnen wir einem alttestamentlichen Beter, der uns an Hiob erinnert. Von Jugend auf ist er mit schwerer Krankheit geschlagen. Verlassen von Gott und den Menschen, befindet er sich schon lange im Bannkreis des Todes. Wie eine lebendige Leiche ringt dieser Gläubige mit dem Gott des Lebens. Er ist nämlich trotz aller Schicksalsschläge an seinem Gott nicht irre geworden und trotz der scheinbaren Gottverlassenheit in seinem Gebet nicht verstummt. Mit letzter Kraft richtet er sich auf und schreit dem Herrn seine Verlorenheit entgegen. Verzweifelt stellt er die Sinnfrage: »Warum, o Herr, verwirfst du mich, warum verbirgst du dein Angesicht vor mir?« Auf diese Frage nach dem Warum des Leidens kommt keine Antwort. Der Beter muß das furchtbare Schweigen Gottes aushalten. Ob sein Gebet doch noch erhört wird, erfahren wir nicht. Der Psalm endet jedenfalls ohne Gottes rettendes Eingreifen. Er verklingt in einer abgrundtiefen Qual.

Dieser dunkelste aller Psalmen hat im Stundengebet der katholischen Kirche am Karfreitag seinen angestammten Platz bekommen, an der hiobhaftesten Stelle der neutestamentlichen Offenbarung also. Gottes eigener Sohn wird in die Gottverlassenheit hineingetaucht: »Mein Gott, mein Gott, warum hast du mich verlassen?« (Markus 15,34). Alles Schreien nach Gott, das je auf Erden laut geworden ist, wird hier versammelt und überboten. Ob Gott auch in dem dunklen Bereich des Todes sich noch als heilsmächtig erweisen kann? Im Psalm 88 bleibt diese Frage offen. Das Totenreich ist ein Land der Finsternis und des Vergessens. Es liegt außerhalb des Handelns Gottes. Erst im christlichen Ostergeheimnis wird es mit Licht erfüllt. Jetzt wird die Nacht tiefster menschlicher Verlassenheit zur wahrhaft seligen Nacht. Gott selbst wird eingreifen und dem Tod die letzte Bitternis und Gottferne nehmen. Mit Recht bezeichnet der evangelische Theologe Karl Barth »das Geschehen am Kreuz von Golgatha als letztes Wort einer alten und als erstes Wort einer neuen Geschichte«.

HUBERT BOUR

Allmächtiger, ewiger Gott, deinem Willen gehorsam, hat unser Erlöser Fleisch angenommen, er hat sich selbst erniedrigt und sich unter die Schmach des Kreuzes gebeugt. Hilf uns, daß wir ihm auf dem Weg des Leidens nachfolgen und an seiner Auferstehung Anteil erlangen.

89 [Eine Unterweisung Etans, des Esrachiters.] 2 Ich will singen von der Gnade des Herrn ewiglich / und seine Treue verkünden mit meinem Munde für und für; 3 denn ich sage: Für ewig steht die Gnade fest; / du gibst deiner Treue sicheren Grund im Himmel. 4 »Ich habe einen Bund geschlossen mit meinem Auserwählten, / ich habe David, meinem Knechte, geschworen: 5 Ich will deinem Geschlecht festen Grund geben auf ewig / und deinen Thron bauen für und für.« [Sela] 6 Und die Himmel werden, Herr, deine Wunder preisen / und deine Treue in der Gemeinde der Heiligen. 7 Denn wer in den Wolken könnte dem Herrn gleichen / und dem Herrn gleich sein unter den Himmlischen? 8 Gott ist gefürchtet in der Versammlung der Heiligen, / groß und furchtbar über alle, die um ihn sind. 9 Herr, Gott Zebaoth, wer ist wie du? / Mächtig bist du, Herr, und deine Treue ist um dich her. 10 Du herrschest über das ungestüme Meer, / du stillest seine Wellen, wenn sie sich erheben. 11 Du hast Rahab zu Tode geschlagen / und deine Feinde zerstreut mit deinem starken Arm. 12 Himmel und Erde sind dein, / du hast gegründet den Erdkreis und was darinnen ist. 13 Nord und Süd hast du geschaffen, / Tabor und Hermon jauchzen über deinen Namen. 14 Du hast einen gewaltigen Arm, / stark ist deine Hand, und hoch ist deine Rechte. 15 Gerechtigkeit und Gericht sind deines Thrones Stütze, / Gnade und Treue gehen vor dir einher. 16 Wohl dem Volk, das jauchzen kann! / Herr, sie werden im Licht deines Antlitzes wandeln; 17 sie werden über deinen Namen täglich fröhlich sein / und in deiner Gerechtigkeit herrlich sein. 18 Denn du bist der Ruhm ihrer Stärke, / und durch deine Gnade wirst du unser Haupt erhöhen. 19 Denn dem Herrn gehört unser Schild / und dem Heiligen in Israel unser König.

(L)

89 [Ein Weisheitslied Etans, des Esrachiters.] 2 Von den Taten deiner Huld, Herr, will ich ewig singen, / bis zum fernsten Geschlecht laut deine Treue verkünden. 3 Denn ich bekenne: Deine Huld besteht für immer und ewig; / deine Treue steht fest im Himmel. 4 »Ich habe einen Bund geschlossen mit meinem Erwählten / und David, meinem Knecht, geschworen: 5 Deinem Haus gebe ich auf ewig Bestand, / und von Geschlecht zu Geschlecht richte ich deinen Thron auf.« [Sela] 6 Die Himmel preisen, Herr, deine Wunder / und die Gemeinde der Heiligen deine Treue. 7 Denn wer über den Wolken ist wie der Herr, / wer von den Göttern ist dem Herrn gleich? 8 Gewaltig ist Gott im Rat der Heiligen, / für alle rings um ihn her ist er groß und furchtbar. 9 Herr, Gott der Heerscharen, wer ist wie du? / Mächtig bist du, Herr, und von Treue umgeben. 10 Du beherrschst die Empörung des Meeres; / wenn seine Wogen toben – du glättest sie. 11 Rahab hast du durchbohrt und zertreten, / deine Feinde zerstreut mit starkem Arm. 12 Dein ist der Himmel, dein auch die Erde; / den Erdkreis und was ihn erfüllt hast du gegründet. 13 Nord und Süd hast du geschaffen, / Tabor und Hermon jauchzen bei deinem Namen. 14 Dein Arm ist voll Kraft, / deine Hand ist stark, deine Rechte hoch erhoben. 15 Recht und Gerechtigkeit sind die Stützen deines Thrones, / Huld und Treue schreiten vor deinem Antlitz her. 16 Wohl dem Volk, das dich als König zu feiern weiß! / Herr, sie gehen im Licht deines Angesichts. 17 Sie freuen sich über deinen Namen zu jeder Zeit, / über deine Gerechtigkeit jubeln sie. 18 Denn du bist ihre Schönheit und Stärke, / du erhöhst unsre Kraft in deiner Güte. 19 Ja, unser Schild gehört dem Herrn, / unser König dem heiligen Gott Israels.

(E)

Dennoch ein Loblied

19 Strophen Enthusiasmus. So, als scheine über Gläubigen immer nur die Sonne. Als wären ihre Erfahrungen ungetrübt von Schmerz, Verlust, Niederlage oder Trauer. Es gibt nur Größe, Herrlichkeit und Zuversicht in diesem Text. Die Zeilen sind ein einziger Jubelgesang. Ich möchte gern einstimmen, aber...

Aber geht das nicht total an der Wirklichkeit vorbei? Weiß der Psalmist nichts von Zweifel, Zwiespalt und inneren Kämpfen mit Gott? Bei dem Lieddichter wendet Gott rund um die Uhr alles Übel – einschließlich Naturkatastrophen – ab, er zerstreut seine Feinde und läßt die ganze Schöpfung jauchzen.

Unsere persönlichen Erlebnisse sind doch ganz anders. Da ist doch in jedem Leben auch eine Spur Hiob. Ein Gott, den man vergeblich anzurufen glaubt, ein tauber, stummer, ferner Vater. Einer, den keine Ungerechtigkeit, kein Krieg und keine Verzweiflung anzurühren scheinen. Ich denke, wir kommen nur weiter, wenn wir einen kurzen Blick auf das ganze Lied werfen: Da werden in späteren Strophen auch andere Erfahrungen geschildert, wird Gott auch als zurückgezogen, dunkel und desinteressiert empfunden. Also muß doch eine Absicht darin liegen, wenn in ein und demselben Lied solch widersprüchliche Aussagen zusammengebunden sind.

Ich muß beim Lesen des Textes an einen jungen Mann denken: Sein erstes Kind kam schwerbehindert zur Welt. Vor Schmerz und Hilflosigkeit hat er Gott regelrecht angeklagt, hat bitter mit ihm gestritten. Heute singt er voll Überzeugung: »Großer Gott wir loben dich, Herr wir preisen deine Stärke.« Er erklärt das so: In den ersten, ganz besonders schweren Jahren habe er gelernt, mit der schweren Aufgabe und Verantwortung umzugehen, und dabei festgestellt, daß beides möglich ist, Loben und Streiten. Daß das eine das andere nicht ausschließt. Daß vielmehr jedes seine eigene Zeit im Leben hat: die bohrenden Fragen, der Zweifel, das Plagen und Sorgen genauso wie das unbeschwerte Singen, das Loben des allmächtigen, guten Gottes.

VERONIKA BESAU

Lieber Gott, es gibt Tage, da kann ich nicht loben und preisen. Aber ich möchte doch immer wieder ein Danklied singen. Bitte, hilf mir dabei.

20 Damals hast du geredet durch ein Ge-
sicht / zu deinem Heiligen und gesagt: Ich
habe einen Helden erweckt, der helfen
soll, / ich habe erhöht einen Auserwähl-
ten aus dem Volk. 21 Ich habe gefunden
meinen Knecht David, / ich habe ihn ge-
salbt mit meinem heiligen Öl. 22 Meine
Hand soll ihn erhalten, / und mein Arm
soll ihn stärken. 23 Die Feinde sollen ihn
nicht überwältigen / und die Ungerechten
ihn nicht demütigen; 24 sondern ich will
seine Widersacher vor ihm zerschlagen /
und, die ihn hassen, zu Boden stoßen.
25 Aber meine Treue und Gnade soll bei
ihm sein, / und sein Haupt soll erhöht sein
in meinem Namen. 26 Seine Hand laß ich
herrschen über das Meer / und seine
Rechte über die Ströme. 27 Er wird mich
nennen: Du bist mein Vater, / mein Herr
und Hort, der mir hilft. 28 Und ich will ihn
zum erstgeborenen Sohn machen, / zum
Höchsten unter den Königen auf Erden.
29 Ich will ihm ewiglich bewahren meine
Gnade, / und mein Bund soll ihm fest blei-
ben. 30 Ich will ihm ewiglich Nachkommen
geben / und seinen Thron erhalten, so-
lange der Himmel währt. 31 Wenn aber
seine Söhne mein Gesetz verlassen / und
in meinen Rechten nicht wandeln, 32 wenn
sie meine Ordnungen entheiligen / und
meine Gebote nicht halten, 33 so will ich
ihre Sünde mit der Rute heimsuchen / und
ihre Missetat mit Plagen; 34 aber meine
Gnade will ich nicht von ihm wenden /
und meine Treue nicht brechen. 35 Ich will
meinen Bund nicht entheiligen / und nicht
ändern, was aus meinem Munde gegan-
gen ist. (L)

20 Einst hast du in einer Vision zu deinen
Frommen gesprochen: / »Einen Helden
habe ich zum König gekrönt, / einen jun-
gen Mann aus dem Volk erhöht. 21 Ich
habe David, meinen Knecht, gefunden /
und ihn mit meinem heiligen Öl gesalbt.
22 Beständig wird meine Hand ihn halten /
und mein Arm ihn stärken. 23 Kein Feind
soll ihn täuschen, / kein ruchloser Mensch
kann ihn bezwingen. 24 Vor ihm will ich
die Feinde zerschmettern, / und alle, die
ihn hassen, schlage ich nieder. 25 Meine
Treue und meine Huld begleiten ihn, /
und in meinem Namen erhebt er sein
Haupt. 26 Ich lege seine Hand auf das
Meer, / über die Ströme herrscht seine
Rechte. 27 Er wird zu mir rufen: Mein Va-
ter bist du, / mein Gott, der Fels meines
Heiles. 28 Ich mache ihn zum erstgebore-
nen Sohn, / zum Höchsten unter den
Herrschern der Erde. 29 Auf ewig werde
ich ihm meine Huld bewahren, / mein
Bund mit ihm bleibt allzeit bestehen.
30 Sein Geschlecht lasse ich dauern für im-
mer / und seinen Thron, solange der Him-
mel währt. 31 Wenn seine Söhne meine
Weisung verlassen, / nicht mehr leben
nach meiner Ordnung, 32 wenn sie meine
Gesetze entweihen, / meine Gebote nicht
mehr halten, 33 dann werde ich ihr Verge-
hen mit der Rute strafen / und ihre Sünde
mit Schlägen. 34 Doch ich entziehe ihm
nicht meine Huld, / breche ihm nicht die
Treue. 35 Meinen Bund werde ich nicht
entweihen; / was meine Lippen gespro-
chen haben, / will ich nicht ändern. (E)

Weitblick

Dieser 89. Psalm hat es in sich: Am Anfang steht der ganz große Lobgesang auf Gottes Treue, Macht und Herrlichkeit. Im Mittelstück wird David – dem Auserwählten aus dem Volk – eine glänzende Karriere zugesichert, für die Gott selbst Bürgschaft übernimmt. Und in den letzten Versen ist alles nicht mehr wahr: David stürzt ab von der Erfolgsleiter – Gott hat ihn »verstoßen und verworfen«. Was sollen wir von einem Herrn halten, der in Vers 35 seinen Treueschwur bekräftigt und vier Strophen weiter mir nichts, dir nichts seinen Sinn ändert?

Vielleicht helfen zwei kleine Textstücke weiter, etwas Ordnung in das Gedankenkarussell zu bringen. Da ist in Vers 29 gesagt, Gott will seinem Auserwählten Gnade »bewahren«. Das ist ein Wort, das über den Tag hinausweist. Es läßt etwas ahnen von kommenden Brüchen und Enttäuschungen, aber signalisiert zugleich, daß Gnade unzerstörbar ist. Ich denke, die folgenden Strophen unterstreichen dieses Bewahren, weil sie sehr realistisch und damit sehr tröstlich von der Zukunft sprechen: Davids Thron – seine herausragende Position in Gottes Geschichte mit den Menschen – bleibt erhalten, »solange der Himmel währt«. In diesem Zusammenhang ist es sicher kein Zufall, daß Jesus »aus dem Hause David« stammt.

Wie gründlich Gott seine Menschenkinder kennt, zeigen auch die nächsten Zeilen: Er rechnet durch die Generationen mit Schwäche und Bosheit, mit Verletzung der Gebote und Mißachtung von Recht und Gerechtigkeit. Daß er solchen »Vertragsbruch« nicht einfach hinnimmt, ist auch ganz klar gesagt. Nicht nur David hat das im Lauf der Geschichte spüren müssen. Aber deswegen kündigt Gott seinen Bund nicht auf, sondern stellt klar: »Ich will nicht ändern, was aus meinem Munde gegangen ist.«

Mir scheint, hier wird ein Stück Menschheitsgeschichte geschildert: Gott bewahrt Treue, weit über Davids und unseren kleinen Horizont hinaus.

VERONIKA BESAU

Lieber Gott, schenk mir immer wieder Glauben an deinen Weitblick, damit mich meine Kurzsichtigkeit nicht im Kreis herumführt.

90 [Ein Gebet des Mose, des Mannes
Gottes.] Herr, du bist unsre Zu-
flucht für und für. 2 Ehe denn die Berge
wurden und die Erde und die Welt ge-
schaffen wurden, / bist du, Gott, von
Ewigkeit zu Ewigkeit. 3 Der du die Men-
schen lässest sterben / und sprichst:
Kommt wieder, Menschenkinder! 4 Denn
tausend Jahre sind vor dir wie der Tag, der
gestern vergangen ist, / und wie eine
Nachtwache. 5 Du lässest sie dahinfahren
wie einen Strom, sie sind wie ein Schlaf, /
wie ein Gras, das am Morgen noch sproßt,
6 das am Morgen blüht und sproßt / und
des Abends welkt und verdorrt. 7 Das
macht dein Zorn, daß wir so vergehen, /
und dein Grimm, daß wir so plötzlich da-
hin müssen. 8 Denn unsre Missetaten
stellst du vor dich, / unsre unerkannte
Sünde ins Licht vor deinem Angesicht.
9 Darum fahren alle unsre Tage dahin
durch deinen Zorn, / wir bringen unsre
Jahre zu wie ein Geschwätz. 10 Unser Le-
ben währet siebzig Jahre, / und wenn's
hoch kommt, so sind's achtzig Jahre, und
was daran köstlich scheint, / ist doch nur
vergebliche Mühe; denn es fähret schnell
dahin, / als flögen wir davon. 11 Wer
glaubt's aber, daß du so sehr zürnest, /
und wer fürchtet sich vor dir in deinem
Grimm? 12 Lehre uns bedenken, daß wir
sterben müssen, / auf daß wir klug wer-
den. 13 Herr, kehre dich doch endlich wie-
der zu uns / und sei deinen Knechten gnä-
dig! 14 Fülle uns frühe mit deiner Gnade, /
so wollen wir rühmen und fröhlich sein
unser Leben lang. 15 Erfreue uns nun wie-
der, nachdem du uns so lange plagest, /
nachdem wir so lange Unglück leiden.
16 Zeige deinen Knechten deine Werke /
und deine Herrlichkeit ihren Kindern.
17 Und der Herr, unser Gott, sei uns
freundlich und fördere das Werk unsrer
Hände bei uns. / Ja, das Werk unsrer
Hände wollest du fördern! (L)

90 [Ein Gebet des Mose, des Mannes
Gottes.] Herr, du warst unsere Zu-
flucht / von Geschlecht zu Geschlecht.
2 Ehe die Berge geboren wurden, / die
Erde entstand und das Weltall, / bist du, o
Gott, von Ewigkeit zu Ewigkeit. 3 Du läßt
die Menschen zurückkehren zum Staub /
und sprichst: »Kommt wieder, ihr Men-
schen!« 4 Denn tausend Jahre sind für
dich / wie der Tag, der gestern vergangen
ist, / wie eine Wache in der Nacht. 5 Von
Jahr zu Jahr säst du die Menschen aus; /
sie gleichen dem sprossenden Gras. 6 Am
Morgen grünt es und blüht, / am Abend
wird es geschnitten und welkt. 7 Denn wir
vergehen durch deinen Zorn, / werden
vernichtet durch deinen Grimm. 8 Du hast
unsere Sünden vor dich hingestellt, / un-
sere geheime Schuld in das Licht deines
Angesichts. 9 Denn all unsere Tage gehn
hin unter deinem Zorn, / wir beenden un-
sere Jahre wie einen Seufzer. 10 Unser Le-
ben währt siebzig Jahre, / und wenn es
hoch kommt, sind es achtzig. Das Beste
daran ist nur Mühsal und Beschwer, /
rasch geht es vorbei, wir fliegen dahin.
11 Wer kennt die Gewalt deines Zornes /
und fürchtet sich vor deinem Grimm?
12 Unsere Tage zu zählen, lehre uns! /
Dann gewinnen wir ein weises Herz.
13 Herr, wende dich uns doch endlich zu! /
Hab Mitleid mit deinen Knechten! 14 Sät-
tige uns am Morgen mit deiner Huld! /
Dann wollen wir jubeln und uns freuen all
unsre Tage. 15 Erfreue uns so viele Tage,
wie du uns gebeugt hast, / so viele Jahre,
wie wir Unglück erlitten. 16 Zeig deinen
Knechten deine Taten / und ihren Kin-
dern deine erhabene Macht! 17 Es komme
über uns die Güte des Herrn, unsres Got-
tes. / Laß das Werk unsrer Hände gedei-
hen, / ja, laß gedeihen das Werk unsrer
Hände! (E)

Der ewige Gott – Gericht und Zuflucht in einem

Dieser Psalm verdankt sich der Umkehrung des Weges, der aus den Klagen einzelner Gebetshilfen für die Gemeinschaft werden ließ. In den Versen 13–17 ist noch erkennbar, daß die Nöte, die hier vor Gott gebracht werden, das ganze Volk umklammern. Nur hat das Volk längst resigniert und ist in langer Unglücksperiode einem düsteren Schicksalsglauben verfallen, den die weiterhin geübten Gottesdienste und religiösen Bräuche nicht durchbrechen können. Daß die anhaltende wirtschaftliche Depression (V. 17), daß die soziale Hoffnungslosigkeit durch eine Hinwendung zu Gott verändert werden könnten, ist für die meisten kein Thema mehr (V. 11).

Da schenkt Gott seinem Volk einen Theologen, der den herrschenden Fatalismus durchstößt. Israel hat den geistigen Rang, mit dem das geschah, sehr wohl gespürt und deshalb den Psalm – als einzigen! – »Mose, dem Manne Gottes« zugeschrieben, durch den es aus Ägypten befreit wurde. Dieser Theologe beläßt es nicht bei der Vergänglichkeit aller Dinge und des Menschen im besonderen. Sie ist gewiß einzuschärfen, wo übersehen wird, daß der Tod unserem Verfügen ein unübersteigbares Halt entgegensetzt. Doch das »memento mori« (erinnere dich des Sterbens!) ist noch kein Glaube. Es zu werden, muß eine dreifache Erkenntnis dazukommen:

1. Es ist Gott, der im »Dahinfahren wie in einem Strom« (V. 5) jeden unausweichlich an den Ursprung des Lebens zurückbefiehlt (von der Auferstehung Christi her übersetzt Luther sachlich richtig: »Kommt wieder« dorthin zurück, von wo das zeitliche und ewige Leben ausgeht).

2. Unser »Vergehen wie das Gras« ist nicht bloßes Naturereignis, sondern Gottes Urteil: nicht wert, auf ewig zu bestehen, und großenteils Geschwätz und Getue (V. 9).

3. Vor allem gibt es gegen die Predigt, die uns Gott durch die Vergänglichkeit hält, keine andere Zuflucht als ihn selbst. Die ganze Schöpfung und mit ihr die Berge, die das Himmelsgewölbe tragen, sind von Gott umgriffen. Mögen sie stürzen, so bleibt der Gott, der von Generation zu Generation Israels Zuflucht war (V. 1b), dies in alle Ewigkeit hinein (V. 2b). Von dieser Weisheit gilt es Gebrauch zu machen. Dann fällt auf unsere Vergänglichkeit das Licht Gottes (V. 12).

HANS VORSTER

Herr, du bist unsre Zuflucht für und für.

91 Wer unter dem Schirm des Höchsten sitzt / und unter dem Schatten des Allmächtigen bleibt, 2 der spricht zu dem Herrn: Meine Zuversicht und meine Burg, / mein Gott, auf den ich hoffe. 3 Denn er errettet dich vom Strick des Jägers / und von der verderblichen Pest. 4 Er wird dich mit seinen Fittichen decken, und Zuflucht wirst du haben unter seinen Flügeln. / Seine Wahrheit ist Schirm und Schild, 5 daß du nicht erschrecken mußt vor dem Grauen der Nacht, / vor den Pfeilen, die des Tages fliegen, 6 vor der Pest, die im Finstern schleicht, / vor der Seuche, die am Mittag Verderben bringt. 7 Wenn auch tausend fallen zu deiner Seite und zehntausend zu deiner Rechten, / so wird es doch dich nicht treffen. 8 Ja, du wirst es mit eigenen Augen sehen / und schauen, wie den Gottlosen vergolten wird. 9 Denn der Herr ist deine Zuversicht, / der Höchste ist deine Zuflucht. 10 Es wird dir kein Übel begegnen, / und keine Plage wird sich deinem Hause nahen. 11 Denn er hat seinen Engeln befohlen, / daß sie dich behüten auf allen deinen Wegen, 12 daß sie dich auf den Händen tragen / und du deinen Fuß nicht an einen Stein stoßest. 13 Über Löwen und Ottern wirst du gehen / und junge Löwen und Drachen niedertreten. 14 »Er liebt mich, darum will ich ihn erretten; / er kennt meinen Namen, darum will ich ihn schützen. 15 Er ruft mich an, darum will ich ihn erhören; ich bin bei ihm in der Not, / ich will ihn herausreißen und zu Ehren bringen. 16 Ich will ihn sättigen mit langem Leben / und will ihm zeigen mein Heil.« (L)

91 Wer im Schutz des Höchsten wohnt / und ruht im Schatten des Allmächtigen, 2 der sagt zum Herrn: »Du bist für mich Zuflucht und Burg, / mein Gott, dem ich vertraue.« 3 Er rettet dich aus der Schlinge des Jägers / und aus allem Verderben. 4 Er beschirmt dich mit seinen Flügeln, / unter seinen Schwingen findest du Zuflucht, / Schild und Schutz ist dir seine Treue. 5 Du brauchst dich vor dem Schrecken der Nacht nicht zu fürchten / noch vor dem Pfeil, der am Tag dahinfliegt, 6 nicht vor der Pest, die im Finstern schleicht, / vor der Seuche, die wütet am Mittag. 7 Fallen auch tausend zu deiner Seite, / dir zur Rechten zehnmal tausend, / so wird es doch dich nicht treffen. 8 Ja, du wirst es sehen mit eigenen Augen, / wirst zuschauen, wie den Frevlern vergolten wird. 9 Denn der Herr ist deine Zuflucht, / du hast dir den Höchsten als Schutz gewählt. 10 Dir begegnet kein Unheil, / kein Unglück naht deinem Zelt. 11 Denn er befiehlt seinen Engeln, / dich zu behüten auf all deinen Wegen. 12 Sie tragen dich auf ihren Händen, / damit dein Fuß nicht an einen Stein stößt; 13 du schreitest über Löwen und Nattern, / trittst auf Löwen und Drachen. 14 »Weil er an mir hängt, will ich ihn retten; / ich will ihn schützen, denn er kennt meinen Namen. 15 Wenn er mich anruft, dann will ich ihn erhören. / Ich bin bei ihm in der Not, / befreie ihn und bringe ihn zu Ehren. 16 Ich sättige ihn mit langem Leben / und lasse ihn schauen mein Heil.« (E)

Der bewahrte Mensch

Ein Erfahrener, der unter Gottes Augen geleitet und durch seine Hände geheilt worden ist, nimmt sich Zeit und geht dem nach, wofür er Gott danken will. Im Tempel hat er sich niedergelassen und wie ein bedrängter Asylant sein Versteck und seinen Unterschlupf gefunden. Gott ist die einzige und wirkliche Zuflucht für ihn, der verfolgt, gejagt und gehetzt war. Diese Erfahrung hat er selber gemacht und gibt sie jetzt weiter. Er nennt beim Namen, wer und was ihm zugesetzt hat.

Zuerst ist es der, der in verleumderischer Absicht wie ein Vogelsteller oder ein Wilderer ihn zappeln ließ und quälte. Man erklärte einen Kranken für einen von Gott Verlassenen und suchte die Krankheitsursache in einem schuldhaften Vergehen. Gott aber hat ihn aus den von Menschen gelegten Schlingen befreit. Der Mensch hatte sich vor dem »Grauen der Nacht« gefürchtet. Das war die unbewußte Angst vor der Pest oder vor einer schleichenden unheilbaren Krankheit. Die auflauernde Krebsangst, die wie der Dieb in der Nacht einen überfällt, ist dem zu vergleichen. Und die »Pfeile des Tages«, das sind die krankmachenden Mächte, das falsche Denken und die angepaßte Haltung, die unser Bewußtsein vergiften.

Mögen noch so viele ihn beeinflussen oder gar erdrücken – der von Gott Beschützte ist davon unbeschadet. Er muß nicht denken, was man denkt. Er muß nicht leben, wie man lebt. Denn er findet einen Freiraum, in dem er selber leben und stehen kann. Und er kann einen Weg gehen, der von den Engeln Gottes beschützt und begleitet wird. Gefahren sind nicht aus dem Weg geräumt. Aber er kann sie bestehen. Er ist ihnen gewachsen. Am Schluß steht die Zwiesprache Gottes mit dem, der an ihm hängt. Die Erhörung seines Gebetes ist ihm gewiß. In der Not bleibt er nicht verlassen. Der entstellenden Verleumdung bleibt er nicht ausgeliefert. Denn Gott schenkt ihm Bedeutung. Er läßt ihn nicht leer ausgehen, sondern schenkt ihm ein erfülltes, langes Leben.

Was hier von der Schutz- und Zufluchtsfunktion des Tempels gesagt ist, das gilt in einem umfassenden Sinn vom Sein in Christus, in dem der Mensch seine endgültige Bewahrung findet. ROLF STEINHILPER

Sich in deiner Gegenwart, o Herr, niederlassen und von Christus umfangen sein, das hilft mir sehen, wo ich bewahrt geblieben bin. Bei dir sind wir beschützter, als wir denken, und geliebter, als wir wissen.

92 [Ein Psalmlied für den Sabbattag.]
2 Das ist ein köstlich Ding, dem
Herrn danken / und lobsingen deinem
Namen, du Höchster, 3 des Morgens deine
Gnade / und des Nachts deine Wahrheit
verkündigen 4 auf dem Psalter mit zehn
Saiten, / mit Spielen auf der Harfe.
5 Denn, Herr, du lässest mich fröhlich sin-
gen von deinen Werken, / und ich rühme
die Taten deiner Hände. 6 Herr, wie sind
deine Werke so groß! Deine Gedanken
sind sehr tief. 7 Ein Törichter glaubt das
nicht, / und ein Narr begreift es nicht.
8 Die Gottlosen grünen wie das Gras, und
die Übeltäter blühen alle – / nur um ver-
tilgt zu werden für immer! 9 Aber du,
Herr, bist der Höchste / und bleibest
ewiglich. 10 Denn siehe, deine Feinde,
Herr, siehe, deine Feinde werden um-
kommen, / und alle Übeltäter sollen zer-
streut werden. 11 Aber mich machst du
stark wie den Wildstier / und salbst mich
mit frischem Öl. 12 Mit Freude sieht mein
Auge auf meine Feinde herab / und hört
mein Ohr von den Boshaften, die sich ge-
gen mich erheben. 13 Der Gerechte wird
grünen wie ein Palmbaum, / er wird wach-
sen wie eine Zeder auf dem Libanon.
14 Die gepflanzt sind im Hause des
Herrn, / werden in den Vorhöfen unsres
Gottes grünen. 15 Und wenn sie auch alt
werden, / werden sie dennoch blühen,
fruchtbar und frisch sein, 16 daß sie ver-
kündigen, wie der Herr es recht macht; /
er ist mein Fels, und kein Unrecht ist an
ihm. (L)

92 [Ein Psalm. Ein Lied für den Sab-
battag.] 2 Wie schön ist es, dem
Herrn zu danken, / deinem Namen, du
Höchster, zu singen, 3 am Morgen deine
Huld zu verkünden / und in den Nächten
deine Treue 4 zur zehnsaitigen Laute, zur
Harfe, / zum Klang der Zither. 5 Denn du
hast mich durch deine Taten froh ge-
macht; / Herr, ich will jubeln über die
Werke deiner Hände. 6 Wie groß sind
deine Werke, o Herr, / wie tief deine Ge-
danken! 7 Ein Mensch ohne Einsicht er-
kennt das nicht, / ein Tor kann es nicht
verstehen. 8 Wenn auch die Frevler gedei-
hen / und alle, die Unrecht tun, wach-
sen, / so nur, damit du sie für immer ver-
nichtest. 9 Herr, du bist der Höchste, / du
bleibst auf ewig. 10 Doch deine Feinde,
Herr, wahrhaftig, deine Feinde verge-
hen; / auseinandergetrieben werden alle,
die Unrecht tun. 11 Du machtest mich
stark wie einen Stier, / du salbtest mich
mit frischem Öl. 12 Mein Auge blickt
herab auf meine Verfolger, / auf alle, die
sich gegen mich erheben; / mein Ohr hört
vom Geschick der Bösen. 13 Der Gerechte
gedeiht wie die Palme, / er wächst wie die
Zedern des Libanon. 14 Gepflanzt im
Hause des Herrn, / gedeihen sie in den
Vorhöfen unseres Gottes. 15 Sie tragen
Frucht noch im Alter / und bleiben voll
Saft und Frische; 16 sie verkünden: Ge-
recht ist der Herr; / mein Fels ist er, an
ihm ist kein Unrecht. (E)

Schönheit des Lobes und Freude am Leben

Die Überschrift weist den Psalm dem Sabbattag zu. Die alten jüdischen Ausleger stellten nur die Frage, ob dieses Loblied auf den ersten Sabbat bei der Schöpfung, auf die Vollkommenheit der Werke Gottes am Anfang der Zeiten, oder auf den Sabbat der Weltgeschichte, auf das endgültige Aufatmen, zu beziehen sei. Die alte kirchliche Auslegung sah in diesem Psalm gern einen Ausblick auf die Vollendung – wie ja auch die immergrünenden und fruchtbaren Bäume, von denen in den letzten Versen die Rede ist, in etwas abgewandelter Form die Visionen der erneuerten Schöpfung auf den letzten Seiten der Bibel bestimmen.

Anfang und Ende des Psalms berühren sich im Lobpreis der Vollkommenheit Gottes, seiner Huld, Treue und Gerechtigkeit. In der Bibel ist der Morgen öfters Gottes Huld zugeordnet. Am Morgen wird Gott gepriesen für seine allzeit erneuerte wohlwollende Verbundenheit mit jedem, der ihn sucht. Daß die Nacht an Gottes Treue denken läßt, liegt auf der Hand. Vor allem für den, den Sorge oder Schmerz nicht ruhen lassen, ist die Nacht Zeit der Erwartung, in der Gottes Treue das hoffende Vertrauen aufrechterhält.

Der Lobpreis der Gerechtigkeit Gottes (V. 16) fällt uns wohl am schwersten. Ganz sicher ist keine strafende Gerechtigkeit gemeint, sondern der unverbrüchliche Rechtscharakter der Gemeinschaft Gottes mit den Seinen. Aber gerade da taucht die Frage auf, wie es denn um den gerechten Gott stehe, wenn doch so viel unbegreiflich Hartes geschieht. Der ganze mittlere Teil des Psalms trägt deutliche Spuren dieser Anfechtung und weiß um die Schwierigkeit, Gottes gütiges Walten in den Ereignissen des Lebens zu entdecken. Das Unrecht, die Übervorteilung, die Härte der Ablehnung scheinen überhandzunehmen, »aufzusprießen wie Gras«.

Aber neben diesem zu kurzer Dauer verurteilten Wachsen und Blühen hat der Lobende eine ganz andere Lebensfülle erkannt, die nicht mit dem aufsprießenden Gras, sondern mit Palme und Zeder, den königlichen und edelsten Bäumen, zu vergleichen ist. So sieht, wer lobt, die Schönheit des Lebens mit Gott in immer helleren Farben, ohne den Schleier eines vernichtenden Urteils über sich selbst und andere.

EIN BRUDER AUS TAIZÉ

O Gott, laß mich lobend die Schönheit meines Lebens sehen!

93 Der Herr ist König und herrlich ge-
schmückt; der Herr ist geschmückt
und umgürtet mit Kraft. / Er hat den Erd-
kreis gegründet, daß er nicht wankt. 2 Von
Anbeginn steht dein Thron fest; / du bist
ewig. 3 Herr, die Wasserströme erheben
sich, die Wasserströme erheben ihr Brau-
sen, / die Wasserströme heben empor die
Wellen; 4 die Wasserwogen im Meer sind
groß und brausen mächtig; / der Herr
aber ist noch größer in der Höhe. 5 Dein
Wort ist wahrhaftig und gewiß; / Heilig-
keit ist die Zierde deines Hauses, Herr,
für alle Zeit. (L)

93 Der Herr ist König, bekleidet mit
Hoheit; / der Herr hat sich beklei-
det und mit Macht umgürtet. Der Erd-
kreis ist fest gegründet, / nie wird er
wanken. 2 Dein Thron steht fest von An-
beginn, / du bist seit Ewigkeit. 3 Fluten er-
heben sich, Herr, / Fluten erheben ihr
Brausen, / Fluten erheben ihr Tosen.
4 Gewaltiger als das Tosen vieler Wasser, /
gewaltiger als die Brandung des Meeres /
ist der Herr in der Höhe. 5 Deine Gesetze
sind fest und verläßlich; / Herr, deinem
Haus gebührt Heiligkeit / für alle Zeiten.
(E)

Gott ist unser König

»Lobe den Herren, der alles so herrlich regieret!« So hat Joachim Neander den Inhalt von Psalm 93 eingefangen. Wer so Gott lobt, erkennt in Siegen und Niederlagen, in Ernte und Mißernte, im Miterleben von Geburt und Tod die führende Hand Gottes. Erhabenheit und Stärke deuten an, daß Gott immer am längeren Hebel sitzt. Die Herren der Erde werden ermahnt, ihr Regieren vor Gott zu verantworten. Ein preußischer Hofmann ließ in der häuslichen Andacht, wenn er sich am Tag ungerecht vom König behandelt fühlte, die 2. Strophe von »Lobe den Herren, o meine Seele« singen, in der es heißt: »Fürsten sind Menschen, vom Weib geboren, und kehren um zu ihrem Staub.« Für die nach Babel verschleppten Juden war der Gesang des Psalms 93 in der Synagoge Trost und Halt. Wo immer der Glaubende durch Mächtige bedrängt wird, gibt ihm das Bekenntnis »Unser Gott ist König und Herr« einen Ausblick auf die nahende Erlösung. Es hat auch in Dachau und in Theresienstadt das »Lobe den Herren« gegeben.

Auch im Gottesdienst am Ende aller Tage wird der Ruf ertönen: König geworden ist der Herr. Doch vorher erzählen die Evangelien vom Einzug Jesu als König in Jerusalem. Das Volk jauchzt ihm zu, Hosianna! Und wenige Tage später steht der König vor Pilatus, und das Volk ruft: Kreuzige ihn! Unser König ist der gekreuzigte und auferstandene Herr. Nicht nur in der Ordnung des alten Bundes, auch im neuen Bund hat die Gemeinde ihren Herrn zu loben und zu preisen. Der Apostel schreibt nach Ephesus: Laßt in eurer Mitte Psalmen, Hymnen und Lieder erklingen. Singt und jubelt aus vollem Herzen zum Lob des Herrn (Epheser 5,19–20).

Gott belebt und leitet die Gemeinde durch sein Wort (Psalm 93,5). Der versammelten Gemeinde läßt er seine Gesetze verkünden. Sie sind fest und verläßlich und zeigen der Gemeinde ein Stück des vor ihr liegenden Wegs. Der rechte Gottesdienst der Gemeinde ist Lobpreis und Gehorsam. Heute ist aktuell das Gebot: Du sollst den Feiertag heiligen! Gott will, daß ich sonderlich am Feiertag zu der Gemeinde Gottes fleißig komme, das Wort Gottes zu lernen, die heiligen Sakramente zu gebrauchen, den Herrn öffentlich anzurufen und das christliche Dankopfer zu geben. REINHARD FREESE

Wenn alles wankt, dein Zeugnis nicht; du hältst, was deine Huld verspricht. Drum sucht dein Volk, das dir sich weiht, hier seinen Schmuck in Heiligkeit.

94 Herr, du Gott der Vergeltung, / du
Gott der Vergeltung, erscheine!
2 Erhebe dich, du Richter der Welt; / ver-
gilt den Hoffärtigen, was sie verdienen!
3 Herr, wie lange sollen die Gottlosen, /
wie lange sollen die Gottlosen prahlen?
4 Es reden so trotzig daher, / es rühmen
sich alle Übeltäter. 5 Herr, sie zerschlagen
dein Volk / und plagen dein Erbe. 6 Wit-
wen und Fremdlinge bringen sie um / und
töten die Waisen 7 und sagen: Der Herr
sieht's nicht, / und der Gott Jakobs
beachtet's nicht. 8 Merkt doch auf, ihr
Narren im Volk! / Und ihr Toren, wann
wollt ihr klug werden? 9 Der das Ohr ge-
pflanzt hat, sollte der nicht hören? / Der
das Auge gemacht hat, sollte der nicht se-
hen? 10 Der die Völker in Zucht hält,
sollte der nicht Rechenschaft fordern – /
er, der die Menschen Erkenntnis lehrt?
11 Aber der Herr kennt die Gedanken der
Menschen: / sie sind nur ein Hauch!
12 Wohl dem, den du, Herr, in Zucht
nimmst / und lehrst ihn durch dein Ge-
setz, 13 ihm Ruhe zu schaffen vor bösen
Tagen, / bis dem Gottlosen die Grube ge-
graben ist. 14 Denn der Herr wird sein
Volk nicht verstoßen / noch sein Erbe ver-
lassen. 15 Denn Recht muß doch Recht
bleiben, / und ihm werden alle fromen
Herzen zufallen. (L)

94 Gott der Vergeltung, o Herr, / du
Gott der Vergeltung, erscheine!
2 Erhebe dich, Richter der Erde, / vergilt
den Stolzen ihr Tun! 3 Wie lange noch dür-
fen die Frevler, o Herr, / wie lange noch
dürfen die Frevler frohlocken? 4 Sie füh-
ren freche Reden, / alle, die Unrecht tun,
brüsten sich. 5 Herr, sie zertreten dein
Volk, / sie unterdrücken dein Erbteil.
6 Sie bringen die Witwen und Waisen um /
und morden die Fremden. 7 Sie denken:
Der Herr sieht es ja nicht, / der Gott Ja-
kobs merkt es nicht. 8 Begreift doch, ihr
Toren im Volk! / Ihr Unvernünftigen,
wann werdet ihr klug? 9 Sollte der nicht
hören, der das Ohr gepflanzt hat, / sollte
der nicht sehen, der das Auge geformt
hat? 10 Sollte der nicht strafen, der die
Völker erzieht, / er, der die Menschen Er-
kenntnis lehrt? 11 Der Herr kennt die Ge-
danken der Menschen: / Sie sind nichts als
ein Hauch. 12 Wohl dem Mann, den du,
Herr, erziehst, / den du mit deiner Wei-
sung belehrst. 13 Du bewahrst ihn vor bö-
sen Tagen, / bis man dem Frevler die
Grube gräbt. 14 Ja, der Herr wird sein
Volk nicht verstoßen / und niemals sein
Erbe verlassen. 15 Nun spricht man wieder
Recht nach Gerechtigkeit; / ihr folgen
alle Menschen mit redlichem Herzen. (E)

Gott der Vergeltung

Unser heutiger Psalm beginnt mit einem Paukenschlag: »Du Gott der Vergeltung, erscheine!« heißt es da. Im selben Stil fährt der Psalmdichter dann fort, um eine Situation zu beschreiben, in der offensichtlich Anarchie und Chaos herrschen – und scheinbar nirgendwo Gott, der die »Bösen« zur Rechenschaft ziehen würde.

Da geht es uns doch ganz ähnlich, sowohl im kleinen persönlichen Umfeld wie auch in großen Dimensionen der Welt: Wenn wir es für angebracht halten, uns im Recht sehen, dann sind wir nur allzu leicht bereit, dem anderen alles mögliche zu wünschen, nur nichts Gutes; und damit unser Gewissen rein bleibt, soll Gott das für uns erledigen. Dies insbesondere dann, wenn wir igendwelches Geschehen um uns herum nicht begreifen können, der dahinter steckende Sinn uns verborgen bleibt.

Aber schon der Psalmist damals wußte, daß dies nicht der richtige Weg ist – wieviel mehr müßte uns dies nach Jesu Tod und Auferstehung bewußt sein! Denn er fährt in den Versen 8–15 ganz anders fort: Er ruft seinen Mitmenschen und damit auch uns zu, daß Gott keineswegs schläft, sondern lediglich selbst bestimmt, wie und wann er Recht schafft. Daß es am Ende jedenfalls geschieht, ist mit Vers 15 klar ausgesagt.

Aber auch die Begründungen dafür, daß Gott letztlich die Oberhand behalten wird, sind sehr schön: Derjenige, der uns die Sinne gab, sollte selbst nicht sehen und hören können, was wir treiben?! (V. 9) Er sieht uns, und zwar jeden einzelnen von uns. Keiner kann da meinen, er entgehe diesem göttlichen Blick. Dies heißt doch dann auch, daß wir uns fragen müssen, ob eigentlich wir im Recht sind – oder vielleicht doch der andere? Damit soll nicht einer Welt das Wort geredet werden, in der wir alles laufen lassen, weil Gott am Ende ja Recht schaffen wird. Aber etwas mehr Demut, etwas mehr Bereitschaft zur Vergebung im Umgang mit unseren Nächsten wird jedem von uns sicher guttun! CHRISTOPH HENSEL

Herr, auf unser Recht zu verzichten, wenn wir meinen, dieses zu besitzen, fällt uns oft so schwer. Gib uns die Demut, dies immer wieder zu versuchen.

95 Kommt herzu, laßt uns dem Herrn
frohlocken / und jauchzen dem
Hort unsres Heils! 2 Laßt uns mit Danken
vor sein Angesicht kommen / und mit
Psalmen ihm jauchzen! 3 Denn der Herr
ist ein großer Gott / und ein großer König
über alle Götter. 4 Denn in seiner Hand
sind die Tiefen der Erde, / und die Höhen
der Berge sind auch sein. 5 Denn sein ist
das Meer, und er hat's gemacht, / und
seine Hände haben das Trockene berei-
tet. 6 Kommt, laßt uns anbeten und
knien / und niederfallen vor dem Herrn,
der uns gemacht hat. 7 Denn er ist unser
Gott, / und wir das Volk seiner Weide und
Schafe seiner Hand. Wenn ihr doch heute
auf seine Stimme hören wolltet: / 8 »Ver-
stocket euer Herz nicht, wie zu Meriba ge-
schah, wie zu Massa in der Wüste, 9 wo
mich eure Väter versuchten und prüften /
und hatten doch mein Werk gesehen.
10 Vierzig Jahre war dies Volk mir zuwi-
der, daß ich sprach: Es sind Leute, deren
Herz immer den Irrweg will / und die
meine Wege nicht lernen wollen, 11 so daß
ich schwor in meinem Zorn: / Sie sollen
nicht zu meiner Ruhe kommen.« (L)

95 Kommt, laßt uns jubeln vor dem
Herrn / und zujauchzen dem Fels
unsres Heiles! 2 Laßt uns mit Lob seinem
Angesicht nahen, / vor ihm jauchzen mit
Liedern! 3 Denn der Herr ist ein großer
Gott, / ein großer König über allen Göt-
tern. 4 In seiner Hand sind die Tiefen der
Erde, / sein sind die Gipfel der Berge.
5 Sein ist das Meer, das er gemacht hat, /
das trockene Land, das seine Hände gebil-
det. 6 Kommt, laßt uns niederfallen, uns
vor ihm verneigen, / laßt uns niederknien
vor dem Herrn, unserm Schöpfer! 7 Denn
er ist unser Gott, / wir sind das Volk sei-
ner Weide, / die Herde, von seiner Hand
geführt. Ach, würdet ihr doch heute auf
seine Stimme hören! / 8 »Verhärtet euer
Herz nicht wie in Meríba, / wie in der Wü-
ste am Tag von Massa! 9 Dort haben eure
Väter mich versucht, / sie haben mich auf
die Probe gestellt und hatten doch mein
Tun gesehen. 10 Vierzig Jahre war mir dies
Geschlecht zuwider, / und ich sagte: Sie
sind ein Volk, dessen Herz in die Irre
geht; / denn meine Wege kennen sie
nicht. 11 Darum habe ich in meinem Zorn
geschworen: / Sie sollen nicht kommen in
das Land meiner Ruhe.« (E)

Unser Gott kommt und schweigt nicht

Im Meßbuch des Tempels von Jerusalem stand vor dem Psalm 95 die Rubrik: Lauter Huldigungsjubel der Gemeinde! Nach dem Maßstab der Welt ist die Lautstärke des Jubels Meßlatte für die Bedeutsamkeit von Stars. Das Erstaunliche an diesem Jubel in Jerusalem ist, daß er nicht einem menschlichen Gott-König gilt, sondern Gott, der da anwesend ist, wo sein Name genannt und sein Wort und Gebot bekannt gemacht werden. Für die Festpilger, die dort niederknien, ist jetzt der größte Augenblick ihrer Wallfahrt gekommen. Gott ist gegenwärtig. Er ist ein großer König, größer als alle Götter. Daß dies bekannt wird angesichts der Tempel der Ischtar und des Milkom im königlichen Palastbezirk zu Jerusalem, gibt diesem Zeugnis besondere Würze.

Gott hat sein Volk aus Ägypten geführt und durch die Wüste geleitet. Gott hat sich als verläßlicher Hirte seiner Gemeinde erwiesen. Mögen bei den Heiden die Abgründe der Erde von den Mächten der Unterwelt bewohnt werden, mögen die Heiden ihre Götter auf lichten Bergen wohnen lassen, Gott wird in seinem Volk als der Herr der ganzen Welt bekannt. Solcher Erhabenheit entspricht die tiefe Beugung der anbetenden Gemeinde. »Kommt, laßt uns anbeten.«

In Vers 7 wechselt das gottesdienstliche Geschehen vom Einzugsjubel zur Predigt. Eine Stimme erhebt sich andringend, mahnend, herzlich. Der priesterliche Prediger fordert Gehorsam gegen Gottes Gebot. Der Prediger warnt, wenn er auf den Ungehorsam Israels in der Wüste zu sprechen kommt. Keiner aus der Wüstengeneration, auch Mose nicht, durfte in Gottes Land einziehen. Erst in der nächsten Generation hat Gott unter Josua das Land erobern und bewohnen lassen. Der Jubel des Volks beweist, daß Gott sein Wort gehalten hat. Darum dies: Ach, würdet ihr doch heute auf seine Stimme hören! Die Forderung des Gehorsams gegen Gottes Wort ist die Probe auf die Ernsthaftigkeit des Huldigungsjubels.

Und das andere lernen wir aus dieser Predigt: In Sachen des Glaubens müssen wir uns vor Augen halten, daß der Glaube in engster Verbindung mit Gottes Wort steht. An manchen Stellen der Heiligen Schrift ist Glaube gleich Hören. So gründet der Glaube in der Botschaft, die Botschaft im Wort Gottes (Römer 10,17).

REINHARD FREESE

Nun jauchzt dem Herren alle Welt, kommt her, zu seinem Dienst euch stellt.

96 Singet dem Herrn ein neues
Lied; / singet dem Herrn, alle
Welt! 2 Singet dem Herrn und lobet seinen
Namen, / verkündet von Tag zu Tag sein
Heil! 3 Erzählet unter den Heiden von sei-
ner Herrlichkeit, / unter allen Völkern
von seinen Wundern! 4 Denn der Herr ist
groß und hoch zu loben, / mehr zu fürch-
ten als alle Götter. 5 Denn alle Götter der
Völker sind Götzen; / aber der Herr hat
den Himmel gemacht. 6 Hoheit und
Pracht sind vor ihm, / Macht und Herr-
lichkeit in seinem Heiligtum. 7 Ihr Völker,
bringet dar dem Herrn, / bringet dar dem
Herrn Ehre und Macht! 8 Bringet dar dem
Herrn die Ehre seines Namens, / bringet
Geschenke und kommt in seine Vorhöfe!
9 Betet an den Herrn in heiligem
Schmuck; / es fürchte ihn alle Welt!
10 Sagt unter den Heiden: Der Herr ist Kö-
nig. / Er hat den Erdkreis gegründet, daß
er nicht wankt. Er richtet die Völker
recht. 11 Der Himmel freue sich, und die
Erde sei fröhlich, / das Meer brause und
was darinnen ist; 12 Das Feld sei fröhlich
und alles, was darauf ist; / es sollen jauch-
zen alle Bäume im Walde 13 vor dem
Herrn; denn er kommt, / denn er kommt,
zu richten das Erdreich. Er wird den Erd-
kreis richten mit Gerechtigkeit / und die
Völker mit seiner Wahrheit. (L)

96 Singet dem Herrn ein neues Lied, /
singt dem Herrn, alle Länder der
Erde! 2 Singt dem Herrn und preist seinen
Namen, / verkündet sein Heil von Tag zu
Tag! 3 Erzählt bei den Völkern von seiner
Herrlichkeit, / bei allen Nationen von sei-
nen Wundern! 4 Denn groß ist der Herr
und hoch zu preisen, / mehr zu fürchten
als alle Götter. 5 Alle Götter der Heiden
sind nichtig, / der Herr aber hat den Him-
mel geschaffen. 6 Hoheit und Pracht sind
vor seinem Angesicht, / Macht und Glanz
in seinem Heiligtum. 7 Bringt dar dem
Herrn, ihr Stämme der Völker, / bringt
dar dem Herrn Lob und Ehre! 8 Bringt dar
dem Herrn die Ehre seines Namens, /
spendet Opfergaben, und tretet ein in sein
Heiligtum! 9 In heiligem Schmuck werft
euch nieder vor dem Herrn, / erbebt vor
ihm, alle Länder der Erde! 10 Verkündet
bei den Völkern: / Der Herr ist König.
Den Erdkreis hat er gegründet, so daß er
nicht wankt. / Er richtet die Nationen so,
wie es recht ist. 11 Der Himmel freue sich,
die Erde frohlocke, / es brause das Meer
und alles, was es erfüllt. 12 Es jauchze die
Flur und was auf ihr wächst. / Jubeln sol-
len alle Bäume des Waldes 13 vor dem
Herrn, wenn er kommt, / wenn er kommt,
um die Erde zu richten. Er richtet den
Erdkreis gerecht / und die Nationen nach
seiner Treue. (E)

Neues gegen altes Lied

»Immer das alte Lied« – wie oft mag diese Feststellung in den wenigen Tagen des neuen Jahres schon getroffen worden sein! Das alte Lied von den Schwierigkeiten der Menschen, sich zu ändern, von Egoismus, Profitgier, Brutalität und vielem anderen.

Der Psalm lädt uns ein, ein neues Lied zu singen. Gibt es einen Grund dafür? Ja, denn Gott schafft Neues – in Menschenherzen. Darum sollen alle, die ihn kennen, singen. Warum gerade singen? Weil die Menschen so überflutet werden mit dem alten Lied, ist es so wichtig, daß sie auch das neue Lied hören. Zudem wirkt auch das neue Lied ansteckend, und es befreit von der Resignation und dem Selbstmitleid.

Zu dem »Singet!« kommt die ergänzende Aufforderung: »Erzählet!« Erzählet von der Herrlichkeit Gottes! Der Dichter dieses Psalms ist zutiefst ergriffen von dieser Herrlichkeit. Er »sieht« sie gewissermaßen mit seinen geistigen Augen. Er vergleicht sie mit sichtbaren Herrschern, Mächtigen und Möchtegern-Mächtigen, ja mit »Göttern«, die Menschen sich machen. Sie alle können nicht konkurrieren mit Gottes Herrlichkeit. Darum erzählet von ihm! Welch eine Perspektive, wenn in den Gesprächen, an denen Christen beteiligt sind, das Thema »Klagen und Schimpfen« zurückgedrängt würde durch das Thema: »Herrlichkeit Gottes«. Wenn von der Herrlichkeit Gottes geredet wird, schwinden der Respekt und die Angst vor den »Götzen«.

Dieses neue Lied ist so stark, daß es bei denen, die es singen, das ganze Leben prägt: Sie lassen sich nicht in die Resignation drängen. Sie lassen sich nicht imponieren von irdischer Macht, denn alle Mächtigen sind kleine Wichte vor Gott. Sie setzen ihr Vertrauen auf Gott und nicht auf irgendwelche Dinge, die nicht tragen können. Und sie geben Gott die Ehre.

Schließlich wird die gesamte Schöpfung aufgefordert, sich zu freuen, denn Gott kommt, um die Welt zu richten. Hierbei ist weniger an das Gericht gedacht als daran, daß Gott die Welt regieren wird – mit Gerechtigkeit und Treue. Dann werden sich nicht nur die Menschen, sondern auch die Erde, das Wasser und alle Kreaturen mitfreuen können. Welch eine Zukunft! HELMUT HERION

Hilf uns, Herr, auf dich zu vertrauen und auf deine Macht, Neues zu schaffen – in unseren Herzen und in unserer Welt!

97 Der Herr ist König; des freue sich das Erdreich / und seien fröhlich die Inseln, soviel ihrer sind. 2 Wolken und Dunkel sind um ihn her, / Gerechtigkeit und Gericht sind seines Thrones Stütze. 3 Feuer geht vor ihm her / und verzehrt ringsum seine Feinde. 4 Seine Blitze erleuchten den Erdkreis, / das Erdreich sieht es und erschrickt. 5 Berge zerschmelzen wie Wachs vor dem Herrn, / vor dem Herrscher der ganzen Erde. 6 Die Himmel verkündigen seine Gerechtigkeit, / und seine Herrlichkeit sehen alle Völker. 7 Schämen sollen sich alle, die den Bildern dienen und sich der Götzen rühmen. / Betet ihn an, alle Götter! 8 Zion hört es und ist froh, / und die Töchter Juda sind fröhlich, weil du, Herr, recht regierest. 9 Denn du, Herr, bist der Höchste über allen Ländern, / du bist hoch erhöht über alle Götter. 10 Die ihr den Herrn liebet, hasset das Arge! / Der Herr bewahrt die Seelen seiner Heiligen; aus der Hand der Gottlosen wird er sie erretten. 11 Dem Gerechten muß das Licht immer wieder aufgehen / und Freude den frommen Herzen. 12 Ihr Gerechten, freut euch des Herrn / und danket ihm und preiset seinen heiligen Namen! (L)

97 Der Herr ist König. Die Erde frohlocke. / Freuen sollen sich die vielen Inseln. 2 Rings um ihn her sind Wolken und Dunkel, / Gerechtigkeit und Recht sind die Stützen seines Throns. 3 Verzehrendes Feuer läuft vor ihm her / und frißt seine Gegner ringsum. 4 Seine Blitze erhellen den Erdkreis; / die Erde sieht es und bebt. 5 Berge schmelzen wie Wachs vor dem Herrn, / vor dem Antlitz des Herrschers aller Welt. 6 Seine Gerechtigkeit verkünden die Himmel, / seine Herrlichkeit schauen alle Völker. 7 Alle, die Bildern dienen, werden zuschanden, / alle, die sich der Götzen rühmen. / Vor ihm werfen sich alle Götter nieder. 8 Zion hört es und freut sich, / Judas Töchter jubeln, Herr, über deine Gerichte. 9 Denn du, Herr, bist der Höchste über der ganzen Erde, / hoch erhaben über alle Götter. 10 Ihr, die ihr den Herrn liebt, haßt das Böse! / Er behütet das Leben seiner Frommen, / er entreißt sie der Hand der Frevler. 11 Ein Licht erstrahlt den Gerechten / und Freude den Menschen mit redlichem Herzen. 12 Ihr Gerechten, freut euch am Herrn, / und lobt seinen heiligen Namen! (E)

Ein unnatürlicher Jubel

So jedenfalls könnte dieser überschwengliche Begeisterungsausbruch auf manche Bibelleser wirken. Besonders heute, wo vielerorts in den Kirchen Leere gähnt. Denn für viele Zeitgenossen ist Pfingsten ein bevorzugter Reisetermin. Daher klingen die liturgischen Gesänge der Daheimgebliebenen auch meist recht dünn. Manchmal auch müde. Und auch aufmerksame Gottesdienstteilnehmer können den Zusammenhang zwischen den täglich gelieferten Nachrichten aus aller Welt und den biblischen Lesungen nicht mehr erkennen. Da hungernde Millionen, soziale Ungerechtigkeiten und ökologischer Notstand. Dort feierliche Texte mit oft fremdartigen Gottesvorstellungen und überlieferten Lobgesängen.

Aber war das im altjüdischen Gottesdienst nach dem Exil so viel anders? Gewiß, der Massentourismus war unbekannt. Und die Gottesbilder der Psalmengesänge waren geläufig. Aber von den Propheten wissen wir von der auch damals schon vorherrschenden sozialen Ungerechtigkeit, von politischer Unvernunft und privater Oberflächlichkeit. Woher dann also dieser gottesdienstliche Freudenausbruch über die heile Welt der Gottesherrschaft? Woher diese drastischen Visionen von der Gottesgewalt in Blitzen, Erdbeben und Vulkanausbrüchen? Woher die Behauptung der internationalen Überlegenheit des biblischen Gottes über die politischen und religiösen Mächte im Umfeld? Woher die Gewißheit, daß Gott inmitten üblicher Ungerechtigkeit sich denen liebevoll zuwendet, die sich um Gerechtigkeit und Herzensgüte mühen?

Der Psalmdichter betet und singt gegen die augenscheinliche Wirklichkeit an. Er betet und jubelt aus der Gewißheit seines Glaubens. Und solcher Glaube kann nicht einer fremden Phantasie entsprungen sein. Nein, hier muß Gott wirksam geworden sein. Durch die Gegenwart seines Geistes hat er solche Gewißheit geweckt und solche Bilder lebendig gemacht. In seinem Sprecher hat er die Zuversicht gewirkt, daß der Schöpfer seine Welt und seine Menschen auf Dauer nicht den zerstörenden Mächten überlassen wird. Das rettende Endereignis wird vertrauensvoll vorweggenommen. Und genau das löst den jubelnden Dank aus. FRITZ HARRIEFELD

Lieber Herr, laß mich an diesem Pfingstfest durch deine Geistgegenwart in Glaubensgewißheit mit der Gemeinde Dank singen.

98 [Ein Psalm.] Singet dem Herrn ein
neues Lied, / denn er tut Wunder.
Er schafft Heil mit seiner Rechten / und
mit seinem heiligen Arm. 2 Der Herr läßt
sein Heil kundwerden; / vor den Völkern
macht er seine Gerechtigkeit offenbar.
3 Er gedenkt an seine Gnade und Treue
für das Haus Israel, / aller Welt Enden se-
hen das Heil unsres Gottes. 4 Jauchzet
dem Herrn, alle Welt, / singet, rühmet
und lobet! 5 Lobet den Herrn mit Har-
fen, / mit Harfen und mit Saitenspiel!
6 Mit Trompeten und Posaunen jauchzet
vor dem Herrn, dem König! 7 Das Meer
brause und was darinnen ist, / der Erd-
kreis und die darauf wohnen. 8 Die Ströme
sollen frohlocken, / und alle Berge seien
fröhlich 9 vor dem Herrn; denn er kommt,
das Erdreich zu richten. / Er wird den
Erdkreis richten mit Gerechtigkeit und
die Völker, wie es recht ist. (L)

98 [Ein Psalm.] Singet dem Herrn ein
neues Lied; / denn er hat wunder-
bare Taten vollbracht. Er hat mit seiner
Rechten geholfen / und mit seinem heili-
gen Arm. 2 Der Herr hat sein Heil bekannt
gemacht / und sein gerechtes Wirken ent-
hüllt vor den Augen der Völker. 3 Er
dachte an seine Huld / und an seine Treue
zum Hause Israel. Alle Enden der Erde /
sahen das Heil unseres Gottes. 4 Jauchzt
vor dem Herrn, alle Länder der Erde, /
freut euch, jubelt und singt! 5 Spielt dem
Herrn auf der Harfe, / auf der Harfe zu
lautem Gesang! 6 Zum Schall der Trompe-
ten und Hörner / jauchzt vor dem Herrn,
dem König! 7 Es brause das Meer und al-
les, was es erfüllt, / der Erdkreis und seine
Bewohner. 8 In die Hände klatschen sol-
len die Ströme, / die Berge sollen jubeln
im Chor 9 vor dem Herrn, wenn er
kommt, / um die Erde zu richten. Er rich-
tet den Erdkreis gerecht, / die Nationen
so, wie es recht ist. (E)

Singet dem Herrn ein neues Lied; denn er tut Wunder!

Als Luther den Psalm übersetzte, hat er ihn zugleich auf die Christenheit seiner Zeit zugespitzt (»tut Wunder« statt »tat« im Urtext, durchweg Präsens in V. 1–3). Die Absicht: Ihr Lied sollte den Taten Gottes entsprechen, die in ihr geschahen. Der Leitspruch für die Kantate-Woche gibt diese Absicht weiter, aber die Katastrophen der jüngsten Geschichte wollen es nicht dazu kommen lassen. Auschwitz und Hiroshima können freilich auch zum Alibi für eine Trägheit werden, die sich vom biblischen Zeugnis nicht mehr auf die Spur setzen läßt, wie Gott in das Machtgeflecht unserer Zeit eingreift.

Folgt unser Lied aber solchem Wink, dann darf es zwar wie die Gesänge Lateinamerikas improvisieren, nicht jedoch frei fantasieren. Die Traumfabrik, die von den Strategen des Machterhalts bereitwillig zugestandene Befriedigung der religiösen Bedürfnisse scheiden aus. Wie werden wir dagegen gefeit? Zum Beispiel wenn wir uns mit diesem Psalm denen zuwenden, die vor uns in ihrem Gotteslob die Machttaten Gottes zu ihrer Zeit aufgegriffen haben. Es waren die Rückkehrer aus dem babylonischen Exil. Sie hatten dort bewahrt, wie man im Tempel zu Jerusalem das Königtum Gottes gefeiert hatte: »Gott, der Herr, ist König« war Inhalt der Gesänge, von denen uns einige in den Gott-Königs-Psalmen (47, 93, 96–99) erhalten sind. Das griffen sie nun auf. Ihre eigene Gotteserfahrung, daß Gott die Verheißungen des zweiten Jesaja erfüllt hatte und sie heimkehren ließ, mußte jedoch hinein in ihr (darum neues) Lied von Gottes gnädiger Herrschaft. Es sollte bezeugen: Was niemand für möglich hielt, ist geschehen. Gott hat wie einst in Ägypten erneut in die Machtkonstellationen der Völker eingegriffen. Israel konnte zum zweitenmal ausziehen, und die Weltöffentlichkeit wurde Zeuge seiner Rückkehr in die Heimat.

Das geschehene Wunder (darum das Perfekt der meisten Übersetzungen in V. 1–3) spornte ihren Glauben an, Gott noch viel mehr zuzutrauen: daß er der ganzen Menschheit eine gerechte Friedensordnung schenkt, in der Natur und Geschichte, alles Leben mit seinem Schöpfer versöhnt ist (V. 7–9).

Unser neues Lied sollte sich die Spannweite dieses Dankes und dieser Hoffnung zum Vorbild nehmen. HANS VORSTER

Bald schaut der ganze Kreis der Erde, wie unsers Gottes Huld erfreut: Gott will, daß sie ein Eden werde; rühm, Erde, Gottes Herrlichkeit!

99 Der Herr ist König, darum zittern
die Völker; / er sitzt über den Che-
rubim, darum bebt die Welt. 2 Der Herr ist
groß in Zion / und erhaben über alle Völ-
ker. 3 Preisen sollen sie deinen großen und
wunderbaren Namen, / – denn er ist heilig
– 4 und die Macht des Königs, / der das
Recht lieb hat. Du hast bestimmt, was
richtig ist, / du schaffest Gericht und Ge-
rechtigkeit in Jakob. 5 Erhebet den Herrn,
unsern Gott, betet an vor dem Schemel
seiner Füße; / denn er ist heilig. 6 Mose
und Aaron unter seinen Priestern, und Sa-
muel unter denen, die seinen Namen an-
rufen, / die riefen den Herrn an, und er
erhörte sie. 7 Er redete mit ihnen in der
Wolkensäule; / sie hielten seine Gesetze
und Gebote, die er ihnen gab. 8 Herr, du
bist unser Gott, du erhörtest sie; / du,
Gott, vergabst ihnen und straftest ihr
Tun. 9 Erhebet den Herrn, unsern Gott,
und betet an auf seinem heiligen Berge; /
denn der Herr, unser Gott, ist heilig. (L)

99 Der Herr ist König: Es zittern die
Völker. / Er thront auf den Keru-
bim: Es wankt die Erde. 2 Groß ist der
Herr auf Zion, / über alle Völker erha-
ben. 3 Preisen sollen sie deinen großen,
majestätischen Namen. / Denn er ist hei-
lig. 4 Stark ist der König, er liebt das
Recht. / Du hast die Weltordnung fest be-
gründet, / hast Recht und Gerechtigkeit
in Jakob geschaffen. 5 Rühmt den Herrn,
unseren Gott; / werft euch am Schemel
seiner Füße nieder! / Denn er ist heilig.
6 Mose und Aaron sind unter seinen Prie-
stern, / Samuel unter denen, die seinen
Namen anrufen; / sie riefen zum Herrn,
und er hat sie erhört. 7 Aus der Wolken-
säule sprach er zu ihnen; / seine Gebote
hielten sie, / die Satzung, die er ihnen gab.
8 Herr, unser Gott, du hast sie erhört; / du
warst ihnen ein verzeihender Gott, / aber
du hast ihre Frevel vergolten. 9 Rühmt den
Herrn, unsern Gott, / werft euch nieder
an seinem heiligen Berge! / Denn heilig
ist der Herr, unser Gott. (E)

König von Zeit und Ewigkeit

Ein sich verabschiedendes Jahr läßt uns den Atem anhalten. Wir schauen zurück, erleben bewußter den Augenblick, spannen uns voll Erwartung aus auf Neues. Auch im »königlichen« Psalm 99 bündeln sich die drei Zeitformen. Nur einer steht über allen und ist in allen gegenwärtig: Gott. Später, wenn seine Nähe sozusagen mit Händen zu greifen ist, in Christus, wird es von ihm heißen: Der war, der ist, der kommen wird (Offenbarung 1,8). Gottes Sein vor aller Zeit heißt hier: Er steht über den Keruben, also Engeln, die die Spitze der kreatürlichen Seinspyramide bilden. Kult und Kunst Israels drückte dies durch die Bundeslade im Zelt der Begegnung aus. Auch hier wohnte Gott, thronend über den Keruben. Und das bedeutet zugleich: Er wohnt in unserer Mitte.

Dieses Da-Sein Gottes hat Israel immer wieder an den Brennpunkten seiner Geschichte erfahren: in der Wolkensäule und im Geschenk des Gesetzes, in Ereignissen, die sich an Namen wie Mose und Aron knüpfen und an Samuel, der die Einzigkeit des Königtums Gottes gegen alle irdische Konkurrenz vergeblich retten wollte. Die Geschichte hat ihm recht gegeben. Gott allein ist der wahre König, weil er gerecht und heilig ist. Darum auch die dreimalige Betonung: Denn er ist heilig. So ziemt ihm allein die Anbetung und der Kniefall vor dem Schemel seiner Füße, nur ihm und keinem irdischen Herrscher.

Auch das gehört zum Rückblick des Psalmisten, daß er die Strafgerichte Gottes erwähnt. Zwar läßt Gott auch Gnade vor Recht ergehen, aber er straft die Sünde mit unerbittlicher Härte, was heißt: Die von ihm dem Leben eingestifteten Ordnungen wehren sich, wenn sie sträflich verletzt werden.

Verhaltener als in Psalm 98 wird hier von der Zukunft gesprochen. Gott ist schon jetzt König, der heimliche König gläubiger Herzen. Aber wenn er vor aller Augen erscheint, werden die Völker erzittern und wird die Erde beben. Der braucht keine Furcht zu haben, der ihm schon jetzt mit Aufstehen und Niederfallen huldigt.

GEORG KARL FRANK

Der Mensch ahnt nichts von seiner Frist. Du aber bleibest, der du bist in Jahren ohne Ende.

100 [Ein Psalm zum Dankopfer.]
Jauchzet dem Herrn, alle Welt!
2 Dienet dem Herrn mit Freuden, /
kommt vor sein Angesicht mit Frohlok-
ken! 3 Erkennet, daß der Herr Gott ist! Er
hat uns gemacht und nicht wir selbst / zu
seinem Volk und zu Schafen seiner
Weide. 4 Gehet zu seinen Toren ein mit
Danken, zu seinen Vorhöfen mit Loben; /
danket ihm, lobet seinen Namen! 5 Denn
der Herr ist freundlich, und seine Gnade
währet ewig / und seine Wahrheit für und
für. (L)

100 [Ein Psalm zum Dankopfer.]
Jauchzt vor dem Herrn, alle
Länder der Erde! / 2 Dient dem Herrn mit
Freude! / Kommt vor sein Antlitz mit Ju-
bel! 3 Erkennt: Der Herr allein ist Gott. /
Er hat uns geschaffen, wir sind sein Eigen-
tum, / sein Volk und die Herde seiner
Weide. 4 Tretet mit Dank durch seine
Tore ein! / Kommt mit Lobgesang in die
Vorhöfe seines Tempels! / Dankt ihm,
preist seinen Namen! 5 Denn der Herr ist
gütig, / ewig währt seine Huld, / von Ge-
schlecht zu Geschlecht seine Treue. (E)

Aufruf zum Lobe Gottes

Jerusalem vor dem Passahfest. Pilgerzüge schieben sich durch die engen Gassen. Sie steigen die Stufen zum Tempel hinan. Bevor sie die Tore durchschreiten, ruft der Vorsänger: »Jauchzet dem Herrn, alle Welt!« Die Pilger fallen mit lautem Gotteslob ein. Singend durchschreiten sie den Vorhof der Heiden, den der Frauen und schließlich den Vorhof der Männer. Hier steht der große Altar, bereit, das Dankopfer der Pilger aufzunehmen. Die Pilgerchöre vereinigen sich mit dem Schall der Instrumente. Laut schallt das Lob Gottes über den weiten Platz hin.

Dieser Psalm steckt an. Sein Aufruf zum Lobe Gottes findet immer wieder neues Gehör. Die drei Jünglinge im Feuerofen, die Heiligen Drei Könige, Zacharias und Maria, Franziskus mit seinem Sonnengesang, Paul Gerhardt und Gerhard Tersteegen – sie alle preisen die Vollkommenheit Gottes: seine Gnade und Wahrheit, seine Macht und Weisheit. Wer möchte da nicht einfallen und den Lobpreis Gottes vermehren? Nicht als ob Gott dadurch größer, gewaltiger oder glücklicher würde. Nein, das bestimmt nicht! Aber es macht das Leben aller Geschöpfe aus, Gott zu preisen. Das gehört zum Sinn des Lebens.

Wer Gott loben will, muß von sich selber absehen können. Ehrfurcht ist die entscheidende Tonart. »Gott ist gegenwärtig. Lasset uns anbeten und in Ehrfurcht vor ihn treten«, dichtet Gerhard Tersteegen. Gott gebührt die Ehre, uns bleibt nur die Ehre des Dienstes. Auch Demut braucht jeder, der Gott anbetet. Vor der Majestät Gottes sind wir Diener, nicht Herren.

Die Pilgerzüge im alten Israel hatten ihre Vorsänger. Wir haben unsere Kirchenmusiker. Wie gut, daß es sie gibt! Würde nicht ohne sie in mancher Gemeinde der Lobpreis Gottes verstummen? Helfen wir ihnen, Gott zu preisen: beim Singen der Choräle und der Liturgie, als Sänger im Kirchenchor. Helfen wir ihnen, den Lobpreis Gottes noch schöner zu gestalten, und das auch und gerade in der Passionszeit. Denn Gott sollte auch gelobt werden für den Kreuzesweg Jesu Christi.

ERICH WARMERS

Ewiger und allgewaltiger Gott, du bist der Herr über alle Zeiten und Welten. Du hast das riesige Universum geschaffen. Uns hast du nach deinem Bilde gestaltet. Alle Kreatur preise deinen Namen, dir sei Ehre, Preis und Dank.

101 [Ein Psalm Davids.] Von
Gnade und Recht will ich sin-
gen / und dir, Herr, Lob sagen. 2 Ich
handle umsichtig und redlich, daß du mö-
gest zu mir kommen; / ich wandle mit red-
lichem Herzen in meinem Hause. 3 Ich
nehme mir keine böse Sache vor; / ich
hasse den Übertreter und lasse ihn nicht
bei mir bleiben. 4 Ein falsches Herz muß
von mir weichen. / Den Bösen kann ich
nicht leiden. 5 Wer seinen Nächsten heim-
lich verleumdet, / den bring ich zum
Schweigen. Ich mag den nicht, der stolze
Gebärde / und hoffärtige Art hat. 6 Meine
Augen sehen nach den Treuen im Lande,
daß sie bei mir wohnen; / ich habe gerne
fromme Diener. 7 Falsche Leute dürfen in
meinem Hause nicht bleiben, / die Lügner
gedeihen nicht bei mir. 8 Jeden Morgen
bring ich zum Schweigen / alle Gottlosen
im Lande, daß ich alle Übeltäter aus-
rotte / aus der Stadt des Herrn. (L)

101 [Ein Psalm Davids.] Von
Gnade und Recht will ich sin-
gen; / dir, o Herr, will ich spielen. 2 Ich
will auf den Weg der Bewährten achten. /
Wann kommst du zu mir? / Ich lebe in der
Stille meines Hauses mit lauterem Her-
zen. 3 Ich richte mein Auge nicht auf
Schändliches; / ich hasse es, Unrecht zu
tun, es soll nicht an mir haften. 4 Falsch-
heit sei meinem Herzen fern; / ich will das
Böse nicht kennen. 5 Wer den Nächsten
heimlich verleumdet, / den bring' ich zum
Schweigen. Stolze Augen und hochmü-
tige Herzen / kann ich nicht ertragen.
6 Meine Augen suchen die Treuen im
Land; / sie sollen bei mir wohnen. / Wer
auf rechten Wegen geht, der darf mir die-
nen. 7 In meinem Haus soll kein Betrüger
wohnen; / kein Lügner kann vor meinen
Augen bestehen. 8 Morgen für Morgen
spreche ich das Urteil / über die Frevler
im Land, / um in der Stadt des Herrn alle
auszurotten, die Unrecht tun. (E)

Regentenspiegel

Unser Psalm gehört zu den Königsliedern. Der alttestamentliche König mußte diese Worte beim Amtsantritt als Gelöbnis sprechen. Ideale Vorsätze werden gefaßt. Sie entsprechen der persönlichen Grundhaltung des Königs zu seinem Amt. Denn er steht und stellt sich unter Gottes Willen und Gebot. Jeden Tag hat er aufs neue zu horchen, was Gott von ihm will. Wenn Gerechtigkeit eine Eigenschaft Gottes ist, dann muß der, der in Gottes Namen für Recht und Gerechtigkeit bestellt ist, von innen heraus jemand sein, der sich immer und zuerst einsetzt für Recht und Gerechtigkeit. Im eigenen Haus muß beginnen, was draußen beim Volk gelten soll. Kurz und präzise gibt der Beter sein Versprechen ab. Schlicht und einfach bittet er um Gottes Hilfe: »Wann kommst du zu mir?«

Dem Beter des Neuen Bundes soll es nach Jesu Wort in der Bergpredigt zuerst darum gehen, Gottes Reich und seine Gerechtigkeit zu suchen (Matthäus 6,33). Da wir aus eigenem Unvermögen immer hinter den gesetzten Idealen zurückbleiben, sollten wir im täglichen Gebet den Vater im Himmel bitten, uns beizustehen im Einsatz für Gottes Reich und seine Gerechtigkeit. Auch bei uns muß das, was in der Welt gelten soll, im eigenen Hause, in der eigenen Familie, im eigenen Herzen beginnen.

Es wird uns schwerfallen, diesen Psalm in der Aussageform des Versprechens zu beten. Wenn wir ihn als Bittgebet sprechen, kommen Anliegen zur Sprache, die je einzeln Bausteine für das Reich Gottes sind. Jesus, der Bote dieses Reiches, hat als vom Geist der Psalmen geprägter Jude auch diesen Psalm gebetet. Gottes Gnade und Recht hat er zur Sprache gebracht. In der Bitte »Dein Reich komme; dein Wille geschehe wie im Himmel, so auf Erden« ist das alles zusammengefaßt.

Der sittliche Ernst alttestamentlicher Religiosität, der aus diesem Psalm spricht, stünde dem hoch an, der diese Worte heute liest und sie zu seinem persönlichen Gebet macht. HANS NAGEL

Sonne der Gerechtigkeit, gehe auf zu unsrer Zeit!

102 [Gebet eines Unglücklichen, wenn er in Verzweiflung ist und vor dem Herrn seine Sorge ausschüttet.] 2 Herr, höre mein Gebet! / Mein Schreien dringe zu dir. 3 Verbirg dein Antlitz nicht vor mir! / Wenn ich in Not bin, wende dein Ohr mir zu! / Wenn ich dich anrufe, erhöre mich bald! 4 Meine Tage sind wie Rauch geschwunden, / meine Glieder wie von Feuer verbrannt. 5 Versengt wie Gras und verdorrt ist mein Herz, / so daß ich vergessen habe, mein Brot zu essen. 6 Vor lauter Stöhnen und Schreien / bin ich nur noch Haut und Knochen. 7 Ich bin wie eine Dohle in der Wüste, / wie eine Eule in öden Ruinen. 8 Ich liege wach, und ich klage / wie ein einsamer Vogel auf dem Dach. 9 Den ganzen Tag schmähen mich die Feinde; / die mich verhöhnen, nennen meinen Namen beim Fluchen. 10 Staub muß ich essen wie Brot, / mit Tränen mische ich meinen Trank; 11 denn auf mir lasten dein Zorn und dein Grimm. / Du hast mich hochgerissen und zu Boden geschleudert. 12 Meine Tage schwinden dahin wie Schatten, / ich verdorre wie Gras. 13 Du aber, Herr, du thronst für immer und ewig, / dein Name dauert von Geschlecht zu Geschlecht. 14 Du wirst dich erheben, dich über Zion erbarmen; / denn es ist Zeit, ihm gnädig zu sein, die Stunde ist da. 15 An Zions Steinen hängt das Herz deiner Knechte, / um seine Trümmer tragen sie Leid. 16 Dann fürchten die Völker den Namen des Herrn / und alle Könige der Erde deine Herrlichkeit. 17 Denn der Herr baut Zion wieder auf / und erscheint in all seiner Herrlichkeit. 18 Er wendet sich dem Gebet der Verlassenen zu, / ihre Bitten verschmäht er nicht. 19 Dies sei aufgeschrieben für das kommende Geschlecht, / damit das Volk, das noch erschaffen wird, den Herrn lobpreise. 20 Denn der Herr schaut herab aus heiliger Höhe, / vom Himmel blickt er auf die Erde nieder; 21 er will auf das Seufzen der Gefangenen hören / und alle befreien, die dem Tod geweiht sind, 22 damit sie den Namen des Herrn auf dem Zion verkünden / und sein Lob in Jerusalem, 23 wenn sich dort Königreiche und Völker versammeln, / um den Herrn zu verehren. 24 Er hat meine Kraft auf dem Weg gebrochen, / er hat meine Tage verkürzt. 25 Darum sage ich: Raff mich nicht weg in der Mitte des Lebens, / mein Gott, dessen Jahre Geschlecht um Geschlecht überdauern! 26 Vorzeiten hast du der Erde Grund gelegt, / die Himmel sind das Werk deiner Hände. 27 Sie werden vergehen, du aber bleibst; / sie alle zerfallen wie ein Gewand; du wechselst sie wie ein Kleid, / und sie schwinden dahin. 28 Du aber bleibst, der du bist, / und deine Jahre enden nie. 29 Die Kinder deiner Knechte werden (in Sicherheit) wohnen, / ihre Nachkommen vor deinem Antlitz bestehen. (E)

Wie ein einsamer Vogel auf dem Dach

In einem alten babylonischen Klagelied heißt es: »Es fliegt und flattert mein Herz wie ein Vogel des Himmels. Ich klage wie eine Taube bei Tag und Nacht, ich bin niedergedrückt und weine jämmerlich, von Ach und Weh ist mein Gemüt gequält.«

In ähnlicher Weise beklagt der Psalmist seine Not und Einsamkeit: »Ich bin wie eine Dohle in der Wüste... und ich klage wie ein einsamer Vogel auf dem Dach« (V. 7–8). Ein unglücklicher Mensch schüttet vor Gott sein Herz aus. Seine Kräfte schwinden dahin. Er hat hohes Fieber und ist nur noch »Haut und Knochen« (V. 6). Und seine Lage wird noch schlimmer durch den Hohn und die Schmach, die ihm seine Feinde zufügen. Dieser Beter ist am Ende, niedergedrückt in die nackte Armseligkeit menschlicher Existenz.

Dennoch wandelt sich sein Klagelied plötzlich zum Hymnus: »Du aber, Herr, du thronst für immer und ewig, dein Name dauert von Geschlecht zu Geschlecht« (V. 13). Nach diesem Umschwung steht auf einmal nicht mehr das individuelle Schicksal im Vordergrund, sondern das Schicksal des Volkes in der Verbannung. Die Not des Psalmisten ist die Not aller Verlassenen, sein Gebet die Klage aller Geschlagenen. Mit prophetischem Blick in die Zukunft schaut er auf die Wiederherstellung Jerusalems, auf die Befreiung und Rückkehr des Volkes. Er vertraut felsenfest auf Gottes zukünftiges Handeln an seinem auserwählten Volk und betrachtet sein eigenes Ergehen als ganz und gar eingebettet in die Rettung Israels.

Am Ende kommt der Beter nochmals auf die Gegenwart und seinen persönlichen Zustand zurück. Erneut erhebt er seine Klage, allerdings nicht ohne den Schöpfergott zu preisen, dessen Jahre nie enden und dessen Sorge um seine Geschöpfe nicht nachläßt.

Psalm 102, der fünfte der altkirchlichen Bußpsalmen, wird im Hebräerbrief zitiert. Aus neutestamentlicher Sicht ist hier von Jesus die Rede, wenn der Verfasser bekennt: »Du, Herr, hast vorzeiten der Erde Grund gelegt, die Himmel sind das Werk deiner Hände« (Hebräer 1,10). Der menschgewordene Gottessohn ist der Ewige, der war und der ist, unberührt von aller Vergänglichkeit. Er wird sich um die Menschen aller Zeiten kümmern.

HUBERT BOUR

Herr, unser Gott, dein Sohn hat sich aus Liebe zur Welt dem Tod überliefert. Laß uns in seiner Liebe bleiben und mit deiner Gnade aus ihr leben.

103 [Von David.] Lobe den Herrn, meine Seele, / und was in mir ist, seinen heiligen Namen! 2 Lobe den Herrn, meine Seele, / und vergiß nicht, was er dir Gutes getan hat: 3 der dir alle deine Sünden vergibt / und heilet alle deine Gebrechen, 4 der dein Leben vom Verderben erlöst, / der dich krönet mit Gnade und Barmherzigkeit, 5 der deinen Mund fröhlich macht, / und du wieder jung wirst wie ein Adler. 6 Der Herr schafft Gerechtigkeit und Recht / allen, die Unrecht leiden. 7 Er hat seine Wege Mose wissen lassen, / die Kinder Israel sein Tun. 8 Barmherzig und gnädig ist der Herr, / geduldig und von großer Güte. 9 Er wird nicht für immer hadern / noch ewig zornig bleiben. 10 Er handelt nicht mit uns nach unsern Sünden / und vergilt uns nicht nach unsrer Missetat. 11 Denn so hoch der Himmel über der Erde ist, / läßt er seine Gnade walten über denen, die ihn fürchten. 12 So fern der Morgen ist vom Abend, / läßt er unsre Übertretungen von uns sein. 13 Wie sich ein Vater über Kinder erbarmt, / so erbarmt sich der Herr über die, die ihn fürchten. 14 Denn er weiß, was für ein Gebilde wir sind; / er gedenkt daran, daß wir Staub sind. 15 Ein Mensch ist in seinem Leben wie Gras, / er blüht wie eine Blume auf dem Felde; / 16 wenn der Wind darüber geht, so ist sie nimmer da, / und ihre Stätte kennt sie nicht mehr. 17 Die Gnade aber des Herrn währt von Ewigkeit zu Ewigkeit / über denen, die ihn fürchten, und seine Gerechtigkeit auf Kindeskind / 18 bei denen, die seinen Bund halten und gedenken an seine Gebote, / daß sie danach tun. 19 Der Herr hat seinen Thron im Himmel errichtet, / und sein Reich herrscht über alles. 20 Lobet den Herrn, ihr seine Engel, ihr starken Helden, die ihr seinen Befehl ausrichtet, / daß man höre auf die Stimme seines Wortes! 21 Lobet den Herrn, alle seine Heerscharen, / seine Diener, die ihr seinen Willen tut! 22 Lobet den Herrn, alle seine Werke, an allen Orten seiner Herrschaft! Lobe den Herrn, meine Seele! (L)

103 [Von David.] Lobe den Herrn, meine Seele, / und alles in mir seinen heiligen Namen! 2 Lobe den Herrn, meine Seele, / und vergiß nicht, was er dir Gutes getan hat: 3 der dir all deine Schuld vergibt / und all deine Gebrechen heilt, 4 der dein Leben vor dem Untergang rettet / und dich mit Huld und Erbarmen krönt, 5 der dich dein Leben lang mit seinen Gaben sättigt; / wie dem Adler wird dir die Jugend erneuert. 6 Der Herr vollbringt Taten des Heiles, / Recht verschafft er allen Bedrängten. 7 Er hat Mose seine Wege kundgetan, / den Kindern Israels seine Werke. 8 Der Herr ist barmherzig und gnädig, / langmütig und reich an Güte. 9 Er wird nicht immer zürnen, / nicht ewig im Groll verharren. 10 Er handelt an uns nicht nach unsern Sünden / und vergilt uns nicht nach unsrer Schuld. 11 Denn so hoch der Himmel über der Erde ist, / so hoch ist seine Huld über denen, die ihn fürchten. 12 So weit der Aufgang entfernt ist vom Untergang, / so weit entfernt er die Schuld von uns. 13 Wie ein Vater sich seiner Kinder erbarmt, / so erbarmt sich der Herr über alle, die ihn fürchten. 14 Denn er weiß, was wir für Gebilde sind; / er denkt daran: Wir sind nur Staub. 15 Des Menschen Tage sind wie Gras, / er blüht wie die Blume des Feldes. 16 Fährt der Wind darüber, ist sie dahin; / der Ort, wo sie stand, weiß von ihr nichts mehr. 17 Doch die Huld des Herrn währt immer und ewig / für alle, die ihn fürchten und ehren; sein Heil erfahren noch Kinder und Enkel; / 18 alle, die seinen Bund bewahren, / an seine Gebote denken und danach handeln. 19 Der Herr hat seinen Thron errichtet im Himmel, / seine königliche Macht beherrscht das All. 20 Lobt den Herrn, ihr seine Engel, / ihr starken Helden, die seine Befehle vollstrecken, / seinen Worten gehorsam! 21 Lobt den Herrn, all seine Scharen, / seine Diener, die seinen Willen vollziehen! 22 Lobt den Herrn, alle seine Werke, / an jedem Ort seiner Herrschaft! / Lobe den Herrn, meine Seele! (E)

Gott – der Gütige und Verzeihende

Nach den Worten eines Kommentators ist dieser Psalm »eine der reichsten Blüten am Baum des biblischen Glaubens«. Mit einem Dankhymnus von ungewöhnlicher Schönheit haben wir es zu tun. Ein Mensch, dem die Schuld vergeben und der von Krankheit und Tod befreit wurde, singt ein Loblied auf die Güte seines Gottes: »Lobe den Herrn, meine Seele, und alles in mir seinen heiligen Namen!«

Dieser Selbstaufforderung zum Lobpreis folgt die Selbstbesinnung auf die erfahrenen Wohltaten. Der von Dankbarkeit erfüllte Beter ist aber kein Individualist, der bei seinem eigenen Geschick halt macht. Er hat einen weiten Horizont. Er sieht sein persönliches Erlebnis eingebettet in einen großen historischen Zusammenhang. Die ganze Heilsgeschichte kommt in den Blick, von Mose und dem Auszug aus Ägypten angefangen bis zum heutigen Tag. Was der Psalmist am eigenen Leib erfahren hat, ist nichts anderes als die uralte Erfahrung jenes Gottes, der »nicht ewig im Groll« verharrt (V. 9). Er ist vielmehr wie ein Vater, der sich »seiner Kinder erbarmt« (V. 13).

Mit diesem Hinweis auf die Vaterliebe Gottes verbindet sich der Hinweis auf die Hinfälligkeit und Erbärmlichkeit des Menschen. Was wären wir Staubgeborenen, vergänglich wie Gras und schnell welkende Blumen, wenn wir nicht getragen und gehalten würden von Gottes rettender Macht? Aber – so hat es der Beter erfahren – seine »Huld währt immer und ewig« (V. 17). Dieser Gott läßt nicht für immer zugrunde gehen, was aus seiner Schöpferhand hervorgegangen ist.

Voraussetzung für sein Heilswirken ist allerdings die Bundesbereitschaft des Menschen. Gott zwingt keinem sein gnädiges Handeln auf. Er bietet es denen an, die sich in Freiheit darauf einlassen. Dieser rettende Gott ist zugleich der Weltenherrscher, dessen majestätisches Walten uns in Staunen und Ehrfurcht versetzt. Ihm die gebührende Ehre zu geben, ist der Mensch allein nicht imstande. Deshalb richtet der Sänger am Ende seines Liedes die Aufforderung zum Lobpreis an die himmlischen Wesen. Sie sollen sich mit der gesamten Schöpfung vereinen, um den im Himmel Thronenden zu preisen. In diesen allumfassenden Chor, der den Ruhm Gottes kündet »an jedem Ort seiner Herrschaft« (V. 22), fügt sich am Schluß der Psalmist dann selber ein.

HUBERT BOUR

Lobe den Herren, den mächtigen König der Ehren; lob ihn, o Seele, vereint mit den himmlischen Chören.

104 Lobe den Herrn, meine Seele! /
Herr, mein Gott, wie groß bist
du! / Du bist mit Hoheit und Pracht be-
kleidet. 2 Du hüllst dich in Licht wie in ein
Kleid, / du spannst den Himmel aus wie
ein Zelt. 3 Du verankerst die Balken dei-
ner Wohnung im Wasser, / Du nimmst dir
die Wolken zum Wagen, / du fährst ein-
her auf den Flügeln des Sturmes. 4 Du
machst dir die Winde zu Boten / und lo-
dernde Feuer zu deinen Dienern. 5 Du
hast die Erde auf Pfeiler gegründet; / in
alle Ewigkeit wird sie nicht wanken.
6 Einst hat die Urflut sie bedeckt wie ein
Kleid, / die Wasser standen über den Ber-
gen. 7 Sie wichen vor deinem Drohen zu-
rück, / sie flohen vor der Stimme deines
Donners. 8 Da erhoben sich Berge und
senkten sich Täler / an den Ort, den du für
sie bestimmt hast. 9 Du hast den Wassern
eine Grenze gesetzt, / die dürfen sie nicht
überschreiten; / nie wieder sollen sie die
Erde bedecken. 10 Du läßt die Quellen
hervorsprudeln in den Tälern, / sie eilen
zwischen den Bergen dahin. 11 Allen Tie-
ren des Feldes spenden sie Trank, / die
Wildesel stillen ihren Durst daraus. 12 An
den Ufern wohnen die Vögel des Him-
mels, / aus den Zweigen erklingt ihr Ge-
sang. 13 Du tränkst die Berge aus deinen
Kammern, / aus deinen Wolken wird die
Erde satt. 14 Du läßt Gras wachsen für das
Vieh, / auch Pflanzen für den Menschen,
die er anbaut, damit er Brot gewinnt von
der Erde / 15 und Wein, der das Herz des
Menschen erfreut, damit sein Gesicht von
Öl erglänzt / und Brot das Menschenherz
stärkt. 16 Die Bäume des Herrn trinken
sich satt, / die Zedern des Libanon, die er
gepflanzt hat. 17 In ihnen bauen die Vögel
ihr Nest, / auf den Zypressen nistet der
Storch. 18 Die hohen Berge gehören dem
Steinbock, / dem Klippdachs bieten die
Felsen Zuflucht. 19 Du hast den Mond ge-
macht als Maß für die Zeiten, / die Sonne
weiß, warum sie untergeht. 20 Du sendest
Finsternis, und es wird Nacht, / dann re-
gen sich alle Tiere des Waldes. 21 Die jun-
gen Löwen brüllen nach Beute, / sie ver-
langen von Gott ihre Nahrung. 22 Strahlt
die Sonne dann auf, so schleichen sie
heim / und lagern sich in ihren Verstek-
ken. 23 Nun geht der Mensch hinaus an
sein Tagwerk, / an seine Arbeit bis zum
Abend. 24 Herr, wie zahlreich sind deine
Werke! / Mit Weisheit hast du sie alle ge-
macht, / die Erde ist voll von deinen Ge-
schöpfen. 25 Da ist das Meer, so groß und
weit, / darin ein Gewimmel ohne Zahl:
kleine und große Tiere. 26 Dort ziehen die
Schiffe dahin, / auch der Levíatan, den du
geformt hast, um mit ihm zu spielen. 27 Sie
alle warten auf dich, / daß du ihnen Speise
gibst zur rechten Zeit. 28 Gibst du ihnen,
dann sammeln sie ein; / öffnest du deine
Hand, werden sie satt an Gutem. 29 Ver-
birgst du dein Gesicht, sind sie verstört; /
nimmst du ihnen den Atem, so schwinden
sie hin / und kehren zurück zum Staub der
Erde. 30 Sendest du deinen Geist aus, so
werden sie alle erschaffen, / und du er-
neuerst das Antlitz der Erde. 31 Ewig
währe die Herrlichkeit des Herrn; / der
Herr freue sich seiner Werke. 32 Er blickt
auf die Erde, und sie erbebt; / er rührt die
Berge an, und sie rauchen. 33 Ich will dem
Herrn singen, solange ich lebe, / will mei-
nem Gott spielen, solange ich da bin.
34 Möge ihm mein Dichten gefallen. / Ich
will mich freuen am Herrn. 35 Doch die
Sünder sollen von der Erde verschwin-
den, / und es sollen keine Frevler mehr
dasein. / Lobe den Herrn, meine Seele! /
Halleluja! (E)

In guten Händen

Der Hintergrund dieses Psalms kann auf einige Akzente aufmerksam machen, die man sonst nicht aufspüren würde. In Jerusalem sah man sich damals einer hochzivilisierten Kultur der Kanaanäer gegenüber, die eine umfassende Weltschau hatte: Eine religiöse Weltordnung, die sich bis in die Staatsform auswirkte, ordnete und trug das menschliche Leben. El hieß der oberste Gott, der als Weltherrscher diese Ordnung garantierte. Damit nun mußte sich Israel polemisch auseinandersetzen.

Der Psalmist tut es durch zwei Grundaussagen seines Glaubens: 1. Der wirkliche Herr der Welt ist Gott allein, der Schöpfer und Erhalter der Welt. Er gehört nicht zur Welt, er steht ihr gegenüber. Schöpfer und Werk sind streng getrennt. Nicht eine romantische Naturschau legt der Sänger dar; er zeigt vielmehr, wie der Schöpfer »am Werke« ist. 2. Darum hat diese Welt keine eigene göttliche Macht, sondern sie ist als vergängliche Schöpfung auf den ewigen Schöpfer angewiesen. Gott ist in ihr der Handelnde – nicht die Sterne (»Gott fragt die Sterne nicht«, sagt Luther), nicht die wilden Urmächte des Lichtes, der Finsternis und des Meeres, nicht die wilden Tiere der Nacht – auch nicht der Mensch.

Zum Schluß zieht der Sänger die Summe seins Glaubens: Die Welt liegt in guten Händen, in Händen des freundlichen und allmächtigen Gottes. In ihm finden wir Geborgenheit. Wer sich an die Mächte und Kräfte zwischen Himmel und Erde hält und von ihnen Geborgenheit erwartet, greift zu kurz! Sie sind allesamt angewiesen auf den Schöpfer: Nimmt er ihren Odem weg, so vergehen sie (V. 29). Darin liegt das Geheimnis der Schöpfung! Sie ist nicht gott-lose Natur, Materiallager, zur Ausbeutung durch den Menschen freigegeben. Hinter und in ihr liegt vielmehr die Gegenwart Gottes wie ein Goldgrund verborgen. Sie zeugt von ihm. Wer sich an ihr vergreift, der vergreift sich am Werk des Schöpfers und damit an ihm selbst. Wer jedoch sein Handeln in der Schöpfung entdeckt, der wird sorgsam mit ihr umgehen. Und er wird Gott loben und ihm für alles – nicht nur für die Ernte dieses Jahres – danken. MARTIN VOIGT

Alle gute Gabe kommt her von Gott dem Herrn. Drum dankt ihm, dankt und hofft auf ihn!

105 Dankt dem Herrn! Ruft seinen
Namen an! / Macht unter den
Völkern seine Taten bekannt! 2 Singt ihm
und spielt ihm, / sinnt nach über all seine
Wunder! 3 Rühmt euch seines heiligen
Namens! / Alle, die den Herrn suchen,
sollen sich von Herzen freuen. 4 Fragt
nach dem Herrn und seiner Macht; / sucht
sein Antlitz allezeit! 5 Denkt an die Wun-
der, die er getan hat, / an seine Zeichen
und die Beschlüsse aus seinem Mund.
6 Bedenkt es, ihr Nachkommen seines
Knechtes Abraham, / ihr Kinder Jakobs,
die er erwählt hat. 7 Er, der Herr, ist unser
Gott. / Seine Herrschaft umgreift die
Erde. 8 Ewig denkt er an seinen Bund, / an
das Wort, das er gegeben hat für tausend
Geschlechter, 9 an den Bund, den er mit
Abraham geschlossen, / an den Eid, den
er Isaak geschworen hat. 10 Er bestimmte
ihn als Satzung für Jakob, / als ewigen
Bund für Israel. 11 Er sprach: Dir will ich
Kanaan geben, / das Land, das dir als
Erbe bestimmt ist. 12 Als sie noch gering
waren an Zahl, / nur wenige und fremd im
Land, 13 und zogen von Volk zu Volk, /
von einem Reich zum andern, 14 da ließ er
sie von niemand bedrücken, / wies ihret-
wegen Könige zurecht: 15 »Tastet meine
Gesalbten nicht an, / tut meinen Prophe-
ten nichts zuleide!« (E)

Freuet euch in dem Herrn jederzeit!

Danken, singen, spielen, rühmen, sich freuen – Worte, die in der Heiligen Schrift weit über tausendmal vorkommen. In diesem Psalm sind sie in drei Sätzen zusammengefaßt. Man fragt sich unwillkürlich: Was ist los mit unserer Kirche, daß da so wenig von dieser sprühenden Lebensfreude zu spüren ist? Es heißt doch: »Den Geist dämpfet nicht!« Warum aber mußten die Charismatiker, warum mußte die Pfingstbewegung aus der Volkskirche auswandern? Woher die Berührungsängste mit den afrikanischen Kirchen, in deren Gottesdiensten gepfiffen und getrommelt und getanzt wird?

Graf Zinzendorf, der Begründer der Herrnhuter Bewegung, wurde ja nicht müde, zu verkündigen, daß die Freude am Herrn die Stärke der Christenheit sei. Für den gelegentlichen düsteren Ernst in den Gottesdiensten machte er den Pietismus, wie ihn sein Lehrer August Hermann Francke in Halle gelehrt hatte, verantwortlich. Ein Pietist, so sagte er einmal, sei ein »hinkender Bruder«: »Er hinkt den Weg, den wir tanzen.«

Berühmt und immer wieder des Nachdenkens wert ist seine Definition: »Ein Pietist oder Methodist von der rechten Art kriegt sein Elend in die Augen, macht's zu seinem beständigen Objekt und wird durch mehr oder weniger heitere Blicke in Jesu Wunden und Verdienst genugsam getröstet. – Ein Herrnhuter Bruder hat zu einer glücklichen Stunde das Lamm in die Augen gefaßt, das der Welt Sünde trägt, macht's zu seinem täglichen Objekt und wird durch mehr oder weniger heilsame Blicke in sein natürliches Elend genugsam gedemütigt.« Wahrscheinlich haben wir immer beides nötig – den Trost, wenn wir ganz unten sind, und das Gedemütigt-Werden, wenn wir »high« sind.

Der Psalm besingt die unwandelbare Treue Gottes. Den Bund, den Gott mit Abraham geschlossen hat, den Eid, den er dem Jakob nach seinem Kampf am Fluß Jabbok geschworen hat, das Wort, das Gott verheißen hat für tausend Geschlechter, für die ganze Welt – so könnte man die alttestamentlichen Lobgesänge zusammenfassen. Die Welt geht unter, aber Gottes Wort geht auf. Eben diese Botschaft aber hat Jesus aufgenommen, als er sagte: »Himmel und Erde werden vergehen, meine Worte aber werden nicht vergehen« (Markus 13,31).

CHRISTIAN TRÖBST

Danket dem Herrn – singet und spielet ihm – rühmet seinen heiligen Namen.

[16] Dann aber rief er den Hunger ins
Land, / entzog ihnen allen Vorrat an
Brot. [17] Doch hatte er ihnen einen Mann
vorausgesandt: / Josef wurde als Sklave
verkauft. [18] Man spannte seine Füße in
Fesseln / und zwängte seinen Hals ins
Eisen [19] bis zu der Zeit, als sein Wort sich
erfüllte / und der Spruch des Herrn ihm
recht gab. [20] Da sandte der König einen
Boten und ließ ihn frei, / der Herrscher
der Völker ließ ihn heraus. [21] Er bestellte
ihn zum Herrn über sein Haus, / zum Ge-
bieter über seinen ganzen Besitz. [22] Er
sollte die Fürsten lenken nach seinem
Sinn / und die Ältesten Weisheit lehren.
[23] Und Israel kam nach Ägypten, / Jakob
wurde Gast im Lande Hams. [24] Da mehrte
Gott sein Volk gewaltig, / machte es stär-
ker als das Volk der Bedrücker. [25] Er wan-
delte ihren Sinn zum Haß gegen sein
Volk, / so daß sie an seinen Knechten tük-
kisch handelten. [26] Dann sandte er Mose,
seinen Knecht, / und Aaron, den Gott
sich erwählte. [27] Sie wirkten unter ihnen
seine Zeichen, / im Lande Hams seine
Wunder. [28] Er sandte Finsternis, da wurde
es dunkel; / doch achteten sie nicht auf
sein Wort. [29] Er verwandelte ihre Gewäs-
ser in Blut / und ließ ihre Fische sterben.
[30] Ihr Land wimmelte von Fröschen / bis
hinein in den Palast des Königs. [31] Er ge-
bot, da kamen Schwärme von Fliegen /
und von Stechmücken über das ganze Ge-
biet. [32] Er schickte ihnen Hagel statt Re-
gen, / flammendes Feuer auf ihr Land.
[33] Er zerschlug ihnen Weinstock und Fei-
genbaum / und knickte in ihrem Gebiet
die Bäume um. [34] Er gebot, da kamen
Schwärme von Grillen / und Wanderheu-
schrecken in gewaltiger Zahl. [35] Sie fraßen
alles Grün in ihrem Land, / sie fraßen die
Frucht ihrer Felder. [36] Er erschlug im
Land jede Erstgeburt, / die ganze Blüte
der Jugend. [37] Er führte sein Volk heraus
mit Silber und Gold; / in seinen Stämmen
fand sich kein Schwächling. [38] Bei ihrem
Auszug waren die Ägypter froh; / denn
Schrecken vor ihnen hatte sie alle befal-
len. [39] Eine Wolke breitete er aus, um sie
zu decken, / und Feuer, um die Nacht zu
erleuchten. [40] Als sie ihn baten, schickte er
Wachteln / und sättigte sie mit Brot vom
Himmel. [41] Er öffnete den Felsen, und
Wasser entquoll ihm, / wie ein Strom floß
es dahin in der Wüste. [42] Denn er dachte
an sein heiliges Wort / und an Abraham,
seinen Knecht. [43] Er führte sein Volk
heraus in Freude, / seine Erwählten in Ju-
bel. [44] Er gab ihnen die Länder der Völ-
ker / und ließ sie den Besitz der Nationen
gewinnen, [45] damit sie seine Satzungen
hielten / und seine Gebote befolgten. /
Halleluja! (E)

Bedenken der Heilsgeschichte

Ein Psalm, in dem wie in vielen anderen Psalmen die ganze Heilsgeschichte Israels von Abraham bis Mose gleichsam wie in einer Litanei heruntergebetet wird. Wieder und wieder ruft sich das Volk in der Thora und in den Psalmen seine Geschichte ins Gedächtnis. Und jeder Vater wird ermahnt: »Wenn dich nun dein Sohn morgen fragen wird: Was sind das für Vermahnungen, Gebote und Rechte... so sollst du deinem Sohn sagen...!« Und nun folgt das Glaubensbekenntnis, das Credo Israels: »Wir waren Knechte des Pharao in Ägypten... und der Herr führte uns mit mächtiger Hand heraus« (5. Mose 6,20f.).

Auf vielen Bauernhöfen in Bayern ist es noch heute der Brauch, daß in der Küche, noch während die Speisen zubereitet werden und einer nach dem anderen in die Stube kommt, in eintönigem Singsang ein Ave Maria nach dem anderen angestimmt wird. Man mag, wenn man in der katholischen Welt nicht zu Hause ist, dabei an tibetanische Gebetsmühlen erinnert werden. Der Brauch schließt ja den Mißbrauch nicht aus. Ich stelle nur bei mir persönlich fest, daß mir – je länger je mehr – das gesprochene Glaubensbekenntnis und das gemeinsam gebetete »Vater unser« im Gottesdienst eine Hilfe sind. Anders als beim Gesang, wo die Orgel alles übertönt oder manch einer sich nicht entschließen kann, seinen Sopran oder seinen Baß oder seine zweite Stimme besonders zu Gehör zu bringen, kann man im gemeinsamen Gebet oder im gemeinsamen Bekennen mit allen anderen *eine* Stimme werden. Man darf sich »selbstvergessen« von den Betern zur Rechten und zur Linken tragen und erheben lassen. Gerade in der Eintönigkeit und der Wiederholung liegt die Hilfe. Das hat man im alten Israel gewußt, das hat Jesus gewußt, als er seine Jünger beten lehrte. CHRISTIAN TRÖBST

Willst du was tun, was Gott gefällt und dir zum Heil gedeihet, so wirf die Sorgen auf den Held, den Erd und Himmel scheuet. Und gib dein Leben, Tun und Stand nur gänzlich hin in seine Hand, so wird er deinen Sachen ein fröhlich Ende machen.

106 Halleluja! Danket dem Herrn;
denn er ist freundlich, / und
seine Güte währet ewiglich. 2 Wer kann
die großen Taten des Herrn alle erzählen /
und sein Lob genug verkündigen? 3 Wohl
denen, die das Gebot halten / und tun im-
merdar recht! 4 Herr, gedenke meiner
nach der Gnade, / die du deinem Volk
verheißen hast; erweise an uns deine
Hilfe, / 5 daß wir sehen das Heil deiner
Auserwählten und uns freuen, daß es dei-
nem Volke so gut geht, / und uns rühmen
mit denen, die dein eigen sind. 6 Wir ha-
ben gesündigt samt unsern Vätern, / wir
haben unrecht getan und sind gottlos ge-
wesen. 7 Unsre Väter in Ägypten / wollten
deine Wunder nicht verstehen. Sie ge-
dachten nicht an deine große Güte / und
waren ungehorsam am Meer, am Schilf-
meer. 8 Er aber half ihnen um seines Na-
mens willen, / daß er seine Macht be-
weise. 9 Er schalt das Schilfmeer, da
wurde es trocken, / und führte sie durch
die Tiefen wie durch trockenes Land
10 und half ihnen aus der Hand dessen, der
sie haßte, / und erlöste sie von der Hand
des Feindes. 11 Und die Wasser ersäuften
ihre Widersacher, / daß nicht einer übrig-
blieb. 12 Da glaubten sie an seine Worte /
und sangen sein Lob. 13 Aber sie vergaßen
bald seine Werke, / sie warteten nicht auf
seinen Rat. 14 Und sie wurden lüstern in
der Wüste / und versuchten Gott in der
Einöde. 15 Er aber gab ihnen, was sie erba-
ten, / und sandte ihnen genug, bis ihnen
davor ekelte. 16 Und sie empörten sich wi-
der Mose im Lager, / wider Aaron, den
Heiligen des Herrn. 17 Die Erde tat sich
auf und verschlang Datan / und deckte zu
die Rotte Abirams, 18 und Feuer wurde
unter ihrer Rotte angezündet, / die
Flamme verbrannte die Gottlosen. (L)

106 Halleluja! Danket dem Herrn;
denn er ist gütig, / denn seine
Huld währt ewig. 2 Wer kann die großen
Taten des Herrn erzählen, / all seinen
Ruhm verkünden? 3 Wohl denen, die das
Recht bewahren, / und zu jeder Zeit tun,
was gerecht ist. 4 Denk an mich, Herr, aus
Liebe zu deinem Volk, / such mich auf
und bring mir Hilfe! 5 Laß mich das Glück
deiner Erwählten schauen, / an der
Freude deines Volkes mich freuen, / da-
mit ich gemeinsam mit deinem Erbe mich
rühmen kann. 6 Wir haben zusammen mit
unsern Vätern gesündigt, / wir haben Un-
recht getan und gefrevelt. 7 Unsre Väter in
Ägypten begriffen deine Wunder nicht, /
dachten nicht an deine reiche Huld / und
trotzten dem Höchsten am Schilfmeer.
8 Er aber hat sie gerettet, um seinen Na-
men zu ehren / und seine Macht zu bekun-
den. 9 Er bedrohte das Schilfmeer, da
wurde es trocken; / wie durch eine Steppe
führte er sie durch die Fluten. 10 Er rettete
sie aus der Hand derer, die sie haßten, /
erlöste sie aus der Gewalt des Feindes.
11 Ihre Bedränger bedeckte das Wasser, /
nicht einer von ihnen blieb übrig. 12 Nun
glaubten sie Gottes Worten / und sangen
laut seinen Lobpreis. 13 Doch sie vergaßen
schnell seine Taten, / wollten auf seinen
Ratschluß nicht warten. 14 Sie wurden in
der Wüste begehrlich / und versuchten
Gott in der Öde. 15 Er gab ihnen, was sie
von ihm verlangten; / dann aber erfaßte
sie Ekel und Überdruß. 16 Sie wurden im
Lager eifersüchtig auf Mose / und auf Aa-
ron, den Heiligen des Herrn. 17 Die Erde
tat sich auf, sie verschlang den Datan /
und bedeckte die Rotte Abírams. 18 Feuer
verbrannte die Rotte, / Flammen verzehr-
ten die Frevler. (E)

Hilf, Herr, wir haben gesündigt

Psalm 106 war ursprünglich wohl Teil einer Bußliturgie, in der Israel vor Gott trat und seine Schuld bekannte. Eine Reihe kritischer Augenblicke aus der Anfangsphase der israelitischen Geschichte – beim Auszug aus Ägypten, dem Zug durch die Wüste und der Landnahme – wird neu ins Gedächtnis gerufen, um im Spiegel dieser alten Verfehlungen des eigenen, gegenwärtigen Versagens gewahr zu werden. Mit dem Geständnis »Wir haben zusammen mit unseren Vätern gesündigt« (V. 6) reiht sich Israel ein in die Schuldgeschichte seiner Väter und steht zu seiner eigenen Schuld.

Schuld an sich heranzulassen, sich zu ihr zu bekennen, ist schwer. Es ist an die Bereitschaft geknüpft, nichts zu beschönigen oder herunterzuspielen, die Wahrheit auszuhalten, ins Dunkle zu sehen und eigene Grenzen anzuerkennen. Es gibt viele Formen, mit Schuld umzugehen. Es gibt die Reduktion von Schuld auf das, was juristisch strafbar ist, oder das Abwälzen von Schuld auf Erziehung und Gesellschaft. Wir können uns in ein Schuldbewußtsein hineinsteigern, das uns zerstören kann, ebenso können wir aber auch anderen, die schuldig geworden sind, das Leben zur Hölle machen. Es ist alles andere als einfach, mit der eigenen und fremden Schuld richtig umzugehen.

In Psalm 106 tritt die israelische Gemeinde mit ihren Sünden vor Gott und zeigt damit den Weg, wie Schuld, biblisch gesehen, verarbeitet werden kann: im Angesicht Gottes. Gott ist die letzte Instanz von Wahrheit und Gerechtigkeit. Er kennt uns besser als alle anderen auf der Welt. Er weiß um unsere Lebensgeschichte und sieht in unser Herz. Deshalb ist auch er es allein, der uns wirklich beurteilen kann. Vor ihm brauchen wir unsere Schuld nicht zu verdrängen, sondern dürfen sie aussprechen in dem Bewußtsein, angenommen zu sein. Einer hat es einmal so formuliert: Wir können sicher sein, daß wir nicht aus der Hand Gottes fallen, sondern nur von seinem zweiten auf den dritten Finger. HANNELIES STEICHELE

Wir haben zusammen mit unseren Vätern gesündigt. Hilf uns, Herr, unser Gott.

[19] Sie machten ein Kalb am Horeb / und
beteten das gegossene Bild an [20] und ver-
wandelten die Herrlichkeit ihres Gottes /
in das Bild eines Ochsen, der Gras frißt.
[21] Sie vergaßen Gott, ihren Heiland, / der
so große Dinge in Ägypten getan hatte,
[22] Wunder im Lande Hams / und schreck-
liche Taten am Schilfmeer. [23] Und er ge-
dachte, sie zu vertilgen, / wäre nicht Mose
gewesen, sein Auserwählter; der trat vor
ihm in die Bresche, / seinen Grimm abzu-
wenden, daß er sie nicht verderbe. [24] Und
sie achteten das köstliche Land gering; /
sie glaubten seinem Worte nicht [25] und
murrten in ihren Zelten; / sie gehorchten
der Stimme des Herrn nicht. [26] Da erhob
er seine Hand wider sie, / daß er sie nie-
derschlüge in der Wüste [27] und würfe ihre
Nachkommen unter die Heiden / und zer-
streute sie in die Länder. [28] Und sie häng-
ten sich an den Baal-Peor / und aßen von
den Opfern für die Toten [29] und erzürnten
den Herrn mit ihrem Tun. / Da brach die
Plage herein über sie. [30] Da trat Pinhas
hinzu und vollzog das Gericht; / da wurde
der Plage gewehrt; [31] das wurde ihm ge-
rechnet zur Gerechtigkeit / von Ge-
schlecht zu Geschlecht ewiglich. [32] Und sie
erzürnten den Herrn am Haderwasser, /
und Mose ging es übel um ihretwillen;
[33] denn sie erbitterten sein Herz, / daß ihm
unbedachte Worte entfuhren. (L)

[19] Sie machten am Horeb ein Kalb / und
warfen sich vor dem Gußbild nieder.
[20] Die Herrlichkeit Gottes tauschten sie
ein / gegen das Bild eines Stieres, der
Gras frißt. [21] Sie vergaßen Gott, ihren
Retter, / der einst in Ägypten Großes
vollbrachte, [22] Wunder im Lande Hams, /
furchterregende Taten am Schilfmeer.
[23] Da faßte er einen Plan, und er hätte sie
vernichtet, / wäre nicht Mose, sein Er-
wählter, für sie in die Bresche gesprun-
gen, / so daß Gott sie im Zorn nicht ver-
tilgte. [24] Sie verschmähten das köstliche
Land; / sie glaubten seinen Verheißungen
nicht. [25] In ihren Zelten murrten sie, / hör-
ten nicht auf die Stimme des Herrn. [26] Da
erhob er gegen sie die Hand, / um sie nie-
derzustrecken noch in der Wüste, [27] ihre
Nachkommen unter die Völker zu zer-
streuen, / sie in alle Welt zu versprengen.
[28] Sie hängten sich an den Báal-Pegór /
und aßen die Opfer der toten Götzen.
[29] Sie erbitterten Gott mit ihren schänd-
lichen Taten, / bis über sie eine schwere
Plage kam. [30] Pinhas trat auf und hielt Ge-
richt; / so wurde die Plage abgewandt.
[31] Das rechnete Gott ihm als Gerechtig-
keit an, / ihm und seinem Geschlecht für
immer und ewig. [32] An den Wassern von
Meríba reizten sie Gottes Zorn, / ihretwe-
gen erging es Mose übel. [33] Denn sie hat-
ten seinen Geist erbittert, / sein Mund re-
dete unbedacht. (E)

Einen Fürsprecher haben

Im zweiten Teil von Psalm 106 wird das Sündenbekenntnis Israels und die Erinnerung an die Verfehlungen der Väter fortgesetzt. Hart wirken jene Verse, in denen nicht an Gottes Erbarmen, sondern an seinen Zorn und sein Gerichtshandeln erinnert wird: daß Gott den Plan gefaßt habe, Israel zu »vernichten« (V. 23), und die Hand erhob, es »niederzustrecken« und »in alle Welt zu versprengen« (V. 26f.). Es sind Aussagen über Gott, die uns, wo immer wir ihnen im Alten Testament begegnen, sehr befremden. Sie entstammen zum großen Teil, so auch in Psalm 106, einem besonderen Strang innerhalb der alttestamentlichen Theologie, der sogenannten deuteronomistischen Schule, die aus Sorge um den Fortbestand des Volkes Gottes die Leiden und Niederlagen Israels als Folge göttlichen Zorns zu begreifen suchte, dabei allerdings Gefahr lief, von Gott und seinem Gericht in allzu menschlichen Kategorien zu denken.

Weitaus näher ist uns demgegenüber die Erinnerung des Psalmbeters an die Fürsprache des Mose am Sinai (V. 23), bei der Mose Gottes Zorn über den Abfall der Israeliten zum Goldenen Kalb dadurch besänftigte, daß er Gott an die eigenen Verheißungen erinnerte. Israel hatte das Glück, an Krisenpunkten seiner Geschichte immer wieder große Fürsprecher zu finden. Bewegend bleibt die Erzählung von Abraham, der wegen der fünfzig, vierzig oder eventuell nur zehn Gerechten in Sodom mit Zähigkeit um Gottes Gnade rang. Dann kam Mose, dann die Propheten wie Amos und Jeremia. Sie alle traten für das sündige Israel ein und baten um Hilfe und Vergebung.

In der Not Fürsprecher zu finden, Menschen, die uns nicht hängenlassen, die trotz unseres Versagens zu uns stehen und für uns Partei ergreifen, ist eine tiefe Sehnsucht in uns allen. Schuld isoliert, macht einsam, ängstigt. Da kann ein anderer die Dinge klarer sehen und besser einordnen und beurteilen. Im Neuen Testament wird Jesus unser Fürsprecher genannt. Von ihm heißt es 1. Johannes 2,1: »Wenn einer sündigt, haben wir einen Beistand beim Vater: Jesus Christus, den Gerechten.« Jesus setzt die Linie von Abraham über Mose und die Propheten fort. Auf seine Fürsprache können wir alle vertrauen.

HANNELIES STEICHELE

Alle eure Sorgen werft auf ihn; denn er sorgt für euch.

107 Danket dem Herrn; denn er ist
freundlich, / und seine Güte
währet ewiglich. 2 So sollen sagen, die er-
löst sind durch den Herrn, / die er aus der
Not erlöst hat, 3 die er aus den Ländern
zusammengebracht hat / von Osten und
Westen, von Norden und Süden. 4 Die ir-
regingen in der Wüste, auf ungewohntem
Wege, / und fanden keine Stadt, in der sie
wohnen konnten, 5 die hungrig und dur-
stig waren / und deren Seele verschmach-
tete, 6 die dann zum Herrn riefen in ihrer
Not, / und er errettete sie aus ihren Äng-
sten 7 und führte sie den richtigen Weg, /
daß sie kamen zur Stadt, in der sie wohnen
konnten: 8 die sollen dem Herrn danken
für seine Güte und für seine Wunder, / die
er an den Menschenkindern tut, 9 daß er
sättigt die durstige Seele / und die Hungri-
gen füllt mit Gutem. 10 Die da sitzen muß-
ten in Finsternis und Dunkel, / gefangen
in Zwang und Eisen, 11 weil sie Gottes Ge-
boten ungehorsam waren / und den Rat-
schluß des Höchsten verachtet hatten,
12 so daß er ihr Herz durch Unglück
beugte / und sie dalagen und ihnen nie-
mand half, 13 die dann zum Herrn riefen in
ihrer Not, / und er half ihnen aus ihren
Ängsten 14 und führte sie aus Finsternis
und Dunkel / und zerriß ihre Bande: 15 die
sollen dem Herrn danken für seine Güte
und für seine Wunder, / die er an den
Menschenkindern tut, 16 daß er zerbricht
eherne Türen / und zerschlägt eiserne
Riegel. 17 Die Toren, die geplagt waren
um ihrer Übertretung / und um ihrer
Sünde willen, 18 daß ihnen ekelte vor aller
Speise / und sie todkrank wurden, 19 die
dann zum Herrn riefen in ihrer Not, / und
er half ihnen aus ihren Ängsten 20 er
sandte sein Wort und machte sie gesund /
und errettete sie, daß sie nicht starben:
21 die sollen dem Herrn danken für seine
Güte und für seine Wunder, / die er an
den Menschenkindern tut, 22 und sollen
Dank opfern / und seine Werke erzählen
mit Freuden. (L)

107 Danket dem Herrn, denn er ist
gütig, / denn seine Huld währt
ewig. 2 So sollen alle sprechen, die vom
Herrn erlöst sind, / die er von den Fein-
den befreit hat. 3 Denn er hat sie aus den
Ländern gesammelt, / vom Aufgang und
Niedergang, vom Norden und Süden.
4 Sie, die umherirrten in der Wüste, im
Ödland, / und den Weg zur wohnlichen
Stadt nicht fanden, 5 die Hunger litten und
Durst, / denen das Leben dahinschwand,
6 die dann in ihrer Bedrängnis schrien zum
Herrn, / die er ihren Ängsten entriß 7 und
die er führte auf geraden Wegen, / so daß
sie zur wohnlichen Stadt gelangten: 8 sie
alle sollen dem Herrn danken für seine
Huld, / für sein wunderbares Tun an den
Menschen, 9 weil er die lechzende Seele
gesättigt, / die hungernde Seele mit sei-
nen Gaben erfüllt hat. 10 Sie, die saßen in
Dunkel und Finsternis, / gefangen in
Elend und Eisen, 11 die den Worten Got-
tes getrotzt / und verachtet hatten den
Ratschluß des Höchsten, 12 deren Herz er
durch Mühsal beugte, / die stürzten und
denen niemand beistand, 13 die dann in ih-
rer Bedrängnis schrien zum Herrn, / die
er ihren Ängsten entriß, 14 die er heraus-
führte aus Dunkel und Finsternis / und
deren Fesseln er zerbrach: 15 sie alle sollen
dem Herrn danken für seine Huld, / für
sein wunderbares Tun an den Menschen,
16 weil er die ehernen Tore zerbrochen, /
die eisernen Riegel zerschlagen hat. 17 Sie,
die dahinsiechten in ihrem sündhaften
Treiben, / niedergebeugt wegen ihrer
schweren Vergehen, 18 denen vor jeder
Speise ekelte, / die nahe waren den Pfor-
ten des Todes, 19 die dann in ihrer Be-
drängnis schrien zum Herrn, / die er ihren
Ängsten entriß, 20 denen er sein Wort
sandte, die er heilte / und vom Verderben
befreite: 21 sie alle sollen dem Herrn dan-
ken für seine Huld, / für sein wunderbares
Tun an den Menschen. 22 Sie sollen ihm
Dankopfer weihen, / mit Jubel seine Ta-
ten verkünden. (E)

Beten fängt mit Danken an

Lebendiger Glaube des einzelnen und lebendige Liturgie der Gemeinde beziehen sich stets auf konkrete, benennbare Ereignisse. Gott anzubeten könnte leicht zur Floskel mißraten, wäre da nicht zunächst genug für seine in bestimmten Situationen spürbar erfahrene, ja wie ein Wunder erlebte Gnade zu danken. Ein Gottesdienst wie ein Dankfest! Jedenfalls in diesem sehr alten, in seiner Art einmaligen Psalm, ursprünglich aus vorexilischer Zeit: eine Dankfest-Liturgie mit doppelten Kehrversen (6+8, 13+15, 19+21, 28+31), mit denen vier Gruppen von Notleidenden, die Gottes wunderbares Eingreifen erfuhren, zum Dankopfer (V.22) aufgerufen werden: Wüstenreisende, Strafgefangene, Todkranke, Seefahrende. Erst nach dem Exil – die Verse 2–3 deuten darauf hin – mögen der Zug durch die Wüste und die Babylonische Gefangenschaft als kollektive Erfahrung zum Grund des gottesdienstlichen Dankens in diesem Psalm geworden sein.

Fällt es schwer, den drohenden Tod in der Wüste, die grausame Verlassenheit auf dem finsteren, schlammigen Grund eines Zisternen-Verlieses, die Qualen einer – innerlich noch als selbstverschuldet empfundenen – tödlichen Krankheit auf Situationen in heutiger Zeit zu übertragen? Gibt es nicht im eigenen Leben Erinnernswertes, wo wir »zum Herren riefen in unserer Not, und er errettete uns aus unseren Ängsten«?

Das sind doch alles wahre Begebenheiten: aus Verirrtsein und Darben in der Wüste (auch der eigenen Lebens-Wüste) gerettet zu sein; aus einem Gefängnis (und sei es eine zerstörerische Bindung) freizukommen; von einer schweren (nicht einmal lebensgefährlichen) Krankheit zu genesen.

Aber wie hörbar, wie sichtbar, wie andauernd ist darauf unser Dank an Gott? Geschieht er nur im stillen Kämmerlein? Gehört er nicht auch als »Dankopfer« in die Gemeinde, die fröhlich an der gefeierten Rettung teilnehmen darf? Und drückt er sich – wie einst das Opfer für ein Kult-Mahl – in konkreten Dank-Gaben aus: etwa für die Hungernden der Erde, Gewissens-Gefangene, Flüchtlinge oder Schwerbehinderte?

RENÉ LEUDESDORFF

Gelobt sei deine Treue, die alle Morgen neue; Lob sei den starken Händen, die alles Herzleid wenden. Laß ferner dich erbitten, o Vater, und bleib mitten in unserm Kreuz und Leiden ein Brunnen unsrer Freuden.

23 Die mit Schiffen auf dem Meere fuh-
ren / und trieben ihren Handel auf großen
Wassern, 24 die des Herrn Werke erfahren
haben / und seine Wunder auf dem Meer,
25 wenn er sprach und einen Sturmwind er-
regte, / der die Wellen erhob, 26 und sie
gen Himmel fuhren und in den Abgrund
sanken, / daß ihre Seele vor Angst ver-
zagte, 27 daß sie taumelten und wankten
wie ein Trunkener / und wußten keinen
Rat mehr, 28 die dann zum Herrn schrien
in ihrer Not, / und er führte sie aus ihren
Ängsten 29 und stillte das Ungewitter, /
daß die Wellen sich legten 30 und sie froh
wurden, daß es still geworden war / und er
sie zum erwünschten Lande brachte: 31 die
sollen dem Herrn danken für seine Güte
und für seine Wunder, / die er an den
Menschenkindern tut, 32 und ihn in der
Gemeinde preisen / und bei den Alten
rühmen. 33 Er machte Bäche trocken / und
ließ Wasserquellen versiegen, 34 daß
fruchtbares Land zur Salzwüste wurde /
wegen der Bosheit derer, die dort wohn-
ten. 35 Er machte das Trockene wieder
wasserreich / und gab dem dürren Lande
Wasserquellen 36 und ließ die Hungrigen
dort bleiben, / daß sie eine Stadt bauten,
in der sie wohnen konnten, 37 und Äcker
besäten und Weinberge pflanzten, / die
jährlich Früchte trugen. 38 Und er segnete
sie, daß sie sich sehr mehrten, / und gab
ihnen viel Vieh. 39 Aber sie wurden gering
an Zahl und geschwächt / von der Last des
Unglücks und des Kummers. 40 Er schüt-
tete Verachtung aus auf die Fürsten / und
ließ sie irren in der Wüste, wo kein Weg
ist; 41 aber die Armen schützte er vor
Elend / und mehrte ihr Geschlecht wie
eine Herde. 42 Das werden die Frommen
sehen und sich freuen, / und aller Bosheit
wird das Maul gestopft werden. 43 Wer ist
weise und behält dies? / Der wird mer-
ken, wieviel Wohltaten der Herr erweist.
(L)

23 Sie, die mit Schiffen das Meer befuh-
ren / und Handel trieben auf den großen
Wassern, 24 die dort die Werke des Herrn
bestaunten, / seine Wunder in der Tiefe
des Meeres 25 – Gott gebot und ließ den
Sturmwind aufstehn, / der hoch die Wo-
gen türmte –, 26 die zum Himmel empor-
stiegen / und hinabfuhren in die tiefste
Tiefe, / so daß ihre Seele in der Not ver-
zagte, 27 die wie Trunkene wankten und
schwankten, / am Ende waren mit all ih-
rer Weisheit, 28 die dann in ihrer Bedräng-
nis schrien zum Herrn, / die er ihren Äng-
sten entriß 29 – er machte aus dem Sturm
ein Säuseln, / so daß die Wogen des Mee-
res schwiegen –, 30 die sich freuten, daß die
Wogen sich legten / und er sie zum er-
sehnten Hafen führte: 31 sie alle sollen
dem Herrn danken für seine Huld, / für
sein wunderbares Tun an den Menschen.
32 Sie sollen ihn in der Gemeinde des Vol-
kes rühmen, / ihn loben im Kreis der Al-
ten. 33 Er machte Ströme zur dürren Wü-
ste, / Oasen zum dürstenden Ödland,
34 fruchtbares Land zur salzigen Steppe; /
denn seine Bewohner waren böse. 35 Er
machte die Wüste zum Wasserteich, / ver-
dorrtes Land zu Oasen. 36 Dort siedelte er
Hungernde an, / sie gründeten wohnliche
Städte. 37 Sie bestellten Felder, pflanzten
Reben / und erzielten reiche Ernten. 38 Er
segnete sie, so daß sie sich gewaltig ver-
mehrten, / gab ihnen große Mengen an
Vieh. 39 Dann aber wurden sie geringer an
Zahl, / gebeugt unter der Last von Leid
und Kummer. 40 Er goß über die Edlen
Verachtung aus, / ließ sie umherirren in
wegloser Wüste. 41 Die Armen hob er aus
dem Elend empor / und vermehrte ihre
Sippen, einer Herde gleich. 42 Die Redli-
chen sehn es und freuen sich, / doch alle
bösen Menschen verstummen. 43 Wer ist
weise und beachtet das alles, / wer be-
greift die reiche Huld des Herrn? (E)

Reise-Dank und Reise-Kunst

Wem fällt bei diesem letzten Teil einer uralten Dankfest-Liturgie (107,1–32) – dieser poetisch erweiterten Schilderung einer Rettung aus höchster Seenot – nicht Vergleichbares aus der Bibel ein: Noah und die Sintflut (1. Mose 7); Jona (Kap. 1) – schlafend! –, bevor er ins Meer geworfen wird; Jesus – schlafend! –, bevor er den Sturm stillt (Markus 4,35ff.); Paulus, während der Reise nach Rom auf Malta gestrandet (Apostelgeschichte 27,13ff.). Auch weniger Bibelfeste wissen: Reisen ist gefährlich! Schiffskollisionen, Flugzeugabstürze, Massenkarambolagen auf Autobahnen, Eisenbahnunglücke, Hotelbrände, Raubüberfälle – die Medien sind voll davon. Trifft es immer nur die anderen? Sind Schicksalsschläge wirklich regelbar durch Versicherungen? Wäre nicht nach jeder glücklich beendeten Reise ein gemeinsamer »Reise-Dank« angebracht, zumindest das Stoßgebet: Gott – wirklich: Gott! – sei Dank! Wieder heil daheim!

Doch was ist eine geglückte Reise? Der diesem Psalm später angefügte dreiteilige Hymnus (V. 33–38.39–42.43) könnte als Hinweis verstanden werden: Nur sehr oberflächlich wären Landschaftsbetrachtungen: Bäche, Quellen, Salzwüsten, Städte, Äcker, Weinberge, Vieh ... In Wahrheit verbergen sich dahinter meist: der Fluch, der frevelhaftem Verhalten von Menschen folgt und fruchtbares Land in Wüsteneien verwandelt (V. 33–34); aber auch gnädiger Segen Gottes, der den Bewohnern (einst aus dem Exil heimgekehrten Juden) das Aufblühen neuen Lebens schenkt (V. 35–38). Daß dies alles politische Hintergründe hat, daß Gott korrupte Herrschaft straft (V. 39 vor V. 40 zu lesen!) und – ein sozial gerechter Gott! – den Armen wirksam hilft (V. 41): wer richtig reist, sich um kulturelle und gesellschaftliche Zusammenhänge müht, wird mehr begreifen, als Kameras festhalten können. Der wird wie »die Frommen sehen und sich freuen«; der mag Vorurteile wie Verleumdungen korrigieren (V. 42!) und sich, dem Weisheits-Schlußspruch des Psalms folgend, »Gottes Wohltaten zu Herzen nehmen«. RENÉ LEUDESDORFF

Wenn wir dich haben, kann uns nicht schaden Teufel, Welt, Sünd oder Tod. Du hast's in Händen, kannst alles wenden, wie nur heißen mag die Not. Drum wir dich ehren, dein Lob vermehren mit hellem Schalle, freuen uns alle zu dieser Stunde. Halleluja.

108 [Ein Psalmlied Davids.] 2 Gott,
mein Herz ist bereit, / ich will
singen und spielen. Wach auf, meine
Seele! 3 Wach auf, Psalter und Harfe! /
Ich will das Morgenrot wecken. 4 Ich will
dir danken, Herr, unter den Völkern, /
ich will dir lobsingen unter den Leuten.
5 Denn deine Gnade reicht, so weit der
Himmel ist, / und deine Treue, so weit die
Wolken gehen. 6 Erhebe dich, Gott, über
den Himmel / und deine Herrlichkeit
über alle Lande! 7 Laß deine Freunde er-
rettet werden, / dazu hilf mit deiner Rech-
ten und erhöre uns! 8 Gott hat in seinem
Heiligtum geredet: / Ich will frohlocken;
ich will Sichem verteilen / und das Tal
Sukkot ausmessen. 9 Gilead ist mein, Ma-
nasse ist auch mein, und Ephraim ist der
Schutz meines Haupts, / Juda ist mein
Zepter. 10 Moab ist mein Waschbecken,
ich will meinen Schuh auf Edom werfen, /
über die Philister will ich jauchzen. 11 Wer
wird mich führen in die feste Stadt? / Wer
wird mich nach Edom leiten? 12 Wirst du
es nicht tun, Gott, der du uns verstoßen
hast / und ziehst nicht aus, Gott, mit un-
serm Heer? 13 Schaff uns Beistand vor
dem Feind; / denn Menschenhilfe ist
nichts nütze. 14 Mit Gott wollen wir Taten
tun. / Er wird unsre Feinde niedertreten.
(L)

108 [Ein Lied. Ein Psalm Davids.]
2 Mein Herz ist bereit, o Gott, /
mein Herz ist bereit, / ich will dir singen
und spielen. Wach auf, meine Seele! /
3 Wacht auf, Harfe und Saitenspiel! / Ich
will das Morgenrot wecken. 4 Ich will dich
vor den Völkern preisen, Herr, / dir vor
den Nationen lobsingen. 5 Denn deine
Güte reicht, so weit der Himmel ist, /
deine Treue, so weit die Wolken ziehn.
6 Erheb dich über die Himmel, o Gott! /
Deine Herrlichkeit erscheine über der
ganzen Erde. 7 Hilf mit deiner Rechten,
erhöre uns, / damit die gerettet werden,
die du so sehr liebst. 8 Gott hat in seinem
Heiligtum gesprochen: / »Ich will trium-
phieren, will Sichem verteilen / und das
Tal von Sukkot vermessen. 9 Mein ist Gi-
lead, mein auch Manasse, / Efraim ist der
Helm auf meinem Haupt, / Juda mein
Herrscherstab. 10 Doch Moab ist mein
Waschbecken, / auf Edom werfe ich mei-
nen Schuh, / ich triumphiere über das
Land der Philister.« 11 Wer führt mich hin
zu der befestigten Stadt, / wer wird mich
nach Edom geleiten? 12 Gott, hast denn du
uns verworfen? / Du ziehst ja nicht aus, o
Gott, mit unsern Heeren. 13 Bring uns
doch Hilfe im Kampf mit dem Feind! /
Denn die Hilfe von Menschen ist nutzlos.
14 Mit Gott werden wir Großes vollbrin-
geen; / er selbst wird unsere Feinde zer-
treten.
(E)

Ein politisches Morgenlied

Nein, »politisch Lied« muß keineswegs immer »garstig Lied« sein! Wer Gott in allen Lebensbereichen Gott sein läßt, kann sich – das zeigen viele Psalmen Israels – auch in politischen Nöten an ihn wenden. Bei diesem höchst politischen Morgenlied tut dies ein zu Unrecht (politisch?) Verfolgter, dem man – siehe Psalm 57,1–7 – bis zum »Gottesurteil im Tempel Asyl gewährte und der wohl mit Beten und Klagen zu Gott die ganze Nacht »unter dem Schatten deiner Flügel« Zuflucht fand (57,2). Nun schöpft er neue Hoffnung, fühlt Gottes Hilfe nahe und singt ihm (108,2–6 = 57,8–12) mit wacher Seele »schon an der Dämmrung Pforte« das Morgenlob. Noch ist das Urteil über ihn nicht gesprochen; doch wie im vorweggenommenen Dank rühmt der Beter die Gnade und Treue Gottes (V. 5), die ja alle Himmel und Länder übersteigt (V. 6).

Wem Gott zu jeder Zeit ein Loblied ins Herz gibt und wessen Herz auch noch bereit ist (V. 2), es mit ganzer Seele zu singen, den wird solcher Gesang – wie einst die drei Männer im Feuerofen oder im Dritten Reich die SS-Häftlinge des Widerstands – selbst unter schlimmen Bedingungen innerlich stark und frei machen. Dasselbe mag auch für ein ganzes Volk gelten, wenn es durch Gottes Zorn verstoßen und geteilt wurde wie Israel einst (722 v. Chr.) und das unsere nach 1945. Dann wendet es sich mit seiner Klage im Gottesdienst an den Herrn der Geschichte (Psalm 60,3–7) und bittet ihn um Erhörung und Rettung (108,7 = 60,7). Das Trostwort Gottes wird wohl nicht immer wie hier (108,8–12 = 60,8–14) ein »Heilsorakel« sein; aber die betende Gemeinde läßt sich aufrichten durch die Vision des einstmals einigen, großen Landes. Zweifel bleiben berechtigt (V. 12), ob solche politischen Phantasien erfüllbar sind – wohl nicht weniger bei uns heute. Aber eines bleibt sicher auch für Regierende beherzigenswert: daß »Menschenhilfe uns nichts nützt« (V. 13) und »große Taten« nur mit Gottes Beistand möglich sind. So wird aus dem persönlichen Morgenlied ein gar nicht garstiges, dafür teils tröstliches, teils kritisches »politisches Glaubenslied«. RENÉ LEUDESDORFF

Morgenglanz der Ewigkeit, Licht vom unerschöpften Lichte, schick uns diese Morgenzeit deine Strahlen zu Gesichte und vertreib durch deine Macht unsre Nacht.

109 [Ein Psalm Davids, vorzusingen.] Gott, mein Ruhm, schweige nicht! / 2 Denn sie haben ihr gottloses Lügenmaul wider mich aufgetan. Sie reden wider mich mit falscher Zunge 3 und reden giftig wider mich allenthalben / und streiten wider mich ohne Grund. 4 Dafür, daß ich sie liebe, feinden sie mich an; / ich aber bete. 5 Sie erweisen mir Böses für Gutes / und Haß für Liebe. 21 Aber du,Herr, sei du mit mir um deines Namens willen; / denn deine Gnade ist mein Trost: errette mich! 22 Denn ich bin arm und elend; / mein Herz ist zerschlagen in mir. 23 Ich fahre dahin wie ein Schatten, der schwindet, / und werde abgeschüttelt wie Heuschrecken. 24 Meine Knie sind schwach vom Fasten, / und mein Leib ist mager und hat kein Fett. 25 Ich bin ihnen zum Spott geworden; / wenn sie mich sehen, schütteln sie den Kopf. 26 Steh mir bei, Herr, mein Gott! / Hilf mir nach deiner Gnade, 27 und laß sie innewerden, daß dies deine Hand ist / und du, Herr, das tust. 28 Fluchen sie, so segne du. Erheben sie sich gegen mich, so sollen sie zuschanden werden; / aber dein Knecht soll sich freuen. 29 Meine Widersacher sollen mit Schmach angezogen / und mit ihrer Schande bekleidet werden wie mit einem Mantel. 30 Ich will dem Herrn sehr danken mit meinem Munde / und ihn rühmen vor der Menge. 31 Denn er steht dem Armen zur Rechten, / daß er ihm helfe von denen, die ihn verurteilen. (L)

109 [Für den Chormeister. Ein Psalm Davids.] Gott, den ich lobe, schweig doch nicht! / 2 Denn ein Mund voll Frevel, ein Lügenmaul hat sich gegen mich aufgetan. Sie reden zu mir mit falscher Zunge, / 3 umgeben mich mit Worten voll Haß / und bekämpfen mich ohne Grund. 4 Sie befeinden mich, während ich für sie bete, / 5 sie vergelten mir Gutes mit Bösem, / mit Haß meine Liebe. 21 Du aber, Herr und Gebieter, / handle an mir, wie es deinem Namen entspricht, / reiß mich heraus in deiner gütigen Huld! 22 Denn ich bin arm und gebeugt, / mir bebt das Herz in der Brust. 23 Wie ein flüchtiger Schatten schwinde ich dahin; / sie schütteln mich wie eine Heuschrecke ab. 24 Mir wanken die Knie vom Fasten, / mein Leib nimmt ab und wird mager. 25 Ich wurde für sie zum Spott und zum Hohn, / sie schütteln den Kopf, wenn sie mich sehen. 26 Hilf mir, Herr, mein Gott, / in deiner Huld errette mich! 27 Sie sollen erkennen, daß deine Hand dies vollbracht hat, / daß du, o Herr, es getan hast. 28 Mögen sie fluchen – du wirst segnen. / Meine Gegner sollen scheitern, dein Knecht aber darf sich freuen. 29 Meine Ankläger sollen sich bedecken mit Schmach, / wie in einen Mantel sich in Schande hüllen. 30 Ich will den Herrn preisen mit lauter Stimme, / in der Menge ihn loben. 31 Denn er steht dem Armen zur Seite, / um ihn vor falschen Richtern zu retten. (E)

Segen oder Fluch?

Die Auswahl bestimmter Verse aus dem 109. Psalm zeigt bereits an, daß man spätestens seit Jesus den ganzen Psalm so scheinbar nicht mehr beten kann, ist er doch das Paradebeispiel eines alttestamentlichen Fluchpsalmes.

Doch liegt uns auch als Christen diese Tendenz des Psalmes, wie sie auch noch in Vers 28 f. – etwas maßvoller zwar als in den übergangenen Versen – zur Sprache kommt, wirklich gar so fern? Soll man sich wirklich alles gefallen lassen, gerade von solchen Menschen, denen man sich äußerlich und innerlich verbunden fühlte (vgl. V. 2–5)? Darf man sich in seiner Not denn nicht auch wehren, seinem Herzen einmal kräftig Luft machen? Soll man wirklich seine Aggressionen immer nur unterdrücken? Geht nicht irgendwann einmal alle Kraft zum Vergeben und Vergessen zu Ende (V. 22–25)? Freilich der Gott, dessen Huld (V. 21.26) der Beter anfleht, den er beschwört, sich durch seine schnelle Hilfe für ihn und durch Bestrafung seiner Gegner als mächtig zu erweisen, ist auch der Gott Jesu Christi. Dieser blieb stark in der Kraft zu Liebe und zu Vergebung angesichts allen Unrechts, das man ihm bis zum bitteren Ende antat. Wer diesen Gott bei seinem Namen anruft (V. 21), wird nicht umhin können, im erfahrenen Unrecht zur versöhnlichen Haltung seines Sohnes hindurchzufinden.

HEINZ GEIST

Herr, barmherziger Vater, wo wir uns bedrängt fühlen und uns Unrecht getan wird, neigen wir Menschen sehr schnell zu Haß und Vergeltung. Zeig uns aber, daß einzig Liebe und Vergebung der Weg sind, auf dem allem Unrecht Einhalt geboten wird.

110 [Ein Psalm Davids.] Der Herr sprach zu meinem Herrn: »Setze dich zu meiner Rechten, / bis ich deine Feinde zum Schemel deiner Füße mache.« 2 Der Herr wird das Zepter deiner Macht ausstrecken aus Zion. / Herrsche mitten unter deinen Feinden! 3 Wenn du dein Heer aufbietest, wird dir dein Volk / willig folgen in heiligem Schmuck. Deine Söhne werden dir geboren / wie der Tau aus der Morgenröte. 4 Der Herr hat geschworen, und es wird ihn nicht gereuen: / »Du bist ein Priester ewiglich nach der Weise Melchisedeks.« 5 Der Herr zu deiner Rechten wird zerschmettern / die Könige am Tage seines Zorns. 6 Er wird richten unter den Heiden, wird viele erschlagen, / wird Häupter zerschmettern auf weitem Gefilde. 7 Er wird trinken vom Bach auf dem Wege, / darum wird er das Haupt emporheben. (L)

110 [Ein Psalm Davids.] So spricht der Herr zu meinem Herrn: / Setze dich mir zur Rechten, / und ich lege dir deine Feinde als Schemel unter die Füße. 2 Vom Zion strecke der Herr das Zepter deiner Macht aus: / »Herrsche inmitten deiner Feinde!« 3 Dein ist die Herrschaft am Tage deiner Macht, / (wenn du erscheinst) in heiligem Schmuck; ich habe dich gezeugt vor dem Morgenstern, / wie den Tau in der Frühe. 4 Der Herr hat geschworen, und nie wird's ihn reuen. / »Du bist Priester auf ewig nach der Ordnung Melchisedeks.« 5 Der Herr steht dir zur Seite; / er zerschmettert Könige am Tage seines Zornes. 6 Er hält Gericht unter den Völkern, er häuft die Toten, / die Häupter zerschmettert er weithin auf Erden. 7 Er trinkt aus dem Bach am Weg; / so kann er (von neuem) das Haupt erheben.

(E)

Sitzend zur Rechten Gottes

Im Glaubensbekenntnis sprechen wir es. Hierher kommt es. Der König Israels wird bei seiner Inthronisation von Gott an seine rechte Seite gerufen (ein Thronsessel neben der Bundeslade im Tempel?). Er bekommt durch die Ehrenstellung in der Machtsphäre Gottes Anteil an dessen Streit- und Siegeskraft. Er hält (V. 2) das Zepter als Insignie der Herrschaft. Die »Adligen« (V. 3) umstehen ihn. Von himmlischer Abkunft ist die Rede (V. 3b: »gezeugt wie Tau aus dem Schoß der Morgenröte»). Er wird – nach vorisraelitisch-jerusalemer Tradition – berufen in das Amt des Priesterkönigs Melchi-Sedek = »König, gerechter« (V. 4). Er trinkt – wohl am Bache Gihon, dem Ort des Salbungs-Zeremoniells (1. Könige 1,38–39) – vom mythisch-wirkkräftigen Lebensquell (V. 7). Dieser neue König – nein: Gott selbst wird (gewiß: durch ihn, V. 2) die feindlichen Mächte besiegen am »Tag des Zorns« (V. 5, vgl. V. 1: »bis ich«). So öffnet sich die Perspektive über die nahe Zukunft hinaus bis zum Endgericht, was wiederum an unser Credo erinnert: »Von dort wird er kommen, zu richten...«

Wie werden Aussagen eines uralten Krönungsrituals der Königszeit Israels zu Inhalten des Christenglaubens? Antwort: Die (jüdischen) Christen der ersten Generationen sahen in Jesus, dem »Davidsohn«, nicht nur einen Menschen, sondern auch »Gottes Sohn«. Was lag näher, als die altehrwürdigen Inthronisationsformeln Israels – »Setze dich zu meiner Rechten« – auf ihn, den Messias, zu übertragen? Sprechen sie doch nicht nur als Bilder, sondern haben reale Machtverhältnisse zum Inhalt: Gott und sein »König zur Rechten« besiegen alle bösen Feindmächte, auch den letzten, den Tod (1. Korinther 15,26–27).

»Sitzend zur Rechten Gottes« heißt für den Glauben: Jesus ist nicht nur eine herausragend-vorbildhafte Gestalt der Geschichte, auf die wir zurückblicken; er ist qualitativ anders: über der Geschichte, über Zeit und Raum, wie Gott, ein Teil seiner Macht. Zu ihm können wir aufblicken. Sein Wort und Werk lebt heute noch zu unserem Heil – und in Ewigkeit.

RENÉ LEUDESDORFF

Du kannst alles allerorten nun erfülln und nahe sein. Meines armen Herzens Pforten stell ich offen: Komm herein! Komm, du König aller Ehren, du mußt auch bei mir einkehren! Ewig in mir leb und wohn wie in deinem Himmelsthron.

111 Halleluja! Ich danke dem
Herrn von ganzem Herzen / im
Rate der Frommen und in der Gemeinde.
2 Groß sind die Werke des Herrn; / wer sie
erforscht, der hat Freude daran. 3 Was er
tut, das ist herrlich und prächtig, / und
seine Gerechtigkeit bleibt ewiglich. 4 Er
hat ein Gedächtnis gestiftet seiner Wun-
der, / der gnädige und barmherzige Herr.
5 Er gibt Speise denen, die ihn fürchten; /
er gedenkt ewig an seinen Bund. 6 Er läßt
verkündigen seine gewaltigen Taten sei-
nem Volk, / daß er ihnen gebe das Erbe
der Heiden. 7 Die Werke seiner Hände
sind Wahrheit und Recht; / alle seine
Ordnungen sind beständig. 8 Sie stehen
fest für immer und ewig; / sie sind recht
und verläßlich. 9 Er sendet eine Erlösung
seinem Volk; er verheißt, daß sein Bund
ewig bleiben soll. / Heilig und hehr ist sein
Name. 10 Die Furcht des Herrn ist der
Weisheit Anfang. Klug sind alle, die da-
nach tun. / Sein Lob bleibet ewiglich. (L)

111 Halleluja! Den Herrn will ich
preisen von ganzem Herzen /
im Kreis der Frommen, inmitten der Ge-
meinde. 2 Groß sind die Werke des
Herrn, / kostbar allen, die sich an ihnen
freuen. 3 Er waltet in Hoheit und Pracht, /
seine Gerechtigkeit hat Bestand für im-
mer. 4 Er hat ein Gedächtnis an seine
Wunder gestiftet, / der Herr ist gnädig
und barmherzig. 5 Er gibt denen Speise,
die ihn fürchten, / an seinen Bund denkt
er auf ewig. 6 Er hat seinem Volk seine
machtvollen Taten kundgetan, / um ihm
das Erbe der Völker zu geben. 7 Die
Werke seiner Hände sind gerecht und be-
ständig, / all seine Gebote sind verläßlich.
8 Sie stehen fest für immer und ewig, / ge-
schaffen in Treue und Redlichkeit. 9 Er
gewährte seinem Volk Erlösung / und be-
stimmte seinen Bund für ewige Zeiten. /
Furchtgebietend ist sein Name und heilig.
10 Die Furcht des Herrn ist der Anfang der
Weisheit; / alle, die danach leben, sind
klug. / Sein Ruhm hat Bestand für immer.
(E)

Gottes Taten

Zeile um Zeile folgt dieser Psalm in seiner Ursprache der Reihenfolge des hebräischen Alphabets, wie wenn es dem Beter darauf ankäme, daß in seinem Lied das Lob so umfassend wie nur möglich erklingt, eben von A bis Z. So buchstabiert er sich und denen, die sein Lied im Gottesdienst hören, die großen Taten Gottes in der Geschichte Israels vor: die Erlösung aus der Knechtschaft in Ägypten (V. 9), die Speisung in der Wüste (V. 5), den Bundesschluß am Sinai (V. 5), die Offenbarung der Gebote (V. 7), die Gabe des Landes (V. 6).

Man muß schon genau hinhören, um zu merken, worauf er anspielt, denn er verwendet dazu nicht die bekannte Sprache der Glaubensbekenntnisse. Festgeprägte Formulierungen, so hilfreich sie sind, unterliegen ja der Gefahr, oft nur noch gedankenlos mitgesprochen zu werden. Der Psalmist gebraucht eigene Worte. Ganz bewußt, voller innerer Beteiligung, spürt er den Spuren Gottes in der Geschichte seines Volkes nach. Die Zuhörer sollen hineingezogen werden in die Freude, die ein solches Nachfragen bringt.

Auffällig ist, daß er alle bösen Erfahrungen und alles, was an der Güte Gottes zweifeln macht, einfach beiseite läßt, als sei das nicht der Erwähnung wert! Vertraut er darauf, daß einer, der sich an Gottes Zusagen und Taten erinnern läßt, von allein darauf kommt, daß es Wege gibt, die nicht zufällig ins Abseits führen?

Gott hat seinem Volk die Lebensgrundlage gegeben: den Lebensraum und die verläßliche Abfolge der Tage und Zeiten. Aber er hat auch wissen lassen, in welchem Rahmen sich die bewegen sollen, die seinen Namen zu Recht tragen wollen.

Ob wir es mit dem alttestamentlichen Beter wieder lernen, die Gabe der Zehn Gebote als Werk Gottes zu verstehen, an dem wir Freude haben sollen? Sie nicht zuerst als einengend zu sehen, sondern als Signale, die darauf achten lehren, wo wir uns und andere unglücklich machen?

Wir wollen, daß unser Leben gelingt. Die rechte Lebensweisheit und zugleich das rechte Lob ist es, auf das, »was Gott an uns gewendet hat«, mit Wort und Tat, mit unserem ganzen Wesen zu antworten.

ERIKA SCHAUDT

Dein Wahrheit, Gnad und Gütigkeit erscheinet Jung und Alten.

112 Halleluja! Wohl dem, der den Herrn fürchtet, / der große Freude hat an seinen Geboten! 2 Sein Geschlecht wird gewaltig sein im Lande; / die Kinder der Frommen werden gesegnet sein. 3 Reichtum und Fülle wird in ihrem Hause sein, / und ihre Gerechtigkeit bleibt ewiglich. 4 Den Frommen geht das Licht auf in der Finsternis / von dem Gnädigen, Barmherzigen und Gerechten. 5 Wohl dem, der barmherzig ist und gerne leiht / und das Seine tut, wie es recht ist! 6 Denn er wird ewiglich bleiben; / der Gerechte wird nimmermehr vergessen. 7 Vor schlimmer Kunde fürchtet er sich nicht; / sein Herz hofft unverzagt auf den Herrn. 8 Sein Herz ist getrost und fürchtet sich nicht, / bis er auf seine Feinde herabsieht. 9 Er streut aus und gibt den Armen; seine Gerechtigkeit bleibt ewiglich. / Seine Kraft wird hoch in Ehren stehen. 10 Der Gottlose wird's sehen, und es wird ihn verdrießen; mit den Zähnen wird er knirschen und vergehen. / Denn was die Gottlosen wollen, das wird zunichte. (L)

112 Halleluja! Wohl dem Mann, der den Herrn fürchtet und ehrt / und sich herzlich freut an seinen Geboten. 2 Seine Nachkommen werden mächtig im Land, / das Geschlecht der Redlichen wird gesegnet. 3 Wohlstand und Reichtum füllen sein Haus, / sein Heil hat Bestand für immer. 4 Den Redlichen erstrahlt im Finstern ein Licht: / der Gnädige, Barmherzige und Gerechte. 5 Wohl dem Mann, der gütig und zum Helfen bereit ist, / der das Seine ordnet, wie es recht ist. 6 Niemals gerät er ins Wanken; / ewig denkt man an den Gerechten. 7 Er fürchtet sich nicht vor Verleumdung; / sein Herz ist fest, er vertraut auf den Herrn. 8 Sein Herz ist getrost, er fürchtet sich nie; / denn bald wird er herabschauen auf seine Bedränger. 9 Reichlich gibt er den Armen, / sein Heil hat Bestand für immer; / er ist mächtig und hoch geehrt. 10 Voll Verdruß sieht es der Frevler, / er knirscht mit den Zähnen und geht zugrunde. / Zunichte werden die Wünsche der Frevler. (E)

Die Kinder der Frommen

O weh – die Kinder der Frommen! Das ist nicht nur ein weites, das ist oft auch ein sehr dorniges Feld. Sind sie wirklich gesegnet, wie es im Psalm heißt? Wer kennt nicht das Sprichwort von den Pfarrerskindern, die wie des Müllers Vieh angeblich selten oder nie geraten? Wobei meist übersehen wird, daß das Wörtlein »selten« in diesem Zusammenhang sehr positiv zu verstehen ist. Es bedeutet: überdurchschnittlich begabt und auch sonst ein Prachtexemplar. Die Kinder der Frommen demnach so oder so – nur nicht mittelmäßig?

Die einschlägige Literatur von Jochen Klepper bis Tilman Moser zeigt, daß nirgendwo so schwere und oft tragische Eltern-Kind-Konflikte ausgetragen werden wie in streng religiös geprägten Familien. Nicht selten kommt es dabei zu Zerwürfnissen, die auf beiden Seiten lebenslange Wunden hinterlassen. Und das um so mehr, weil es ja alle letztlich gut gemeint haben. Aber schon Martin Luther soll gesagt haben: Das gute Meinen macht viele Leute weinen.

Aber bei allem Schmerz und bei aller Entfremdung bleibt ganz gewiß auch das andere wahr: Es geht nichts verloren von dem, was Eltern an Liebe und Geduld, an Güte und Gebet ihren Kindern haben zukommen lassen. Es bleibt – wie es unlängst eine emanzipierte Herrnhuterin in der DDR beschrieben hat – das »Nest im Kopf«, die Erinnerung an das abendliche Singen und Beten am Kinderbett. Es bleiben die Sonntage, das Kirchenjahr. Selbst ein Mann wie Friedrich Nietzsche schreibt einmal, er sei oft und oft in Gedanken durch das elterliche Pfarrhaus gegangen, aber habe nie etwas gefunden, was ernstlich gegen ihn gewesen wäre. Ganz sicher gilt auch in dieser Hinsicht die Verheißung, daß das Wort Gottes nicht leer zurückkommt, sondern daß es, wenn auch oft spät und sehr im Verborgenen, Frucht bringt – dreißigfältig, sechzigfältig, hundertfältig. Recht hatte darum jener alte Pfarrer, der einmal im Blick auf seine Kinder sagte: »Man kann sie erziehen, wie man will – am Ende machen sie einem doch alles nach!«

Das Licht, von dem unser Psalm spricht, geht uns Eltern und Kindern und Großeltern und Enkeln eben nicht am hellichten Tage auf, wenn alles seinen geordneten Gang geht. Erst da, wo wir stocken, wo es dunkel wird, erst da beginnt Gottes Wort zu leuchten und ein Licht zu werden auf unserem Wege.

CHRISTIAN TRÖBST

Dem Frommen geht das Licht auf in der Finsternis von dem Gnädigen und Barmherzigen und Gerechten.

113 Halleluja! Lobet, ihr Knechte
des Herrn, / lobet den Namen
des Herrn! [2] Gelobt sei der Name des
Herrn / von nun an bis in Ewigkeit! [3] Vom
Aufgang der Sonne bis zu ihrem Nieder-
gang / sei gelobet der Name des Herrn!
[4] Der Herr ist hoch über alle Völker; /
seine Herrlichkeit reicht, so weit der Him-
mel ist. [5] Wer ist wie der Herr, unser
Gott, / im Himmel und auf Erden? [6] Der
oben thront in der Höhe, / der hernieder-
schaut in die Tiefe, [7] der den Geringen
aufrichtet aus dem Staube / und erhöht
den Armen aus dem Schmutz, [8] daß er ihn
setze neben die Fürsten, / neben die Für-
sten seines Volkes; [9] der die Unfruchtbare
im Hause zu Ehren bringt, / daß sie eine
fröhliche Kindermutter wird. Halleluja!

(L)

113 Halleluja! Lobet, ihr Knechte
des Herrn, / lobt den Namen
des Herrn! [2] Der Name des Herrn sei ge-
priesen / von nun an bis in Ewigkeit.
[3] Vom Aufgang der Sonne bis zum Unter-
gang / sei der Name des Herrn gelobt.
[4] Der Herr ist erhaben über alle Völker, /
seine Herrlichkeit überragt die Himmel.
[5] Wer gleicht dem Herrn, unserm Gott, /
im Himmel und auf Erden, [6] ihm, der in
der Höhe thront, / der hinabschaut in die
Tiefe, [7] der den Schwachen aus dem Staub
emporhebt / und den Armen erhöht, der
im Schmutz liegt? [8] Er gibt ihm einen Sitz
bei den Edlen, / bei den Edlen seines Vol-
kes. [9] Die Frau, die kinderlos war, läßt er
im Hause wohnen; / sie wird Mutter und
freut sich an ihren Kindern. / Halleluja!

(E)

Die wahre Größe Gottes

Dieser Psalm wird in der Liturgie der großen Festtage Israels gesungen. Die Knechte des Herrn werden aufgerufen, die betende Gemeinde fordert sich selber auf zum Gotteslob. Über Raum und Zeit, also alle menschliche Beschränktheit überschreitend, soll der Name des Herrn stehen, wobei »Name« das Wesen meint, jenes »Ich bin da für euch«, das die Bundesgeschichte des Gottesvolkes wie ein roter Faden durchzieht. Was vom Gott Israels gesagt wird, gilt erst recht vom Gott und Vater aller Menschen, den uns Jesus Christus gezeigt hat. Ihm gleicht niemand. Seine Einzigartigkeit und Größe werden nicht statisch, sondern dynamisch erfahren in der Liebe, die der in der Höhe Thronende denen zeigt, die auf Erden arm und schwach sind. Dieses Motiv ist uns bekannt aus der Bundesgeschichte des Gottesvolkes. Gott ist es, der das Schreien der Armen und Kleinen erhört. Gott ist es, der die Niedrigen erhöht. Was alttestamentliche Hoffnung war, geht im Neuen Bund in Erfüllung, wo der, der in Gottes Gestalt war, an seinem Gottsein nicht festhält wie an einem Besitz. Nein, er, der mächtig und groß war, wird arm und klein, wird gehorsam bis zum Tod, bis zum Tod am Kreuze (Philipper 2,6–11). Gerade im Wege dieser Selbstentäußerung zeigt sich die Größe Gottes. Das Kreuz auf Golgota war letztlich und endlich die Stätte, an der sich Gottes Wesen in seiner letzten Tiefe erschließt.

Der zunächst abstrakt über Raum und Zeit den Menschen entfernte und entfremdete Gott wird konkret erfahrbar, wo Schwache aus dem Staub emporgehoben und Arme aus dem Schmutz erhöht werden. Durch den altbundlichen Entwurf des göttlichen Heilswaltens hindurch erkennt der christliche Beter des Psalms das Christusgeschehen in seiner Fülle.

Psalm 113 ist dem Christen ein liebes Andenken an seinen Herrn. Denn mit diesen Worten hat Jesus sein neues und ewiges Bundesmahl eröffnet, welches die christliche Gemeinde feiert, bis der Herr wiederkommt in Herrlichkeit. Wie Christus in seinem Tod nicht unterging, so geht der nicht unter, der mit ihm verbunden sein Leben lebt zur größeren Ehre Gottes. HANS NAGEL

Gelobt sei der Name des Herrn von nun an bis in Ewigkeit!

114 Als Israel aus Ägypten zog, /
das Haus Jakob aus dem frem-
den Volk, 2 da wurde Juda sein Heilig-
tum, / Israel sein Königreich. 3 Das Meer
sah es und floh, / der Jordan wandte sich
zurück. 4 Die Berge hüpften wie die Läm-
mer, / die Hügel wie die jungen Schafe.
5 Was war mit dir, du Meer, daß du flo-
hest, / und mit dir, Jordan, daß du dich
zurückwandtest? 6 Ihr Berge, daß ihr
hüpftet wie die Lämmer, / ihr Hügel, wie
die jungen Schafe? 7 Vor dem Herrn er-
bebe, du Erde, / vor dem Gott Jakobs,
8 der den Felsen wandelte in einen See /
und die Steine in Wasserquellen! (L)

114 Als Israel aus Ägypten aus-
zog, / Jakobs Haus aus dem
Volk mit fremder Sprache, 2 da wurde
Juda Gottes Heiligtum, / Israel das Ge-
biet seiner Herrschaft. 3 Das Meer sah es
und floh, / der Jordan wich zurück. 4 Die
Berge hüpften wie Widder, / die Hügel
wie junge Lämmer. 5 Was ist mit dir,
Meer, daß du fliehst, / und mit dir,
Jordan, daß du zurückweichst? 6 Ihr
Berge, was hüpft ihr wie Widder, / und
ihr Hügel, wie junge Lämmer? 7 Vor dem
Herrn erbebe, du Erde, / vor dem Antlitz
des Gottes Jakobs, 8 der den Fels zur Was-
serflut wandelt / und Kieselgestein zu
quellendem Wasser. (E)

Auszug in die Freiheit

Wie das Weihnachtsoratorium die Geburt Jesu besingt und auf diese Weise Gottes Handeln darin vergegenwärtigt, so geschieht es auch in diesem uralten Psalm: Der Sänger besingt Gottes Handeln an seinem Volk in der Geschichte. Selbst das Meer, die Berge und der Jordan gehorchen ihm. Der Herr der Geschichte ist zugleich der Herr der Schöpfung.

Der Hymnus ist kunstvoll aufgebaut, voller Anspielungen auf bekannte Ereignisse. Er erzählt eine spannende Geschichte – aber erst zum Schluß (in V. 7) nennt er den, der hier handelt: der Gott Jakobs, der Gott, auf den sich schon unsere Vorväter verlassen haben. Das alles wird wieder lebendige Gegenwart. Der Auszug des Volkes aus Ägypten (2. Mose 12); der Durchzug durchs Meer (2. Mose 14), der Durchzug durch den Jordan (Josua 3). Geradezu ironisch fragt er das Meer, den Jordan und die Berge, warum sie sich so eigentümlich verhalten, um selbst dann in Vers 7 und 8 zu antworten: Sie müssen dem Herrn gehorchen!

Die Hauptaussage allerdings hat der Sänger gleich zu Beginn gemacht: Gott hat sich dieses Volk zu seinem Volk in dieser Welt erwählt. Durch sein Volk will Gott zeigen, wie er es mit unserer Welt und mit uns Menschen meint – bis hin zu Jesus Christus, in dem er uns einen Blick in sein Herz tun läßt.

Wie er's meint? Der Auszug wird geradezu zum »Modell« seines Handelns: Gott befreit und erlöst uns, indem er uns aus unseren Verstrickungen und Bedrückungen herausführt und so von der Knechtschaft unter die Mächte dieser Welt losmacht. Erlösung heißt herausführen, auch wenn dieses Losmachen mit Abschied und Schmerz verbunden ist. Schon das Volk damals war versucht, sich nach der trügerischen Geborgenheit der Fremdherrschaft zurückzusehnen. Die Kirche und jeder einzelne erfährt diesen verführerischen »Sog zurück« immer wieder. Darum stimmt der Sänger dieses alte Lied neu an, damit die Freude über die Befreiung durch den Auszug uns ermutige, Gottes Ruf in die Freiheit der Kinder Gottes zu folgen – um seinet- und um unsretwillen! MARTIN VOIGT

Der Herr ist noch und nimmer nicht von seinem Volk geschieden; er bleibet ihre Zuversicht, ihr Segen, Heil und Frieden. Gebt unserm Gott die Ehre!

115 Nicht uns, Herr, nicht uns, son-
dern deinem Namen gib Ehre /
um deiner Gnade und Treue willen!
2 Warum sollen die Heiden sagen: / Wo ist
denn ihr Gott? 3 Unser Gott ist im Him-
mel; / er kann schaffen, was er will. 4 Ihre
Götzen aber sind Silber und Gold, / von
Menschenhänden gemacht. 5 Sie haben
Mäuler und reden nicht, / sie haben
Augen und sehen nicht, 6 sie haben Ohren
und hören nicht, / sie haben Nasen und
riechen nicht, 7 sie haben Hände und grei-
fen nicht, Füße haben sie und gehen
nicht, / und kein Laut kommt aus ihrer
Kehle. 8 Die solche Götzen machen, sind
ihnen gleich, / alle, die auf sie hoffen.
9 Aber Israel hoffe auf den Herrn! / Er ist
ihre Hilfe und Schild. 10 Das Haus Aaron
hoffe auf den Herrn! / Er ist ihre Hilfe
und Schild. 11 Die ihr den Herrn fürchtet,
hoffet auf den Herrn! / Er ist ihre Hilfe
und Schild. 12 Der Herr denkt an uns und
segnet uns; / er segnet das Haus Israel, er
segnet das Haus Aaron. 13 Er segnet, die
den Herrn fürchten, / die Kleinen und die
Großen. 14 Der Herr segne euch je mehr
und mehr, / euch und eure Kinder! 15 Ihr
seid die Gesegneten des Herrn, / der
Himmel und Erde gemacht hat. 16 Der
Himmel ist der Himmel des Herrn; / aber
die Erde hat er den Menschenkindern ge-
geben. 17 Die Toten werden dich, Herr,
nicht loben, / keiner, der hinunterfährt in
die Stille; 18 aber wir loben den Herrn /
von nun an bis in Ewigkeit. Halleluja! (L)

115 Nicht uns, o Herr, bring zu Eh-
ren, / nicht uns, sondern deinen
Namen / in deiner Huld und Treue!
2 Warum sollen die Völker sagen: / »Wo
ist denn ihr Gott?« 3 Unser Gott ist im
Himmel; / alles, was ihm gefällt, das voll-
bringt er. 4 Die Götzen der Völker sind
nur Silber und Gold, / ein Machwerk von
Menschenhand. 5 Sie haben einen Mund
und reden nicht, / Augen und sehen nicht;
6 sie haben Ohren und hören nicht, / eine
Nase und riechen nicht; 7 mit ihren Hän-
den können sie nicht greifen, / mit den Fü-
ßen nicht gehen, / sie bringen keinen Laut
hervor aus ihrer Kehle. 8 Die sie gemacht
haben, sollen ihrem Machwerk gleichen, /
alle, die den Götzen vertrauen. 9 Israel,
vertrau auf den Herrn! / Er ist für euch
Helfer und Schild. 10 Haus Aaron, vertrau
auf den Herrn! / Er ist für euch Helfer und
Schild. 11 Alle, die ihr den Herrn fürchtet,
vertraut auf den Herrn! / Er ist für euch
Helfer und Schild. 12 Der Herr denkt an
uns, er wird uns segnen, / er wird das
Haus Israel segnen, / er wird das Haus
Aaron segnen. 13 Der Herr wird alle seg-
nen, die ihn fürchten, / segnen Kleine und
Große. 14 Es mehre euch der Herr, / euch
und eure Kinder. 15 Seid gesegnet vom
Herrn, / der Himmel und Erde gemacht
hat. 16 Der Himmel ist der Himmel des
Herrn, / die Erde aber gab er den Men-
schen. 17 Tote können den Herrn nicht
mehr loben, / keiner, der ins Schweigen
hinabfuhr. 18 Wir aber preisen den Herrn /
von nun an bis in Ewigkeit. / Halleluja!
(E)

Gesegnet, um Gott zu preisen

Dieser Psalm beginnt so überraschend, wie er endet: Am Anfang steht groß das Wort »nicht uns«, am Ende plötzlich: »wir aber«. Energisch weist die betende Exilsgemeinde zuerst die Versuchung ab, sich von dem Stimmengewirr ringsum gefangennehmen zu lassen. Sie läßt sich die Resignation nicht »schmackhaft« machen: »Wo ist denn euer scheinbar so starker Gott? Was vermag er denn angesichts eurer politischen, wirtschaftlichen und sozialen Bedrängnis? Macht ihr euch denn nicht zum Gespött der Leute, wenn ihr ihm weiter nachlauft?«

Heute könnte uns eine Frage verunsichern wie: »Ist euer Gott nicht ein theologisches Gebilde, daß sich nach 3000 Jahren selbst überlebt hat? Was tut er denn angesichts von Umweltkatastrophen und weltweit ausgedehnten Kriegen?« Verblüffend und zugleich ermutigend klingt da, was Israel zu anworten weiß: Wir preisen unseren Gott, wir wollen und dürfen es tun, weil er uns seinen Segen nicht entzieht!

Glaube ich für mich, für die Welt, in der ich lebe, und für die Menschen in ihr daran, daß der Gott, der Israel segnet, auch »mein« und »unser« Gott ist? Und führt mich erlebter Segen hin zum entschiedenen Lobpreis dieses Gottes?

Segen und Lobpreis entspringen in der Sprache der Bibel dem gleichen Grundwort. Segen Gottes kommt in solcher Fülle dem Menschen zugute, daß er spontan den Lobpreis als die einzig angemessene Antwort darauf versteht. So geschieht zwischen Gott und seinem Volk ein gegenseitiges »Sich-Beschenken«, aus dem sich immer neues Leben speist. SR. KATHARINA OPPEL (KOMMUNITÄT VENIO OSB)

Herr, schenke uns genug Phantasie und Mut, deinen Segen für diesen Tag zu entdecken und dich dankbar dafür zu preisen.

116 Ich liebe den Herrn, denn er
hört / die Stimme meines Fle-
hens. 2 Er neigte sein Ohr zu mir; / darum
will ich mein Leben lang ihn anrufen.
3 Stricke des Todes hatten mich umfan-
gen, des Totenreichs Schrecken hatten
mich getroffen; / ich kam in Jammer und
Not. 4 Aber ich rief an den Namen des
Herrn: / Ach, Herr, errette mich! 5 Der
Herr ist gnädig und gerecht, / und unser
Gott ist barmherzig. 6 Der Herr behütet
die Unmündigen; / wenn ich schwach bin,
so hilft er mir. 7 Sei nun wieder zufrieden,
meine Seele; / denn der Herr tut dir Gu-
tes. 8 Denn du hast meine Seele vom Tode
errettet, / mein Auge von den Tränen,
meinen Fuß vom Gleiten. 9 Ich werde
wandeln vor dem Herrn / im Lande der
Lebendigen. 10 Ich glaube, auch wenn ich
sage: / Ich werde sehr geplagt. 11 Ich
sprach in meinem Zagen: / Alle Men-
schen sind Lügner. 12 Wie soll ich dem
Herrn vergelten / all seine Wohltat, die er
an mir tut? 13 Ich will den Kelch des Heils
nehmen / und des Herrn Namen anrufen.
14 Ich will meine Gelübde dem Herrn er-
füllen / vor all seinem Volk. 15 Der Tod
seiner Heiligen / wiegt schwer vor dem
Herrn. 16 Ach Herr, ich bin dein Knecht,
ich bin dein Knecht, der Sohn deiner
Magd; / du hast meine Bande zerrissen.
17 Dir will ich Dank opfern / und des
Herrn Namen anrufen. 18 Ich will meine
Gelübde dem Herrn erfüllen / vor all sei-
nem Volk 19 in den Vorhöfen am Hause
des Herrn, / in dir, Jerusalem. Halleluja!
(L)

116 Ich liebe den Herrn; / denn er
hat mein lautes Flehen gehört
2 und sein Ohr mir zugeneigt / an dem
Tag, als ich zu ihm rief. 3 Mich umfingen
die Fesseln des Todes, / mich befielen die
Ängste der Unterwelt, / mich trafen Be-
drängnis und Kummer. 4 Da rief ich den
Namen des Herrn an: / »Ach Herr, rette
mein Leben!« 5 Der Herr ist gnädig und
gerecht, / unser Gott ist barmherzig. 6 Der
Herr behütet die schlichten Herzen; / ich
war in Not, und er brachte mir Hilfe.
7 Komm wieder zur Ruhe, mein Herz! /
Denn der Herr hat dir Gutes getan. 8 Ja,
du hast mein Leben dem Tod entrissen, /
meine Tränen (getrocknet), / meinen Fuß
(bewahrt vor) dem Gleiten. 9 So gehe ich
meinen Weg vor dem Herrn / im Land der
Lebenden. 10 Voll Vertrauen war ich,
auch wenn ich sagte: / Ich bin so tief ge-
beugt. 11 In meiner Bestürzung sagte ich: /
Die Menschen lügen alle. 12 Wie kann ich
dem Herrn all das vergelten, / was er mir
Gutes getan hat? 13 Ich will den Kelch des
Heils erheben / und anrufen den Namen
des Herrn. 14 Ich will dem Herrn meine
Gelübde erfüllen / offen vor seinem gan-
zen Volk. 15 Kostbar ist in den Augen des
Herrn / das Sterben seiner Frommen.
16 Ach Herr, ich bin doch dein Knecht, /
dein Knecht bin ich, der Sohn deiner
Magd. / Du hast meine Fesseln gelöst.
17 Ich will dir ein Opfer des Dankes brin-
gen / und anrufen den Namen des Herrn.
18 Ich will dem Herrn meine Gelübde er-
füllen / offen vor seinem ganzen Volk,
19 in den Vorhöfen am Hause des Herrn, /
in deiner Mitte, Jerusalem. / Halleluja!
(E)

Gott – der Retter aus Todesnot

Es ist erstaunlich, wie realistisch die Bibel vom menschlichen Leben spricht. Da wird nichts beschönigt. Da wird unser Leben so beschrieben, wie es in Wirklichkeit ist: mit dem Tod umfangen. Unser Psalm ist dafür ein markantes Beispiel. Hier wird unsere Situation schonungslos aufgedeckt: »Mich umfingen die Fesseln des Todes, mich befielen die Ängste der Unterwelt, mich trafen Bedrängnis und Kummer« (V. 3). Zugleich aber wird gezeigt, wie man mit dieser Bedrängnis und Todesnot umgehen kann. Der Psalmist hat sie durchlitten, aber ist daran nicht zerbrochen. Sein Glaube hat ihn ausrufen lassen: »Ach Herr, rette mein Leben!« (V. 4).

Und jetzt befindet er sich inmitten der versammelten Festgemeinde. Nach den durchgestandenen Anfechtungen verrichtet er in den Vorhöfen des Tempels sein Dankgebet und rüstet sich zur Darbringung seines Gelübdeopfers. Gott hat nämlich seinen Klageruf gehört und ihn erhört. Er hat ihn aus der Sphäre des Todes wieder in das Land der Lebenden geführt. Und jetzt bleibt ihm nur zu danken. Seine Dankbarkeit ist wirklich Gedächtnis des Herzens. Er weiß, daß er es allein nie geschafft hätte. Ein Stärkerer ist hinter ihm gestanden. Ihm verdankt er seine Rettung. Ihm bringt er deshalb das im alttestamentlichen Kult fest verankerte Dankopfer dar, ein Speise- oder Trankopfer. Dieses, so glaubte man, stiftet Mahlgemeinschaft zwischen dem Geretteten und seinem Retter, wobei Gott der eigentliche Tischherr ist, der den Menschen durch das kultische Mahl in seine Heilssphäre hineinnimmt.

Der Sänger unseres Liedes, der sein Opfer ankündigt mit den Worten »Ich will den Kelch des Heils erheben« (V. 13), wußte noch nichts vom Hochzeitsmahl des Lammes. Wir aber können sein Lied nur hören auf dem Hintergrund des neutestamentlichen Heilsmysteriums, das im Herrenmahl seine Vergegenwärtigung erfährt. Der Kelch des Heils ist für uns der eucharistische Kelch geworden. Im 1. Korintherbrief ist von diesem Kelch die Rede, der uns zur »Teilhabe am Blut Christ« (10,16) führt. Der Tischherr ist jetzt Jesus selbst, der für uns gestorben ist und der für und mit uns lebt. HUBERT BOUR

Mitten wir im Leben sind mit dem Tod umfangen. Wer ist, der uns Hilfe bringt, daß wir Gnad erlangen? Das bist du, Herr, alleine.

117 Lobet den Herrn, alle Heiden! / Preiset ihn, alle Völker! 2 Denn seine Gnade und Wahrheit / waltet über uns in Ewigkeit. Halleluja! (L)

117 Lobet den Herrn, alle Völker, / preist ihn, alle Nationen! 2 Denn mächtig waltet über uns seine Huld, / die Treue des Herrn währt in Ewigkeit. / Halleluja! (E)

Ein kleines Volk und sein großer Gott

Ein kleines Volk, das eine nationale Katastrophe erlebt hat, das Ende seines Königshauses und den Verlust seiner politischen Unabhängigkeit, ruft alle Völker der Erde dazu auf, seinen Gott zu preisen und ihn anzuerkennen. Ist das kein Größenwahn? Nach damaligem Verständnis war doch die Lage Israels der augenscheinliche Beweis dafür, daß sein Gott den Göttern der anderen Völker unterlegen war.

Israel scheint jedes Maß für die Wirklichkeit verloren zu haben. Wie könnte es sonst den Aufruf damit begründen, sein Gott sei über die Maßen gut zu ihm gewesen? Hatte er es nicht im Stich gelassen? Lebte sein Volk nicht in unvorstellbarem Elend, von allen verachtet und unterdrückt? Von Treue oder Zuverlässigkeit (Luther übersetzte das entsprechende Wort mit »Wahrheit«) dieses Gottes ist doch wahrhaftig nichts zu sehen!

Wo liegt die Lösung dieser Frage? Wohl nicht alle Israeliten, aber einige von ihnen, hatten mitten in der Katastrophe etwas gelernt: Das Unglück war die notwendige Folge davon gewesen, daß Israel die Weisungen und Lebenshilfen seines Gottes ständig in den Wind geschlagen hatte. Mehr noch: Das Versagen des Volkes setzt Gottes Vorhaben nicht außer Kraft. In seiner grenzenlosen Liebe und Geduld setzt er einen neuen Anfang. Und alle, die zu ihm umkehren, werden von dieser Liebe erfaßt und innerlich umgewandelt. Von dieser neuen Wirklichkeit spricht der Psalm. Die Erkenntnis geht sogar noch einen Schritt weiter: Dieser Gott ist so einmalig und groß, daß er die trennenden Grenzen zwischen den Nationen überschreitet und allen Völkern anbietet, unter seiner Friedensherrschaft zu leben.

Das, was hier angekündigt ist, hat Jesus Christus in Gang gebracht. Menschen aus allen Völkern haben nun Anteil an dem, was Israel einmal versprochen war. Der Apostel Paulus zitiert Psalm 117 in seinem Brief an die Römer (15,11), weil er diese Aussage bestätigt sieht. Noch steht die Wirklichkeit Gottes im Konflikt mit der Wirklichkeit der Welt – wie damals. Aber wer zu Jesus gehört, kann in den Aufruf des Psalms voll einstimmen; denn Gottes Zusage wird restlos erfüllt werden.

RUDOLF KASSÜHLKE

Herr Jesus Christus, öffne uns die Augen für deine Wirklichkeit, damit wir einstimmen können in den Jubel, zu dem du alle Menschen aufrufst.

118 Danket dem Herrn; denn er ist
freundlich, / und seine Güte
währet ewiglich. 2 Es sage nun Israel: /
Seine Güte währet ewiglich. 3 Es sage nun
das Haus Aaron: / Seine Güte währet
ewiglich. 4 Es sagen nun, die den Herrn
fürchten: / Seine Güte währet ewiglich.
5 In der Angst rief ich den Herrn an; / und
der Herr erhörte mich und tröstete mich.
6 Der Herr ist mit mir, darum fürchte ich
mich nicht; / was können mir Menschen
tun? 7 Der Herr ist mit mir, mir zu hel-
fen; / und ich werde herabsehen auf
meine Feinde. 8 Es ist gut, auf den Herrn
vertrauen / und nicht sich verlassen auf
Menschen. 9 Es ist gut, auf den Herrn ver-
trauen / und nicht sich verlassen auf Für-
sten. 10 Alle Heiden umgeben mich; / aber
im Namen des Herrn will ich sie abweh-
ren. 11 Sie umgeben mich von allen Sei-
ten; / aber im Namen des Herrn will ich
sie abwehren. 12 Sie umgeben mich wie
Bienen, sie entbrennen wie ein Feuer in
Dornen; / aber im Namen des Herrn will
ich sie abwehren. 13 Man stößt mich, daß
ich fallen soll; / aber der Herr hilft mir.
14 Der Herr ist meine Macht und mein
Psalm / und ist mein Heil. (L)

118 Danket dem Herrn, denn er ist
gütig, / denn seine Huld währt
ewig. 2 So soll Israel sagen: / Denn seine
Huld währt ewig. 3 So soll das Haus Aaron
sagen: / Denn seine Huld währt ewig. 4 So
sollen alle sagen, die den Herrn fürchten
und ehren: / Denn seine Huld währt ewig.
5 In der Bedrängnis rief ich zum Herrn; /
der Herr hat mich erhört und mich frei ge-
macht. 6 Der Herr ist bei mir, ich fürchte
mich nicht. / Was können Menschen mir
antun? 7 Der Herr ist bei mir, er ist mein
Helfer; / ich aber schaue auf meine Has-
ser herab. 8 Besser, sich zu bergen beim
Herrn, / als auf Menschen zu bauen.
9 Besser, sich zu bergen beim Herrn, / als
auf Fürsten zu bauen. 10 Alle Völker um-
ringen mich; / ich wehre sie ab im Namen
des Herrn. 11 Sie umringen, ja, sie umrin-
gen mich; / ich wehre sie ab im Namen des
Herrn. 12 Sie umschwirren mich wie Bie-
nen, / ich wehre sie ab im Namen des
Herrn. 13 Sie stießen mich hart, sie wollten
mich stürzen; / der Herr aber hat mir ge-
holfen. 14 Meine Stärke und mein Lied ist
der Herr; / er ist für mich zum Retter ge-
worden. (E)

Nicht allein

Dieser Psalm nimmt uns mit hinein in einen Festgottesdienst Israels. Schon draußen vor dem Tempel klingen in Ruf und Antwort die Stimmen vieler zusammen, gestimmt auf den einen Grundton: Dank für die Verläßlichkeit Gottes. Alle werden eingeladen, sich zu beteiligen – die, die schon immer zur Gemeinde gehören oder besondere Aufgaben in ihr wahrnehmen, gleichermaßen wie die, die sich den letzten Schritt noch nicht ganz zu tun trauen. Alle sollen ihre eigenen Erfahrungen zustimmend in die vorgeformten Worte einbringen: »Ja, in Ewigkeit währt seine Güte« – als Dank für den Lebensunterhalt, für Familie und Freunde, für das Recht in Staat und Gesellschaft, für Neuaufbruch und Neuanfang.

Ein einzelner tritt aus dem Chor hervor. Er hatte die Verläßlichkeit Gottes erlebt. Er wurde angegriffen. Man zog sich vor ihm zurück. Feste Zusagen lösten sich in nichts auf. Beziehungen zerbrachen angesichts von Schwierigkeiten. Nur einer hielt an der Solidarität fest: Gott ließ sich ansprechen und gab Antwort. Die Größenverhältnisse erschienen wieder in den richtigen Proportionen.

Wo er hinter einem steht, da kann aus der Angst der Mut wachsen, selbst einer großen Menschenmenge gegenüberzutreten und zu dem zu stehen, was wichtig und richtig ist – im Namen des Herrn. Die Jünger Jesu haben es an Pfingsten so erfahren. Da kann aber auch mehr Gelassenheit Raum finden, jenseits von Fanatismus und Selbstüberschätzung. Ist nicht »im Namen des Herrn« gerade ein Ausdruck dafür, daß nicht alles an dem hängt, was ich bewerkstellige, sondern daß ich wegsehe von mir auf den, der noch über andere Mittel und Wege verfügt als die, mit denen ich rechne?

Die Gemeinschaft mit Gott gibt Rückhalt, angesichts von Bedrängnis zu leben, auch wenn sie Unbegreifliches nicht ausschließt. Das haben Juden und Christen erfahren. Und so wird das Danklied, das jener Festpilger singt, zum Hoffnungslied für andere, zur Ermutigung, wenn die Aufgaben die Kräfte zu übersteigen drohen, zur Korrektur, wenn man meint, alles habe sich gegen einen verschworen. »Der Herr ist mit mir, mir zu helfen.« »Ihr werdet meine Zeugen sein.« Dazu will Gott uns seinen Heiligen Geist schenken.

ERIKA SCHAUDT

Laß uns dein Zeugnis fühlen, daß wir Gottes Kinder sind.

15 Man singt mit Freuden vom Sieg in den
Hütten der Gerechten: / Die Rechte des
Herrn behält den Sieg! 16 Die Rechte des
Herrn ist erhöht; / die Rechte des Herrn
behält den Sieg! 17 Ich werde nicht ster-
ben, sondern leben / und des Herrn
Werke verkündigen. 18 Der Herr züchtigt
mich schwer; / aber er gibt mich dem
Tode nicht preis. 19 Tut mir auf die Tore
der Gerechtigkeit, / daß ich durch sie ein-
ziehe und dem Herrn danke. 20 Das ist das
Tor des Herrn / die Gerechten werden
dort einziehen. 21 Ich danke dir, daß du
micht erhört hast / und hast mir geholfen.
22 Der Stein, den die Bauleute verworfen
haben, / ist zum Eckstein geworden.
23 Das ist vom Herrn geschehen / und ist
ein Wunder vor unsern Augen. 24 Dies ist
der Tag, den der Herr macht; / laßt uns
freuen und fröhlich an ihm sein. 25 O Herr,
hilf! / O Herr, laß wohlgelingen! 26 Gelobt
sei, der da kommt im Namen des Herrn! /
Wir segnen euch, die ihr vom Hause des
Herrn seid. 27 Der Herr ist Gott, der uns
erleuchtet. / Schmückt das Fest mit Maien
bis an die Hörner des Altars! 28 Du bist
mein Gott, und ich danke dir; / mein
Gott, ich will dich preisen. 29 Danket dem
Herrn; denn er ist freundlich, / und seine
Güte währet ewiglich. (L)

15 Frohlocken und Jubel erschallt in den
Zelten der Gerechten: / »Die Rechte des
Herrn wirkt mit Macht! 16 Die Rechte des
Herrn ist erhoben, / die Rechte des Herrn
wirkt mit Macht!« 17 Ich werde nicht ster-
ben, sondern leben, / um die Taten des
Herrn zu verkünden. 18 Der Herr hat mich
hart gezüchtigt, / doch er hat mich nicht
dem Tod übergeben. 19 Öffnet mir die
Tore zur Gerechtigkeit, / damit ich ein-
trete, um dem Herrn zu danken. 20 Das ist
das Tor zum Herrn, / nur Gerechte treten
hier ein. 21 Ich danke dir, daß du mich er-
hört hast; / du bist für mich zum Retter
geworden. 22 Der Stein, den die Bauleute
verwarfen, / er ist zum Eckstein gewor-
den. 23 Das hat der Herr vollbracht, / vor
unseren Augen geschah dieses Wunder.
24 Dies ist der Tag, den der Herr gemacht
hat; / wir wollen jubeln und uns an ihm
freuen. 25 Ach, Herr, bring doch Hilfe! /
Ach, Herr, gib doch Gelingen! 26 Geseg-
net sei er, der kommt im Namen des
Herrn. / Wir segnen euch, vom Haus des
Herrn her. / 27 Gott, der Herr, erleuchte
uns. Mit Zweigen in den Händen /
schließt euch zusammen zum Reigen, / bis
zu den Hörnern des Altars! 28 Du bist
mein Gott, dir will ich danken; / mein
Gott, dich will ich rühmen. 29 Danket dem
Herrn, denn er ist gütig, / denn seine Huld
währt ewig. (E)

Der Tag, den der Herr macht

Alte und neue Lieder schließen sich in einer Gemeinde nicht aus, die dabei ist, die großen Taten Gottes zu feiern. Das auf die Gegenwart bezogene Lied dessen, der sein Leben eben erst wieder neu als Geschenk empfangen hat und der sich deshalb andere Ziele setzt als bisher, weckt bei den anderen die Erinnerung an das rettende Eingreifen Gottes zugunsten der Seinen. Sie nehmen ein traditionelles Siegeslied (V. 15f.) auf und binden damit das, was jener einzelne erlebt hat, ein in die Geschichte des ganzen Volkes, der ganzen Gemeinde.

Der Beter bittet um Einlaß in den Tempel. Dort will er »mit Herzen, Mund und Händen« danken. Aber wer durch jene Tore gehen will, muß sich die Frage gefallen lassen, wie es angesichts der Solidarität Gottes mit seinem eigenen Verhalten Gott und den Menschen gegenüber steht, mit seiner Gerechtigkeit (Psalm 15). Wird einer da hoch erhobenen Hauptes stehen können oder nicht eher den Blick niederschlagen müssen, weil er so wenig dem entspricht, was Gott von ihm erwarten könnte, weil er oft einem anderen in den Rücken fiel, statt ihn ihm zu stärken, weil ihn leicht das Vertrauen verließ und er dann zu falschen Mitteln griff?

Gerade weil er sich nichts vormacht, wird ihm die Erhörung seines Gebets um so wunderbarer erscheinen. Er wird aber auch dafür danken können, daß ihm die Wahrheit über sich selbst aufging, auch wenn sie weh tut. Gedemütigt werden (V. 21) hat das eine alte Übersetzung genannt.

Doch er wird erwartet und vom Tempel her willkommen geheißen – trotz allem, was gegen ihn sprechen könnte. Im Namen Gottes rufen es ihm die dazu Beauftragten vom Tempel her zu. Das Ja Gottes zu seinem Leben, der Segen, erwartet ihn und wird ihm neu zugesagt.

Dieser Psalm begleitete Jesus in die Nacht des Gründonnerstags (Markus 14,26). Die Urgemeinde verstand ihn als prophetisches Zeichen für das Sterben und Auferstehen ihres Herrn (V. 22.26). Denn in ihm hat Gott seine Verläßlichkeit endgültig besiegelt. So kann jeder Tag, nicht nur Pfingsten, zu einem Tag der Freude werden.

ERIKA SCHAUDT

Du bist ein Geist der Freuden, erleuchtest uns im Leiden mit deines Trostes Licht.

119 Wohl denen, die ohne Tadel le-
ben, / die im Gesetz des Herrn
wandeln! 2 Wohl denen, die sich an seine
Mahnungen halten, / die ihn von ganzem
Herzen suchen, 3 die auf seinen Wegen
wandeln / und kein Unrecht tun. 4 Du hast
geboten, fleißig zu halten / deine Befehle.
5 O daß mein Leben deine Gebote / mit
ganzem Ernst hielte. 6 Wenn ich schaue
allein auf deine Gebote, / so werde ich
nicht zuschanden. 7 Ich danke dir mit auf-
richtigem Herzen, / daß du mich lehrst die
Ordnungen deiner Gerechtigkeit. 8 Deine
Gebote will ich halten; / verlaß mich nim-
mermehr! (L)

119 (Alef) Wohl denen, deren Weg
ohne Tadel ist, / die leben nach
der Weisung des Herrn. 2 Wohl denen, die
seine Vorschriften befolgen / und ihn su-
chen von ganzem Herzen, 3 die kein Un-
recht tun / und auf seinen Wegen gehen.
4 Du hast deine Befehle gegeben, / damit
man sie genau beachtet. 5 Wären doch
meine Schritte fest darauf gerichtet, / dei-
nen Gesetzen zu folgen! 6 Dann werde ich
niemals scheitern, / wenn ich auf all deine
Gebote schaue. 7 Mit lauterem Herzen
will ich dir danken, / wenn ich deine ge-
rechten Urteile lerne. 8 Deinen Gesetzen
will ich immer folgen. / Laß mich doch
niemals im Stich! (E)

Seligpreisung

Die Kommentare tun sich schwer mit »diesem längsten aller Psalmen«. Es ist aber nicht nur die Länge, sondern vor allem die Langatmigkeit der Ausführungen, die den Leser schon ermüden kann. Dazuhin geht es nur um ein Thema: das Lob des Gesetzes. Alle 22 Strophen des Psalms variieren diese Überschrift. In der Tat, aus diesem Psalm läßt sich eine ganze »Theologie« des Gesetzes herauslesen, auch wenn uns dieses Thema ziemlich fremd ist. Und vielleicht sollte man sich gar nicht mit den Kommentaren streiten, ob dieser Psalm nur formal-gekünstelt-ermüdend wirkt oder gar Strukturen der »Kunst der Fuge« Bachs aufweist. Einfacher und richtiger wird es sein, die Gedanken aufzugreifen, die einen direkt ansprechen. Dies soll bei den folgenden vier Bibelabschnitten versucht werden:

Wie beim 1. Psalm wird gratuliert, Glück gewünscht, Heil zugesprochen. Die Seligpreisungen der Bergpredigt nehmen dieses Thema wieder auf. Martin Buber übersetzt diesen Glückwunsch an diejenigen, »deren Weg ohne Tadel ist«, treffend und schön: »O Glück ihrer, die schlichten Wegs sind.« Es werden also Menschen gepriesen und gelobt, die einfach, eben und geradlinig ihren Weg gehen. Das Wort »schlicht« verbinden wir oft mit »schlecht«, »minderwertig«, und genau das ist hier nicht gemeint. Wie es das Wort, »schlichten« im Sinne von »glätten«, »ebnen« noch andeutet, ist das Gegenteil gemeint: etwaige Streitigkeiten beilegen.

Es geht um Menschen, die Gottes Botschaft »bewahren« und sich dadurch bewähren. Solche Menschen werden als Gottsucher charakterisiert, weil sie »ihn suchen von ganzem Herzen«. Das Wort »Herz« kommt in der Bibel sehr häufig vor, und es bedeutet immer das Innerste, die Mitte des Menschen, sein eigentliches Ich, sein Gewissen. Keine Frage, daß dieser weitere Glückwunsch das Grundempfinden aller wahren Gottsucher ausspricht. Augustinus ist dafür das große Beispiel.

HERBERT GUTSCHERA

Denn zu dir hin hast du uns geschaffen, und unruhig ist unser Herz, bis es ruhet in dir.

9 Wie wird ein junger Mann seinen Weg
unsträflich gehen? / Wenn er sich hält an
deine Worte. 10 Ich suche dich von ganzem
Herzen; / laß mich nicht abirren von dei-
nen Geboten. 11 Ich behalte dein Wort in
meinem Herzen, / damit ich nicht wider
dich sündige. 12 Gelobet seist du, Herr! /
Lehre mich deine Gebote! 13 Ich will mit
meinen Lippen erzählen / alle Weisungen
deines Mundes. 14 Ich freue mich über den
Weg, den deine Mahnungen zeigen, / wie
über großen Reichtum. 15 Ich rede von
dem, was du befohlen hast; / und schaue
auf deine Wege. 16 Ich habe Freude an dei-
nen Satzungen / und vergesse deine
Worte nicht. (L)

(Bet) 9 Wie geht ein junger Mann seinen
Pfad ohne Tadel? / Wenn er sich hält an
dein Wort. 10 Ich suche dich von ganzem
Herzen. / Laß mich nicht abirren von dei-
nen Geboten! 11 Ich berge deinen Spruch
im Herzen, / damit ich gegen dich nicht
sündige. 12 Gepriesen seist du, Herr. /
Lehre mich deine Gesetze! 13 Mit meinen
Lippen verkünde ich / alle Urteile deines
Mundes. 14 Nach deinen Vorschriften zu
leben / freut mich mehr als großer Besitz.
15 Ich will nachsinnen über deine Befehle /
und auch auf deine Pfade schauen. 16 Ich
habe meine Freude an deinen Gesetzen, /
dein Wort will ich nicht vergessen. (E)

Gott suchen

Unser Abschnitt beginnt mit einer Frage. Auch hier folgen wir nicht dem gewohnten Text (»Wie geht ein junger Mann seinen Pfad ohne Tadel?«), sondern wiederum Martin Buber, der trefflich verdolmetscht: »Wodurch klärt ein Jüngling seine Bahn? Sich hütend gemäß deiner Rede.« Wichtig und tief zugänglich erscheint der nächste Vers: »Ich suche dich von ganzem Herzen« (Buber: »Mit all meinem Herzen frage ich dir nach«).

Die ganze Frömmigkeitsgeschichte wird von diesem Leitthema durchzogen. Paulus etwa zitiert den Propheten Jesaja, wenn er sagt: »Ich ließ mich finden von denen, die nicht nach mir suchten« (Röm 10,20). Positiv gewendet, fragt Augustinus: »Wie könnte ich dich suchen, wenn ich dich nicht schon gefunden hätte?« Und Pascal läßt in den »Pensées« den leidenden Jesus sagen: »Du würdest mich nicht suchen, wenn du mich nicht schon gefunden hättest.« – Ganz ähnlich heißt es bei dem moslemischen Mystiker Abu Jazid al-Bistami: »Im Anfang bildete ich mir ein, daß ich es war, der an Gott dachte, der ihn kannte und liebte. Als ich zum Ende kam, sah ich, daß er an mich gedacht hatte, ehe ich an ihn dachte, daß er mich gekannt hatte, ehe ich ihn kannte, daß seine Liebe zu mir meiner Liebe zu ihm vorausging, daß er mich zuerst gesucht hat, so daß ich ihn suchen konnte.«

Ein letzter Gedanke zu diesem Abschnitt: Mehr als an jedem Besitz erfreut sich der Fromme an Gottes Gesetz, ja er »entzückt« sich geradezu daran. Uns erscheint solches Entzücken am Gesetz fremd, auch in der Reflexion können wir es kaum so nachempfinden. Immerhin, »Gesetz« stand und steht im Judentum für Religion schlechthin; das »Gesetz befolgen« und »fromm sein« waren dasselbe. Gottes Liebe zu Israel erweist und erfüllt sich im Gesetz, darum kann es jeder Mensch auch erfüllen und dadurch den verheißenen Lohn verdienen. In der Tat, hier ist das Gesetz nicht Last, sondern Lust (V. 16).

HERBERT GUTSCHERA

Fragt nach dem Herrn und seiner Macht; sucht sein Antlitz allezeit!

17 Tu wohl deinem Knecht, daß ich lebe /
und dein Wort halte. 18 Öffne mir die
Augen, daß ich sehe / die Wunder an
deinem Gesetz. 19 Ich bin ein Gast auf Er-
den; / verbirg deine Gebote nicht vor mir.
20 Meine Seele verzehrt sich vor Verlan-
gen / nach deinen Ordnungen allezeit.
21 Du schiltst die Stolzen; / verflucht sind,
die von deinen Geboten abirren. 22 Wende
von mir Schmach und Verachtung; / denn
ich halte mich an deine Mahnungen.
23 Fürsten sitzen da und reden wider
mich; / aber dein Knecht sinnt nach über
deine Gebote. 24 Ich habe Freude an dei-
nen Mahnungen; / sie sind meine Ratge-
ber. (L)

(Gimel) 17 Tu deinem Knecht Gutes, er-
halt mich am Leben! / Dann will ich dein
Wort befolgen. 18 Öffne mir die Augen /
für das Wunderbare an deiner Weisung!
19 Ich bin nur Gast auf Erden. / Verbirg
mir nicht deine Gebote! 20 In Sehnsucht
nach deinem Urteil / verzehrt sich allezeit
meine Seele. 21 Du drohst den Stolzen. /
Verflucht sei, wer abirrt von deinen Ge-
boten. 22 Nimm von mir Schmach und
Verachtung! / Denn was du vorschreibst,
befolge ich. 23 Wenn auch Fürsten gegen
mich beraten: / dein Knecht sinnt nach
über deine Gesetze. 24 Deine Vorschriften
machen mich froh; / sie sind meine Bera-
ter. (E)

Gast auf Erden

Die Überschrift (vgl. V. 19) spricht vom Menschen der Bibel, sie galt damals, sie gilt heute. Um dies zu erkennen, bedarf es einer Erleuchtung, und zwar des menschlichen Herzens (V. 18 – die Zürcher Bibel spricht von einer »Erleuchtung für die Augen eures Herzens«): Dann vermögen wir unsere wirkliche Lage wahr-zunehmen. Im Kirchenlied (Gotteslob Nr. 656 »Wir sind nur Gast auf Erden«, und evangelisches Kirchengesangbuch Nr. 326 »Ich bin ein Gast auf Erden«) bringen wir dies als christliches Existenzgefühl zum Ausdruck. Neben dem Psalmvers unserer Bibelstelle ist dabei an 1. Chronik 29,15 zu erinnern, wo es heißt: »Denn wir sind nur Gäste bei dir, Fremdlinge, wie alle unsere Väter.« Zum vollen Sinngehalt ist der Rest des Verses mitzubedenken, der lautet: »Wie ein Schatten sind unsere Tage auf Erden und ohne Hoffnung.«

Spricht die Bibel von der »Fremde«, meint sie nie nur die Erinnerung an »einst«, also die Erinnerung an den Aufenthalt im fremden Ägypten, sondern sie meint immer auch und vor allem die Gegenwart, die von der Zukunft her gedeutet wird: Geschichte ist Gegenwart (G. Miller). Mit anderen Worten, Menschsein wird als Gast- und Fremdsein verstanden und gedeutet. Dabei erweist sich die Gegenwart im Blick auf die Zukunft hoffnungsvoll: Gott selbst wird den Seinen Gastfreundschaft gewähren! Und wohlgemerkt, »die Seinen« sind immer auch die anderen. Augustinus hat dies in bedenkenswerter Weise einmal so formuliert: »Wie viele von denen, die nicht zu uns gehören, sind dennoch die unsern; wie viele der unsrigen stehen draußen?« Gerade die ersten Christen lebten im Bewußtsein, selbst »Fremde und Gäste in dieser Welt« zu sein (1 Petr 2,11). Für mich eine bange Frage: Bestimmt dieses christliche Selbstverständnis konkret unser Denken und Handeln gegenüber Fremden in unserem Land?

HERBERT GUTSCHERA

Ich bin ein Gast auf Erden und hab hier keinen Stand; der Himmel soll mir werden, da ist mein Vaterland.

[25] Meine Seele liegt im Staube; / erquicke
mich nach deinem Wort. [26] Ich erzähle dir
meine Wege, und du erhörst mich; / lehre
mich deine Gebote. [27] Laß mich verstehen
den Weg deiner Befehle, / so will ich re-
den von deinen Wundern. [28] Ich gräme
mich, daß mir die Seele verschmachtet; /
stärke mich nach deinem Wort. [29] Halte
fern von mir den Weg der Lüge / und gib
mir in Gnaden dein Gesetz. [30] Ich habe er-
wählt den Weg der Wahrheit, / deine
Weisungen hab ich vor mich gestellt. [31] Ich
halte an deinen Mahnungen fest; / Herr,
laß mich nicht zuschanden werden! [32] Ich
laufe den Weg deiner Gebote; / denn du
tröstest mein Herz. (L)

(Dalet) [25] Meine Seele klebt am Boden. /
Durch dein Wort belebe mich! [26] Ich habe
dir mein Geschick erzählt, und du erhör-
test mich. / Lehre mich deine Gesetze!
[27] Laß mich den Weg begreifen, den deine
Befehle mir zeigen, / dann will ich nach-
sinnen über deine Wunder. [28] Meine Seele
zerfließt vor Kummer. / Richte mich auf
durch dein Wort! [29] Halt mich fern vom
Weg der Lüge; / begnade mich mit deiner
Weisung! [30] Ich wählte den Weg der
Wahrheit; / nach deinen Urteilen hab' ich
Verlangen. [31] Ich halte an deinen Vor-
schriften fest. / Herr, laß mich niemals
scheitern! [32] Ich eile voran auf dem Weg
deiner Gebote, / denn mein Herz machst
du weit. (E)

Lebenswege

Der Abschnitt beginnt mit einer abgrundtiefen Seelenklage des Psalmisten: »Meine Seele klebt am Staub. Meine Seele zerfließt vor Kummer« (V. 25 und 28; Buber übersetzt den letzten Vers so: »Vor Gram entsickert mir die Seele«). Es ist nicht sicher auszumachen, was den Beter sozusagen »am Boden zerstört«; jedenfalls hängt diese schwere Betrübnis mit dem Lebensschicksal des Klagenden zusammen: »Ich habe dir mein Geschick (Buber: »meine Wege«) erzählt.« Hier tun sich Lebenswege auf, die, menschlich gesehen, nur mit Verzweiflung und Scheitern überschrieben werden können. Doch das ist nicht das letzte Wort, denn der Psalmist kann sein auswegloses Elend vor seinen Gott bringen, besser: zu seinem Gott schreien.

In seiner ebenso abgrundtiefen Frömmigkeit sieht der Beter in zweifacher Hinsicht Rettung und Heil. Beide Aspekte gehören zusammen und ergänzen sich: Da ist einmal die Bitte: »Mit deinem Gesetz begnade mich« (V. 29). Der Satz klingt in sich widersprüchlich. Wie kann ein Gesetz be-»gnaden«? Traditionell stehen für uns beide Begriffe im Widerspruch. Will der Psalmist sagen, daß die Gebote (und es sind ja Gottes Gebote!) vor Selbstzweifel und Selbstverzweiflung schützen? Will er mit Gottes Hilfe der Anfechtung entgehen, falsche Auswege zu suchen und Irrwegen nachzugehen? Sieht er in Gottes Weisung nicht einfach die not-wendige Lebensmotivation, »weiter-zu-gehen«?

Viel spricht für diese Deutung, denn mit dem anderen Satz »Mein Herz machst du weit« (V. 32) traut Gott dem Menschen Größe zu. Gott sieht in das Innere des Menschen, er kennt ihn und sein eigentliches Wesen. Und daß der Beter dies alles Gott nicht vergeblich zutraut, zeigt ebenfalls dieser Vers, denn nach Klage und Hoffnungsschrei darf und kann er getrost sagen: »Ich laufe den Weg deiner Gebote« (Buber) – Gottes Weisung und des Menschen »geweitetes« Herz kommen zusammen. HERBERT GUTSCHERA

Komm, mach ein seligs Ende an meiner Wanderschaft, und was mich kränkt, das wende durch deinen Arm und Kraft.

33 Zeige mir, Herr, den Weg deiner Ge-
bote, / daß ich sie bewahre bis ans Ende.
34 Unterweise mich, daß ich bewahre dein
Gesetz / und es halte von ganzem Herzen.
35 Führe mich auf dem Steig deiner Ge-
bote; / denn ich habe Gefallen daran.
36 Neige mein Herz zu deinen Mahnun-
gen / und nicht zur Habsucht. 37 Wende
meine Augen ab, daß sie nicht sehen nach
unnützer Lehre, / und erquicke mich auf
deinem Wege. 38 Erfülle deinem Knecht
dein Wort, / daß ich dich fürchte.
39 Wende von mir die Schmach, die ich
scheue; / denn deine Ordnungen sind gut.
40 Siehe, ich begehre deine Befehle; / er-
quicke mich mit deiner Gerechtigkeit. (L)

(He) 33 Herr, weise mir den Weg deiner
Gesetze! / Ich will ihn einhalten bis ans
Ende. 34 Gib mir Einsicht, damit ich dei-
ner Weisung folge / und mich an sie halte
aus ganzem Herzen. 35 Führe mich auf
dem Pfad deiner Gebote! / Ich habe an
ihm Gefallen. 36 Deinen Vorschriften
neige mein Herz zu, / doch nicht der Hab-
gier! 37 Wende meine Augen ab von eitlen
Dingen; / durch dein Wort belebe mich!
38 Erfülle deinem Knecht die Verhei-
ßung, / die allen gilt, die dich fürchten und
ehren. 39 Wende die Schande ab, vor der
mir graut; / denn deine Entscheide sind
gut. 40 Nach deinen Befehlen hab' ich Ver-
langen. / Gib mir neue Kraft durch deine
Gerechtigkeit! (E)

Lebensordnung

Am Sonntag sammeln wir uns unter Gottes Wort. Wir erbitten uns im Gebet von Gott Orientierung für den Weg, der in der neuen Woche vor uns liegt. Auch der Beter des 119. Psalms sucht Orientierung auf seinem Lebensweg. Deshalb ruft er Gott an. Er soll ihm helfen, sein Leben zu regeln. Er kennt Gottes Gebote. Er weiß es zu schätzen, daß sie den öffentlichen, familiären und privaten Lebensbereich seines Volkes bestimmen. Deshalb bittet er Gott, ihn anzuleiten, das Gesetz zu bewahren und zu halten.

Wenn wir in dieser Gebetsstrophe des längsten Psalmgebetes der Bibel vom Gesetz, von Mahnungen, Befehlen und Ordnungen hören, dann muß uns klar sein, daß diese verschiedenen Begriffe für den unbekannten Psalmbeter eine andere Bedeutung hatten als für uns heute in einer säkularisierten Gesellschaft. Das Gesetz war für den Psalmisten nicht eine lästige Fessel, die man abschüttelt, oder eine unverständliche Vorschrift, die man umgeht oder verletzt, um frei und mündig zu sein, sondern das richtige Wort seines Gottes, der neue Vorschlag in einer kritischen Lebenssituation. Deshalb wirkt der Umgangston in diesem Gebet vertrauensvoll.

Der Beter will nicht seinen eigenen Willen durchsetzen. Er fragt vielmehr nach dem Willen des lebendigen Gottes, der für ihn in den Geboten zum Ausdruck kommt. Freilich gelingt ihm das nicht immer. Er spürt Kräfte, die ihn von Gottes Ordnungen abbringen wollen. Die Habsucht macht ihm besonders zu schaffen. Und immer wieder ertappt er sich dabei, daß er sein Augenmerk interessiert auf andere Lehren richtet, die sich gegenüber Gottes Wort jedoch als unnütz und oberflächlich erweisen. Auch macht er die Erfahrung, des öfteren erschöpft und innerlich ausgebrannt zu sein. Deshalb erbittet er von Gott Erquickung und Belebung durch sein Wort.

Diese Möglichkeit steht auch uns offen. Lassen wir uns doch von der Selbstverständlichkeit des Psalmbeters im Umgang mit Gott anstecken!

WOLFGANG FINGER

Führe mich, o Herr, und leite meinen Gang nach deinem Wort.

41 Herr, laß mir deine Gnade widerfah-
ren, / deine Hilfe nach deinem Wort,
42 daß ich antworten kann dem, der mich
schmäht; / denn ich verlasse mich auf dein
Wort. 43 Und nimm ja nicht von meinem
Munde das Wort der Wahrheit; / denn ich
hoffe auf deine Ordnungen. 44 Ich will
dein Gesetz halten allezeit, / immer und
ewiglich. 45 Und ich wandle fröhlich; /
denn ich suche deine Befehle. 46 Ich rede
von deinen Zeugnissen vor Königen / und
schäme mich nicht. 47 Ich habe Freude an
deinen Geboten, / sie sind mir sehr lieb,
48 und hebe meine Hände auf zu deinen
Geboten, die mir lieb sind, / und rede von
deinen Weisungen. (L)

(Waw) 41 Herr, deine Huld komme auf
mich herab / und deine Hilfe, wie du es
verheißen hast. 42 Dann kann ich dem, der
mich schmäht, erwidern; / denn ich ver-
traue auf dein Wort. 43 Entziehe meinem
Mund nicht das Wort der Wahrheit! / Ich
hoffe so sehr auf deine Entscheide. 44 Ich
will deiner Weisung beständig folgen, /
auf immer und ewig. 45 Dann schreite ich
aus auf freier Bahn; / denn ich frage nach
deinen Befehlen. 46 Deine Gebote will ich
vor Königen bezeugen / und mich nicht
vor ihnen schämen. 47 An deinen Geboten
habe ich meine Freude, / ich liebe sie von
Herzen. 48 Ich erhebe meine Hände zu
deinen Geboten; / nachsinnen will ich
über deine Gesetze. (E)

Gottes Wort als Lebenshilfe

Ein Frommer gerät an seine Grenzen. Durch seine Bindung an Gott muß er sich mit einem Menschen auseinandersetzen, der ihm das Leben schwermacht. Anscheinend hilflos ist er den Provokationen und Schmähungen des anderen ausgeliefert. Er steht in der Gefahr, seine innere Haltung aufzugeben. Das »Wort der Wahrheit« steht auf dem Spiel. In seiner Not sucht er Gottes Nähe im Gebet. Er bittet ihn um das Größte, was er zu geben vermag, um die Gnade. Der Beter macht damit deutlich, daß er die entscheidende Hilfe für sich von dem unmittelbaren, persönlichen Eingreifen Gottes erwartet. Indem er aber auf die Gnade setzt, traut er Gott größere und bessere Möglichkeiten zu, seinen Ordnungen Geltung zu verschaffen, als er selbst sie sich vorzustellen vermag.

Deshalb ist er fest dazu entschlossen, weiter an den »Zeugnissen« Gottes festzuhalten und diese sicher nicht ohne Gefahren vor den Repräsentanten der Macht und des Reichtums zu bezeugen. Für den Beter des 119. Psalms sind die Gebote Gottes »das Wort der Wahrheit«. Er glaubt, daß der lebendige Gott zu seinem einmal gesprochenen Wort verläßlich steht und daß sich seine Verheißungen im Verlauf der Geschichte an seinem Volk und an der Welt erfüllen werden. Deshalb ist Gottes Wort für ihn uneingeschränkt gültig im Gegensatz zu den zeitlich begrenzten, willkürlich veränderbaren Maßstäben, die durch Menschen gesetzt werden. Vor allem aber vertraut er der verläßlichen Wahrhaftigkeit Gottes, weil er und sein Volk immer wieder die Bundestreue, die Güte und die Gerechtigkeit Gottes spürbar erfahren haben. Aufgrund dieser Erfahrungen hat für den Beter das Leben wieder Sinn. Durch das wiedergeschenkte Vertrauen in Gottes Wort hat er Kraft gewonnen, die Furcht vor Menschen zu überwinden. Mit Freuden entscheidet er sich erneut dafür, Gottes Ordnungen im Wandel der Zeit mit Wort und Tat zu bezeugen.

An dieser Entscheidung kommen wir als Glieder der Gemeinde Jesu Christi auch nicht vorbei. Das »Wort der Wahrheit« begegnet uns in Gesetz und Evangelium. Jesus hilft uns, die Gebote zu halten, weil Gott von uns Gehorsam und die Hingabe des ganzen Menschen erwartet.

WOLFGANG FINGER

Dein Wort ist wahr und trüget nicht und hält gewiß, was es verspricht, im Tod und auch im Leben.

49 Denke an das Wort, das du deinem
Knecht gabst, / und laß mich darauf hof-
fen. 50 Das ist mein Trost in meinem
Elend, / daß dein Wort mich erquickt.
51 Die Stolzen treiben ihren Spott mit
mir; / dennoch weiche ich nicht von dei-
nem Gesetz. 52 Herr, wenn ich an deine
ewigen Ordnungen denke, / so werde ich
getröstet. 53 Zorn erfaßt mich über die
Gottlosen, / die dein Gesetz verlassen.
54 Deine Gebote sind mein Lied / im
Hause, in dem ich Fremdling bin. 55 Herr,
ich denke des Nachts an deinen Namen /
und halte dein Gesetz. 56 Das ist mein
Schatz, daß ich mich an deine Befehle
halte. (L)

(Sajin) 49 Denk an das Wort für deinen
Knecht, / durch das du mir Hoffnung
gabst. 50 Das ist mein Trost im Elend: /
Deine Verheißung spendet mir Leben.
51 Frech verhöhnen mich die Stolzen; / ich
aber weiche nicht ab von deiner Weisung.
52 Denke ich an deine Urteile seit alter
Zeit, / Herr, dann bin ich getröstet.
53 Zorn packt mich wegen der Frevler, /
weil sie deine Weisung mißachten. 54 Zum
Lobgesang wurden mir deine Gesetze / im
Haus meiner Pilgerschaft. 55 In der Nacht
denke ich, Herr, an deinen Namen; / ich
will deine Weisung beachten. 56 Deine Be-
fehle zu befolgen / ist das Glück, das mir
zufiel. (E)

Die Beziehung zu Gott durchhalten

Ein unbekannter Beter gewährt uns Einblick in sein persönliches Gespräch mit Gott. Seine Gedanken sind von der Hoffnung getragen, die Beziehung, die Gott mit ihm einmal begonnen hat, durchzuhalten. Er sieht sich jedoch kritischen Situationen ausgesetzt. Erstaunlicherweise besteht er sie: Elend und Not kann er ertragen, weil er Trost und Stärkung durch Gottes Wort erfährt. Aufgrund seiner verbindlichen Einstellung zu Gott wird er verspottet. Aber er kann standhalten, weil er der Gerechtigkeit Gottes vertraut. Der Beter erfährt sich als Einzelkämpfer für die Sache Gottes, wenn er empört auf das gottlose Verhalten anderer reagiert. Obwohl er sich in seiner Umgebung als Fremder fühlt, beklagt er sich nicht, sondern hat die Kraft, in der Hoffnung auf Gottes Treue Loblieder anzustimmen.

Aus all dem gewinnt man den Eindruck, daß der Beter über den Dingen steht, weil er sie durchschaut und richtig einordnet. Dem Grundgesetz seiner Lebenserfahrung steht das Grundgesetz seiner Glaubenserfahrung gegenüber. Deshalb kann er in großer Gelassenheit zu Gott sagen: »Herr, wenn ich an deine ewigen Ordnungen denke, so werde ich getröstet.« Damit richtet er seine Gedanken auf die Anfänge der Geschichte Gottes mit seinem Volk. Für ihn sind die am Sinai gegebenen »Ordnungen aus der Urzeit« ganz verbindlich und aktuell. Er glaubt an den einen lebendigen Gott, dessen Wille in den Geboten ein für allemal niedergelegt ist. Immer wieder hat er bei ihrer Befolgung die Erfahrung der freundlichen Zuwendung Gottes machen können, die ihm den Freiraum zum Leben ermöglichte.

Auch unsere Aufgabe ist es, im Gehorsam gegenüber Gottes Wort zu leben. Manchmal fällt uns das im Blick auf den Lauf der Weltgeschichte, die Entwicklungen in Kirche und Gesellschaft und den eigenen Lebensweg schwer. Dieses Psalmgebet kann uns dazu ermutigen, in unserer Ratlosigkeit die Gedanken auf die Ordnungen Gottes zu richten. Unser Trost hat in der Person Jesu Christi seinen Grund. In seinem Erscheinen hat sich die zeitliche und die ewige Dimension der Ordnungen Gottes erfüllt. Sie wird auch durch ihn vollendet werden.

WOLFGANG FINGER

Mein Herz hängt treu und feste an dem, was dein Wort lehrt.

97 Wie habe ich dein Gesetz so lieb! / Täg-
lich sinne ich ihm nach. 98 Du machst mich
mit deinem Gebot weiser, als meine
Feinde sind; / denn es ist ewiglich mein
Schatz. 99 Ich habe mehr Einsicht als alle
meine Lehrer; / denn über deine Mah-
nungen sinne ich nach. 100 Ich bin klüger
als die Alten; / denn ich halte mich an
deine Befehle. 101 Ich verwehre meinem
Fuß alle bösen Wege, / damit ich dein
Wort halte. 102 Ich weiche nicht von deinen
Ordnungen; / denn du lehrest mich.
103 Dein Wort ist meinem Munde / süßer
als Honig. 104 Dein Wort macht mich
klug; / darum hasse ich alle falschen
Wege. (L)

(Mem) 97 Wie lieb ist mir deine Weisung; /
ich sinne über sie nach den ganzen Tag.
98 Dein Gebot macht mich weiser als all
meine Feinde; / denn immer ist es mir
nahe. 99 Ich wurde klüger als all meine
Lehrer; / denn über deine Vorschriften
sinne ich nach. 100 Mehr Einsicht habe ich
als die Alten; / denn ich beachte deine Be-
fehle. 101 Von jedem bösen Weg halte ich
meinen Fuß zurück; / denn ich will dein
Wort befolgen. 102 Ich weiche nicht ab von
deinen Entscheiden, / du hast mich ja
selbst unterwiesen. 103 Wie köstlich ist für
meinen Gaumen deine Verheißung, / sü-
ßer als Honig für meinen Mund. 104 Aus
deinen Befehlen gewinne ich Einsicht, /
darum hasse ich alle Pfade der Lüge. (E)

Freude am Wort Gottes

Vom Gesetz, vom Gebot, von den Mahnungen, den Befehlen und den Ordnungen spricht der Dichter des längsten Psalms in diesem Abschnitt. Das sind Worte, die bei uns nicht gerade Freude und Lust auslösen. Daß Gesetze auf allen Gebieten unseres menschlichen Zusammenlebens sein müssen, sehen wir ein. Doch wir empfinden sie als lebensnotwendiges Übel, das einem jeden von uns irgendwo ein Stück individueller Freiheit raubt.

Ganz anders der unbekannte Dichter des Psalms 119. Eine negative Einstellung zu Gesetzen und zu Geboten ist ihm fremd. Im Gegenteil! Er preist und lobt sie; ja er liebt sie. Der ganze Psalm ist ein einziges Loblied auf das Gesetz. Allerdings nun nicht auf irgendein Gesetz, das ein politischer Machthaber erlassen hat. Es ist das Gesetz Gottes, das der Dichter lobt und liebt, über das er den ganzen Tag nachdenkt und das sein Leben prägt (V. 97). Deshalb wird er nicht müde, dieses Thema in immer neuen Variationen aufzugreifen.

Die Form, die er dafür auswählt, ist kunstvoll. Es sind 22 Strophen, die in ihren Anfangsbuchstaben dem hebräischen Alphabet folgen. Auch alle acht Verse jeder Strophe beginnen mit demselben Buchstaben. Darum nennt Luther den Psalm »das güldene ABC«.

Ist dieser Psalm auch für uns »das güldene ABC«? Wenn in ihm vom Gesetz die Rede ist, dann dürfen wir diesen alttestamentlichen Begriff nicht zu eng fassen. Das »Lob des Gesetzes« gilt dem ganzen Wort Gottes, so wie es der Dichter kannte. Daher lesen wir in der Luther-Bibel als Überschrift über dem Psalm »Die Herrlichkeit des Wortes Gottes« und in der Einheitsübersetzung »Freude am Wort Gottes«.

In unserem Abschnitt wird diese »Herrlichkeit« und »Freude« für den Dichter persönlich bedeutungsvoll, weil Gottes Wort klug macht. Durch den intensiven Umgang mit Gottes Wort gewinnt er tiefe Einsichten, die ihn weiser machen als seine Feinde (V. 98), als seine Lehrer (V. 99), ja sogar als die Generation der Älteren, die im Alten Testament viel gelten (V. 100). Diese Erfahrung macht den Psalmisten so glücklich, daß er für Gottes Wort nach einem erstklassigen Prädikat sucht. Er wagt den Vergleich »süßer als Honig«.

Und wir? Welche Erfahrungen machen wir im Umgang mit Gottes Wort?

MARIANNE KOCH

Welch eine Köstlichkeit sind deine Worte! Sie sind noch süßer als der beste Honig.

105 Dein Wort ist meines Fußes Leuchte /
und ein Licht auf meinem Wege. 106 Ich
schwöre und will's halten: / die Ordnun-
gen deiner Gerechtigkeit will ich bewah-
ren: 107 Ich bin sehr gedemütigt; / Herr,
erquicke mich nach deinem Wort! 108 Laß
dir gefallen, Herr, das Opfer meines Mun-
des, / und lehre mich deine Ordnungen.
109 Mein Leben ist immer in Gefahr; / aber
dein Gesetz vergesse ich nicht. 110 Die
Gottlosen legen mir Schlingen; / ich aber
irre nicht ab von deinen Befehlen.
111 Deine Mahnungen sind mein ewiges
Erbe; / denn sie sind meines Herzens
Wonne. 112 Ich neige mein Herz, / zu tun
deine Gebote immer und ewiglich. (L)

(Nun) 105 Dein Wort ist meinem Fuß eine
Leuchte, / ein Licht für meine Pfade.
106 Ich tat einen Schwur, und ich will ihn
halten: / Ich will deinen gerechten Ent-
scheidungen folgen. 107 Herr, ganz tief bin
ich gebeugt. / Durch dein Wort belebe
mich! 108 Herr, nimm mein Lobopfer gnä-
dig an, / und lehre mich deine Entscheide!
109 Mein Leben ist ständig in Gefahr, /
doch ich vergesse nie deine Weisung.
110 Frevler legen mir Schlingen, / aber ich
irre nicht ab von deinen Befehlen.
111 Deine Vorschriften sind auf ewig mein
Erbteil; / denn sie sind die Freude meines
Herzens. 112 Mein Herz ist bereit, dein Ge-
setz zu erfüllen / bis ans Ende und ewig.
(E)

Licht für die nächsten Schritte

»Dein Wort ist eine Leuchte für mein Leben, es gibt mir Licht für jeden nächsten Schritt«, so lesen wir den ersten Vers aus dem heutigen Psalmabschnitt in der Bibel im heutigen Deutsch.

Unser Leben ein Weg! Jeder von uns befindet sich auf einem anderen Wegabschnitt. Doch auf eine Wegweisung – so übersetzt Martin Buber das Wort »Thora« im Psalm 119 –, auf Licht für die nächsten Schritte sind wir alle angewiesen. Da ist uns der Psalmist ganz nahe. Wir brauchen ein Licht, das unseren persönlichen Lebensweg ausleuchtet, damit wir nicht beim nächsten Schritt in einen Abgrund hineingeraten. Abgründe lauern überall. Für den Psalmisten sind es Menschen, die ihm das Leben schwermachen, die ihm Fallen stellen. Er nennt sie die Gottlosen. Leiden also um seines Gottesglaubens willen! Da wird automatisch auch immer wieder sein geistliches Leben gefährdet.

Der Psalmdichter findet das Licht in Gottes Wort. Es erhellt ihm die Wegstrecken, die er jetzt gerade zu gehen hat. Dieses Wort Gottes, das seine Ordnungen (V. 108), seine Befehle (V. 110) und Mahnungen (V. 111) beinhaltet, ist für ihn Antwort auf die ihn bewegenden Lebensfragen.

Andererseits ist er nicht der Sonnyboy, der durchs Leben schlendert und für alle Probleme schon die Lösung parat hätte. Nein, auch er ist immer wieder angefochten. Immer wieder muß er neu nach Gottes Willen fragen (V. 108). Wenn Gottes Wort unseren Lebensweg ausleuchtet, heißt das nicht, daß alle Finsternis auch aus den letzten Winkeln vertrieben wäre. Meine Lebensfragen sind nicht alle schlagartig beantwortet. Aber ich überblicke den Weg so weit, daß ich ermutigt und erleichtert den nächsten Schritt wagen kann.

Am Beginn der Welt stand die Weisung Gottes: »Es werde Licht.« Und Jesus konnte von sich sagen: »Ich bin das Licht der Welt. Wer mir nachfolgt, der wird nicht wandeln in der Finsternis, sondern wird das Licht des Lebens haben« (Johannes 8,12).

Für uns Christen ist Jesus die lebendig gewordene Thora Gottes, das fleischgewordene Wort. Wer von uns nach Licht und Klarheit sucht, wird sie bei ihm finden. MARIANNE KOCH

Herr, deine Weisungen sind mein Besitz und meine Herzensfreude, jetzt und immer!

113 Ich hasse die Wankelmütigen / und
liebe dein Gesetz. 114 Du bist mein Schutz
und mein Schild; / ich hoffe auf dein
Wort. 115 Weichet von mir, ihr Übeltä-
ter! / Ich will mich halten an die Gebote
meines Gottes. 116 Erhalte mich durch
dein Wort, daß ich lebe, / und laß mich
nicht zuschanden werden in meiner Hoff-
nung. 117 Stärke mich, daß ich gerettet
werde, / so will ich stets Freude haben an
deinen Geboten. 118 Du verwirfst alle, die
von deinen Geboten abirren; / denn ihr
Tun ist Lug und Trug. 119 Du schaffst alle
Gottlosen auf Erden weg wie Schlacken, /
darum liebe ich deine Mahnungen. 120 Ich
fürchte mich vor dir, daß mir die Haut
schaudert, / und ich entsetze mich vor dei-
nen Gerichten. (L)

(Samech) 113 Zwiespältige Menschen sind
mir von Grund auf verhaßt, / doch dein
Gesetz ist mir lieb. 114 Du bist mein Schutz
und mein Schild, / ich warte auf dein
Wort. 115 Weicht zurück von mir, ihr Bö-
sen! / Ich will die Gebote meines Gottes
befolgen. 116 Stütze mich, damit ich lebe,
wie du es verheißen hast. / Laß mich in
meiner Hoffnung nicht scheitern! 117 Gib
mir Halt, dann finde ich Rettung; / immer
will ich auf deine Gesetze schauen.
118 Alle, die sich von deinen Gesetzen ent-
fernen, verwirfst du; / denn ihr Sinnen
und Trachten ist Lüge. 119 Alle Frevler im
Land sind für dich wie Schlacken, / darum
liebe ich, was du gebietest. 120 Aus Ehr-
furcht vor dir erschauert mein Leib, / vor
deinen Urteilen empfinde ich heilige
Scheu. (E)

Klarer Kurs fürs Leben

Menschen, bei denen wir wissen, wie wir dran sind, erleichtern das Zusammenleben. Selbst wenn sie einen anderen Weg gehen als den, den wir glauben einschlagen zu müssen, kommen wir mit ihnen besser zurecht als mit solchen, die ständig die Spur wechseln.

Auch der Beter des Psalms möchte einen klaren Kurs in seinem Leben steuern. Seine Marschroute, der er konsequent folgen will, ist Gottes Gesetz. Diesen Weg geht er nicht aus Pflichtgefühl oder aus Berechnung. Zweimal spricht der Psalmist davon, daß er Gottes Gesetz (V. 113) und seine Mahnungen (V. 119) liebt.

Das aber ist doch nur möglich, wenn er sich mit dem, der das Gesetz und die Gebote gegeben hat, innerlich verbunden weiß, mit Gott also. Ihm will er treu bleiben. Daß dies gar nicht so einfach ist, wissen wir zusammen mit dem Psalmdichter. Deshalb zieht er einen klaren Trennungsstrich zu den Wankelmütigen, zu denen, die sich auf keinen Kurs festlegen lassen. Solche Menschen haßt er (V. 113). Hassen heißt hier soviel wie sich lossagen. Vor diesem Problem stehen wir auch als Christen immer wieder. Wer Jesus Christus nachfolgen will, wird sich von Menschen, Anschauungen und Überzeugungen, ja vielleicht auch von seinem gewohnten Lebensstil trennen müssen. Das kann weh tun, weil unser Glaube vielfach noch recht schwach ist und wir deshalb den neuen Weg noch gar nicht so hoffnungsvoll gehen können. Hinzu kommen die mancherlei kleinen und größeren Nadelstiche von Kollegen, Freunden und Verwandten, die uns nicht verstehen und uns gar nicht so ohne weiteres loslassen wollen.

Diese Gedanken und Erfahrungen sind dem Psalmisten vertraut. Auch er fühlt sich angegriffen, wenn er sagt: »Weichet von mir, ihr Übeltäter!« (V. 115) Was tut er in einer solchen Situation? Er wendet sich an Gott: »Du bist mein Schutz und meine Zuflucht, auf dein Wort, auf dein Versprechen verlaß ich mich«, bekennt er (V. 114). Aber er kennt auch die andere Seite Gottes. Er fürchtet sich vor seinen Gerichten (V. 120). Deshalb fleht er zu Gott: »Sei mein Halt, sei meine Stütze, damit ich leben kann und Rettung finde« (V. 116f.).

Vielen unter uns ist diese Bitte nicht fremd. Wir dürfen sie immer wieder neu an Gott richten und davon ausgehen, daß er uns auf diesem Weg begleitet. MARIANNE KOCH

Mein Schutz und meine Zuflucht, Herr, bist du! Deshalb verlaß ich mich auf dein Versprechen.

121 Ich übe Recht und Gerechtigkeit; /
übergib mich nicht denen, die mir Gewalt
antun wollen. 122 Tritt ein für deinen
Knecht und tröste ihn, / daß mir die Stol-
zen nicht Gewalt antun! 123 Meine Augen
sehnen sich nach deinem Heil / und nach
dem Wort deiner Gerechtigkeit.
124 Handle mit deinem Knechte nach dei-
ner Gnade / und lehre mich deine Ge-
bote. 125 Ich bin dein Knecht: Unterweise
mich, / daß ich verstehe deine Mahnun-
gen. 126 Es ist Zeit, daß der Herr handelt; /
sie haben dein Gesetz zerbrochen.
127 Darum liebe ich deine Gebote / mehr
als Gold und feines Gold. 128 Darum halte
ich alle deine Befehle für recht, / ich hasse
alle falschen Wege. (L)

(Ajin) 121 Ich tue, was recht und gerecht
ist. / Gib mich meinen Bedrückern nicht
preis! 122 Verbürg dich für das Wohl deines
Knechtes, / damit die Stolzen mich nicht
unterdrücken. 123 Meine Augen sehnen
sich nach deiner Hilfe, / nach deiner ge-
rechten Verheißung. 124 Handle an dei-
nem Knecht nach deiner Huld, / und lehre
mich deine Gesetze! 125 Ich bin dein
Knecht. Gib mir Einsicht, / damit ich ver-
stehe, was du gebietest. 126 Herr, es ist Zeit
zu handeln; / man hat dein Gesetz gebro-
chen. 127 Darum liebe ich deine Gebote /
mehr als Rotgold und Weißgold.
128 Darum lebe ich genau nach deinen Be-
fehlen; / ich hasse alle Pfade der Lüge. (E)

Gott hat offene Ohren für Gebete Angefochtener

»Jetzt ist es Zeit für dich zu handeln, Herr; denn viele übertreten dein Gesetz« (V. 126). Mit dieser Forderung wendet sich der Psalmist an Gott. Oft sind das insgeheim oder offen auch unsere Gedanken. Warum gebietet Gott Menschen, denen es offenkundig nur um Macht, Gewalt und Geld geht und die dabei andere Menschen ausbeuten oder vernichten, nicht Einhalt? Warum greift er nicht ein, wenn mit seinem Wort, ja mit ihm selbst Schindluder getrieben wird?

Für manche unter uns werden diese und ähnliche Erfahrungen zu einer schweren Anfechtung. Lohnt es sich denn, diesem Gott, von dessen Größe wir meistens nichts sehen, treu zu bleiben? Eigentlich verwundert es nicht, wenn immer mehr Menschen gerade aus diesem Grund ihren Glauben über Bord werfen.

Der Psalmist geht einen anderen Weg. Dreimal nennt er sich in diesem Abschnitt Knecht. Ein Knecht, ein Diener Gottes will er sein und bleiben. Alle seine negativen Erlebnisse mit den Menschen und der ganzen Welt veranlassen ihn nicht, Gott den Rücken zu kehren. Im Gegenteil! Diese Erfahrungen treiben ihn zu Gott hin, lassen ihn noch aufmerksamer auf seine Weisungen hören. Wenigstens er will ihm die Treue halten.

Auch in diesen Versen wird erneut deutlich, daß der Dichter ein enges Verhältnis zu seinem Herrn hat. Er versteht sich nicht als irgendein Knecht, der nur zu gehorchen hätte. Nein, er versteht sich als ein persönlicher Diener, der seinem Herrn auch etwas sagen darf und der ihn um etwas bitten kann. Und so bricht's aus ihm heraus: »Gib mich nicht meinen Unterdrückern preis!« (V. 121).

Dürfen wir Menschen so mit Gott reden, ihn so drängen und bitten? Ja, wir dürfen das. Gott hat ein offenes Ohr für unsere Klagen, für unsere Fragen und Zweifel. Gerade die Psalmen sind es, die jeden ermutigen möchten, Gott gegenüber auch zu schreien und zu weinen.

Auch Jesus hat das getan. Wie Gott allerdings unsere Fragen beantwortet und uns in ausweglosen Situationen tröstet, müssen wir ihm überlassen. Dietrich Bonhoeffers Wort »Gott erfüllt nicht alle unsere Wünsche, doch alle seine Verheißungen« sollten wir gut im Gedächtnis bewahren und uns gegenseitig daran erinnern, wenn wir Gottes Handeln oder auch Gottes unendliche Geduld nicht mehr verstehen.

MARIANNE KOCH

Laß deine Güte an mir sichtbar werden und hilf mir, deinen Willen zu erkennen!

129 Deine Mahnungen sind Wunder-
werke; / darum hält sie meine Seele.
130 Wenn dein Wort offenbar wird, so er-
freut es / und macht klug die Unverständi-
gen. 131 Ich tue meinen Mund weit auf und
lechze, / denn mich verlangt nach deinen
Geboten. 132 Wende dich zu mir und sei
mir gnädig, / wie du pflegst zu tun denen,
die deinen Namen lieben. 133 Laß meinen
Gang in deinem Wort fest sein / und laß
kein Unrecht über mich herrschen. 134 Er-
löse mich von der Bedrückung durch
Menschen, / so will ich halten deine Be-
fehle. 135 Laß dein Antlitz leuchten über
deinen Knecht, / und lehre mich deine
Gebote. 136 Meine Augen fließen von Trä-
nen, / weil man dein Gesetz nicht hält. (L)

(Pe) 129 Deine Vorschriften sind der Be-
wunderung wert; / darum bewahrt sie
mein Herz. 130 Die Erklärung deiner
Worte bringt Erleuchtung, / den Uner-
fahrenen schenkt sie Einsicht. 131 Weit
öffne ich meinen Mund / und lechze nach
deinen Geboten; / denn nach ihnen hab'
ich Verlangen. 132 Wende dich mir zu, sei
mir gnädig, / wie es denen gebührt, die
deinen Namen lieben. 133 Festige meine
Schritte, wie du es verheißen hast. / Laß
kein Unrecht über mich herrschen! 134 Er-
löse mich aus der Gewalt der Menschen; /
dann will ich deine Befehle halten. 135 Laß
dein Angesicht leuchten über deinem
Knecht, / und lehre mich deine Gesetze!
136 Tränenbäche strömen aus meinen Au-
gen, / weil man dein Gesetz nicht befolgt.
(E)

Gottes Wunderwerk

Mit immer neuen Worten, Bildern und Wendungen spricht der Psalm 119 von Gottes Wort, von seinen Weisungen und vom Gesetz. Im heutigen Abschnitt nennt der Psalmist Gottes Wort ein Wunderwerk.

Gottes Wort ein Wunderwerk? Also etwas, was wir mit dem Verstand allein nicht begreifen können, etwas, was immer ein Stück weit Geheimnis bleiben wird und daher auch uns Menschen nicht in allem verfügbar ist.

Wenn Gottes Wort etwas so Großes und Wunderbares ist, dann verstehen wir vielleicht den Psalmdichter, wenn er sagt: »Ich tue meinen Mund weit auf und lechze, denn mich verlangt nach deinen Geboten« (V. 131). Für ihn sind, wenn es um Gottes Wort geht, alle Sinne beteiligt, kurz der ganze Mensch.

So haben die meisten von uns Gottes Wort nicht kennengelernt. Wurde es nicht häufig als Wort der Begrenzungen, des Eingeschränktseins, der Enge, der Anklage vermittelt oder als etwas sehr Theoretisches? Nach solchen Worten lechzen wir nicht, in ihnen sehen wir auch kein Wunderwerk. Gerade für den jungen Menschen wird es wichtig sein, daß er Gottes Wort zuerst als ein Wort der Freiheit und der Liebe erfährt. Nur dann wird er an ihm dranbleiben und sich mit ihm immer wieder neu befassen und kleine Stücke dieses Wunderwerks entdecken.

Dazu braucht sowohl der junge Mensch wie auch der Erwachsene die Gemeinschaft der Gleichgesinnten. Gemeinsam lassen sich mehr Tiefenschichten des Wunderwerks freilegen, als wenn wir dies allein tun müssen. Und doch werden wir ein Leben lang Anfänger bleiben. Martin Luther sagt von sich: »Ich hab nun 28 Jahr stetig in der Biblia gelesen und daraus geprediget, doch bin ich ihrer nicht mächtig und find noch alle Tag etwas Neues drinnen.«

Der frühere badische Landesbischof Dr. Wolfgang Heidland gibt folgende Erfahrung weiter: »Die Bibel ist ein Bergwerk, in dem Gold gewonnen wird. Man muß sich freilich tief hineinarbeiten und mühsam unter Tag graben. Aber dann wird man immer wieder fündig, oft ganz unerwartet, und stößt auf eine kostbare Erkenntnis, eine Ermutigung, eine Freude, die das Leben reich macht. Ein armer Mensch ohne Bibel!«

MARIANNE KOCH

Ich bitte dich, Herr, blick mich freundlich an und hilf mir, deinen Willen zu erkennen.

137 Herr, du bist gerecht, / und deine Ur-
teile sind richtig. 138 Du hast deine Mah-
nungen geboten / in Gerechtigkeit und
großer Treue. 139 Ich habe mich fast zu
Tode geeifert, / weil meine Widersacher
deine Worte vergessen. 140 Dein Wort ist
ganz durchläutert, / und dein Knecht hat
es lieb. 141 Ich bin gering und verachtet; /
ich vergesse aber nicht deine Befehle.
142 Deine Gerechtigkeit ist eine ewige Ge-
rechtigkeit, / und dein Gesetz ist Wahr-
heit. 143 Angst und Not haben mich getrof-
fen, / ich habe aber Freude an deinen Ge-
boten. 144 Deine Mahnungen sind gerecht
in Ewigkeit; / unterweise mich, so lebe
ich. (L)

(Zade) 137 Herr, du bist gerecht, / und
deine Entscheide sind richtig. 138 Du hast
deine Vorschriften erlassen in Gerechtig-
keit / und in großer Treue. 139 Der Eifer
für dich verzehrt mich; / denn meine Geg-
ner vergessen deine Worte. 140 Deine
Worte sind rein und lauter; / dein Knecht
hat sie lieb. 141 Ich bin gering und verach-
tet, / doch ich vergesse nie deine Befehle.
142 Deine Gerechtigkeit bleibt ewig Ge-
rechtigkeit, / deine Weisung ist Wahrheit.
143 Mich trafen Not und Bedrängnis, /
doch deine Gebote machen mich froh.
144 Deine Vorschriften sind auf ewig ge-
recht. / Gib mir Einsicht, damit ich lebe.
(E)

Dank für das Gesetz

Manch einer empfindet den 119. Psalm als eintönig und langweilig. Zudem kreise er, so will man wissen, ums falsche Thema, das Gesetz, und das über 176 Verse hin; das sei kaum zu verkraften. Was fällt uns aber auch bei dem Wort »Gesetz« schon an Positivem ein? Sind es nicht immer wieder zuerst negative Worte wie »Zwang«, »Gesetzlichkeit«, »Buchstabe«? Doch beim Dichter des 119. Psalms sind es andere Worte. Im heutigen Abschnitt und so durch den ganzen Psalm sind es die Worte »Gerechtigkeit«, »Treue«, »Wahrheit«, »Freude«, »Leben«. Welche Einzelgebote mögen ihm vor Augen stehen, daß er in solcher Hochgestimmtheit über das Gesetz zu reden vermag? Welche Gesamtanschauung vom Gesetz, welche Grunderfahrungen mit ihm mögen da zugrunde liegen? Vielleicht denkt er an das erste Gebot: »Du sollst keine anderen Götter haben neben mir« (2. Mose 20,3). Vor wieviel Unfug ist er vielleicht bewahrt geblieben, indem er sich an dieses Gebot gehalten hat; wieviel Leid hat er sich und anderen dadurch erspart? Vielleicht denkt er an das dritte, das Sabbatgebot: Welch wohltuende Abwechslung von Arbeit und Entspannung ist in sein Leben und das seiner Familie und seiner Mitarbeiter und Untergebenen gekommen, indem er den siebten Tag konsequent von aller Arbeit freihielt? Vielleicht denkt er an die Vorschriften für das Erlaßjahr, in dem jeder Israelit seinen Grund und Boden zurückerhält, wenn er ihn aufgrund einer Notlage an einen Volksgenossen hat verkaufen müssen; in dem er auch seine Freiheit zurückerhielt, wenn er sich etwa in Schuldknechtschaft hat verkaufen müssen (3. Mose 25; 5. Mose 15).

Das Gesetz ist für den Dichter eine einzige Offenbarung der Treue und Gerechtigkeit des Gottes Israels, der nicht will, daß die Menschen seines Volkes sich verrennen und an falsche Ziele verlieren, der will, daß ihr Leben sich entfalten kann und daß sie niemandes Knechte sind. Ohne Ende möchte der Dichter singen, weil er in diesen Gesetzen Gott selbst begegnet ist und im Nachsinnen über sie und in ihrer treuen Befolgung immer tiefere Erfahrungen mit Gott gemacht hat, Erfahrungen einer unauslotbaren, substantiellen Liebe und Treue.

JOACHIM LANGE

Vater, wir sagen dir Dank für das Geschenk des Gesetzes – von dem Jesus gesagt hat, er sei nicht gekommen, es aufzulösen, sondern es zu erfüllen.

145 Ich rufe von ganzem Herzen; / erhöre
mich, Herr; ich will deine Gebote halten.
146 Ich rufe zu dir, hilf mir; / ich will mich
an deine Mahnungen halten. 147 Ich
komme in der Frühe und rufe um Hilfe; /
auf dein Wort hoffe ich. 148 Ich wache auf,
wenn's noch Nacht ist, / nachzusinnen
über dein Wort. 149 Höre meine Stimme
nach deiner Gnade; / Herr, erquicke mich
nach deinem Recht. 150 Meine arglistigen
Verfolger nahen; / aber sie sind fern von
deinem Gesetz. 151 Herr, du bist nahe, /
und alle deine Gebote sind Wahrheit.
152 Längst weiß ich aus deinen Mahnun-
gen, / daß du sie für ewig gegründet hast.
(L)

(Qof) 145 Erhöre mich, Herr, ich rufe von
ganzem Herzen; / deine Gesetze will ich
halten. 146 Ich rufe zu dir; errette mich, /
dann will ich deinen Vorschriften folgen.
147 Schon beim Morgengrauen komme ich
und flehe; / ich warte auf dein Wort.
148 Meine Augen eilen den Nachtwachen
voraus; / denn ich sinne nach über deine
Verheißung. 149 Höre auf meine Stimme in
deiner Huld; / belebe mich, Herr, durch
deine Entscheide! 150 Mir nähern sich tük-
kische Verfolger; / sie haben sich weit von
deiner Weisung entfernt. 151 Doch du bist
nahe, Herr, / und alle deine Gebote sind
Wahrheit. 152 Aus deinen Vorschriften
weiß ich seit langem, / daß du sie für ewig
bestimmt hast. (E)

Nicht auflösen, sondern erfüllen

Als eintönig und langweilig empfindet manch einer den 119. Psalm. Doch gibt es in der Bibel auch andere Texte von beträchtlicher Eintönigkeit; sie fallen uns nur nicht so auf, weil sie rechtzeitig abbrechen und uns nicht in vollem Umfang zugemutet werden. Da ist vor allem das Dreimal-Heilig von Jesaja 6, wobei das »dreimal« gewiß nicht wörtlich gemeint ist, sondern für ein Singen ohne Ende steht. Was sollen die Engel – wahrhaft große, keine kleinen Geister! – aber machen, wenn ihnen angesichts der Größe Gottes nichts anderes einfällt als immer wieder nur dieses eine Wort, das in einer Ekstase ohne Ende vor Gottes Angesicht auszusprechen bzw. hinauszusingen ihr Leben und ihre Seligkeit ausmacht. Wir können das nicht mitvollziehen, weil uns die Anschauung (Gottes) fehlt. Aber könnte es so oder ähnlich nicht auch mit Psalm 119 sein? Wir können ihn nicht mitvollziehen, weil uns die »Anschauung« fehlt, die lebendige Erfahrung mit dem »Gesetz«. Dem Dichter ist es zu einer einzigen Offenbarung der Treue und Gerechtigkeit seines Gottes geworden, zu einem Mittel der Gotteserkenntnis, der Gottesbegegnung und Gotteserfahrung (vgl. Auslegung zum vorigen Sonntag). Wie für einen, der von der Liebe gepackt ist, der Name des geliebten Menschen nicht eine Ansammlung toter Buchstaben ist, sondern etwas Lebendiges, das für den lebendigen Menschen steht; wie es ihm auch nicht leid wird, vielmehr höchste Seligkeit bedeutet, diesen Namen immer wieder auszusprechen, so ist es für den Dichter höchste Seligkeit, bei Gottes Gesetz und so bei Gott zu verweilen. – Jesus wollte, wie gesagt, das Gesetz nicht auflösen, sondern erfüllen. Das hat er getan durch seine Lehre (Bergpredigt!) und durch sein Leben. Er hat es zuletzt getan durch sein Sterben und Auferstehen (hier wurde die Schuldknechtschaft der Sünde und des Todes aufgehoben, so daß unser Leben sich nun auf ewig bei Gott entfalten und vollenden kann). So haben gerade wir Christen Grund, den 119. Psalm zu dem unseren zu machen, indem wir ihn mit den Inhalten füllen, die uns durch Jesus Christus gegeben sind. Seine Weisungen und der Weg, den er uns gewiesen hat und uns zugut vorangegangen ist, sollten Inhalt unserer Lieder sein.

JOACHIM LANGE

Deine Vorschriften, Herr, sind auf ewig gerecht. Gib mir Einsicht, damit ich lebe.

153 Sieh doch mein Elend und errette
mich; / denn ich vergesse dein Gesetz
nicht. 154 Führe meine Sache und erlöse
mich; / erquicke mich durch dein Wort.
155 Das Heil ist fern von den Gottlosen; /
denn sie achten deine Gebote nicht.
156 Herr, deine Barmherzigkeit ist groß; /
erquicke mich nach deinem Recht.
157 Meiner Verfolger und Widersacher
sind viele; / ich weiche aber nicht von dei-
nen Mahnungen. 158 Ich sehe die Veräch-
ter, und es tut mir wehe, / daß sie dein
Wort nicht halten. 159 Siehe, ich liebe
deine Befehle; / Herr, erquicke mich
nach deiner Gnade. 160 Dein Wort ist
nichts als Wahrheit, / alle Ordnungen dei-
ner Gerechtigkeit währen ewiglich. (L)

(Resch) 153 Sieh mein Elend an, und rette
mich; / denn ich habe deine Weisung
nicht vergessen. 154 Verschaff mir Recht,
und erlöse mich; / nach deiner Weisung
erhalte mein Leben! 155 Fern bleibt den
Frevlern das Heil; / denn sie fragen nicht
nach deinen Gesetzen. 156 Herr, groß ist
dein Erbarmen; / durch deine Entscheide
belebe mich! 157 Viele verfolgen und quä-
len mich, / doch von deinen Vorschriften
weich ich nicht ab. 158 Wenn ich Abtrün-
nige sehe, empfinde ich Abscheu, / weil
sie dein Wort nicht befolgen. 159 Sieh an,
wie sehr ich deine Vorschriften liebe; /
Herr, in deiner Huld belebe mich! 160 Das
Wesen deines Wortes ist Wahrheit, /
deine gerechten Urteile haben alle auf
ewig Bestand. (E)

Bitte um Rettung

Auch ich habe manchmal so ähnlich gebetet wie der Psalmist: »Rette mich, denn ich habe deine Weisung nicht vergessen.« Ich habe so gebetet, wenn ich krank war, wenn ich Enge und Einsamkeit spürte, wenn ich das Gefühl hatte, von anderen mißverstanden zu werden. Und ich weiß, daß andere so beten, Eltern etwa, die am Bett ihres schwer erkrankten Kindes ausharren müssen: »Rette unser Kind, denn wir haben geglaubt und gebetet, wir waren dir treu.«

Und doch weiß ich, wissen wir, daß solches Beten heute nicht mehr möglich ist, daß das Wörtchen »denn« oder »weil« keine Basis unseres Flehens zu Gott sein kann. Unglücke und Katastrophen ereignen sich nicht nach irgendwelchen übergeordneten Prinzipien, Krankheiten treffen uns nicht, wie die antiken Menschen glaubten, auf Grund von Schuld. Die Menschen, die in der Türkei oder im Iran durch Erdbebenkatastrophen umgekommen sind, haben genauso gelebt wie alle Menschen auf der Welt. Und die unzähligen Kinder, die Hungers sterben, haben ein genauso gesundes und glückliches Leben verdient wie alle anderen Kinder irgendwo auf der Welt. Wir können somit weder beten: »Rette mich, denn ich habe deine Weisung nicht vergessen«, noch: »Ferne ist von den Frevlern dein Heil.«

Schon im Buch Hiob wird ein anderes Existenz- und Gottesverständnis sichtbar. Und spätestens das Kreuz auf Golgatha zeigt uns, daß menschliches Leiden und Sterben nicht nach den Maßstäben von »verdient« oder »unverdient« beurteilt werden können. Mancher Glaube zerbricht daran, wenn er in die Dunkelheit des Leidens oder Sterbens gerät. Wenig bleibt uns deshalb und doch viel. Es bleibt der Schrei: »Rette mich!« und die Hoffnung auf den Gott, der Jesus aus dem Tod zum Leben hinüberrettete. HANS-JÜRGEN VAN DER MINDE

Der Herr ist mein Hirte, nichts wird mir fehlen.

161 Fürsten verfolgen mich ohne Grund; /
aber mein Herz fürchtet sich nur vor deinen Worten. 162 Ich freue mich über dein
Wort / wie einer, der große Beute macht.
163 Lügen bin ich feind, und sie sind mir ein
Greuel; / aber dein Gesetz habe ich lieb.
164 Ich lobe dich des Tages siebenmal / um
deiner gerechten Ordnungen willen.
165 Großen Frieden haben, die dein Gesetz
lieben; / sie werden nicht straucheln.
166 Herr, ich warte auf dein Heil / und tue
nach deinen Geboten. 167 Meine Seele hält
sich an deine Mahnungen / und liebt sie
sehr. 168 Ich halte deine Befehle und deine
Mahnungen; / denn alle meine Wege liegen offen vor dir. (L)

(Schin) 161 Fürsten verfolgen mich ohne
Grund, / doch mein Herz fürchtet nur
dein Wort. 162 Ich freue mich über deine
Verheißung / wie einer, der reiche Beute
gemacht hat. 163 Ich hasse die Lüge, sie ist
mir ein Greuel, / doch deine Weisung
habe ich lieb. 164 Siebenmal am Tag singe
ich dein Lob / wegen deiner gerechten
Entscheide. 165 Alle, die deine Weisung
lieben, empfangen Heil in Fülle; / es trifft
sie kein Unheil. 166 Herr, ich hoffe auf
deine Hilfe / und befolge deine Gebote.
167 Meine Seele beachtet, was du gebietest, / und liebt es von Herzen. 168 Ich folge
deinen Vorschriften und Befehlen; / denn
alle meine Wege (liegen offen) vor dir. (E)

Gottesfurcht gegen menschlichen Übermut

Im ersten Makkabäerbuch findet sich ein Bericht, der wie ein Kommentar zu unserer Psalmstelle erscheint: Fromme Juden fliehen vor der syrischen Militärmacht aus Jerusalem in die Berge der judäischen Wüste. Sie verbergen sich in den Höhlen, werden aber auch dort von den Soldaten aufgespürt und aufgefordert, die vorgeschriebenen Opfer für den heidnischen König darzubringen. Als die Frommen keine Anzeichen machen, aus ihren Höhlen herauszukommen und einem für sie unsittlichen Gebot zu gehorchen, gehen die Soldaten zum Angriff über. Es ist Sabbat, und die Juden rufen ihren Verfolgern zu: »Wir gehen nicht hinaus und tun nicht, was der König sagt; wir werden den Sabbat nicht entweihen.« Der Bericht schließt mit der traurigen Bilanz, daß 1000 Frauen, Kinder und Männer den Häschern zum Opfer fielen.

Diese Frommen – so kann ich mir vorstellen – mögen solche Gebete gesprochen haben: »Fürsten verfolgen mich ohne Grund, doch mein Herz fürchtet nur dein Wort.« Immer wieder in der Geschichte gab es Menschen, die, wie die Juden in ihren Höhlen, gefangen waren zwischen fremder Macht und eigenem Gewissen, zwischen Soldaten und Gott. Ich denke an die christlichen Märtyrer in den Arenen der römischen Cäsaren, an die Menschen in den Konzentrationslagern der Nazischergen. Natürlich sind das Ausnahmesituationen, und ich wünsche sie Ihnen und mir nicht.

Und doch – gäbe es diese Märtyrer und Widerstandskämpfer nicht, dann könnten die Cäsaren und Tyrannen noch mehr tanzen und triumphieren angesichts der Leichtgläubigkeit und Ergebenheit ihrer Untertanen, dann erschiene das Reich Gottes noch ohnmächtiger und unwirksamer auf der Welt, als es ohnehin schon ist. Die Worte des Psalmisten stecken die Grenzen gegenüber jedem menschlichen Hochmut ab: »Doch mein Herz fürchtet nur dein Wort.«

HANS-JÜRGEN VAN DER MINDE

Der Herr ist mein Licht und mein Heil, vor wem sollte ich mich fürchten?

169 Herr, laß mein Klagen vor dich kom-
men; / unterweise mich nach deinem
Wort. 170 Laß mein Flehen vor dich kom-
men; / errette mich nach deinem Wort.
171 Meine Lippen sollen dich loben; / denn
du lehrst mich deine Gebote. 172 Meine
Zunge soll singen von deinem Wort; /
denn alle deine Gebote sind gerecht.
173 Laß deine Hand mir beistehen; / denn
ich habe erwählt deine Befehle. 174 Herr,
mich verlangt nach deinem Heil, / und an
deinem Gesetz habe ich Freude. 175 Laß
meine Seele leben, daß sie dich lobe, /
und dein Recht mir helfen. 176 Ich bin wie
ein verirrtes und verlorenes Schaf; / suche
deinen Knecht, denn ich vergesse deine
Gebote nicht. (L)

(Taw) 169 Herr, zu dir dringe mein Ru-
fen. / Gib mir Einsicht, getreu deinem
Wort! 170 Mein Flehen komme vor dein
Angesicht. / Reiß mich heraus getreu dei-
ner Verheißung! 171 Meine Lippen sollen
überströmen von Lobpreis; / denn du
lehrst mich deine Gesetze. 172 Meine
Zunge soll deine Verheißung besingen; /
denn deine Gebote sind alle gerecht.
173 Deine Hand sei bereit, mir zu helfen; /
denn ich habe mir deine Befehle erwählt.
174 Ich sehne mich, Herr, nach deiner
Hilfe, / und deine Weisung macht mich
froh. 175 Laß meine Seele leben, damit sie
dich preisen kann. / Deine Entscheidun-
gen mögen mir helfen. 176 Ich bin verirrt
wie ein verlorenes Schaf. / Suche deinen
Knecht! / Denn deine Gebote habe ich
nicht vergessen. (E)

Eingebettet in Gottes Ordnung

Unentwegt betet der Psalmist im Rhythmus von Klage, Bitte, Lob, Dank und dem Hinweis auf den eigenen Gehorsam. Man hat das Gefühl, der Beter wiederhole sich ständig. Bilder kommen einem in den Sinn von Juden an der Tempelmauer in Jerusalem, die mit immer gleichen Bewegungen ihre Gebete begleiten. Bewegung und Gegenbewegung wie Ein- und Ausatmen. In diesem Rhythmus fühlt man sich ausgesetzt und wieder angenommen: Der Beter ruft Gott um Hilfe an und vertraut darauf, daß dieser eingreift. Er klagt Gott sein Leid und weist darauf hin, daß er sein Leben lang seine Gebote eingehalten hat. Er schildert seine Not und dankt für Rettung.

Geht man den Worten und Bewegungen nach, dann wird das Gleichgewicht deutlich, mit dem der Beter der irdischen und göttlichen Realität begegnet. Er verliert nicht das Augenmaß für die Welt um sich herum. Es gibt genug Not und Anfeindung, über die zu klagen er nicht müde wird. Andererseits aber fühlt er sich geheimnisvoll verwoben in eine Schöpfungsordnung, die in Gott ihren Ursprung und Bestand hat. Diese göttliche Ordnung, die im Lauf der Sterne und im Wandel der Jahreszeiten sichtbar und in den Weisungen des Gesetzes hörbar wird, immer tiefer zu erkennen ist das Bestreben des Psalmisten. Zugleich verbindet sich damit die Gewißheit, aus dem Leben mit und in dieser Ordnung alle Bedrängnisse zu überwinden.

Uns ist ein solches Lebensgefühl zunächst einmal fremd. Und doch wird uns mehr und mehr deutlich, wie sehr auch wir einer Integration in Natur und Schöpfung bedürfen. Wir begreifen allmählich, daß wir Teil der Schöpfung sind und somit bei all unserer Freiheit doch auch in Gottes Ordnung eingebettet sind. Unser Beten könnte sich ein wenig dem des Psalmisten annähern, weil es offen ist für die Not, aber zugleich auch getragen wird von dem Vertrauen in die rettende Hilfe durch Gott, den Herrn der Schöpfung.

HANS-JÜRGEN VAN DER MINDE

In wieviel Not hat nicht der gnädige Gott über dir Flügel gebreitet.

120 [Ein Wallfahrtslied.] Ich rufe zu
dem Herrn in meiner Not, / und
er erhört mich. 2 Herr, errette mich von
den Lügenmäulern, / von den falschen
Zungen. 3 Was soll er dir antun, du falsche
Zunge, / und was dir noch geben?
4 Scharfe Pfeile eines Starken / und feu-
rige Kohlen! 5 Weh mir, daß ich weilen
muß unter Meschech; / ich muß wohnen
bei den Zelten Kedars! 6 Es wird meiner
Seele lang, / zu wohnen bei denen, die
den Frieden hassen. 7 Ich halte Frieden;
aber wenn ich rede, / so fangen sie Streit
an. (L)

120 [Ein Wallfahrtslied.] Ich rief
zum Herrn in meiner Not, / und
er hat mich erhört. 2 Herr, rette mein Le-
ben vor Lügnern, / rette es vor falschen
Zungen! 3 Was soll er dir tun, was alles
dir antun, / du falsche Zunge? 4 Scharfe
Pfeile von Kriegerhand / und glühende
Ginsterkohlen dazu. 5 Weh mir, daß ich
als Fremder in Meschech bin / und bei den
Zelten von Kedar wohnen muß! 6 Ich muß
schon allzu lange wohnen / bei Leuten,
die den Frieden hassen. 7 Ich verhalte
mich friedlich; / doch ich brauche nur zu
reden, dann suchen sie Hader und Streit.
(E)

»... wohnen bei denen, die den Frieden hassen«

Begegnen uns hier die Worte eines Beters, den seine derzeitigen Lebensumstände nicht zur Ruhe kommen lassen? Oder erinnert er sich auf einer Wallfahrt an sein Gebet von damals, nun dankbar dafür, daß alles anders aussieht, daß die Not ein Ende gefunden hat? Ein Blick in verschiedene Bibelübersetzungen zeigt, daß die Antwort offenbleiben muß.

Wir wissen, daß beim Erzählen weit zurückliegende Erfahrungen und Begegnungen lebendig werden können, als wären sie Gegenwart. Vor allem bei dem, was uns tief getroffen hat, tun wir schwer, die Distanz zu behalten, die wir eigentlich schon gewonnen hatten. Ungerecht behandelt worden zu sein und sich nicht haben wehren können, das läßt sich nicht so leicht zur Seite legen.

Wer als Fremder unter Fremden leben muß wie der Psalmbeter, spürt seine Ohnmacht besonders. Fremdes macht Angst, auf beiden Seiten. Minderheiten haben es schwer. Nicht immer wird sonst Selbstverständliches im Umgang miteinander auch ihnen gegenüber für selbstverständlich gehalten. Der Beter hat das zu spüren bekommen. Statt von den Ordnungen und Regeln des Gastrechts aufgenommen, sieht er sein Leben umgeben von Feindseligkeit, Unzuverlässigkeit, Wortbrüchigkeit.

Er will Frieden halten, aber man glaubt ihm nicht. Worte werden ihm im Mund umgedreht. Er wird verleumdet. Verleumdungen haben ihre eigene Gesetzmäßigkeit. Sie halten sich, auch wenn sie längst widerrufen worden sind. Sie setzen einem mehr zu, als man wahrhaben mag. Kann man an einem Ort, wo es einem so geht, noch leben? Nicht jeder hat die Möglichkeit, seiner Umgebung einfach den Rükken zu kehren.

Wo man sich ohnmächtig fühlt, kommt leicht Aggressivität auf. Gereizt wünscht der Beter, daß ein Stärkerer über die kommt, die ihn bedrängen, damit sie am eigenen Leib spüren, was sie ihm antun. Eine verständliche Reaktion. Aber wie geht das mit seinem Bild von sich als einem Friedliebenden zusammen?

Der Psalm bricht unvermittelt ab. Ob der Weg zum Tempel nicht die Gelegenheit ist, sich auch solche Fragen zu stellen?

ERIKA SCHAUDT

Herr, leucht in uns mit deiner Gnad, wenn uns des Nächsten Wort und Tat bringt Kränkung, Leid und Schmerzen.

121 [Ein Wallfahrtslied.] Ich hebe
meine Augen auf zu den Ber-
gen. / Woher kommt mir Hilfe? [2] Meine
Hilfe kommt vom Herrn, / der Himmel
und Erde gemacht hat. [3] Er wird deinen
Fuß nicht gleiten lassen, / und der dich be-
hütet, schläft nicht. [4] Siehe, der Hüter Is-
raels / schläft und schlummert nicht. [5] Der
Herr behütet dich; / der Herr ist dein
Schatten über deiner rechten Hand, [6] daß
dich des Tages die Sonne nicht steche /
noch der Mond des Nachts. [7] Der Herr
behüte dich vor allem Übel, / er behüte
deine Seele. [8] Der Herr behüte deinen
Ausgang und Eingang / von nun an bis in
Ewigkeit! (L)

121 [Ein Wallfahrtslied.] Ich hebe
meine Augen auf zu den Ber-
gen: / Woher kommt mir Hilfe? [2] Meine
Hilfe kommt vom Herrn, / der Himmel
und Erde gemacht hat. [3] Er läßt deinen
Fuß nicht wanken; / er, der dich behütet,
schläft nicht. [4] Nein, der Hüter Israels /
schläft und schlummert nicht. [5] Der Herr
ist dein Hüter, der Herr gibt dir Schat-
ten; / er steht dir zur Seite. [6] Bei Tag wird
dir die Sonne nicht schaden / noch der
Mond in der Nacht. [7] Der Herr behüte
dich vor allem Bösen, / er behüte dein Le-
ben. [8] Der Herr behüte dich, wenn du fort-
gehst und wiederkommst, / von nun an bis
in Ewigkeit. (E)

Die eine Spur

Ein Wallfahrtslied ist dieser Psalm: ein Begleiter ins Ungewisse, der von der ersten Stunde an auf unserer Reise durchs Jahr mitzieht. Ich weiß, daß ich die Verse immer wieder aufschlagen werde: weil sie in guten Stunden fröhliche Bestätigung für Gottes Fürsorge sind und weil sie über den bösen Tagen stehen, wie der Silberstreif am Horizont.

Die alten Strophen erinnern mich an eine moderne Geschichte: Da laufen zwei Spaziergänger am Strand entlang und unterhalten sich lebhaft über den Lebensweg des einen. Vor dessen innerem Auge laufen gute und schlechte Zeiten ab, wie ein Spielfilm. Zu jeder Szene sieht er am Rand des Streifens auch Fußspuren – genau wie jene, die er und sein Nachbar gerade in den losen Sand treten. Im »Film« sind es mal zwei Paar Füße in gleichmäßiger Doppelreihe, mal ist es nur der Tritt von einem Paar.

»Siehst du«, sagt er zu seinem Gefährten, »siehst du, lieber Gott, immer wenn es mir gutgeht oder wenigstens einigermaßen gut, dann bist du an meiner Seite, dann läuft deine Spur neben meiner, da gehst du mit mir. Aber wo bist du eigentlich in meinen schlechten Tagen? Sieh nur hin: Wenn ich ganz unten bin, wenn es mir mies und dreckig geht, dann ist nur noch eine Spur zu sehen. Da hast du wohl keine Lust, mit mir weiter zu gehen?«

Nach einer Pause sagt der liebe Gott: »Du hast recht. Wenn du in deinen Problemen steckenbleibst, wenn du ganz unten und mit deinem Latein am Ende bist, halte ich es nicht aus neben dir. Dann trage ich dich – das ist die eine Spur.« VERONIKA BESAU

Mein Vater im Himmel. Weil ich nicht überblicke, was du tust, zweifle ich an dir. Laß mein Vertrauen wachsen, damit ich mit dem Psalmisten fröhlich sagen kann: Meine Hilfe kommt vom Herrn, der Himmel und Erde gemacht hat.

122 [Von David, ein Wallfahrts-
lied.] Ich freute mich über die,
die mir sagten: / Lasset uns ziehen zum
Hause des Herrn! 2 Nun stehen unsere
Füße / in deinen Toren, Jerusalem. 3 Jeru-
salem ist gebaut als eine Stadt, / in der
man zusammenkommen soll, 4 wohin die
Stämme hinaufziehen, / die Stämme des
Herrn, wie es geboten ist dem Volke Is-
rael, / zu preisen den Namen des Herrn.
5 Denn dort stehen die Throne zum Ge-
richt, die Throne des Hauses David.
6 Wünschet Jerusalem Glück! / Es möge
wohl gehen denen, die dich lieben! 7 Es
möge Friede sein in deinen Mauern / und
Glück in deinen Palästen! 8 Um meiner
Brüder und Freunde willen / will ich dir
Frieden wünschen. 9 Um des Hauses des
Herrn willen, unseres Gottes, / will ich
dein Bestes suchen. (L)

122 [Ein Wallfahrtslied Davids.]
Ich freute mich, als man mir
sagte: / »Zum Haus des Herrn wollen wir
pilgern.« 2 Schon stehen wir in deinen To-
ren, Jerusalem: / 3 Jerusalem, du starke
Stadt, / dicht gebaut und fest gefügt.
4 Dorthin ziehen die Stämme hinauf, die
Stämme des Herrn, / wie es Israel geboten
ist, / den Namen des Herrn zu preisen.
5 Denn dort stehen Throne bereit für das
Gericht, / die Throne des Hauses David.
6 Erbittet für Jerusalem Frieden! / Wer
dich liebt, sei in dir geborgen. 7 Friede
wohne in deinen Mauern, / in deinen
Häusern Geborgenheit. 8 Wegen meiner
Brüder und Freunde / will ich sagen: In
dir sei Friede. 9 Wegen des Hauses des
Herrn, unseres Gottes, / will ich dir Glück
erflehen. (E)

Ein Haus voll Glorie schauet

Es handelt sich bei diesem Psalm um ein Zionslied. Er versetzt uns in die Stimmung des Wallfahrers, der an einem der Hochfeste vorschriftsmäßig nach Jerusalem, Israels Zentralheiligtum, pilgert. Voll Freude betritt er die heilige Stadt und preist diesen Ort der Gnade und des Heils. Seine hymnisch getönte Anrede geht in Bitten und Wünsche über, die in dem Segensspruch gipfeln: »In dir sei Friede« (V. 8). Schalom, umfassendes Glück, soll mit Jerusalem sein und von ihm ausgehen. David hatte einst diese Stadt zur Sakralstätte und zum Mittelpunkt der zwölf Stämme erhoben. Seitdem ist sie Ort der Gegenwart Gottes und Ort, an dem das Gottesvolk sich versammelt.

Die Liebe zu Jerusalem, die uns in diesem Psalm begegnet, gilt dem Bereich göttlicher Zuwendung, der den Menschen und seine ganze Lebenswelt umfaßt. Diese Liebe erfüllt auch uns Christen. So wie Jesus sich als Zwölfjähriger zum erstenmal der vorgeschriebenen Wallfahrt nach Jerusalem unterzog, so pilgern auch wir in Wirklichkeit oder im Geiste immer noch nach diesem Ort. Auch für die Christenheit ist er die heiligste und wichtigste Stätte.

Allerdings weitet sich die Perspektive. Die Kirche kommt in den Blick, ebenso das neue Jerusalem am Ende der Zeiten. »Ein Haus voll Glorie schauet weit über alle Land, aus ewgem Stein erbauet von Gottes Meisterhand... Auf Zion hoch gegründet steht Gottes heilge Stadt, daß sie der Welt verkündet, was Gott gesprochen hat« – so singt die katholische Christenheit in einem bekannten Kirchenlied. Und über das neue Jerusalem am Ende der Zeiten heißt es in der Offenbarung des Johannes: »Dann sah ich einen neuen Himmel und eine neue Erde; denn der erste Himmel und die erste Erde sind vergangen, auch das Meer ist nicht mehr. Ich sah die heilige Stadt, das neue Jerusalem, von Gott her aus dem Himmel herabkommen... Da hörte ich eine laute Stimme vom Thron her rufen: Seht die Wohnung Gottes unter den Menschen! Er wird in ihrer Mitte wohnen, und sie werden sein Volk sein; und er, Gott, wird bei ihnen sein« (Offenbarung 21,1–3).

HUBERT BOUR

Freue dich, Stadt Jerusalem! Seid fröhlich zusammen mit ihr, alle, die ihr traurig wart. Freut euch und trinkt euch satt an der Quelle göttlicher Tröstung.

123 [Ein Wallfahrtslied.] Ich hebe
meine Augen auf zu dir, / der
du im Himmel wohnest. 2 Siehe, wie die
Augen der Knechte / auf die Hände ihrer
Herren sehen, wie die Augen der Magd /
auf die Hände ihrer Frau, so sehen unsre
Augen auf den Herrn, unsern Gott, / bis
er uns gnädig werde. 3 Sei uns gnädig,
Herr, sei uns gnädig; / denn allzusehr lit-
ten wir Verachtung. 4 Allzusehr litt unsere
Seele den Spott der Stolzen / und die Ver-
achtung der Hoffärtigen. (L)

123 [Ein Wallfahrtslied.] Ich er-
hebe meine Augen zu dir, / der
du hoch im Himmel thronst. 2 Wie die Au-
gen der Knechte auf die Hand ihres
Herrn, / wie die Augen der Magd auf die
Hand ihrer Herrin, so schauen unsre Au-
gen auf den Herrn, unsern Gott, / bis er
uns gnädig ist. 3 Sei uns gnädig, Herr, sei
uns gnädig! / Denn übersatt sind wir vom
Hohn der Spötter, 4 übersatt ist unsre
Seele von ihrem Spott, / von der Verach-
tung der Stolzen. (E)

»... bis er uns gnädig werde«

Wenn wir beten, senken wir meist den Kopf – eine Gebärde, die auf ihre Art ausdrückt, daß wir uns des großen Unterschieds zwischen Gott und uns, zwischen Schöpfer und Geschöpf bewußt sind. Eine Gebärde der Demut ist es und auch des Eingeständnisses, daß vieles dem entgegensteht, den Kopf vor ihm hoch zu tragen.

Der Beter des Psalms, es kann auch eine Beterin sein, zeigt uns eine andere Haltung beim Beten. Da schaut jemand auf, blickt weit über seinen Horizont hinaus zu Gott, der so hoch über ihm steht und der doch so nah ist, daß man sich auf die Beziehung zu ihm verlassen kann.

Was den Beter bewegt, ist nicht in erster Linie ein persönliches Anliegen. Er macht sich zum Sprecher vieler in Gottes Volk, die den Spott und die Verachtung selbstsicherer Menschen buchstäblich satt haben. Einmal kann es einem zuviel werden, wenn man angesichts des eigenen Ergehens oder dem anderer der Frage »Wo ist nun euer Gott?« kein auch noch so kleines Zeichen der Zuwendung Gottes entgegenhalten kann.

Daß Gott warten lassen kann, weiß der Glaube, auch daß man, selbst wenn es schwerfällt, es ihm überlassen muß, wann und wie er helfen will. Ein solches Wissen führt aber nicht in ein bloß passives Abwarten, das den Dingen eben ihren Lauf läßt, sondern in ein um so intensiveres Bitten (V. 3) und Festhalten an der Beziehung. Denn es steht außer Frage, daß Gott helfen wird (V. 2c).

Der doppelte Vergleich (V. 2a.b) nimmt auf, was damals eine gelungene Beziehung von Herrn und Knecht, Herrin und Magd bestimmte: das Warten auf Wink und Weisung, aber auch die Gewißheit, daß man sich um das Aus- und Durchkommen nicht zu sorgen braucht, weil einen Herrin oder Herr nicht fallen lassen, auch wenn etwas nicht in Ordnung ist.

Der Vergleich lädt ein, Gottes Beziehung zu uns und unsere zu ihm auch einmal aus dieser Sicht zu bedenken, gerade wenn uns das Warten lang wird. ERIKA SCHAUDT

Und ob es währt bis in die Nacht und wieder an den Morgen, doch soll mein Herz an Gottes Macht verzweifeln nicht noch sorgen.

124 [Von David, ein Wallfahrts-
lied.] Wäre der Herr nicht bei
uns – so sage Israel –, 2 wäre der Herr nicht
bei uns, / wenn Menschen wider uns auf-
stehen, 3 so verschlängen sie uns leben-
dig, / wenn ihr Zorn über uns entbrennt;
4 so ersäufte uns Wasser, / Ströme gingen
über unsre Seele, 5 es gingen Wasser /
hoch über uns hinweg. 6 Gelobt sei der
Herr, daß er uns nicht gibt / zum Raub in
ihre Zähne! 7 Unsre Seele ist entronnen
wie ein Vogel dem Netze des Vogelfän-
gers; / das Netz ist zerrissen, und wir sind
frei. 8 Unsre Hilfe steht im Namen des
Herrn, / der Himmel und Erde gemacht
hat. (L)

124 [Ein Wallfahrtslied Davids.]
Hätte sich nicht der Herr für
uns eingesetzt / – so soll Israel sagen –,
2 hätte sich nicht der Herr für uns einge-
setzt, / als sich gegen uns Menschen erho-
ben, 3 dann hätten sie uns lebendig ver-
schlungen, / als gegen uns ihr Zorn ent-
brannt war. 4 Dann hätten die Wasser uns
weggespült, / hätte sich über uns ein Wild-
bach ergossen. 5 Dann hätten sich über
uns die Wasser ergossen, / die wilden und
wogenden Wasser. 6 Gelobt sei der Herr, /
der uns nicht ihren Zähnen als Beute
überließ. 7 Unsre Seele ist wie ein Vogel
dem Netz des Jägers entkommen; / das
Netz ist zerrissen, und wir sind frei.
8 Unsre Hilfe steht im Namen des Herrn, /
der Himmel und Erde gemacht hat. (E)

Hilfe von Gott

Ein kurzer Psalm – doch mit klarer Aussage: Gott ist mit uns, er steht uns bei, dies auch ganz fest zu glauben, darauf zu vertrauen und dabei nicht schwankend zu werden. Geht es Ihnen nicht auch öfter so, daß es Ihnen schwerfällt? Mir jedenfalls fällt dies schon schwer.

Es ist ja auch so: Wenn es uns gutgeht, wenn es uns weder seelisch noch körperlich an etwas gebricht, dann ist es leicht, unser Leben als bewahrt durch Gott anzunehmen. Aber was ist dann, wenn wir krank sind oder werden, oder wenn uns Unrecht widerfährt? Dies knüpft auch an das Thema unseres letzten Psalms an: Wissen wir denn bzw. begreifen wir ein Unrecht an uns als Stein in Gottes großem Plan? Oder hadern wir dann doch mit Gott und unserem Schicksal? Und das Problem stellt sich ja manchmal noch viel drängender, wenn einer unserer nächsten Angehörigen, ganz besonders wenn Eltern um ihre Kinder Sorge haben müssen. Da bleibt Gottes Ratschluß doch oft sehr unbegreiflich.

Und doch bleibt die Aussage des Psalmisten so absolut stehen: Gott ist mit uns, auch und gerade in der größten Not. Bildhaft wird den Wallfahrern vor Augen gestellt, was ihnen alles geschehen könnte, wäre Gott nicht bei ihnen. Ich denke, daß es unsere Aufgabe ist, für uns heute zu begreifen und zu forschen, wo wir bewahrt sind. Dies wird ein immer neues Ringen sein, gerade auch dann, wenn wir uns am meisten verlassen glauben. Es bleibt eben nicht bei dieser einen Entscheidung für oder gegen Gott; nein, gerade dann, wenn wir uns für Gott entschieden haben, ist es ein dauernd anhaltender Prozeß, diesem Glauben an ihn auch das entsprechende Vertrauen in ihn folgen zu lassen. Wir sind da mit Gott auf einem Weg mit Höhen und Tiefen. Unser heutiger Psalm will uns ermutigen, Gott als demjenigen zu vertrauen, der uns hilft – auch und ganz besonders in der Not, und dann oft anders, als wir uns das erhofft haben. CHRISTOPH HENSEL

Für dich habe ich mich entschieden, Herr, laß meinem Glauben an dich auch Vertrauen in dich folgen.

125 [Ein Wallfahrtslied.] Die auf den Herrn hoffen, werden nicht fallen, / sondern ewig bleiben wie der Berg Zion. 2 Wie um Jerusalem Berge sind, / so ist der Herr um sein Volk her von nun an bis in Ewigkeit. 3 Denn der Gottlosen Zepter wird nicht bleiben über dem Erbteil der Gerechten, / damit die Gerechten ihre Hand nicht ausstrecken zur Ungerechtigkeit. 4 Herr, tu wohl den Guten / und denen, die frommen Herzens sind. 5 Die aber abweichen auf ihre krummen Wege, wird der Herr dahinfahren lassen mit den Übeltätern. / Friede sei über Israel! (L)

125 [Ein Wallfahrtslied.] Wer auf den Herrn vertraut, steht fest wie der Zionsberg, / der niemals wankt, der ewig bleibt. 2 Wie Berge Jerusalem rings umgeben, / so ist der Herr um sein Volk, von nun an auf ewig. 3 Das Zepter des Frevlers soll nicht auf dem Erbland der Gerechten lasten, / damit die Hand der Gerechten nicht nach Unrecht greift. 4 Herr, tu Gutes den Guten, / den Menschen mit redlichem Herzen! 5 Doch wer auf krumme Wege abbiegt, / den jage, Herr, samt den Frevlern davon! / Frieden über Israel! (E)

Gottes umfassende Liebe

Auch in diesem Psalm ist viel von Bewahrung durch Gott die Rede. Die Bilder, die der Psalmist verwendet, sprechen eine deutliche Sprache: So wie die Berge um Jerusalem sind, so ist der Herr um sein Volk – das Allumfassende ist deutlich herauszuspüren!

Die Gottlosen – so heißt es da weiter – werden nicht bleiben, um – so ist das wohl zu verstehen – die Glaubenden nicht in Versuchung zu führen. Auch der Schluß des Psalms ist überdeutlich: Der Herr wird die Ungläubigen mit den Übeltätern hinabfahren lassen.

Spätestens hier regt sich Widerspruch in mir. Können wir dies einfach so mitbeten? Hat Jesus uns solch umfassende Verdammnis von vermeintlichen Sündern wirklich so vorgelebt? Oder war seine Botschaft und sein Vor-Leben nicht doch ganz anderer Natur? Ich denke schon – uns allen sind die Beispiele vom Zöllner oder von der Ehebrecherin ja bestens geläufig.

Es war ein Vor-Leben auch, das wir uns nicht oft genug wieder ins Bewußtsein holen können, als Richtschnur auch, wenngleich wir sicher an dieser Aufgabe immer wieder scheitern werden. Aber das ändert doch nichts daran, daß Jesus gerade auf diejenigen zugegangen ist, die nach unseren menschlichen Maßstäben auf den krummen Wegen abgewichen waren und die man mit den Übeltätern dahinfahren lassen wollte. Gerade die nahm er bei der Hand, holte sie in den Kreis der »guten« Menschen zurück, um zu sagen: Seht her, auch diese/r ist ein Mensch, den ich liebe und angenommen habe!

Wir sollten viel mehr und viel öfter bei uns selbst anfangen, nach dem krummen Weg in uns zu suchen. Wer würde da nicht bei sich fündig werden! Es ist wohltuend zu wissen, daß der Herr sein Volk, uns, bewahrt! Aber dies gibt uns nicht das Recht zu entscheiden, wo Gott seine »Linie« zieht, wer dazu gehört und wer nicht.

Gerade dies ist das Wunderbare und auch Unbegreifliche: Gottes Liebe zu uns ist so allumfassend, wie eine Stadt im Tal ringsum von Bergen umgeben ist. Sie ist ein Geschenk, das jedem zuteil wird und uns dazu anspornen sollte, auch den Mitmenschen als von Gott geliebt zu erkennen, wert, von uns – zumindest! – geachtet zu werden.

CHRISTOPH HENSEL

Wie schnell ist in unseren Augen jemand der Übeltäter! Herr, du liebst jeden von uns. Laß uns dies in unserem Denken und Handeln nie vergessen.

126 [Ein Wallfahrtslied.] Wenn der Herr die Gefangenen Zions erlösen wird, / so werden wir sein wie die Träumenden. 2 Dann wird unser Mund voll Lachens / und unsre Zunge voll Rühmens sein. Dann wird man sagen unter den Heiden: / Der Herr hat Großes an ihnen getan! 3 Der Herr hat Großes an uns getan; / des sind wir fröhlich. 4 Herr, bringe zurück unsre Gefangenen, / wie du die Bäche wiederbringst im Südland. 5 Die mit Tränen säen, / werden mit Freuden ernten. 6 Sie gehen hin und weinen / und streuen ihren Samen und kommen mit Freuden / und bringen ihre Garben. (L)

126 [Ein Wallfahrtslied.] Als der Herr das Los der Gefangenschaft Zions wendete, / da waren wir alle wie Träumende. 2 Da war unser Mund voll Lachen / und unsere Zunge voll Jubel. Da sagte man unter den andern Völkern: / »Der Herr hat an ihnen Großes getan.« 3 Ja, Großes hat der Herr an uns getan. / Da waren wir fröhlich. 4 Wende doch, Herr, unser Geschick, / wie du versiegte Bäche wieder füllst im Südland. 5 Die mit Tränen säen, / werden mit Jubel ernten. 6 Sie gehen hin unter Tränen / und tragen den Samen zur Aussaat. Sie kommen wieder mit Jubel / und bringen ihre Garben ein. (E)

Zukunftsmusik

Die Worte des 126. Psalms sind Zukunftsmusik. Von Erlösung kann Israel eben nur träumen. Es ist alles noch so weit weg. Die Gegenwart ist denkbar unerlöst. Die Menschen des auserwählten Volkes Gottes müssen in Babylonien leben. Fremde haben das Sagen. Sie sprechen eine fremde Sprache. Sie feiern die Feiertage fremder Götter. Die Kinder des Volkes Gottes werden im fremden Land geboren und die Toten in fremder Erde begraben. Kanaan, das Gelobte Land, liegt weit fort, hinter der Wüste. Es ist unmöglich, dorthin zurückzukehren und Gott dort zu dienen. Wer einmal vertrieben wurde, weiß, was es bedeutet, die Heimat zu verlieren! Er weiß, wie das ist, wenn alles fremd ist und man sich einfach nicht zu Hause fühlen kann.

Dennoch singen die Menschen des Volkes Israel. Sie machen Zukunftsmusik. »Wir werden sein wie die Träumenden.« Wir werden wieder etwas zu lachen haben, und wir werden Gott loben. Die Heiden werden staunen. So wird es sein, das ist so sicher wie das Amen in der Kirche! Denn das haben sie in der Fremde erfahren: Der lebendige Gott ist nicht zu Hause geblieben. Er hat sein Volk nicht allein durch die Wüste ziehen lassen. Er ist mitgegangen, auch in die Fremde. Noch sieht man nichts von seinen großen Taten. Aber das wird nicht ewig so weitergehen. Schon hat er sich zu Wort gemeldet durch seinen Propheten. Bald wird er vor aller Welt seine Macht zeigen. Das wird der Tag der Erlösung sein. Schon einmal hat Gott so mächtig gehandelt. Da war die Lage noch schlimmer, da war das Volk in Ägypten nahe daran, ausgerottet zu werden. Damals hat Gott eingegriffen. Er kann und er wird es wieder tun, davon kann man jetzt schon singen. Schon jetzt, wo alles noch gar nicht nach Erlösung aussieht, können wir den Gott preisen, der »alles so herrlich regieret«. Mitten in der Welt, die vom Tode gezeichnet ist, dürfen wir dem Gott unser Lied singen, der dem Tode die Macht genommen hat für immer und ewig und den Seinen ewiges Leben schenkt.

Gott ist nicht zu Hause geblieben. Er ist nicht fern denen, die ihn anrufen. Er ist bei uns in der Fremde, in der Welt des Todes und der Sünde und der Angst. Noch ist die Erlösung nicht da, aber die Musik der Erlösung ist schon zu hören. Noch betrauern wir die Toten, aber schon bekennen wir: »Der Herr hat Großes an uns getan, des sind wir fröhlich.«

AKO HAARBECK

Herr, wenn wir hier oft mit Tränen säen, so werden wir doch mit Freuden ernten, weil du Großes an uns tust.

127 [Von Salomo, ein Wallfahrts-
lied.] Wenn der Herr nicht das
Haus baut, / so arbeiten umsonst, die
daran bauen. Wenn der Herr nicht die
Stadt behütet, / so wacht der Wächter um-
sonst. 2 Es ist umsonst, daß ihr früh auf-
steht / und hernach lange sitzet und esset
euer Brot mit Sorgen; / denn seinen
Freunden gibt er es im Schlaf. 3 Siehe,
Kinder sind eine Gabe des Herrn, / und
Leibesfrucht ist ein Geschenk. 4 Wie
Pfeile in der Hand eines Starken, / so sind
die Söhne der Jugendzeit. 5 Wohl dem,
der seinen Köcher mit ihnen gefüllt hat! /
Sie werden nicht zuschanden, wenn sie
mit ihren Feinden verhandeln im Tor. (L)

127 [Ein Wallfahrtslied Salomos.]
Wenn nicht der Herr das Haus
baut, / müht sich jeder umsonst, der daran
baut. Wenn nicht der Herr die Stadt be-
wacht, / wacht der Wächter umsonst. 2 Es
ist umsonst, daß ihr früh aufsteht / und
euch spät erst niedersetzt, um das Brot
der Mühsal zu essen; / denn der Herr gibt
es den Seinen im Schlaf. 3 Kinder sind eine
Gabe des Herrn, / die Frucht des Leibes
ist sein Geschenk. 4 Wie Pfeile in der
Hand des Kriegers, / so sind Söhne aus
den Jahren der Jugend. 5 Wohl dem
Mann, der mit ihnen den Köcher gefüllt
hat! / Beim Rechtsstreit mit ihren Fein-
den scheitern sie nicht. (E)

Umsonst – neu geschenktes Leben

Ein schlafender Mensch, ein neugeborenes Kind – an beiden ahnen wir etwas vom Geheimnis des Lebens, des Lebens aus Gott. Unser Leben ist Geschenk. Manchmal lesen wir es in Geburtsanzeigen: »... die Mutter schenkte einem gesunden Kind das Leben.« Keiner von uns baut sein Leben selbst auf. Es ist und bleibt Geschenk. So freut sich unser Psalm über die Kinder, über das uns geschenkte Leben. Das ist frohe Botschaft, weit über unser persönliches Leben hinaus. »Ein Kind ist uns geboren...« – mit diesem Prophetenwort wird auf Jesus hingewiesen. In Jesus schenkt uns Gott das Leben neu und für immer.

Wie schnell vergessen wir das über unseren eigenen Aktivitäten. Häuser bauen, sich sichern und versichern, sich von früh bis spät abrackern – gewiß gehört auch das zum Leben. Aber es bewahrt und erfüllt nicht unser Leben. Wer das vergißt, dem kann das Leben unerwartet wie ein Kartenhaus zusammenfallen. Umsonst! Umsonst! Umsonst! So klingt es dreimal mahnend in unserem Psalm. Wir werden an die biblische Geschichte vom reichen Kornbauern erinnert, der baute und vorsorgte, um dann Feierabend und Lebensabend zu genießen. Da heißt es plötzlich: Du Narr, du hast ohne Gott gebaut, ohne das von ihm geschenkte Leben. Umsonst! Darum können Menschen Gottes auch getrost Pause machen und schlafen, so wie Jesus im Schiff beim Sturm schlief. Und wenn wir sterben, in Gott einschlafen, erwarten wir mit Jesus das neu geschenkte Leben.

Wer so sein Leben als Geschenk erfährt, kann weiterschenken. Nicht das macht reich, was wir behalten, sondern das, was wir weitergeben. Weitergeben schafft Segen. Das wirkt sich aus in der Welt. Da schlägt nicht einer dem andern die Tür zu, sondern da treffen sich die Feinde am Tor, verhandeln und finden zum Frieden.

HEINRICH RATHKE

Gnädiger Gott, laß uns dankbar alles annehmen, was du uns schenkst. Hilf, daß wir unser Leben mit dir leben, in dir ruhen und sterben. Laß durch unser Leben Segen weiterwirken.

128

[Ein Wallfahrtslied.] Wohl
dem, der den Herrn fürchtet /
und auf seinen Wegen geht! 2 Du wirst
dich nähren von deiner Hände Arbeit; /
wohl dir, du hast's gut. 3 Dein Weib wird
sein wie ein fruchtbarer Weinstock / drin-
nen in deinem Hause, deine Kinder wie
junge Ölbäume / um deinen Tisch her.
4 Siehe, so wird gesegnet der Mann, / der
den Herrn fürchtet. 5 Der Herr wird dich
segnen aus Zion, / daß du siehst das Glück
Jerusalems dein Leben lang 6 und siehst
Kinder deiner Kinder. / Friede sei über Is-
rael! (L)

128

[Ein Wallfahrtslied.] Wohl dem
Mann, der den Herrn fürchtet
und ehrt / und der auf seinen Wegen geht!
2 Was deine Hände erwarben, kannst du
genießen; / wohl dir, es wird dir gut er-
gehn. 3 Wie ein fruchtbarer Weinstock ist
deine Frau / drinnen in deinem Haus. Wie
junge Ölbäume sind deine Kinder / rings
um deinen Tisch. 4 So wird der Mann ge-
segnet, / der den Herrn fürchtet und ehrt.
5 Es segne dich der Herr von Zion her. /
Du sollst dein Leben lang das Glück Jeru-
salems schauen 6 und die Kinder deiner
Kinder sehen. / Frieden über Israel! (E)

Im Lichte wandeln

Wenn wir Gott den Rücken zukehren, dann erfahren wir sein Licht nur als einen dunklen Schatten vor uns. Wer Gott fürchtet, weiß um dies Dunkel des Eigensinns, des Zweifels, der Sünde. Unser Psalm als ein Wallfahrtslied lädt uns ein umzukehren. Wir sollen Gott nicht den Rücken zukehren, sollen ihm nicht davonlaufen, nicht im eigenen Schatten herumtappen. Wir dürfen uns seinem Licht zuwenden, damit es hell wird auf unserem Weg. So fängt unser Leben an zu leuchten.

Unser Psalmbeter wußte davon, daß Gott in einem Lichte wohnt, da niemand zukommen kann. Er erinnerte sich an Mose, der sein Angesicht vor der Herrlichkeit Gottes mit einer Decke verbarg. So wendet er sich dem Berg Zion, dem Tempel in Jerusalem zu. Dort läßt Gott seine Herrlichkeit wohnen. »Der Herr wird dich segnen aus Zion!«

Gleich neben dem Tempelberg liegt der Hügel Golgatha, wo Jesus am Kreuz starb. Ist Gott am Kreuz im Dunkel verschwunden? Nein, er ist mit Jesus auch in die tiefsten Schatten von Tod und Schuld gegangen, damit es auch dort zu leuchten beginnt. So leuchtet Jesus uns als Licht der Welt bis in die Ewigkeit. Da fangen dann auch die kleinen Dinge des Lebens an zu leuchten. Wir können Gott danken für die Arbeit, für den Menschen, der uns durchs Leben begleitet, für die eigenen Kinder.

Wer so den Segen Gottes in den Alltäglichkeiten des eigenen Lebens erkennt, strahlt auf andere aus. Darum sagt Jesus, der sich selbst das Licht nennt: »Ihr seid das Licht der Welt. Lasset euer Licht leuchten vor den Menschen...« Wenn heute am Sonntag die Kerzen auf dem Altar oder bei uns zu Hause angezündet werden, wollen sie uns einladen, im Lichte zu wandeln. Wenn uns der Segen zugesprochen wird, wird Gottes Angesicht uns zum Leuchten bringen.

HEINRICH RATHKE

Herr Jesus Christus, hilf uns aus unserem eigenen Schatten heraus, bewahre uns vor der Nacht des Zweifels und der Versuchung. Laß uns deinem Licht entgegengehen und anderen zum Segen werden. Wir danken dir für all deine Freundlichkeit.

129 [Ein Wallfahrtslied.] Sie haben
mich oft bedrängt von meiner
Jugend auf / – so sage Israel –, 2 sie haben
mich oft bedrängt von meiner Jugend
auf; / aber sie haben mich nicht überwäl-
tigt. 3 Die Pflüger haben auf meinem Rük-
ken geackert / und ihre Furchen langgezo-
gen. 4 Der Herr, der gerecht ist, / hat der
Gottlosen Stricke zerhauen. 5 Ach daß zu-
schanden würden und zurückwichen /
alle, die Zion gram sind! 6 Ach daß sie
würden wie das Gras auf den Dächern, /
das verdorrt, ehe man es ausrauft, 7 mit
dem der Schnitter seine Hand nicht füllt /
noch der Garbenbinder seinen Arm; 8 und
keiner, der vorübergeht, soll sprechen:
Der Segen des Herrn sei über euch! / Wir
segnen euch im Namen des Herrn. (L)

129 [Ein Wallfahrtslied.] Sie haben
mich oft bedrängt von Jugend
auf, / – so soll Israel sagen –, 2 sie haben
mich oft bedrängt von Jugend auf, / doch
sie konnten mich nicht bezwingen. 3 Die
Pflüger haben auf meinem Rücken ge-
pflügt, / ihre langen Furchen gezogen.
4 Doch der Herr ist gerecht, / er hat die
Stricke der Frevler zerhauen. 5 Beschämt
sollen alle weichen, / alle, die Zion has-
sen. 6 Sie sollen wie das Gras auf den Dä-
chern sein, / das verdorrt, noch bevor
man es ausreißt. 7 Kein Schnitter kann
seine Hand damit füllen, / kein Garben-
binder den Arm. 8 Keiner, der vorüber-
geht, wird sagen: / »Der Segen des Herrn
sei mit euch.« – / Wir aber segnen euch im
Namen des Herrn. (E)

»Sie haben mich oft bedrängt...«

Wäre es nicht besser, die Vergangenheit Vergangenheit sein zu lassen? Alte, auch vernarbte Wunden tun von allein immer wieder weh. Was bringt es, dann auch noch daran zu rühren, erst recht in einem feierlichen Gottesdienst?

In jeder Erinnerung liegt zerstörende, aber auch heilende Kraft. Sie wird zur Feindin des Lebens, wenn sie den Blick nur auf negative Aspekte des Geschehens fixiert. Etwas von der heilenden Kraft scheint mir dagegen in unserem Psalm aufzuleuchten. Israel überblickt seine Geschichte wie ein alt und reif gewordener Mensch sein Leben. Es ist ein dunkles Bild, das da zu sehen ist. Von Anfang an reihen sich Bedrängnisse wie die Glieder einer Kette aneinander. Zuweilen stellen sie sich als Folge eigener Schuld heraus, dann wieder müssen sie erlitten werden, ohne daß eine Deutung möglich ist.

Der Psalm breitet keine Einzelheiten aus. Wichtig ist die Summe, die Israel daraus zieht: »aber sie haben mich nicht überwältigt« (V. 2b.5). Man merkt diesen Worten das Staunen noch an. Zugleich ist darin auch etwas von der hoffenden Zuversicht zu spüren, Gott werde auch in Zukunft seine Gemeinde nicht im Stich lassen, wenn es zu neuen Bedrohungen kommen sollte.

Das dankbare Staunen gehört für Israel als positives Bekenntnis – selbst angesichts der oft als negativ und belastend durchlittenen Geschichte – gerade dahin, wo auch die Klage ihren Ort hat, in den Gottesdienst.

Die jeweiligen »Pflüger«, sei es Ägypten, Assur, Babylon oder Rom, gingen ihr Werk gründlich an, bis hin zum Holocaust unseres Jahrhunderts. Aber wer dem Volk Gottes den Garaus zu machen versucht, dem legt Gott selbst irgendwann das Handwerk. Wer seine Macht mißbraucht und seine Grenzen überschreitet, dem stellt sich Gottes Treue zu seiner Gemeinde in den Weg. Keines jener Großreiche hatte Bestand. Weil der Segen fehlte, gab es kein bleibendes Gedeihen.

Gottes Volk aber, seine Gemeinde des alten und des neuen Bundes, geht seinen Weg mit der Zusage, daß Gott dabeisein wird: »Wir segnen euch vom Hause des Herrn.« ERIKA SCHAUDT

Ach bleib mit deiner Treue bei uns, mein Herr und Gott; Beständigkeit verleihe, hilf uns aus aller Not.

130 [Ein Wallfahrtslied.] Aus der
Tiefe rufe ich, Herr, zu dir.
2 Herr, höre meine Stimme! / Laß deine
Ohren merken auf die Stimme meines
Flehens! 3 Wenn du, Herr, Sünden an-
rechnen willst – / Herr, wer wird beste-
hen? 4 Denn bei dir ist die Vergebung, /
daß man dich fürchte. 5 Ich harre des
Herrn, meine Seele harret, / und ich hoffe
auf sein Wort. 6 Meine Seele wartet auf
den Herrn / mehr als die Wächter auf den
Morgen; mehr als die Wächter auf den
Morgen / 7 hoffe Israel auf den Herrn!
Denn bei dem Herrn ist die Gnade / und
viel Erlösung bei ihm. 8 Und er wird Israel
erlösen / aus allen seinen Sünden. (L)

130 [Ein Wallfahrtslied.] Aus der
Tiefe rufe ich, Herr, zu dir: /
2 Herr, höre meine Stimme! Wende dein
Ohr mir zu, / achte auf mein lautes Fle-
hen! 3 Würdest du, Herr, unsere Sünden
beachten, / Herr, wer könnte bestehen?
4 Doch bei dir ist Vergebung, / damit man
in Ehrfurcht dir dient. 5 Ich hoffe auf den
Herrn, es hofft meine Seele, / ich warte
voll Vertrauen auf sein Wort. 6 Meine
Seele wartet auf den Herrn / mehr als die
Wächter auf den Morgen. Mehr als die
Wächter auf den Morgen / 7 soll Israel har-
ren auf den Herrn. Denn beim Herrn ist
die Huld, / bei ihm ist Erlösung in Fülle.
8 Ja, er wird Israel erlösen / von all seinen
Sünden. (E)

Tiefe und Höhe

Die Bibel beschreibt die Existenz des Menschen oft mit dem Bild der Tiefe: Ich wanderte im finsteren Tal (Psalm 23), ich versinke in tiefem Schlamm (Psalm 69), ich schreie aus dem Rachen des Todes. Du warfest mich in die Tiefe mitten ins Meer (Jona 2). Die Tiefe ist eine Urerfahrung des Menschen. In Angst, Schmerzen, Sorgen und Trauer sind wir ganz unten, am tiefsten aber in der Sündenangst. Die Tiefe hat eine Sogwirkung. »Ich fiel auch immer tiefer drein«, singt Martin Luther, »die Angst mich zu verzweifeln trieb, daß nichts denn Sterben bei mir blieb. Zur Höllen mußt ich sinken.«

Gott aber thront in der Höhe (Psalm 113), er hat seinen Thron im Himmel bereitet (Psalm 103). Welch eine Ferne zwischen dem erhabenen Gott und dem Menschen in der Tiefe! Aber Gott schenkt eine Verbindung: Das Gebet. Er wendet sich nach unten und hört auf die Stimme aus der Tiefe. Und der Beter wendet sich nach oben und ruft zu Gott. So wird er frei vom Sog aus der Tiefe und wird gehalten durch Gottes Gnade. »Gott hört die Seufzer deiner Seelen und des Herzens stille Klagen« (P. Gerhardt). Aber es ist auch gut, laut zu beten, nicht weil Gott dann besser hört, sondern weil wir so ehrlicher und inniger aussprechen, was uns bewegt.

Der Beter bittet nicht. Er gibt Gott recht als seinem Richter, der das Recht hat, Sünde anzurechnen und zu strafen. Alle Sünde ist Schuld gegen ihn, der uns zu seinem Bild gemacht und uns die Ordnungen des Lebens gegeben hat. Deshalb kann auch nur Gott Sünde vergeben. Unser Leben ist oberflächlich, wenn wir die Höhe Gottes und die Tiefe unserer Existenz nicht ernst nehmen. Vergebung ist dann billig und schließlich gar nicht mehr nötig. Wir sprechen uns selbst frei mit Entschuldigungen und Erklärungen – und bleiben unerlöst.

Beharrlich und zuversichtlich ist der Beter ausgerichtet auf Gott, von ihm erwartet er das Wort der Lossprechung. Er kennt Gott, der sich seinem Volk als der Gnädige und Barmherzige offenbart hat. Die Geschichte Israels ist eine Geschichte der Sünde und der Vergebung. Mit seinem Ausharren ermutigt der Beter die Gemeinde zu gleicher Hoffnung auf das erlösende Wort. – In Jesus ist dieses Wort der Erlösung Mensch geworden. Er ist in die Tiefen unseres Menschseins gegangen bis in den Tod, um uns herauszuholen mit seinem erlösenden Wort: Dir sind deine Sünden vergeben. HANNA LACHENMANN

Heiliger barmherziger Heiland, laß uns nicht versinken.

131 [Von David, ein Wallfahrtslied.] Herr, mein Herz ist nicht hoffärtig, / und meine Augen sind nicht stolz. Ich gehe nicht um mit großen Dingen, / die mir zu wunderbar sind. 2 Fürwahr, meine Seele ist still und ruhig geworden / wie ein kleines Kind bei seiner Mutter; wie ein kleines Kind, / so ist meine Seele in mir. 3 Israel, hoffe auf den Herrn / von nun an bis in Ewigkeit! (L)

131 [Ein Wallfahrtslied.] Herr, mein Herz ist nicht stolz, / nicht hochmütig blicken meine Augen. Ich gehe nicht um mit Dingen, / die mir zu wunderbar und zu hoch sind. 2 Ich ließ meine Seele ruhig werden und still; / wie ein kleines Kind bei der Mutter ist meine Seele still in mir. 3 Israel, harre auf den Herrn / von nun an bis in Ewigkeit! (E)

Geborgen in Gottes Mütterlichkeit

Es gibt Momente im Leben, da sehnt sich die Seele unbewußt zurück an die Mutterbrust, wo Hunger und Durst in eins gestillt wurden und die wärmende Haut mit dem Herzschlag der Erstgeliebten die vorherige Geborgenheit im Mutterschoß vermittelte. Religion hat es auch – nicht nur – mit dieser unendlichen Sehnsucht nach dem eigenen Ursprung und Lebensquell zu tun, hinter dem schon immer Ursprung und Lebensquell des ganzen Seins geahnt und ersehnt werden.

Es ist keine Schande, im Gegenteil: erlösend, an diese vor- und nachgeburtliche Erfahrung sich selbst zu erinnern und sie in die eigene Gottesbeziehung einzubringen, wie es der Psalmbeter tut. Denn gestillt werden und stille sein: beides bleibt als menschliches und religiöses Erleben so eng ineinander verwoben wie unsere Seele mit unserem Leib.

Erst aus solch ganzheitlicher Geborgenheit heraus kann sich ein Mensch gegenüber Gott als nicht hochgesonnen-stolz empfinden, als einer, der nicht nach den Sternen greift, sondern bescheiden bleibt. Wem kommen da nicht Jesu Worte in den Sinn: Selig die geistlich Armen, die Leidtragenden, die sanften Mutes und reinen Herzens, die Barmherzigen, Gerechtigkeitshungrigen und Frieden Stiftenden? Wer gänzlich aus herzinnerlicher Gottesgeborgenheit lebt, wie Jesus es pries und uns vorlebte, dem wird diese auf Macht jeder Art verzichten könnende Demut nicht schwerfallen. Und dem ist es nicht abträglich, sich als Kleinkind Gottes zu fühlen – nein: eher der Grund zum Erwachsenwerden. Dessen Merkmale sind: der entschlossene Blick nach vorn, in die Zukunft, die Gott gibt und selber ist, und das Wissen, in einer Gemeinschaft der Hoffenden zu stehen. So kann aus der Intimität der Gottesgeborgenheit der Aufruf an Volks- und Zeitgenossen wachsen: Israel, hoffe auf den Herrn! Innerstes drängt so nach außen, das Privateste entfaltet sich wie von selbst zur Verantwortung für das Ganze.

RENÉ LEUDESDORFF

Fürwahr, meine Seele ist still und ruhig geworden wie ein kleines Kind bei seiner Mutter.

132 [Ein Wallfahrtslied.] Gedenke,
Herr, an David / und all seine
Mühsal, 2 der dem Herrn einen Eid
schwor / und gelobte dem Mächtigen Ja-
kobs: 3 Ich will nicht in mein Haus gehen /
noch mich aufs Lager meines Bettes le-
gen, 4 ich will meine Augen nicht schlafen
lassen / noch meine Augenlider schlum-
mern, 5 bis ich eine Stätte finde für den
Herrn, / eine Wohnung für den Mächti-
gen Jakobs. 6 Siehe, wir hörten von ihr in
Efrata, / wir haben sie gefunden im Ge-
filde von Jaar. 7 Wir wollen in seine Woh-
nung gehen / und anbeten vor dem Sche-
mel seiner Füße. 8 Herr, mache dich auf
zur Stätte deiner Ruhe, / du und die Lade
deiner Macht! 9 Deine Priester laß sich
kleiden mit Gerechtigkeit / und deine
Heiligen sich freuen. 10 Weise nicht ab das
Antlitz deines Gesalbten / um deines
Knechtes David willen! 11 Der Herr hat
David einen Eid geschworen, / davon
wird er sich wahrlich nicht wenden: Ich
will dir auf deinen Thron setzen / einen,
der von deinem Leibe kommt. 12 Werden
deine Söhne meinen Bund halten / und
mein Gebot, das ich sie lehren werde, so
sollen auch ihre Söhne / auf deinem
Thron sitzen ewiglich. 13 Denn der Herr
hat Zion erwählt, / und es gefällt ihm,
dort zu wohnen. 14 »Dies ist die Stätte mei-
ner Ruhe ewiglich; / hier will ich wohnen,
denn das gefällt mir. 15 Ich will ihre Speise
segnen / und ihren Armen Brot genug ge-
ben. 16 Ihre Priester will ich mit Heil klei-
den, / und ihre Heiligen sollen fröhlich
sein. 17 Dort soll dem David aufgehen ein
mächtiger Sproß, / ich habe meinem Ge-
salbten eine Leuchte zugerichtet; 18 seine
Feinde will ich in Schande kleiden, / aber
über ihm soll blühen seine Krone.« (L)

132 [Ein Wallfahrtslied.] O Herr,
denk an David, / denk an all
seine Mühen, 2 wie er dem Herrn ge-
schworen, / dem starken Gott Jakobs ge-
lobt hat: 3 »Nicht will ich mein Zelt betre-
ten / noch mich zur Ruhe betten, 4 nicht
Schlaf den Augen gönnen / noch Schlum-
mer den Lidern, 5 bis ich eine Stätte finde
für den Herrn, / eine Wohnung für den
starken Gott Jakobs.« 6 Wir hörten von
seiner Lade in Efrata, / fanden sie im Ge-
filde von Jáar. 7 Laßt uns hingehen zu sei-
ner Wohnung / und niederfallen vor dem
Schemel seiner Füße! 8 Erheb dich, Herr,
komm an den Ort deiner Ruhe, / du und
deine machtvolle Lade! 9 Deine Priester
sollen sich bekleiden mit Gerechtigkeit, /
und deine Frommen sollen jubeln. 10 Weil
David dein Knecht ist, / weise deinen Ge-
salbten nicht ab! 11 Der Herr hat David ge-
schworen, / einen Eid, den er niemals bre-
chen wird: »Einen Sproß aus deinem Ge-
schlecht / will ich setzen auf deinen
Thron. 12 Wenn deine Söhne meinen
Bund bewahren, / mein Zeugnis, das ich
sie lehre, dann sollen auch ihre Söhne /
auf deinem Thron sitzen für immer.«
13 Denn der Herr hat den Zion erwählt, /
ihn zu seinem Wohnsitz erkoren: 14 »Das
ist für immer der Ort meiner Ruhe; / hier
will ich wohnen, ich hab' ihn erkoren.
15 Zions Nahrung will ich reichlich seg-
nen, / mit Brot seine Armen sättigen.
16 Seine Priester will ich bekleiden mit
Heil, / seine Frommen sollen jauchzen
und jubeln. 17 Dort lasse ich Davids Macht
erstarken / und stelle für meinen Gesalb-
ten ein Licht auf. 18 Ich bedecke seine
Feinde mit Schande; / doch auf ihm er-
glänzt seine Krone.« (E)

Wo wohnt Gott?

Gottes Wohnen auf dem Zion, Gottes Zusage gegenüber einer kleinen Herrscherdynastie auf ewig erscheint dem heutigen Leser nicht nur reichlich fremd; ist nicht auch das Gottesbild, das sich dahinter auftut, arg provinziell? Ganz abgesehen davon, daß diese Aussagen, historisch betrachtet, nicht gerade sehr glaubhaft wirken! Denn wo sind der Glanz des Tempels und die Herrschaft Davids geblieben?

Der christliche Psalmenbeter teilt mit dem jüdischen das Verlangen, Gott nahe zu wissen, auf seine Gegenwart sich verlassen zu können. Daß Gott mit solchen Wünschen nicht dingfest gemacht werden kann, war auch schon dem Psalmendichter bewußt: Die Lade ist »nur« Gottes Fußschemel (V. 7), der Tempel »nur« Ort seiner Ruhe. Daß Gott nicht verfügbar ist, zeigt übrigens die Realität: Davids Thron steht zur Zeit des Dichters leer. Gottes Gegenwart ist größer, umfassender, auch andersartiger, als menschliche Vorstellung sich das ausmalt. Seine Nähe bleibt unentdeckt, wenn der Mensch selber sich von Gott abwendet (V. 12).

In diesem Horizont vermag der neutestamentliche Beter zu begreifen, daß Gottes Gegenwart in Jesus von Nazareth geradezu eine Überbietung des Versprechens Gottes gegenüber David (V. 11.17) ist. Gottes Gegenwart ist entlokalisiert und von noch größerer Welt- und Lebensnähe gekennzeichnet: »Hier ist einer, der größer ist als der Tempel« (Matthäus 12,6). Wer Jesus zu folgen sucht, wird also Gott finden. Auf diesem Weg wird der Psalm Gewißheit und Hoffnung angesichts der Verheißung Gottes auszusprechen vermögen.

HEINZ GEIST

Gott, wir verlangen nach deiner Gegenwart und wissen zugleich, daß wir nicht über dich verfügen können. Laß uns die Wege deines Sohnes gehen, dann sind wir gewiß, in deiner Nähe zu bleiben.

133 [Von David, ein Wallfahrtslied.] Siehe, wie fein und lieblich ist's, / wenn Brüder einträchtig beieinander wohnen! 2 Es ist wie das feine Salböl auf dem Haupte Aarons, das herabfließt in seinen Bart, / das herabfließt zum Saum seines Kleides, 3 wie der Tau, der vom Hermon herabfällt / auf die Berge Zions! Denn dort verheißt der Herr den Segen / und Leben bis in Ewigkeit.

(L)

133 [Ein Wallfahrtslied Davids.] Seht doch, wie gut und schön ist es, / wenn Brüder miteinander in Eintracht wohnen. 2 Das ist wie köstliches Salböl, / das vom Kopf hinabfließt auf den Bart, auf Aarons Bart, / das auf sein Gewand hinabfließt. 3 Das ist wie der Tau des Hermon, / der auf den Berg Zion niederfällt. / Denn dort spendet der Herr Segen und Leben in Ewigkeit.

(E)

Einheit des Gottesvolkes

Dieser kurze, aber bilderreiche Psalm besingt das Thema der Brüderlichkeit. Ursprünglich an die Priesterschaft im Jerusalemer Tempel adressiert, ruft er das gesamte Volk zur Einheit auf. Gründe für solch einen Appell hat es in der Geschichte Israels immer wieder gegeben. Da gab es Zwistigkeiten in der Priesterschaft, die Teilung des Landes in ein Nord- und Südreich, eine Spaltung des Volkes in liberale und orthodoxe Juden.

Auch im Neuen Testament finden wir zahlreiche Mahnungen zur Einheit. Paulus ruft die Korinther auf, ihre Spaltungen zu beenden, und im Johannesevangelium betet Jesus für die Jünger, »daß sie eins seien wie wir eins sind« (Johannes 17,22). Gerade dieser Vers »wie wir eins sind« gibt uns die Begründung für den Appell zur Brüderlichkeit innerhalb des Gottesvolkes: Es ist die Einheit Gottes oder – neutestamentlich ausgedrückt – die Einheit von Vater und Sohn.

Der Psalmist malt diese Einheit mit dem Bild des priesterlichen Öles, das auf das Haupt des Hohenpriesters ausgegossen wird und herniederfließt auf Bart und Gewänder, das heißt auf alle Priester, auf alle Mitglieder der Gemeinde. Er vergleicht die Einheit mit dem Tau, der herabfließt vom hohen Berg des Hermon und sich bis zum heiligen Berg Zion in Jerusalem ausbreitet, also das ganze Land benetzt und – als Tau Gottes – alle und alles lebendig macht.

Wir sehen uns in den christlichen Kirchen heute erneut mit der dringlichen Aufgabe konfrontiert, die Einheit der Christenheit wiederherzustellen. Dabei meint Einheit allerdings nicht Einförmigkeit und Eintönigkeit, vielmehr das Bemühen, Streitfragen im Dialog zu erörtern und Differenzen in geschwisterlicher Toleranz ertragen zu können. HANS-JÜRGEN VAN DER MINDE

Jesus sagt: Dies ist mein Gebot: Liebt einander, so wie ich euch geliebt habe.

134 [Ein Wallfahrtslied.] Wohlan, lobet den Herrn, alle Knechte des Herrn, / die ihr steht des Nachts im Hause des Herrn! 2 Hebet eure Hände auf im Heiligtum / und lobet den Herrn! 3 Der Herr segne dich aus Zion, / der Himmel und Erde gemacht hat! (L)

134 [Ein Wallfahrtslied.] Wohlan, nun preiset den Herrn, / all ihr Knechte des Herrn, die ihr steht im Hause des Herrn, / zu nächtlicher Stunde. 2 Erhebt eure Hände zum Heiligtum, / und preiset den Herrn! 3 Es segne dich der Herr vom Zion her, / (der Herr,) der Himmel und Erde gemacht hat. (E)

Nächtliches Loblied

Wallfahrtslieder sind von besonderer Art. Mancher mag jetzt an Lieder denken auf der Fahrt zum Evangelischen Kirchentag, zum Katholikentag oder zu einem Gemeindetag. Da ist man voll gespannter Erwartung: Wird sich derAufwand lohnen? Werden wir entscheidende Anstöße für den Glauben bekommen? Wird sich das Evangelium von Jesus Christus als tragende Mitte der vielen Veranstaltungen, Diskussionen und persönlichen Begegnungen erweisen? Selbstverständlich ist das alles nicht. Auch die beste Organisation kann geistliche Erweckung nicht machen.

Aber zur Voraussetzung dafür kann man beitragen. Es gibt Formen des Bereitseins, die den Zugang zu religiösen Erlebnissen erleichtern. Wer etwa bei den Kirchentagen das tägliche »Abendgebet zur Sache« oder ein Liturgisches Nachtgebet mitgefeiert hat, ist damit eine Verbindung mit anderen eingegangen, die ihm bisher fremd waren. Hier werden jeweils aktuelle Tagesfragen aus der Politik, aus sozialen Spannungsfeldern oder auch theologische Kontroversen aus der Tagesarbeit vor Gott ausgebreitet. Das führt nicht zu billigen Lösungen oder faulen Kompromissen. Aber im gemeinsamen Lob Gottes weiß man sich eins. Hier erweist sich die Zusammengehörigkeit der Getauften, aus welcher Konfession sie auch kommen. Wer im Gebet um den Frieden seine eigene Ratlosigkeit vor Gott ausgesprochen hat, kann den Andersdenkenden nicht mehr verteufeln. Auch wo ich keinen Ausweg sehe und über meiner Hilflosigkeit verzweifeln möchte, bewahrt mich das gemeinsame Lob Gottes vor der Resignation.

Wer sich dabei bewußtmacht, daß in jedem Augenblick des Tages und der Nacht irgendwo in der Welt Menschen zum gleichen Gott beten, spürt die tragende Gemeinschaft des Volkes Gottes. Das gilt auch für Kranke, Ältere oder Behinderte in ihrer Einsamkeit. Auch für sie hat Gott eine unverzichtbare Aufgabe: Sie dürfen die Hände aufheben zum Gebet für die Welt, auch für die Politiker, auch für die Gemeinden in der Bedrängnis, auch für Gefangene und Gefolterte. So kann manche schlaflose Stunde scheinbarer Untätigkeit zu einer Sternstunde für andere werden, für die wir Fürbitte tun. Denn bei Gott bleibt kein Gebet ungehört. Sein Segen dringt durch verschlossene Türen und macht finstere Schicksalsstunden hell. Dieser Segen ist die überreiche Antwort auf unser Gotteslob. THEODOR SCHOBER

Herr, mache mich zu deinem Lobsänger, auch in Stunden der Finsternis, und zu einem Beter, der andern Lasten abnimmt.

135 Halleluja! Lobet den Namen
des Herrn, / lobet, ihr Knechte
des Herrn, 2 die ihr steht im Hause des
Herrn, / in den Vorhöfen am Hause uns-
res Gottes! 3 Lobet den Herrn, denn der
Herr ist freundlich; / lobsinget seinem
Namen, denn er ist lieblich! 4 Denn der
Herr hat sich Jakob erwählt, / Israel zu
seinem Eigentum. 5 Ja, ich weiß, daß der
Herr groß ist / und unser Herr über allen
Göttern. 6 Alles, was er will, das tut er / im
Himmel und auf Erden, im Meer und in
allen Tiefen; 7 der die Wolken läßt aufstei-
gen vom Ende der Erde, der die Blitze
samt dem Regen macht, / der den Wind
herausführt aus seinen Kammern; 8 der
die Erstgeburten schlug in Ägypten / bei
den Menschen und beim Vieh 9 und ließ
Zeichen und Wunder kommen über dich,
Ägyptenland, / über den Pharao und alle
seine Knechte; 10 der viele Völker schlug /
und tötete mächtige Könige, 11 Sihon, den
König der Amoriter, und Og, den König
von Baschan, / und alle Königreiche in
Kanaan, 12 und gab ihr Land zum Erbe, /
zum Erbe seinem Volk Israel. 13 Herr,
dein Name währet ewiglich, / dein Ruhm,
Herr, währet für und für. 14 Denn der Herr
schafft Recht seinem Volk / und wird sei-
nen Knechten gnädig sein. 15 Die Götzen
der Heiden sind Silber und Gold, / ge-
macht den Menschenhänden. 16 Sie haben
Mäuler und reden nicht, / sie haben Au-
gen und sehen nicht, 17 sie haben Ohren
und hören nicht, / auch ist kein Odem in
ihrem Munde. 18 Die solche Götzen ma-
chen, sind ihnen gleich, / alle, die auf sie
hoffen. 19 Das Haus Israel lobe den Herrn!
Lobet den Herrn, ihr vom Hause Aaron!
20 Ihr vom Hause Levi, lobet den Herrn! /
Die ihr den Herrn fürchtet, lobet den
Herrn! 21 Gelobt sei der Herr aus Zion, /
der zu Jerusalem wohnt! Halleluja! (L)

135 Halleluja! Lobet den Namen
des Herrn, / lobt ihn, ihr
Knechte des Herrn, 2 die ihr steht im
Hause des Herrn, / in den Vorhöfen am
Haus unsres Gottes. 3 Lobt den Herrn,
denn der Herr ist gütig. / Singt und spielt
seinem Namen, denn er ist freundlich.
4 Der Herr hat sich Jakob erwählt, / Israel
wurde sein Eigentum. 5 Ja, das weiß ich:
Groß ist der Herr, / unser Herr ist größer
als alle Götter. 6 Alles, was dem Herrn ge-
fällt, vollbringt er, / im Himmel, auf der
Erde, in den Meeren, in allen Tiefen. 7 Er
führt Wolken herauf vom Ende der
Erde, / er läßt es blitzen und regnen, / aus
seinen Kammern holt er den Sturmwind
hervor. 8 Er erschlug Ägyptens Erstge-
burt, / bei Menschen und beim Vieh. 9 Ge-
gen dich, Ägypten, sandte er Zeichen und
Wunder, / gegen den Pharao und all seine
Knechte. 10 Er schlug viele Völker nieder /
und tötete mächtige Könige: 11 Sihon, den
König der Amoriter, / Og, den König von
Baschan, / und alle Reiche Kanaans. 12 Ihr
Land gab er Israel zum Erbe, / zum Erbe
Israel, seinem Volk. 13 Herr, dein Name
währt ewig, / das Gedenken an dich,
Herr, dauert von Geschlecht zu Ge-
schlecht. 14 Denn der Herr verschafft
Recht seinem Volk; / er hat mit seinen
Knechten Mitleid. 15 Die Götzen der Hei-
den sind nur Silber und Gold, / ein Mach-
werk von Menschenhand. 16 Sie haben
einen Mund und reden nicht, / Augen und
sehen nicht; 17 sie haben Ohren und hören
nicht; / auch ist kein Hauch in ihrem
Mund. 18 Die sie gemacht haben, sollen ih-
rem Machwerk gleichen, / alle, die den
Götzen vertrauen. 19 Haus Israel, preise
den Herrn! / Haus Aaron, preise den
Herrn! 20 Haus Levi, preise den Herrn! /
Alle, die ihr den Herrn fürchtet, preist
den Herrn! 21 Gepriesen sei der Herr auf
Zion, / der, der thront in Jerusalem. /
Halleluja! (E)

Lobt Gott!

Dieser Psalm ist ein einziger Lobgesang auf Gott. »Lobet den Herrn, denn der Herr ist freundlich, lobsinget seinem Namen, denn er ist lieblich!« Das steckt doch irgendwie an! Der Mensch, der diesen Psalm verfaßt hat, muß sehr fröhlich gewesen sein, denn er sprudelt über vor Freude und Begeisterung!

Er beschreibt Gott als den Weltenlenker mit vielen schönen Beispielen: Er ist der Gott und Herr über alle Götter (V. 5), er ist der Herrscher über die Naturgewalten (V. 7). Und dann fährt er fort mit einem Rückblick in die Geschichte Israels, eine Geschichte der Bewahrung und Annahme und Führung durch Gott – die wesentlichen Stationen mit Ägypten, dem Sieg über die Könige und der anschließenden Landnahme sind genannt (V. 8–12). Im sich anschließenden Teil tritt das Lob Gottes wieder in den Vordergrund. Dein Name währet ewiglich, dein Ruhm währet für und für (V. 13). Und der Psalmist beginnt dann, seinen Gott mit den Göttern der anderen Völker zu vergleichen. Es ist schön, mit welch klaren Bildern er die Unterschiede deutlich macht, das Unvermögen der anderen darstellt: Sie sind von Menschenhänden gemacht (V. 15), sind deshalb blind, taub, stumm und – dies ist der Höhepunkt – ohne »Odem in ihrem Munde« (V. 17). Und der sich anschließende Vergleich ist hart: Wer solche Götzen macht, ist ihnen gleich: gleich stumm, gleich taub, gleich blind und genauso leblos! Deshalb – so der einleuchtende Schluß – soll Israel den Herrn fürchten und loben, weil *der* Gott lebt!

Ich meine, daß uns dies heute genauso angeht wie damals. Gerade die Frage der Götzen scheint mir sehr wichtig. Sicher, wir stellen keine bronzenen oder tönernen Figuren mehr auf, die wir umtanzen, aber moderne Götzen gibt es genug: ob es der PKW ist, der allsamstäglich bis zur Keimfreiheit blankgewienert wird, ob es das fanatische Streben nach Besitz und Reichtum ist oder unser allzu leichtfertiger Umgang mit unserer Frei-Zeit, um nur einige wenige zu nennen. Götzen des Wohlstands haben wir wohl alle – und jeder ist eifrig bemüht, sich diesen Wohlstand zu bewahren. Nur selten und in kleinen, ja kleinsten Schritten schaffen wir die Umkehr! Und Lob Gottes heißt in meinen Augen auch, nicht nur sonntags im Gottesdienst so zu singen, nein, Lob Gottes ist auch, wenn ich mein Leben als Ganzes neu orientiere, so daß andere daraus dieses Lob erkennen können.

CHRISTOPH HENSEL

Herr, laß mich dich zu loben versuchen, gerade auch im grauen Alltag!

136 Danket dem Herrn; denn er ist
freundlich, / denn seine Güte
währet ewiglich. 2 Danket dem Gott aller
Götter, / denn seine Güte währet ewig-
lich. 3 Danket dem Herrn aller Herren, /
denn seine Güte währet ewiglich. 4 Der
allein große Wunder tut, / denn seine
Güte währet ewiglich. 5 Der die Himmel
mit Weisheit gemacht hat, / denn seine
Güte währet ewiglich. 6 Der die Erde über
den Wassern ausgebreitet hat, / denn
seine Güte währet ewiglich. 7 Der große
Lichter gemacht hat, / denn seine Güte
währet ewiglich: 8 die Sonne, den Tag zu
regieren, / denn seine Güte währet ewig-
lich; 9 den Mond und die Sterne, die Nacht
zu regieren, / denn seine Güte währet
ewiglich. 10 Der die Erstgeborenen schlug
in Ägypten, / denn seine Güte währet
ewiglich; 11 und führte Israel von dort her-
aus, / denn seine Güte währet ewiglich;
12 mit starker Hand und ausgerecktem
Arm, / denn seine Güte währet ewiglich.
13 Der das Schilfmeer teilte in zwei Teile, /
denn seine Güte währet ewiglich; 14 und
ließ Israel mitten hindurchgehen, / denn
seine Güte währet ewiglich; 15 der den
Pharao und sein Heer ins Schilfmeer
stieß, / denn seine Güte währet ewiglich.
16 Der sein Volk führte durch die Wüste, /
denn seine Güte währet ewiglich. 17 Der
große Könige schlug, / denn seine Güte
währet ewiglich; 18 und brachte mächtige
Könige um, / denn seine Güte währet
ewiglich; 19 Sihon, den König der Amori-
ter, / denn seine Güte währet ewiglich;
20 und Og, den König von Baschan, / denn
seine Güte währet ewiglich; 21 und gab ihr
Land zum Erbe, / denn seine Güte währet
ewiglich; 22 zum Erbe seinem Knecht Is-
rael, / denn seine Güte währet ewiglich.
23 Der an uns dachte, als wir unterdrückt
waren, / denn seine Güte währet ewig-
lich; 24 und uns erlöste von unsern Fein-
den, / denn seine Güte währet ewiglich.
25 Der Speise gibt allem Fleisch, / denn
seine Güte währet ewiglich. 26 Danket
dem Gott des Himmels, / denn seine Güte
währet ewiglich. (L)

136 Danket dem Herrn, denn er ist
gütig, / denn seine Huld währt
ewig! 2 Danket dem Gott aller Götter, /
denn seine Huld währt ewig! 3 Danket
dem Herrn aller Herren, / denn seine
Huld währt ewig! 4 Der allein große Wun-
der tut, / denn seine Huld währt ewig,
5 der den Himmel geschaffen hat in Weis-
heit, / denn seine Huld währt ewig, 6 der
die Erde über den Wassern gegründet
hat, / denn seine Huld währt ewig, 7 der
die großen Leuchten gemacht hat, / denn
seine Huld währt ewig, 8 die Sonne zur
Herrschaft über den Tag, / denn seine
Huld währt ewig, 9 Mond und Sterne zur
Herrschaft über die Nacht, / denn seine
Huld währt ewig. 10 Der die Erstgeburt
der Ägypter schlug, / denn seine Huld
währt ewig, 11 und Israel herausführte aus
ihrer Mitte, / denn seine Huld währt ewig,
12 mit starker Hand und erhobenem
Arm, / denn seine Huld währt ewig, 13 der
das Schilfmeer zerschnitt in zwei Teile, /
denn seine Huld währt ewig, 14 und Israel
hindurchführte zwischen den Wassern,
denn seine Huld währt ewig, 15 und den
Pharao ins Meer stürzte samt seinem
Heer / denn seine Huld währt ewig. 16 Der
sein Volk durch die Wüste führte, / denn
seine Huld währt ewig, 17 der große Kö-
nige schlug, / denn seine Huld währt ewig,
18 und mächtige Könige tötete, / denn
seine Huld währt ewig, 19 Sihon, den Kö-
nig der Amoriter, / denn seine Huld währt
ewig, 20 und Og, den König von Baschan, /
denn seine Huld währt ewig, 21 und der ihr
Land zum Erbe gab, / denn seine Huld
währt ewig, 22 der es Israel gab, seinem
Knecht, / denn seine Huld währt ewig.
23 Der an uns dachte in unsrer Erniedri-
gung, / denn seine Huld währt ewig, 24 und
uns den Feinden entriß / denn seine Huld
währt ewig. 25 Der allen Geschöpfen Nah-
rung gibt, / denn seine Huld währt ewig.
26 Danket dem Gott des Himmels, / denn
seine Huld währt ewig. (E)

Die ewige Güte Gottes

»Wie können wir Gott eigentlich loben?« werden sich einige gefragt haben, die den Psalm am vergangenen Sonntag gelesen haben. Unser heutiger Psalm gibt darauf eine klare Antwort:

1. Zunächst loben wir Gott für das, was er ist (V. 1–4 und 26).
2. Wir loben Gott für seine Werke in der Natur (V. 5–9 und 25).
3. Wir loben Gottes Werke in der Geschichte (V. 10–20) und
4. Wir loben Gottes Werke für uns (V. 23–24).

1. Können wir Gott noch loben für seine Güte und Freundlichkeit, trotz all dessen, was an Furchtbarem tagtäglich geschieht? Bei dieser Frage sollten wir nicht übersehen, daß seine Güte sich gerade darin zeigt, daß er uns die Freiheit der Entscheidung geschenkt hat: Der Herr aller Herren läßt uns unseren freien Willen und ermöglicht damit auch die dämonische Perversion der Freiheit, den Versuch, alle Andersartigen ihrer Freiheit zu berauben.

2. Wir können Gott für sein Wirken in der Natur loben: Gerade in der Zeit der Umwelt- und Klimakrise sehen wir besonders deutlich, mit welcher Weisheit Gott unsere Umwelt eingerichtet hat. Wieder ist es die Freiheit von uns Menschen, dieses sinnvolle Gefüge auf den Kopf zu stellen.

3. Wir können Gott in der Geschichte loben: Gerade wir Deutschen haben in den letzten Jahren überraschende Wendungen der Geschichte erfahren. Wir haben allen Grund, Gott dafür zu loben, gerade auch wenn wir sehen, wie wir die Möglichkeiten, die Gott uns eröffnet, zu unseren Ungunsten verkehren können.

4. Als letztes ruft der Psalm zum Lob Gottes in unserem eigenen, überschaubaren Lebensbereich auf. Gibt es jemand, der von sich sagen kann: »Ich habe noch nie etwas von der Güte Gottes in meinem Leben gesehen?« Vielleicht ist es hilfreich, wenn wir uns einmal die vielen Hinweise seiner Güte seit Beginn dieses Jahres ins Gedächtnis rufen.

Alle diese vielfältigen Möglichkeiten zum Lob Gottes umschließt tröstlich der ständig wiederkehrende Refrain: »Denn seine Güte währet ewiglich.« Auch morgen steht sie uns, unseren Kindern und Enkeln noch offen, obwohl die Zukunftsaussichten durch drohende Katastrophen verbarrikadiert scheinen – »ewiglich«, bis wir ihn sehen von Angesicht zu Angesicht. CHRISTEL KIEL

Danket dem Herrn, denn er ist freundlich, und seine Güte währet ewiglich!

137 An den Wassern zu Babel sa-
ßen wir und weinten, / wenn
wir an Zion gedachten. 2 Unsere Harfen
hängten wir / an die Weiden dort im
Lande. 3 Denn die uns gefangen hielten, /
hießen uns dort singen und in unserm
Heulen fröhlich sein: / »Singet uns ein
Lied von Zion!« 4 Wie könnten wir des
Herrn Lied singen / in fremdem Lande?
5 Vergesse ich dich, Jerusalem, / so ver-
dorre meine Rechte. 6 Meine Zunge soll
an meinem Gaumen kleben, / wenn ich
deiner nicht gedenke, wenn ich nicht lasse
Jerusalem / meine höchste Freude sein.
7 Herr, vergiß den Söhnen Edom nicht,
was sie sagten am Tage Jerusalems: /
»Reißt nieder, reißt nieder bis auf den
Grund!« 8 Tochter Babel, du Verwüste-
rin, / wohl dem, der dir vergilt, was du uns
angetan hast! 9 Wohl dem, der deine jun-
gen Kinder nimmt / und sie am Felsen zer-
schmettert! (L)

137 An den Strömen von Babel, /
da saßen wir und weinten, /
wenn wir an Zion dachten. 2 Wir hängten
unsere Harfen / an die Weiden in jenem
Land. 3 Dort verlangten von uns die
Zwingherren Lieder, / unsere Peiniger
forderten Jubel: / »Singt uns Lieder vom
Zion!« 4 Wie könnten wir singen die Lie-
der des Herrn, / fern, auf fremder Erde?
5 Wenn ich dich je vergesse, Jerusalem, /
dann soll mir die rechte Hand verdorren.
6 Die Zunge soll mir am Gaumen kleben, /
wenn ich an dich nicht mehr denke, /
wenn ich Jerusalem nicht zu meiner
höchsten Freude erhebe. 7 Herr, vergiß
den Söhnen Edoms nicht den Tag von Je-
rusalem; / sie sagten: »Reißt nieder, bis
auf den Grund reißt es nieder!« 8 Tochter
Babel, du Zerstörerin! / Wohl dem, der
dir heimzahlt, was du uns getan hast!
9 Wohl dem, der deine Kinder packt / und
sie am Felsen zerschmettert! (E)

Zionismus oder Heimatrecht?

Der Psalm, von hoher literarischer Qualität, befremdet den Menschen gerade des 20. Jahrhunderts, scheint er doch »zionistische« Bestrebungen zu beschreiben, die in unserer Gesellschaft keineswegs alle, ja nicht einmal alle Juden in ihren politischen Konsequenzen teilen.

Doch wer würde den Psalm, ihn näher betrachtend, nicht auch als sehr menschlich empfinden? Wer versteht nicht die noch immer schmerzende Rückschau des Dichters auf das eben zu Ende gegangene babylonische Exil? An den Kanälen Babels hatte man sich, vom Übermut des Siegers gezwungen, zu Klagezeremonien versammelt über das verlorene Zion, die verlorene Heimat (V. 1–4). Wer kann nicht die Enttäuschung nachempfinden, die die Heimgekehrten angesichts der Trümmer Jerusalems und seines Tempels und der Zerstörungswut Babels und Edoms (V. 7f.) erfaßte? Welche Bedeutung Jerusalem als irdische Wohnstatt Jahwes für das Heimatgefühl eines Juden haben mußte, läßt sich nicht nur an der Selbstverwünschung des Dichters (V. 5f.) ablesen, sondern auch an der skandalösen, nur im Denkhorizont von damals psychologisch verständlichen Verfluchung der Gegner Israels (V. 7–9). Nicht nur das Heimatrecht eines jeden Volkes läßt sich aus diesem Psalm begründen. Christen werden darin auch die Sehnsucht vieler Menschen nach einer Orientierung und Beheimatung erkennen, wie sie die Kirche als Kirche der vielen eigentlich bieten sollte. Beides läßt zu wünschen übrig. HEINZ GEIST

Gott, jeder Mensch und jedes Volk braucht ein zumindest geistiges Zuhause. Dein Geist helfe einem jeden Volk zu seinem Lebensrecht und gebe der Kirche ein solches Gesicht, daß Suchende in ihr eine Heimat finden können.

138 [Von David.] Ich danke dir von ganzem Herzen, / vor den Göttern will ich dir lobsingen. 2 Ich will anbeten vor deinem heiligen Tempel / und deinen Namen preisen für deine Güte und Treue; denn du hast deinen Namen und dein Wort / herrlich gemacht über alles. 3 Wenn ich dich anrufe, so erhörst du mich / und gibst meiner Seele große Kraft. 4 Es danken dir, Herr, alle Könige auf Erden, / daß sie hören das Wort deines Mundes; 5 sie singen von den Wegen des Herrn, / daß die Herrlichkeit des Herrn so groß ist. 6 Denn der Herr ist hoch und sieht auf den Niedrigen / und kennt den Stolzen von ferne. 7 Wenn ich mitten in der Angst wandle, / so erquickest du mich und reckst deine Hand gegen den Zorn meiner Feinde / und hilfst mir mit deiner Rechten. 8 Der Herr wird meine Sache hinausführen. Herr, deine Güte ist ewig. / Das Werk deiner Hände wollest du nicht lassen. (L)

138 [Von David.] Ich will dir danken aus ganzem Herzen, / dir vor den Engeln singen und spielen; 2 ich will mich niederwerfen zu deinem heiligen Tempel hin / und deinem Namen danken für deine Huld und Treue. Denn du hast die Worte meines Mundes gehört, / deinen Namen und dein Wort über alles verherrlicht. 3 Du hast mich erhört an dem Tag, als ich rief; / du gabst meiner Seele große Kraft. 4 Dich sollen preisen, Herr, alle Könige der Welt, / wenn sie die Worte deines Mundes vernehmen. 5 Sie sollen singen von den Wegen des Herrn; / denn groß ist die Herrlichkeit des Herrn. 6 Ja, der Herr ist erhaben; / doch er schaut auf die Niedrigen, / und die Stolzen erkennt er von fern. 7 Gehe ich auch mitten durch große Not: / du erhältst mich am Leben. Du streckst die Hand aus gegen meine wütenden Feinde, / und deine Rechte hilft mir. 8 Der Herr nimmt sich meiner an. / Herr, deine Huld währt ewig. / Laß nicht ab vom Werk deiner Hände! (E)

Gott kräftigt die Seele der Betenden

In der neueren Psychologie wird mit großer Offenheit von den seelischen Kräften gesprochen, die den Menschen aus Gebet und Meditation erwachsen. Dabei wird nicht mehr, wie zuvor, auf Autosuggestion, also auf die – zweifellos vorhandenen – Selbstheilungskräfte Bezug genommen, vielmehr in erstaunlicher Weise auf die von außen, aus der jenseitigen, religiösen Sphäre, vom nicht faßbaren Göttlichen einströmenden Lebensmächte. Sie wirken nicht isoliert auf die Seele ein; sie vermitteln auch dadurch die zur leiblichen Gesundheit nötigen Kräfte.

Lebenshilfe aus dem Jenseits? Für die Psalmbeter war das keine Frage, sondern erlebte Wirklichkeit. Wobei das Jenseits einen Namen besaß (V. 2): Jahwe, und dieser Name zugleich Wort, Botschaft an die Menschen war. Denn dieser Gott zeigte sich als zutiefst dialogischer Gott, als Wort-Gott, Zwiesprache-Gott, der Antwort gibt und Antwort will. Statt geheimnisvoll-magisch-übersinnlicher Erfahrungen gibt es hier ein sinnlich-sinnhaftes Hin und Her zwischen dem Beter und Gott.

So einfach ist das: Der Mensch ruft ihn aus Angst und Bedrängnissen heraus (V. 7); Gott erquickt ihn und hilft ihm auch konkret. Das treibt den so mit großer Seelenkraft Ausgestatteten »Niedrigen« vor die Tore des Tempels (hier würde ein König nicht beten) zum dankbaren Lobgesang. Aber nicht nur das ist seine Antwort – sie wird zugleich ein Zeugnis »vor allen Göttern« und »allen Königen auf Erden«. Was einzelnen Betenden in ihrer persönlichen Notlage an durchgreifender Gotteshilfe widerfährt, wird so zum exemplarischen Anlaß für einen welt- und himmelweiten Hymnus auf Gottes Herrlichkeit und Größe (V. 5).

Es entspringt keineswegs nur poetischer Phantasie, hier das individuelle Geschick mit überzeitlichem und überweltlichem Gottesruhm zu verbinden. Jeder, der dem Rat dieses Sonntags folgt – Rogate: Betet! –, kann sich im Zwiegespräch mit Gott zugleich selbst als Teil des Weltganzen empfinden. Der Schöpfer stärkt in mir das Leben seiner umfassenden Schöpfung.

RENÉ LEUDESDORFF

Wenn ich dich anrufe, so erhörst du mich und gibst meiner Seele große Kraft.

139 [Ein Psalm Davids, vorzusin-
gen.] Herr, du erforschest
mich / und kennest mich. 2 Ich sitze oder
stehe auf, so weißt du es; / du verstehst
meine Gedanken von ferne. 3 Ich gehe
oder liege, so bist du um mich / und siehst
alle meine Wege. 4 Denn siehe, es ist kein
Wort auf meiner Zunge, / das du, Herr,
nicht schon wüßtest. 5 Von allen Seiten
umgibst du mich / und hältst deine Hand
über mir. 6 Diese Erkenntnis ist mir zu
wunderbar und zu hoch; / ich kann sie
nicht begreifen. 7 Wohin soll ich gehen vor
deinem Geist, / und wohin soll ich fliehen
vor deinem Angesicht? 8 Führe ich gen
Himmel, so bist du da; / bettete ich mich
bei den Toten, siehe, so bist du auch da.
9 Nähme ich Flügel der Morgenröte / und
bliebe am äußersten Meer, 10 so würde
auch dort deine Hand mich führen / und
deine Rechte mich halten. 11 Spräche ich:
Finsternis möge mich decken / und Nacht
statt Licht um mich sein –, 12 so wäre auch
Finsternis nicht finster bei dir, / und die
Nacht leuchtete wie der Tag, Finsternis ist
wie das Licht. 13 Denn du hast meine Nie-
ren bereitet / und hast mich gebildet im
Mutterleibe. 14 Ich danke dir dafür, / daß
ich wunderbar gemacht bin; wunderbar
sind deine Werke; / das erkennt meine
Seele. 15 Es war dir mein Gebein nicht ver-
borgen, als ich im Verborgenen gemacht
wurde, / als ich gebildet wurde unten in
der Erde. 16 Deine Augen sahen mich, /
als ich noch nicht bereitet war, und alle
Tage waren in dein Buch geschrieben, /
die noch werden sollten und von denen
keiner da war. 17 Aber wie schwer sind für
mich, Gott, deine Gedanken! / Wie ist
ihre Summe so groß! 18 Wollte ich sie zäh-
len, so wären sie mehr als der Sand: / Am
Ende bin ich noch immer bei dir. 19 Ach
Gott, wolltest du doch die Gottlosen tö-
ten! / Daß doch die Blutgierigen von mir
wichen! 20 Denn sie reden von dir läster-
lich, / und deine Feinde erheben sich mit
frechem Mut. 21 Sollte ich nicht hassen,
Herr, die dich hassen, / und verab-
scheuen, die sich gegen dich erheben?
22 Ich hasse sie mit ganzem Ernst; / sie sind
mir zu Feinden geworden. 23 Erforsche
mich, Gott, und erkenne mein Herz; /

139 [Für den Chormeister. Ein
Psalm Davids.] Herr, du hast
mich erforscht und du kennst mich. / 2 Ob
ich sitze oder stehe, du weißt von mir. /
Von fern erkennst du meine Gedanken.
3 Ob ich gehe oder ruhe, es ist dir be-
kannt; / du bist vertraut mit all meinen
Wegen. 4 Noch liegt mir das Wort nicht
auf der Zunge – / du, Herr, kennst es be-
reits. 5 Du umschließt mich von allen Sei-
ten / und legst deine Hand auf mich. 6 Zu
wunderbar ist für mich dieses Wissen, / zu
hoch, ich kann es nicht begreifen. 7 Wohin
könnte ich fliehen vor deinem Geist, / wo-
hin mich vor deinem Angesicht flüchten?
8 Steige ich hinauf in den Himmel, so bist
du dort; / bette ich mich in der Unterwelt,
bist du zugegen. 8 Nehme ich die Flügel
des Morgenrots / und lasse mich nieder
am äußersten Meer, 10 auch dort wird
deine Hand mich ergreifen / und deine
Rechte mich fassen. 11 Würde ich sagen:
»Finsternis soll mich bedecken, / statt
Licht soll Nacht mich umgeben«, / 12 auch
die Finsternis wäre für dich nicht finster,
die Nacht würde leuchten wie der Tag, /
die Finsternis wäre wie Licht. 13 Denn du
hast mein Inneres geschaffen, / mich ge-
woben im Schoß meiner Mutter. 14 Ich
danke dir, daß du mich so wunderbar ge-
staltet hast. / Ich weiß: Staunenswert sind
deine Werke. 15 Als ich geformt wurde im
Dunkeln, / kunstvoll gewirkt in den Tie-
fen der Erde, / waren meine Glieder dir
nicht verborgen. 16 Deine Augen sahen,
wie ich entstand, / in deinem Buch war
schon alles verzeichnet; meine Tage wa-
ren schon gebildet, / als noch keiner von
ihnen da war. 17 Wie schwierig sind für
mich, o Gott, deine Gedanken / wie ge-
waltig ist ihre Zahl! 18 Wollte ich sie zäh-
len, es wären mehr als der Sand. / Käme
ich bis zum Ende, wäre ich noch immer
bei dir. 19 Wolltest du, Gott, doch den
Frevler töten! / Ihr blutgierigen Men-
schen, laßt ab von mir! 20 Sie reden über
dich voll Tücke / und mißbrauchen deinen
Namen. 21 Soll ich die nicht hassen, Herr,
die dich hassen, / die nicht verabscheuen,
die sich gegen dich erheben? 22 Ich hasse
sie mit glühendem Haß; / auch mir sind
sie zu Feinden geworden. 23 Erforsche

Der Allwissende – Allgegenwärtige – Allesverursachende

Das ist einer unserer schönsten Psalmen. Man kann drei Strophen unterscheiden und sie mit den in der Überschrift angegebenen Titeln versehen. Man kann auch von drei konzentrischen Kreisen sprechen. In den Versen 1–5 wird der Alltag des Menschen beschrieben, sein Sitzen und Stehen, sein Gehen und Ruhen, sein Denken und Reden. »Du umschließt mich von allen Seiten und legst deine Hand auf mich.« Ob solcher Nähe bekommt der Mensch es schier mit der Angst zu tun und will flüchten. Im zweiten Kreis (V. 7–12) durchmißt der Mensch die ganze Geographie: Himmel und Unterwelt, Ost und West, Tag und Nacht: Überall »bist du zugegen«. Im dritten, äußersten Kreis (V. 13–18) geht der Blick in die Geschichte, vor allem in die Vergangenheit. Dann ganz kurz in die Zukunft (V. 18b).

Nach jedem der drei Meditationsschritte kommt so etwas wie eine »Kapitulation«: »Zu hoch, ich kann es nicht begreifen«, »Staunenswert sind deine Werke«, »Wie schwierig sind für mich deine Gedanken!«

Es bleibt dann aber nicht bei der gedanklichen Befassung. Der Psalmist ist so überwältigt von der Realität Gottes, daß er aggressiv wird gegenüber seinen Feinden. Wir lassen diese Verse 19–22 meistens aus, wie wir überhaupt die sogenannten »Fluchpsalmen« gern für überholt betrachten. Tatsächlich hat sich seit dem Gebet Jesu am Kreuz: »Vater, vergib ihnen...« und dem Gebot der Feindesliebe etwas Grundlegendes geändert in unserer Haltung gegenüber den Widersachern. Doch gilt es wachsam zu sein gegenüber dem modernen Toleranzbegriff. Jesus lehrt uns, das Nein zur Sünde zu verbinden mit dem Ja zum Sünder.

Im katholischen »Gotteslob« ist unser Psalm mit dem Kehrvers verbunden: »Herr, du kennst mein Herz; bei dir bin ich geborgen.« Man kann ihn singen und als Meditationswort tief in sich eindringen lassen. Er kann uns den ganzen Tag begleiten. Es genügen schon die Worte »Du kennst mich«. Wir können sie mit dem ausströmenden Atem verbinden und uns in sie hinein loslassen.

Noch etwas zur Praxis: Streichen Sie sich den Vers an in jedem Psalm, der Sie besonders anspricht. Prägen Sie ihn sich ein! Wenn Sie in der Familie einen Psalm beten, dann lassen Sie anschließend die einzelnen den Vers vorlesen, der sie besonders anrührt. So wird der Psalm lebendig. Und wir lernen, freier zu beten. BEDA MÜLLER

Wir schließen mit dem Gebet der Verse 23 und 24.

prüfe mich und erkenne, wie ich's meine.
24 Und sieh, ob ich auf bösem Wege bin, /
und leite mich auf ewigem Wege. (L)

mich, Gott, und erkenne mein Herz, /
prüfe mich, und erkenne mein Denken!
24 Sieh her, ob ich auf dem Weg bin, der
dich kränkt, / und leite mich auf dem altbewährten Weg! (E)

Ständige Kontrolle?

Wer läßt sich schon gern kontrollieren? Wer ist nicht erleichtert, wenn etwa die Zollkontrolle passiert ist? Wer fürchtet nicht den totalen Staat gerade deshalb, weil man nie vor seiner Kontrolle sicher ist?

Was sollen wir da mit einem Lied anfangen, das davon singt, daß wir immerzu und ganz und gar durchforscht und durchschaut werden? Selbst die innersten Gedanken bleiben nicht verborgen: «Ob ich sitze oder stehe, du weißt von mir. Von fern erkennst du meine Gedanken« (V. 2). Sind wir tatsächlich einer steten, strengen Kontrolle ausgeliefert? Ja und nein! Ja, denn wir leben, ob wir es wissen, wollen, mögen oder nicht, immerzu vor Gottes Angesicht, in seiner Gegenwart. Nein, denn Gottes Nähe ist alles andere als der Eingriff einer dauernden, peinlichen Kontrollinstanz; sie ist Geschenk seiner Liebe.

Wir leben durch Gottes Liebe, wir leben in Gottes Liebe. Sie steht am Ursprung unseres Daseins: »Denn du hast mein Inneres geschaffen, mich gewoben im Schoß meiner Mutter« (V. 13). Sie begleitet uns mit ihrer Für-Sorge und ihrer Vor-Sorge: »Du legst deine Hand auf mich« (V. 5). »Meine Tage waren schon gebildet, als noch keiner von ihnen da war« (V. 16). Gottes Liebe läßt uns nicht allein. Sie hat immerzu »Interesse« an uns; nichts ist ihr zu klein, nichts nur nebensächlich. Sie will uns in allem helfen.

Das ist mehr, als wir zu erfassen vermögen, und ganz anders, als wir uns ausdenken können: »Wie schwierig sind für mich, o Gott, deine Gedanken!« (V. 17) – und doch: wie hinreißend! Wer diesem Geheimnis nachsinnt, dem kann aufgehen, was Liebe ist, wer Gott ist und wie Gottes Liebe wirkt: daß sie bis zum Äußersten und bis ins Innerste gehen will. Voll Staunen und voller Freude kann er sich dem Psalmisten anschließen oder auch in das chassidische Lied einstimmen, das vom Geist des Psalm 139 geprägt ist. PAUL-WERNER SCHEELE

»Du Du Du . . .
Denn wo ich geh – Du,
und wo ich steh – Du,
bloß Du, nur Du,
aber Du, wieder Du,
Du Du Du . . .
Osten Du, Westen Du,
Norden Du, Süden Du,
Du Du Du!
Himmel Du, Erde Du,
Oben Du, Unten Du,
Du Du Du Du:
Wie ich kehr mich,
wie ich wend mich – Du . . .!

140 [Ein Psalm Davids, vorzusingen.] [2] Errette mich, Herr, von den bösen Menschen; / behüte mich vor den Gewalttätigen, [3] die Böses planen in ihrem Herzen / und täglich Streit erregen. [4] Sie haben scharfe Zungen wie Schlangen, / Otterngift ist unter ihren Lippen. [Sela] [5] Bewahre mich, Herr, vor der Hand der Gottlosen; / behüte mich vor den Gewalttätigen, die mich zu Fall bringen wollen. [6] Die Hoffärtigen legen mir Schlingen und breiten Stricke aus zum Netz / und stellen mir Fallen auf den Weg. [Sela] [7] Ich aber sage zum Herrn: Du bist mein Gott; / Herr, vernimm die Stimme meines Flehens! [8] Herr, meine starke Hilfe, / du beschirmst mein Haupt zur Zeit des Streits. [9] Herr, gib dem Gottlosen nicht, was er begehrt! / Was er sinnt, laß nicht gelingen, sie könnten sich sonst überheben. [Sela] [10] Das Unglück, über das meine Feinde beraten, / komme über sie selber. [11] Er möge feurige Kohlen über sie schütten; / er möge sie stürzen in Gruben, daß sie nicht mehr aufstehen. [12] Ein böses Maul wird kein Glück haben auf Erden; / ein frecher, böser Mensch wird verjagt und gestürzt werden. [13] Denn ich weiß, daß der Herr des Elenden Sache führen / und den Armen Recht schaffen wird. [14] Ja, die Gerechten werden deinen Namen preisen, / und die Frommen werden vor deinem Angesicht bleiben. (L)

140 [Für den Chormeister. Ein Psalm Davids.] [2] Rette mich, Herr, vor bösen Menschen, / vor gewalttätigen Leuten schütze mich! [3] Denn sie sinnen in ihrem Herzen auf Böses, / jeden Tag schüren sie Streit. [4] Wie die Schlangen haben sie scharfe Zungen / und hinter den Lippen Gift wie die Nattern. [Sela] [5] Behüte mich, Herr, vor den Händen der Frevler, / vor gewalttätigen Leuten schütze mich, / die darauf sinnen, mich zu Boden zu stoßen. [6] Hochmütige legen mir heimlich Schlingen, / Böse spannen ein Netz aus, / stellen mir Fallen am Wegrand. [Sela] [7] Ich sage zum Herrn: Du bist mein Gott. / Vernimm, o Herr, mein lautes Flehen! [8] Herr, mein Gebieter, meine starke Hilfe, / du beschirmst mein Haupt am Tag des Kampfes. [9] Herr, erfülle nicht die Wünsche des Frevlers, / laß seine Pläne nicht gelingen! [Sela] [10] Die mich umzingeln, sollen das Haupt nicht erheben; / die Bosheit ihrer Lippen treffe sie selbst. [11] Er lasse glühende Kohlen auf sie regnen, / er stürze sie hinab in den Abgrund, / so daß sie nie wieder aufstehn. [12] Der Verleumder soll nicht bestehen im Land, / den Gewalttätigen treffe das Unglück Schlag auf Schlag. [13] Ich weiß, der Herr führt die Sache des Armen, / er verhilft den Gebeugten zum Recht. [14] Deinen Namen preisen nur die Gerechten; / vor deinem Angesicht dürfen nur die Redlichen bleiben. (E)

Gott auf seiten der Armen – und wir?

Sowenig wie bei Psalm 141 läßt sich hier feststellen, wer die Gewalttätigen, Gottlosen und Hoffärtigen sind, die den Beter bedrängen. Vers 3 läßt an Neuerer denken, die den Lebensraum der Gläubigen einengen und im Alltag ständig Konfliktsituationen heraufbeschwören; Vers 4 an den Druck öffentlicher Meinung, in der sie als Feinde des Fortschritts, als ewig Gestrige dastehen, die Entwicklung und Modernisierung verhindern; Vers 8 an Staatskulte mit religiösen Begehungen, bei denen sie unvermeidlich erhobenes Haupt und aufrechten Gang zeigen mußten, wollten sie nicht als Abtrünnige vom Gott der Väter erscheinen.

Es war Seelsorge, die über den Tag hinausdachte, wenn Priester und Gemeindevorsteher in solchen Bedrängnissen auf David verwiesen und den Gläubigen Gebete anboten, die aus ähnlicher Not kamen, zugleich aber zu Vertrauen einluden, das sich gelohnt hatte und wieder lohnen wird (V. 7–9). Dieses Vertrauen kann sich auf Lebenserfahrungen stützen, zum Beispiel daß Propaganda, Personenkult oder bloßes Maulheldentum ihre Hohlheit auf Dauer nicht verbergen können, sondern über sie zu Fall kommen (V. 12). Mehr Mühe machen vom Neuen Testament her die Verse 10 und 11, so nahe auch uns der Wunsch liegen mag, was andere treffen soll, möge zum »Rohrkrepierer« werden und die zerstören, die sich solcher Waffen bedienen. Oder war das, ehe am Kreuz die Schuld aller Welt getragen wurde, eine Hilfe, Ohnmachtsgefühle zu überwinden? Half es veranschaulichen: Der Gott des Bundes mit Abraham, Mose und David steht auf seiten der Armen und Wehrlosen?

Wichtig ist zu erkennen, worin das Vertrauen verankert ist, das die Armen mehr sein läßt als wehrlose Opfer derer, die die Weltgeschichte auf ihre Weise »gestalten«. Es gründet in der Gewißheit: »Der Herr führt des Elenden Sache, er wird den Armen Recht schaffen« (V. 13). Diese Gewißheit stärkt heute unzählige Christen im Süden, aber auch im Norden der Welt. Sie ist eine starke Quelle der Erneuerung der Kirche. Der Schlußvers fragt uns: Wo werden wir stehen und wie dastehen, wenn am Ende der Geschichte die Gerechten den Namen des Herrn preisen und die beiseitegedrängten Armen von Gott ihr Recht bekommen? HANS VORSTER

Herr, du führst der Elenden Sache und schaffst den Armen Recht.

141 [Ein Psalm Davids.] Herr, ich rufe zu dir, eile zu mir; / vernimmt meine Stimme, wenn ich dich anrufe. 2 Mein Gebet möge vor dir gelten als ein Räucheropfer; / das Aufheben meiner Hände als ein Abendopfer. 3 Herr, behüte meinen Mund / und bewahre meine Lippen! 4 Neige mein Herz nicht zum Bösen, gottlos zu leben mit den Übeltätern; / ich mag nicht essen von ihren leckeren Speisen. 5 Der Gerechte schlage mich freundlich und weise mich zurecht; / das wird mir wohl tun wie Balsam auf dem Haupte. Mein Haupt wird sich dagegen nicht wehren. / Doch ich bete stets, daß jene mir nicht Schaden tun. 6 Ihre Anführer sollen hinabgestürzt werden vom Felsen; / dann wird man merken, wie richtig meine Worte gewesen sind. 7 Ihre Gebeine werden zerstreut bis zur Pforte des Todes, / wie wenn einer das Land pflügt und zerwühlt. 8 Ja, auf dich, Herr, sehen meine Augen; / ich traue auf dich, gib mich nicht in den Tod dahin. 9 Bewahre mich vor der Schlinge, die sie mir gelegt haben, / und vor der Falle der Übeltäter. 10 Die Gottlosen sollen miteinander in ihr eigenes Netz fallen; / mich aber laß entrinnen. (L)

141 [Ein Psalm Davids.] Herr, ich rufe zu dir. Eile mir zu Hilfe; / höre auf meine Stimme, wenn ich zu dir rufe. 2 Wie ein Rauchopfer steige mein Gebet vor dir auf; / als Abendopfer gelte vor dir, wenn ich meine Hände erhebe. 3 Herr, stell eine Wache vor meinen Mund, / eine Wehr vor das Tor meiner Lippen! 4 Gib, daß mein Herz sich bösen Worten nicht zuneigt, / daß ich nichts tue, was schändlich ist, zusammen mit Menschen, die Unrecht tun. / Von ihren Leckerbissen will ich nicht kosten. 5 Der Gerechte mag mich schlagen aus Güte: / Wenn er mich bessert, ist es Salböl für mein Haupt; da wird sich mein Haupt nicht sträuben. / Ist er in Not, will ich stets für ihn beten. 6 Haben ihre Richter sich auch die Felsen hinabgestürzt, / sie sollen hören, daß mein Wort für sie freundlich ist. 7 Wie wenn man Furchen zieht und das Erdreich aufreißt, / so sind unsre Glieder hingestreut an den Rand der Unterwelt. 8 Mein Herr und Gott, meine Augen richten sich auf dich; / bei dir berge ich mich. Gieß mein Leben nicht aus! 9 Vor der Schlinge, die sie mir legten, bewahre mich, / vor den Fallen derer, die Unrecht tun! 10 Die Frevler sollen sich in ihren eigenen Netzen fangen, / während ich heil entkomme. (E)

Anleitung zum Ringen mit Gott

Der Psalm gehört zum letzten Teil einer Sammlung der »Gebete Davids«, die in Blöcken auf den Psalter verteilt ist und sein Grundgerüst bildet. Der Art nach zählt er (wie Psalm 140 zum 30.8. und 142 zum 6.9.) zu den »Klageliedern des einzelnen«. Sie bilden die größte Gruppe und wären, hätte Israel ein Gesangbuch besessen wie wir, dort im Abschnitt »Gottvertrauen/Kreuz und Trost« zu finden gewesen. Dessen Choräle sprechen zu uns, auch wenn uns andere Nöte drücken als die, in denen sie einst gedichtet wurden.

Natürlich überlegte man damals, zu welchem Ereignis im Leben Davids sie passen. Das ging dann in die Überschrift ein. Vorrang hatte jedoch, den Betern Gebete an die Hand zu geben, die zeigten, wie Vorbilder im Glauben einst mit Gott geredet und gerungen hatten. Sie sollten persönlich sein, um neue Beter einzuladen, sich ihrerseits persönlich einzubringen. Sie durften aber nicht zu individuell sein. Das hätte das Mitbeten in späterer Zeit erschwert oder verhindert. Wir begegnen in den »Klageliedern des einzelnen« Tiefen der Angst und Herztönen des Vertrauens, zugleich läßt sich aber schwer herausfinden, worin die Bedrängnis besteht und wer die »Feinde« sind, deren sich die Beter nicht erwehren können.

In Psalm 141 ist erkennbar: Die »Übeltäter« und ihr Lebensstil ziehen den Beter stark an. Er muß alle Glaubenskraft aufbieten, um diesem Sog nicht zu erliegen (V. 3.4.5 d). Er spürt, daß hier Kräfte der Tiefe am Werk sind – Todesmächte, wie sie auch uns umstellen. Sie dorthin zu verweisen, wohin sie gehören (V. 6f.), reicht die Widerstandskraft nicht. Gott selbst muß ihm beistehen, sonst bleibt er in ihren Schlingen hängen und erliegt ihnen.

Ein Ringen um Bewahrung des Glaubens also in einer Krise, in der die Gefahr des Abfalls dem Beter so zusetzt, daß ihr mit den rituellen Formen der Gottverbundenheit, dem Räucher- und Ergebenheitsopfer, nicht mehr zu wehren ist (V. 2). Durchhalten kann er nur, wenn auf seinen Hilfeschrei Gott selbst zu Hilfe eilt (V. 1). Darauf vertraut er (V. 8) und lädt auch uns ein, uns in der Anfechtung zu bewähren: gegen Anfechtungen, denen Gott uns aussetzt, kommt nur Gott selbst auf.

HANS VORSTER

Herr, ich rufe zu dir, eile zu mir; vernimm meine Stimme, wenn ich dich anrufe.

142 [Eine Unterweisung Davids, als
er in der Höhle war, ein Gebet.]
2 Ich schreie zum Herrn mit meiner
Stimme, / ich flehe zum Herrn mit meiner
Stimme. 3 Ich schütte meine Klage vor ihm
aus / und zeige an vor ihm meine Not.
4 Wenn mein Geist in Ängsten ist, / so
nimmst du dich meiner an. Sie legen mir
Schlingen / auf dem Wege, den ich gehe.
5 Schau zur Rechten und sieh; / da will nie-
mand mich kennen. Ich kann nicht entflie-
hen, / niemand nimmt sich meiner an.
6 Herr, zu dir schreie ich und sage: Du bist
meine Zuversicht, / mein Teil im Lande
der Lebendigen. 7 Höre auf meine
Klage, / denn ich werde sehr geplagt. Er-
rette mich von meinen Verfolgern, / denn
sie sind mir zu mächtig. 8 Führe mich aus
dem Kerker, / daß ich preise deinen Na-
men. (L)

142 [Ein Weisheitslied Davids, als
er in der Höhle war. Ein Ge-
bet.] 2 Mit lauter Stimme schreie ich zum
Herrn, / laut flehe ich zum Herrn um
Gnade. 3 Ich schütte vor ihm meine Kla-
gen aus, / eröffne ihm meine Not. 4 Wenn
auch mein Geist in mir verzagt, / du
kennst meinen Pfad. Auf dem Weg, den
ich gehe, / legten sie mir Schlingen. 5 Ich
blicke nach rechts und schaue aus, / doch
niemand ist da, der mich beachtet. Mir ist
jede Zuflucht genommen, / niemand fragt
nach meinem Leben. 6 Herr, ich schreie zu
dir, / ich sage: Meine Zuflucht bist du, /
mein Anteil im Land der Lebenden. 7 Ver-
nimm doch mein Flehen; / denn ich bin
arm und elend. Meinen Verfolgern ent-
reiß mich; / sie sind viel stärker als ich.
8 Führe mich heraus aus dem Kerker, / da-
mit ich deinen Namen preise. Die Gerech-
ten scharen sich um mich, / weil du mir
Gutes tust. (E)

Der Weg zur Freiheit

Daß dieser Psalm mit dem Zusammentreffen Sauls und Davids in der Höhle von Engedi verbunden wurde, geht auf Vers 5b (»Ich kann nicht entfliehen«) und Vers 8 (»Führe mich aus dem Kerker«) zurück. Es widerspricht aber dem Bericht in 1. Samuel 24. Danach ist Saul in der Hand Davids, dieser also der zu diesem Zeitpunkt Überlegene, der Saul schont. Der »Kerker«, der den Beter einschließt, ist also nicht die auch heute noch ebenso benannte Höhle am Ostabhang der judäischen Wüste, sondern ein Gefängnis, vielleicht eine Zisterne, falls der Psalm vor einem Verfahren gebetet wurde, in dem ein Gottesurteil über Schuld oder Unschuld des inhaftierten Angeklagten zu entscheiden hatte. Wahrscheinlicher ist, daß es sich in Vers 5b und dem »Kerker« ebenso um Bilder (der Ausweglosigkeit) handelt wie in Vers 4b (»Schlingen«) und 5a (»niemand will mich kennen«).

Sie veranlassen uns heute zu bedenken, daß auch wir, die wir uns gern »mündige Christen« nennen, vielfach von der Anerkennung unserer Umwelt oder wenigstens wichtiger Bezugspersonen abhängen und es schwer ertragen, verkannt oder ungerecht verdächtigt zu werden. Da bilden sich Seelenzustände und Gedankenketten aus, die nur der für Wahngebilde halten wird, der die Macht der Angst nicht kennt. Und häufig finden wir den »Not-Ausgang« nicht, durch den der Beter ihnen entrinnt: die Verbindung mit Gott. Aus der Überlieferung seines Volkes erinnert er sich, daß diese Verbindung, was immer bevorsteht, Verbindung zum »Leben«, daß also Gott sein »Teil im Land der Lebendigen« ist (Vers 6). Das bietet er gegen die andringende Angst auf, deren er sich aus eigener Kraft nicht erwehren kann (Vers 7b). Und er ist zuversichtlich: Wenn Gott ihm zur Freiheit verhilft, wird er für eine unüberschaubare Zahl von Leidensgenossen zum Ansatz eigener Hoffnung (Vers 8b). Denn machtvollster Sammelpunkt von Gemeinschaft im Gottesvolk sind die Befreiungstaten Gottes selber. Ihnen gilt das »neue« Lied, das die Befreiten dem bisherigen Lobpreis Irsaels hinzufügen.

Ist damit nicht auch unseren kollektiven und individuellen Ohnmachtserfahrungen und Depressionen der Weg in die Freiheit gewiesen?

HANS VORSTER

Herr, ich schreie zu dir und sage: Du bist meine Zuversicht.

143 [Ein Psalm Davids.] Herr, er-
höre mein Gebet, vernimm
mein Flehen um deiner Treue willen, / er-
höre mich um deiner Gerechtigkeit wil-
len, 2 und geh nicht ins Gericht mit deinem
Knecht; / denn vor dir ist kein Lebendiger
gerecht. 3 Denn der Feind verfolgt meine
Seele / und schlägt mein Leben zu Boden,
er legt mich ins Finstere / wie die, die
lange schon tot sind. 4 Und mein Geist ist
in Ängsten, / mein Herz ist erstarrt in mei-
nem Leibe. 5 Ich denke an die früheren
Zeiten; ich sinne nach über all deine Ta-
ten / und spreche von den Werken deiner
Hände. 6 Ich breite meine Hände aus zu
dir, / meine Seele dürstet nach dir wie ein
dürres Land. [Sela] 7 Herr, erhöre mich
bald, mein Geist vergeht; / verbirg dein
Antlitz nicht vor mir, daß ich nicht gleich
werde denen, / die in die Grube fahren.
8 Laß mich am Morgen hören deine
Gnade; / denn ich hoffe auf dich. Tu mir
kund den Weg, den ich gehen soll; / denn
mich verlangt nach dir. 9 Errette mich,
mein Gott, von meinen Feinden; / zu dir
nehme ich meine Zuflucht. 10 Lehre mich
tun nach deinem Wohlgefallen, denn du
bist mein Gott; / dein guter Geist führe
mich auf ebner Bahn. 11 Herr, erquicke
mich um deines Namens willen; / führe
mich aus der Not um deiner Gerechtigkeit
willen, 12 und vernichte meine Feinde um
deiner Güte willen / und bringe alle um,
die mich bedrängen; denn ich bin dein
Knecht. (L)

143 [Ein Psalm Davids.] Herr, höre
mein Gebet, vernimm mein
Flehen; / in deiner Treue erhöre mich, in
deiner Gerechtigkeit! 2 Geh mit deinem
Knecht nicht ins Gericht; / denn keiner,
der lebt, ist gerecht vor dir. 3 Der Feind
verfolgt mich, tritt mein Leben zu Bo-
den, / er läßt mich in der Finsternis woh-
nen wie längst Verstorbene. 4 Mein Geist
verzagt in mir, / mir erstarrt das Herz in
der Brust. 5 Ich denke an die vergangenen
Tage, / sinne nach über all deine Taten, /
erwäge das Werk deiner Hände. 6 Ich
breite die Hände aus (und bete) zu dir; /
meine Seele dürstet nach dir wie lechzen-
des Land. [Sela] 7 Herr, erhöre mich
bald, / denn mein Geist wird müde; ver-
birg dein Antlitz nicht vor mir, / damit ich
nicht werde wie Menschen, die längst be-
graben sind. 8 Laß mich deine Huld erfah-
ren am frühen Morgen; / denn ich ver-
traue auf dich. Zeig mir den Weg, den ich
gehen soll; / denn ich erhebe meine Seele
zu dir. 9 Herr, entreiß mich den Feinden! /
Zu dir nehme ich meine Zuflucht. 10 Lehre
mich, deinen Willen zu tun; denn du bist
mein Gott. / Dein guter Geist leite mich
auf ebenem Pfad. 11 Um deines Namens
willen, Herr, erhalt mich am Leben, /
führe mich heraus aus der Not in deiner
Gerechtigkeit! (E)

Zuversicht

Was ich an den Psalmen immer wieder so eindrücklich finde ist, wie realistisch sie das Unglück eines Menschen schildern, wie schonungslos, wie hart. Und wie nahe für sie der Mensch am Unglück wohnt. Keine Fassade. Ab der Lack. Aber worin besteht denn nun das Unglück? »Der Feind verfolgt meine Seele.« »Mein Geist ist geängstigt.« Die äußeren Bedrohungen (welcher Art immer sie seien) haben die Bedrohungen im Inneren zur Folge. Die Lebenskraft, das Interesse an den Lebensregungen anderer Menschen und der eigenen schwindet. Lebendig ist man tot. Die Quelle allen Lebens, das Antlitz Gottes, scheint sich abgewandt zu haben.

Und da besteht nun der Ausweg aus dieser totalen Verfinsterung der Seele, nein, gerade nicht in der Ablenkung, in der Zerstreuung, sondern gewissermaßen in der Vertiefung in das Unglück, in der Suche nach dem göttlichen Antlitz, es wiederzufinden, es sich zu vergegenwärtigen, indem man sich die großen Taten Gottes vor Augen führt. Dabei ist zuerst an die großen Taten Gottes in und an Israel zu denken, die Befreiung aus Ägypten, der Durchzug durchs Rote Meer, die Gabe des Landes Palästina, an die Gabe eines Menschen wie Jesus Christus. Aber da ist denn auch an die großen Taten zu denken, die es im Leben eines jeden Menschen gibt. Leiden am Unglück, diese stumme, nagende Verzweiflung, ist immer auch ein Stück Vergeßlichkeit. (Gab es sie denn nie, die glückliche Unbeschwertheit der Kindertage?) Und deshalb ist schließlich daran zu denken, daß auch das eigene Tun Gott vergegenwärtigen kann, sein Antlitz herbeiholen kann und so die existentielle Verunsicherung erträglich wird.

Gottes Antlitz auf diese Weise im Unglück zu suchen: das führt aus dem Unglück hinaus, weil es in das Unglück hineinführt. Wer sich am (wirklichen oder scheinbaren) Glück anderer Menschen orientiert, wird immer um so verbitterter auf sein eigenes Unglück starren.

KLAUS BANNACH

Herr, sei da! Das genügt mir.

144 [Von David.] Gelobt sei der
Herr, mein Fels, / der meine
Hände kämpfen lehrt und meine Fäuste,
Krieg zu führen, 2 meine Hilfe und meine
Burg, / mein Schutz und mein Erretter,
mein Schild, auf den ich traue, / der Völ-
ker unter mich zwingt. 3 Herr, was ist der
Mensch, daß du dich seiner annimmst, /
und des Menschen Kind, daß du ihn so
beachtest? 4 Ist doch der Mensch gleich
wie nichts; / seine Zeit fährt dahin wie ein
Schatten. 5 Herr, neige deinen Himmel
und fahre herab; / rühre die Berge an, daß
sie rauchen. 6 Sende Blitze und streue sie
aus, schick deine Pfeile und jage sie da-
hin, / 7 streck aus deine Hand von der
Höhe. Erlöse mich und errette mich aus
großen Wassern, / aus der Hand der
Fremden, 8 deren Mund unnütz redet /
und deren rechte Hand trügt. 9 Gott, ich
will dir ein neues Lied singen, / ich will dir
spielen auf dem Psalter von zehn Saiten,
10 der du den Königen Sieg gibst / und er-
lösest deinen Knecht David vom mörderi-
schen Schwert. 11 Erlöse mich und errette
mich / aus der Hand der Fremden, deren
Mund Falsches redet / und deren rechte
Hand trügt. 12 Unsere Söhne seien wie
Pflanzen, die aufschießen in ihrer Jugend-
kraft – / unsere Töchter wie Säulen, ge-
schnitzt für Paläste – 13 unsere Kammern
gefüllt, / daß sie Vorrat geben, einen nach
dem andern – unsere Schafe, daß sie Tau-
sende werfen / und Zehntausende auf un-
sern Triften – 14 unsere Rinder, daß sie tra-
gen ohne Schaden und Verlust – / und
kein Klagegeschrei sei auf unsern Gassen.
– 15 Wohl dem Volk, dem es so ergeht! /
Wohl dem Volk, dessen Gott der Herr ist!
(L)

144 [Von David] Gelobt sei der
Herr, der mein Fels ist, / der
meine Hände den Kampf gelehrt hat,
meine Finger den Krieg. 2 Du bist meine
Huld und Burg, / meine Festung, mein
Retter, mein Schild, dem ich vertraue. /
Er macht mir Völker untertan. 3 Herr, was
ist der Mensch, daß du dich um ihn küm-
merst, / des Menschen Kind, daß du es
beachtest? 4 Der Mensch gleicht einem
Hauch, / seine Tage sind wie ein flüchti-
ger Schatten. 5 Herr, neig deinen Himmel,
und steig herab, / rühre die Berge an, so
daß sie rauchen. 6 Schleudre Blitze, und
zerstreue die Feinde, / schieß deine Pfeile
ab, und jag sie dahin! 7 Streck deine
Hände aus der Höhe herab, und befreie
mich; / reiß mich heraus aus gewaltigen
Wassern, / aus der Hand der Fremden!
8 Alles, was ihr Mund sagt, ist Lüge, /
Meineide schwört ihre Rechte. 9 Ein
neues Lied will ich, o Gott, dir singen, /
auf der zehnsaitigen Harfe will ich dir
spielen, 10 der du den Königen den Sieg
verleihst / und David, deinen Knecht, er-
rettest. Vor dem bösen Schwert 11 errette
mich, / entreiß mich der Hand der Frem-
den! Alles, was ihr Mund sagt, ist Lüge, /
Meineide schwört ihre Rechte. 12 Unsre
Söhne seien wie junge Bäume, / hochge-
wachsen in ihrer Jugend, unsre Töchter
wie schlanke Säulen, / die geschnitzt sind
für den Tempel. 13 Unsre Speicher seien
gefüllt, / überquellend von vielerlei Vor-
rat; unsre Herden mögen sich tausend-
fach mehren, / vieltausendfach auf unsren
Fluren. 14 Unsre Kühe mögen tragen,
ohne zu verwerfen und ohne Unfall; /
kein Wehgeschrei werde laut auf unsern
Straßen. 15 Wohl dem Volk, dem es so er-
geht, / glücklich das Volk, dessen Gott
der Herr ist! (E)

Gott ist treu

Dem letzten Satz dieses Psalms kann man nur aus vollem Herzen zustimmen: Wohl dem Volk, dessen Gott der Herr ist. Auf diesen Gott kann man sich verlassen, der einzelne Mensch kann es ebenso wie die Gemeinschaft der Menschen. Dieser Gott ist treu, er bleibt bei dem, was er sagt. Er wechselt nicht dauernd seine Meinung. Gott ist kein Wendehals. Und noch etwas: Gott gibt gute Weisung für das Leben. Der einzelne Mensch kann sich daran halten. Er wird spüren, daß es gut ist, in einer ungebrochenen Ehe zu leben. Er wird erfahren, daß dort Freiheit ist, wo Gott der Herr allein angebetet wird und Menschen ihm allein dienen. Auch für einen Staat ist es gut, wenn er sich an die Gebote Gottes hält. Der Staat ist nicht die Kirche, und niemals kann ein Staat Gottes Reich in der Welt aufrichten; aber er tut gut, wenn er Leben schützt und Gerechtigkeit sucht, wenn er der Gewalt Einhalt gebietet und dafür eintritt, daß alle Menschen in Frieden leben können. Wir haben da vieles zu lernen, immer wieder neu.

Ja, dem letzten Satz dieses Psalms kann man nur aus vollem Herzen zustimmen. Mit dem ersten Satz ist das schwieriger. Ein Gott, der meine Fäuste lehrt, Krieg zu führen – weiß David oder wer auch immer diesen Psalm betet, was er dort sagt? Gott, ein Meister des Krieges, ein Gott, der mit Feuer und Schwert regiert? Haben wir von solch einem »Gott mit uns« nicht ein für allemal genug? Es ist und bleibt beschämend, daß Soldaten oft genug mit dem Ruf »Gott mit uns!« in den Krieg gezogen sind. Sie waren schlechte Missionare für die Liebe Gottes, die jedem Menschen gilt. Was sie zurückließen, war meist keine Spur des Friedens und der Gerechtigkeit, sondern eine breite Spur von Blut und Tränen. Tatsächlich tun wir uns schwer mit solchen vollmundigen Aussagen über Gott als den Meister des Krieges. Wir haben Gott anders kennengelernt. In Jesus ist Gott uns als der Gott des Friedens begegnet, als Gott, der seine Waffen gegen uns nicht gezückt hat, sondern für uns in den Tod gegangen ist, in opferbereiter Liebe und Geduld. Wir haben ihn so kennengelernt, daß nach seinem Willen Krieg nicht sein soll. Und darum können wir ihn auch nicht anders loben, als daß wir ihm dafür danken, daß er uns alle Sünden vergibt und alle unsere Gebrechen heilt. Wir können ihn nicht anders loben, als daß wir ihn, der der Gott des Friedens ist, bitten, daß er unsere Füße auf den Weg des Friedens lenken, allen Haß aus unseren Herzen und unserem Leben verbannen möge. AKO HAARBECK

Wohl dem Volk, dessen Gott der Herr ist.

145 [Ein Loblied Davids.] Ich will
dich erheben, mein Gott, du
König, / und deinen Namen loben immer
und ewiglich. 2 Ich will dich täglich loben /
und deinen Namen rühmen immer und
ewiglich. 3 Der Herr ist groß und sehr zu
loben, / und seine Größe ist unaus-
forschlich. 4 Kindeskinder werden deine
Werke preisen / und deine gewaltigen Ta-
ten verkündigen. 5 Sie sollen reden von
deiner hohen, herrlichen Pracht / und dei-
nen Wundern nachsinnen; 6 sie sollen re-
den von deinen mächtigen Taten / und er-
zählen von deiner Herrlichkeit; 7 sie sollen
preisen deine große Güte / und deine Ge-
rechtigkeit rühmen. 8 Gnädig und barm-
herzig ist der Herr, / geduldig und von
großer Güte. 9 Der Herr ist allen gütig /
und erbarmt sich aller seiner Werke. 10 Es
sollen dir danken, Herr, alle deine
Werke / und deine Heiligen dich loben
11 und die Ehre deines Königtums rüh-
men / und von deiner Macht reden, 12 daß
den Menschen deine gewaltigen Taten
kund werden / und die herrliche Pracht
deines Königtums. 13 Dein Reich ist ein
ewiges Reich, / und deine Herrschaft
währet für und für. Der Herr ist getreu in
all seinen Worten / und gnädig in allen sei-
nen Werken. 14 Der Herr hält alle, die da
fallen, / und richtet alle auf, die niederge-
schlagen sind. 15 Aller Augen warten auf
dich, / und du gibst ihnen ihre Speise zur
rechten Zeit. 16 Du tust deine Hand auf /
und sättigst alles, was lebt, nach deinem
Wohlgefallen. 17 Der Herr ist gerecht in al-
len seinen Wegen / und gnädig in allen sei-
nen Werken. 18 Der Herr ist nahe allen,
die ihn anrufen, / allen, die ihn ernstlich
anrufen. 19 Er tut, was die Gottesfürchti-
gen begehren, / und hört ihr Schreien und
hilft ihnen. 20 Der Herr behütet alle, die
ihn lieben, / und wird vertilgen alle Gott-
losen. 21 Mein Mund soll des Herrn Lob
verkündigen, / und alles Fleisch lobe sei-
nen heiligen Namen immer und ewiglich.

(L)

145 [Ein Loblied Davids.] Ich will
dich rühmen, mein Gott und
König, / und deinen Namen preisen im-
mer und ewig; 2 ich will dich preisen Tag
für Tag / und deinen Namen loben immer
und ewig. 3 Groß ist der Herr und hoch zu
loben, / seine Größe ist unerforschlich.
4 Ein Geschlecht verkünde dem andern
den Ruhm deiner Werke / und erzähle
von deinen gewaltigen Taten. 5 Sie sollen
vom herrlichen Glanz deiner Hoheit re-
den; / ich will deine Wunder besingen.
6 Sie sollen sprechen von der Gewalt dei-
ner erschreckenden Taten; / ich will von
deinen großen Taten berichten. 7 Sie sol-
len die Erinnerung an deine große Güte
wecken / und über deine Gerechtigkeit ju-
beln. 8 Der Herr ist gnädig und barmher-
zig, / langmütig und reich an Gnade. 9 Der
Herr ist gütig zu allen, / sein Erbarmen
waltet über all seinen Werken. 10 Danken
sollen dir, Herr, all deine Werke / und
deine Frommen dich preisen. 11 Sie sollen
von der Herrlichkeit deines Königtums
reden, / sollen sprechen von deiner
Macht, 12 den Menschen deine machtvol-
len Taten verkünden / und den herrlichen
Glanz deines Königtums. 13 Dein König-
tum ist ein Königtum für ewige Zeiten; /
deine Herrschaft währt von Geschlecht zu
Geschlecht. [Der Herr ist treu in all seinen
Worten, / voll Huld in all seinen Taten.]
14 Der Herr stützt alle, die fallen, / und
richtet alle Gebeugten auf. 15 Aller Augen
warten auf dich, / und du gibst ihnen
Speise zur rechten Zeit. 16 Du öffnest
deine Hand / und sättigst alles, was lebt,
nach deinem Gefallen. 17 Gerecht ist der
Herr in allem, was er tut, / voll Huld in all
seinen Werken. 18 Der Herr ist allen, die
ihn anrufen, nahe, / allen, die zu ihm auf-
richtig rufen. 19 Die Wünsche derer, die
ihn fürchten, erfüllt er, / er hört ihr
Schreien und rettet sie. 20 Alle, die ihn lie-
ben, behütet der Herr, / doch alle Frevler
vernichtet er. 21 Mein Mund verkünde das
Lob des Herrn. / Alles, was lebt, preise
seinen heiligen Namen immer und ewig!

(E)

Gott gibt Grund zum Loben

»Kindeskinder werden deine Werke preisen«, so singt der Psalm. Was wäre es gut, wenn man das mitsingen könnte! Zweifel sind angebracht. Die Kindeskinder haben alles mögliche im Kopf und auf den Lippen, nur nicht das Lob Gottes. Jedes Fußballspiel ist ihnen wichtiger als der Gottesdienst, jedes Comic-Heftchen spannender als die Bibel. Manchmal möchte man schier verzweifeln: Diese Handvoll meist älterer Menschen, die Sonntag morgens zum Gottesdienst kommt. Das Lob Gottes ist kläglich geworden bei uns. Es klingt schwach, wenn nur wenige mitsingen.

Ich glaube nicht, daß es zur Zeit des Psalmbeters viel anders gewesen ist als bei uns heute. Ein glaubender Mensch ist ein seltener Vogel, hat Martin Luther gesagt. Glaube vererbt sich nicht von Generation zu Generation. Jeder Mensch wird selbst zum Glauben gerufen. Trotzdem singt der Psalmbeter sein Lied vom Lob Gottes, das auch die Kindeskinder anstimmen werden. Er weiß: Es liegt nicht an uns, daß Gottes Lob auch weiterhin gesungen wird. Gott selbst wird dafür sorgen, daß seine Gemeinde nicht ausstirbt. Er kann sich aus Steinen Kinder erwecken. Er kann Menschen in die Nachfolge Jesu rufen, von denen keiner je gedacht hätte, daß sie den Ruf hören. Nein, zur Verzweiflung besteht wirklich kein Anlaß, denn Gott wird auch nicht verzweifeln! Er wird sich die Menschen suchen, die er haben will. Sein Reich ist ein ewiges Reich, und seine Herrschaft währet für und für.

Es ist aber die Frage an uns, die Glieder der Gemeinde Jesu, die schon lange dabei sind: Wollen wir auch die Menschen, die Gott gerufen hat? Können wir es ertragen, daß sie Gott vielleicht auf ganz andere Weise loben, als wir es von Kind auf gelernt und getan haben? Ihre Musik ist uns vielleicht zu laut, ihre Sprache zu gewöhnlich, ihre Kleidung nicht so, wie wir sie uns wünschen. Aber Gott hat sie gerufen. Gemeinsam sollen wir das Lob der großen Taten Gottes singen, das niemals aussterben wird. Ich will es mir wieder fest vornehmen: Das Lob Gottes soll in meinem Leben mehr Raum haben als die naheliegende Klage, als Zorn und Nörgelei. Gott gibt ja Grund genug zum Lob. Darum soll mein Mund ihn loben, und über jeden will ich mich freuen, der Gottes Lob mitsingt. AKO HAARBECK

Drum, Herr, so sollen dir auch nun all deine Werke danken.

146 Halleluja! Lobe den Herrn, meine Seele! [2] Ich will den Herrn loben, solange ich lebe, / und meinem Gott lobsingen, solange ich bin. [3] Verlasset euch nicht auf Fürsten; / sie sind Menschen, die können ja nicht helfen. [4] Denn des Menschen Geist muß davon, und er muß wieder zu Erde werden; / dann sind verloren alle seine Pläne. [5] Wohl dem, dessen Hilfe der Gott Jakobs ist, / der seine Hoffnung setzt auf den Herrn, seinen Gott, [6] der Himmel und Erde gemacht hat, / das Meer und alles, was darinnen ist; der Treue hält ewiglich, [7] der Recht schafft denen, die Gewalt leiden, / der die Hungrigen speiset. Der Herr macht die Gefangenen frei. / [8] Der Herr macht die Blinden sehend. Der Herr richtet auf, die niedergeschlagen sind. / Der Herr liebt die Gerechten. [9] Der Herr behütet die Fremdlinge und erhält Waisen und Witwen; / aber die Gottlosen führt er in die Irre. [10] Der Herr ist König ewiglich, / dein Gott, Zion, für und für. Halleluja! (L)

146 Halleluja! Lobe den Herrn, meine Seele! / [2] Ich will den Herrn loben, solange ich lebe, / meinem Gott singen und spielen, solange ich da bin. [3] Verlaßt euch nicht auf Fürsten, / auf Menschen, bei denen es doch keine Hilfe gibt. [4] Haucht der Mensch sein Leben aus / und kehrt er zurück zur Erde, / dann ist es aus mit all seinen Plänen. [5] Wohl dem, dessen Halt der Gott Jakobs ist / und der seine Hoffnung auf den Herrn, seinen Gott, setzt. [6] Der Herr hat Himmel und Erde gemacht, / das Meer und alle Geschöpfe; / er hält ewig die Treue. [7] Recht verschafft er den Unterdrückten, / den Hungernden gibt er Brot; / der Herr befreit die Gefangenen. [8] Der Herr öffnet den Blinden die Augen, / er richtet die Gebeugten auf. [9] Der Herr beschützt die Fremden / und verhilft den Waisen und Witwen zu ihrem Recht. Der Herr liebt die Gerechten, / doch die Schritte der Frevler leitet er in die Irre. [10] Der Herr ist König auf ewig, / dein Gott, Zion, herrscht von Geschlecht zu Geschlecht. Halleluja! (E)

Mut zum Lobpreis

Psalm 146 beginnt mit einem kraftvollen Halleluja-Ruf. Fast ausgelassen betont der Beter, daß er Gott nicht nur loben, sondern ihm auch singen und spielen will sein Leben lang.

Vergleichen wir diesen Gebetsanfang mit unserem eigenen Beten, so fällt uns oft nicht nur das Beten, sondern gerade der Lobpreis Gottes besonders schwer. Einmal sind es die täglichen Mühen und Pflichten, die uns auch beim Beten nicht loslassen; ein anderes Mal nehmen Ängste und Enttäuschungen oder ganz allgemeine Zweifel an Gott und der Welt unseren Gebeten die Schwungkraft.

Was befähigt demgegenüber den Psalmisten zu seinem frohgestimmten Lobpreis? Sein Gebet zeigt, daß auch er nicht im »Wolkenkuckucksheim« lebt, sondern die Dinge sehr nüchtern sieht. Er weiß um die Unzuverlässigkeit der Menschen und um die Vergänglichkeit von Macht und Ansehen in dieser Welt (V. 3f.). Er hat sich von diesen Erfahrungen jedoch nicht niederdrücken lassen, sondern sie waren Anstoß für ihn, weiter zu fragen und Gott als den zu entdecken, der wirklich Halt gibt in dieser Welt. In der Tat: Für den Psalmisten ist Gott keine unbekannte Größe. Er kann benennen, was er an Gott hat. Ihm kommen dabei Formulierungen zu Hilfe, die er aus der Glaubenstradition Israels kennt. Allerdings nimmt er sich das Recht, aus dieser Glaubenstradition das herauszugreifen, was ihm aufgrund seiner Lebenserfahrung besonders wichtig geworden ist: daß Gott Recht verschafft den Unterdrückten, daß er den Hungernden Brot gibt und die Gefangenen befreit (V. 7f.).

Vom Beter dieses Psalms können wir einiges lernen. Wir können lernen, uns von Schwierigkeit und Sorgen nicht lähmen zu lassen, sondern uns immer wieder an dem zu erfreuen und aufzurichten, was uns wirklich trägt in dieser Welt. Wir werden außerdem ermutigt, innerhalb des großen Glaubensschatzes unserer biblisch-christlichen Tradition Schwerpunkte zu setzen und uns von jenen Aussagen führen zu lassen, die uns in unserem Leben besonders wichtig und hilfreich geworden sind.

HANNELIES STEICHELE

Lobet und preiset, ihr Völker, den Herrn. Freuet euch seiner und dienet ihm gern.

147 Halleluja! Lobet den Herrn!
Denn unsern Gott loben, das ist
ein köstlich Ding, / ihn loben ist lieblich
und schön. 2 Der Herr baut Jerusalem
auf / und bringt zusammen die Verstreu-
ten Israels. 3 Er heilt, die zerbrochenen
Herzens sind, / und verbindet ihre Wun-
den. 4 Er zählt die Sterne / und nennt sie
alle mit Namen. 5 Unser Herr ist groß und
von großer Kraft, / und unbegreiflich ist,
wie er regiert. 6 Der Herr richtet die Elen-
den auf / und stößt die Gottlosen zu Bo-
den. 7 Singt dem Herrn ein Danklied / und
lobt unsern Gott mit Harfen, 8 der den
Himmel mit Wolken bedeckt und Regen
gibt auf Erden; / der Gras auf den Bergen
wachsen läßt, 9 der dem Vieh sein Futter
gibt, / den jungen Raben, die zu ihm ru-
fen. 10 Er hat keine Freude an der Stärke
des Rosses / und kein Gefallen an den
Schenkeln des Mannes. 11 Der Herr hat
Gefallen an denen, die ihn fürchten, / die
auf seine Güte hoffen. 12 Preise, Jerusa-
lem, den Herrn; / lobe, Zion, deinen
Gott! 13 Denn er macht fest die Riegel dei-
ner Tore / und segnet deine Kinder in dei-
ner Mitte. 14 Er schafft deinen Grenzen
Frieden / und sättigt dich mit dem besten
Weizen. 15 Er sendet sein Gebot auf die
Erde, / sein Wort läuft schnell. 16 Er gibt
Schnee wie Wolle, / er streut Reif wie
Asche. 17 Er wirft seine Schloßen herab
wie Brocken; / wer kann bleiben vor sei-
nem Frost? 18 Er sendet sein Wort, da
schmilzt der Schnee; / er läßt seinen Wind
wehen, da taut es. 19 Er verkündigt Jakob
sein Wort, / Israel seine Gebote und sein
Recht. 20 So hat er an keinem Volk ge-
tan; / sein Recht kennen sie nicht. Halle-
luja! (L)

147 Halleluja! Gut ist es, unserem
Gott zu singen; / schön ist es,
ihn zu loben. 2 Der Herr baut Jerusalem
wieder auf, / er sammelt die Versprengten
Israels. 3 Er heilt die gebrochenen Her-
zen / und verbindet ihre schmerzenden
Wunden. 4 Er bestimmt die Zahl der
Sterne / und ruft sie alle mit Namen.
5 Groß ist unser Herr und gewaltig an
Kraft, / unermeßlich ist seine Weisheit.
6 Der Herr hilft den Gebeugten auf / und
erniedrigt die Frevler. 7 Stimmt dem
Herrn ein Danklied an, / spielt unserem
Gott auf der Harfe! 8 Er bedeckt den Him-
mel mit Wolken, / spendet der Erde Re-
gen / und läßt Gras auf den Bergen sprie-
ßen. 9 Er gibt dem Vieh seine Nahrung, /
gibt den jungen Raben, wonach sie
schreien. 10 Er hat keine Freude an der
Kraft des Pferdes, / kein Gefallen am
schnellen Lauf des Mannes. 11 Gefallen
hat der Herr an denen, die ihn fürchten
und ehren, / die voll Vertrauen warten auf
seine Huld. 12 Jerusalem, preise den
Herrn, / lobsinge, Zion, deinem Gott!
13 Denn er hat die Riegel deiner Tore fest-
gemacht, / die Kinder in deiner Mitte ge-
segnet; 14 er verschafft deinen Grenzen
Frieden, / und sättigt dich mit bestem
Weizen. 15 Er sendet sein Wort zur Erde, /
rasch eilt sein Befehl dahin. 16 Er spendet
Schnee wie Wolle, / streut den Reif aus
wie Asche. 17 Eis wirft er herab in Brok-
ken, / vor seiner Kälte erstarren die Was-
ser. 18 Er sendet sein Wort aus, und sie
schmelzen, / er läßt den Wind wehen,
dann rieseln die Wasser. 19 Er verkündet
Jakob sein Wort, / Israel seine Gesetze
und Rechte. 20 An keinem andern Volk
hat er so gehandelt, / keinem sonst seine
Rechte verkündet. Halleluja! (E)

Was guttut

»Gut ist es, unserem Gott zu singen.« Es lohnt sich, bei diesem ersten Vers des Psalms einzuhalten. Wieviel wird uns nicht im Laufe eines Tages, eines Jahres und eines Lebens als gut angepriesen. Die Werbung überschlägt sich. Unsere Briefkästen quellen über von Informationsmaterial. Von allen Seiten dringen Ratschläge auf uns ein, wie wir noch besser und gesünder leben, noch mehr Erfolg, noch günstigere Lebensbedingungen haben können. Der Psalmist stellt demgegenüber einfach fest, daß es gut ist, Gott zu loben und zu singen. Mit »gut« ist dabei nicht in erster Linie eine ethische Wertung getroffen, so als handele es sich um etwas besonders Ehrenhaftes und Verdienstvolles, sondern es geht um die Wirkung auf den Beter. Für ihn und sein Leben ist es gut, wenn er seine Stimme zu Gott erhebt, wenn er immer wieder inmitten von Verpflichtungen und Planungen einhält und sich dem zuwendet, was ihn »unbedingt angeht« (P. Tillich), was absolute Gültigkeit besitzt und seinem Leben Sinn und Tiefe gibt. Ein Leben ohne diese Rückbindung läuft leicht ins Leere. Ein Ernstnehmen solcher Rückbindung tut jedoch gut und gibt Halt.

Das »Heilende« steht auch im Vordergrund der übrigen Verse des Psalms, in denen Gottes Handeln in all seiner Vielfalt beschrieben wird (V. 3f.). Gott heilt, verbindet Wunden und gibt Nahrung. Seine Fürsorge gilt nicht nur dem einzelnen Menschen, sondern der ganzen Gemeinde Gottes. Natur und Tierwelt, Erde und Himmel sind darin eingeschlossen. Er ist ein mitfühlender Gott, der sich von der Not bewegen läßt, keine steinerne Wand, kein empfindungsloses ewiges Sein. In 2. Mose 15,26 heißt es von Gott: »Ich bin der Herr, dein Arzt.« Psalm 147 zeigt auf, daß sich dieses Arztsein Gottes auf alle Bereiche seines Handelns und auf die ganze Schöpfung bezieht.

Aus diesem heilenden Wirken Gottes zieht der Psalmist mit Recht die Konsequenz, daß dieser Gott an Macht und Gewalt – der Kraft der Kriegsrosse und »den Schenkeln des Mannes« (M. Buber) – keinen Gefallen hat. Gewalt tut nicht gut, heilt nicht, sondern zerstört. Gottes Handeln leuchtet vielmehr in Jesus auf, der gekommen ist, »um zu suchen und zu retten, was verloren ist« (Lukas 19,10).

HANNELIES STEICHELE

Gut ist es, unserem Gott zu singen; schön ist es, ihn zu loben.

148 Halleluja! Lobet im Himmel den Herrn, / lobet ihn in der Höhe! 2 Lobet ihn, alle seine Engel, / lobet ihn, all sein Heer! 3 Lobet ihn, Sonne und Mond, / lobet ihn, alle leuchtenden Sterne! 4 Lobet ihn, ihr Himmel aller Himmel / und ihr Wasser über dem Himmel! 5 Die sollen loben den Namen des Herrn; / denn er gebot, da wurden sie geschaffen. 6 Er läßt sie bestehen für immer und ewig; / er gab eine Ordnung, die dürfen sie nicht überschreiten. 7 Lobet den Herrn auf Erden, / ihr großen Fische und alle Tiefen des Meeres, 8 Feuer, Hagel, Schnee und Nebel, / Sturmwinde, die sein Wort ausrichten, 9 ihr Berge und alle Hügel, / fruchttragende Bäume und alle Zedern, 10 ihr Tiere und alles Vieh, / Gewürm und Vögel, 11 ihr Könige auf Erden und alle Völker, / Fürsten und alle Richter auf Erden, 12 Jünglinge und Jungfrauen, / Alte mit den Jungen! 13 Die sollen loben den Namen des Herrn; / denn sein Name allein ist hoch, seine Herrlichkeit reicht, so weit Himmel und Erde ist. / 14 Er erhöht die Macht seines Volkes. Alle seine Heiligen sollen loben, / die Kinder Israel, das Volk, das ihm dient. Halleluja! (L)

148 Halleluja! Lobet den Herrn vom Himmel her, / lobt ihn in den Höhen: 2 Lobt ihn, all seine Engel, / lobt ihn, all seine Scharen; 3 lobt ihn, Sonne und Mond, / lobt ihn, all ihr leuchtenden Sterne; 4 lobt ihn, alle Himmel / und ihr Wasser über dem Himmel! 5 Loben sollen sie den Namen des Herrn; / denn er gebot, und sie waren erschaffen. 6 Er stellte sie hin für immer und ewig, / er gab ihnen ein Gesetz, das sie nicht übertreten. 7 Lobet den Herrn, ihr auf der Erde, / ihr Seeungeheuer und all ihr Tiefen, 8 Feuer und Hagel, Schnee und Nebel, / du Sturmwind, der sein Wort vollzieht, 9 ihr Berge und all ihr Hügel, / ihr Fruchtbäume und alle Zedern, 10 ihr wilden Tiere und alles Vieh, / Kriechtiere und gefiederte Vögel, 11 ihr Könige der Erde und alle Völker, / ihr Fürsten und alle Richter auf Erden, 12 ihr jungen Männer und auch ihr Mädchen, / ihr Alten mit den Jungen! 13 Loben sollen sie den Namen des Herrn; / denn sein Name allein ist erhaben, / seine Hoheit strahlt über Erde und Himmel. 14 Seinem Volk verleiht er Macht, / das ist ein Ruhm für all seine Frommen, / für Israels Kinder, das Volk, das ihm nahen darf. Halleluja! (E)

Jubel über die Schöpfung?

Dieser Psalm hat mehrere Teile, sozusagen ein vom Himmel herniedersteigendes Lob: V. 1–6 das Lob Gottes im Himmel, V. 7–10 das Lob Gottes über die Erde und ihre sinnvolle Einrichtung, V. 11–14 auch die Menschen in ihren verschiedenen Gruppen sollen ihn loben.

Betrachten wir die Schöpfung, ist uns eigentlich weniger nach Jubeln zumute, sondern eher nach Heulen. Was bedeutet es, wenn wir am heutigen Sonntag, der nach alter Tradition Jubilate heißt, sogar zum Jubeln aufgerufen werden? Jubeln, das heißt doch, so voll von Lob und Freude sein, daß es uns nicht mehr auf den Plätzen hält. Ein Jubelnder kann nicht mehr nur reden, er muß singen. Jubel hat ein Element des Exstatischen und Ungeordneten, ist überbordende Freude. Das alles im Anblick unserer Erde, ihrer Regierungen und Nationen?

Sicher waren die Zeiten, in denen die Verfasser der Psalmen schrieben, noch nicht so von globalen Katastrophen bedroht wie unsere Erde heute. Im Rahmen ihrer eigenen Welt und verengten Kommunikationsmöglichkeiten kannten die Menschen aber damals durchaus Katastrophen riesigen Ausmaßes: Ob sie sich über diese lokalen Zusammenbrüche mit dem Blick auf das heile Gesamtgefüge hinwegjubeln konnten? Oder gibt es einen anderen Grund für die Aufforderung: Jubilate – Jubelt?

Rufen wir uns noch einmal die Situation der Jünger am Tag vor Ostern ins Gedächtnis: Ihre Welt lag in Trümmern. Alles, worauf sie ihr Leben gesetzt hatten, war zerbrochen. Der Meister, der das Nahen des Reiches Gottes fast greifbar gemacht hatte, war eines schändlichen Todes gestorben. Da geschieht das Unbegreifliche: »Der Herr ist auferstanden«, verkünden die Frauen. In einem unerwarteten, unmöglichen, alle Gesetze der Logik und menschlichen Möglichkeiten sprengenden Eingreifen Gottes ist der Osterjubel begründet.

Jubilate: Nehmt jubelnd Lob vorweg auf Grund des Handelns Gottes in unsere verstellten Horizonte hinein; freut euch über das, was Gott auch heute noch tun kann. Der Schöpfer der Erde hat auch heute ihr angeschlagenes Ökosystem in der Hand. CHRISTEL KIEL

Lobet im Himmel den Herrn, denn sein Name allein ist hoch!

149 Halleluja! Singet dem Herrn
ein neues Lied; / die Gemeinde
der Heiligen soll ihn loben. 2 Israel freue
sich seines Schöpfers, / die Kinder Zions
seien fröhlich über ihren König. 3 Sie sol-
len loben seinen Namen im Reigen, / mit
Pauken und Harfen sollen sie ihm spielen.
4 Denn der Herr hat Wohlgefallen an sei-
nem Volk, / er hilft den Elenden herrlich.
5 Die Heiligen sollen fröhlich sein und
preisen / und rühmen auf ihren Lagern.
6 Ihr Mund soll Gott erheben; / sie sollen
scharfe Schwerter in ihren Händen hal-
ten, 7 daß sie Vergeltung üben unter den
Heiden, / Strafe unter den Völkern, 8 ihre
Könige zu binden mit Ketten / und ihre
Edlen mit eisernen Fesseln, 9 daß sie an ih-
nen vollziehen das Gericht, wie geschrie-
ben ist. / Solche Ehre werden alle seine
Heiligen haben. Halleluja! (L)

149 Halleluja! Singet dem Herrn
ein neues Lied! / Sein Lob er-
schalle in der Gemeinde der Frommen.
2 Israel soll sich über seinen Schöpfer
freuen, / die Kinder Zions über ihren Kö-
nig jauchzen. 3 Seinen Namen sollen sie
loben beim Reigentanz, / ihm spielen auf
Pauken und Harfen. 4 Der Herr hat an sei-
nem Volk Gefallen, / die Gebeugten
krönt er mit Sieg. 5 In festlichem Glanz
sollen die Frommen frohlocken, / auf ih-
ren Lagern jauchzen: 6 Loblieder auf Gott
in ihrem Mund, / ein zweischneidiges
Schwert in der Hand, 7 um die Vergeltung
zu vollziehn an den Völkern, / an den Na-
tionen das Strafgericht, 8 um ihre Könige
mit Fesseln zu binden, / ihre Fürsten mit
eisernen Ketten, 9 um Gericht über sie zu
halten, so wie geschrieben steht. / Herr-
lich ist das für all seine Frommen. Halle-
luja! (E)

Immer nur das alte Lied

In den Gottesdiensten Israels scheint es – den hymnischen Psalmen zufolge – nicht langweilig hergegangen zu sein. Salopp gesagt, hieß es: Macht einen fröhlichen Lärm für unseren Herrn! Und selbst die Aufforderung zum Tanz fehlt dabei nicht. »Lasset das Zagen, verbannet die Klage, stimmet voll Jauchzen und Fröhlichkeit an.« Wo Gott, der Schöpfer und Israels König, gepriesen wird, kann es nicht trist zugehen.

Fünfmal wird in den Psalmen zum »neuen Lied« ermuntert. Gewiß ist damit jeder Lobeshymnus auf den Herrn gemeint, ob alt, ob neu, weil jeder gleichsam Raum und Zeit aufsprengt und, nicht anders als Liebe und Freude es tun, in die unmittelbare Beziehung zu Gott führt, ja zugleich deren Ausdruck darstellt. Doch in Wahrheit geht diese Bewegung nicht von den Menschen aus. »Denn« (V. 4!) das auslösende Moment ist die bereits geschehene, heilend-befreiende Bewegung Gottes zu seinem Volk. Die Gemeinde der Frommen (V. 1) ist ja kein enger religiöser Zirkel, sondern es sind alle »Kinder Zions« (V. 2), die sich im Heiligtum versammeln. Sie alle sollen und wollen sich zugleich verstehen als die ohne Gott Hilflosen (V. 4), denen er sein Heilswirken zuwendet. Das ist seine eigentliche Absicht, darin wird sein Tun in ihnen gekrönt.

Liest man freilich den Psalm über Vers 5 hinaus, so gewinnt er bestürzende Aktualität. Israel hat bereits in früher Zeit den »Ansturm der Völker« gegen sich erlebt, befürchtet und auch provoziert. So verstand es Gott als seine »Burg« (Psalm 46!), als Vollstrecker des Strafgerichts an den Angreifern – und sich selbst, das Volk, als Instrument solcher »Vergeltung«. Manche werden es heute noch so lesen. Aber ob Gotteslob und Schwerterschwingen noch nach den Visionen der Propheten, nach Jesus von Nazareth derart selbstverständlich zusammengehören? Hier haben wir, ohne jede Selbstgerechtigkeit, miteinander weiterzudenken, wenn die Welt nicht das alte Lied von der Zerstörung zu Ende singen soll.

RENÉ LEUDESDORFF

Halleluja! Singet dem Herrn ein neues Lied. Die Gemeinde des Herrn soll ihn loben.

150 Halleluja! Lobet Gott in sei-
nem Heiligtum, / lobet ihn in
der Feste seiner Macht! 2 Lobet ihn für
seine Taten, / lobet ihn in seiner großen
Herrlichkeit! 3 Lobet ihn mit Posaunen, /
lobet ihn mit Psalter und Harfen! 4 Lobet
ihn mit Pauken und Reigen, / lobet ihn
mit Saiten und Pfeifen! 5 Lobet ihn mit
hellen Zimbeln, / lobet ihn mit klingen-
den Zimbeln! 6 Alles, was Odem hat, lobe
den Herrn! Halleluja! (L)

150 Halleluja! Lobet Gott in sei-
nem Heiligtum, / lobt ihn in sei-
ner mächtigen Feste! 2 Lobt ihn für seine
großen Taten, / lobt ihn in seiner gewalti-
gen Größe! 3 Lobt ihn mit dem Schall der
Hörner, / lobt ihn mit Harfe und Zither!
4 Lobt ihn mit Pauken und Tanz, / lobt ihn
mit Flöten und Saitenspiel! 5 Lobt ihn mit
hellen Zimbeln, / lobt ihn mit klingenden
Zimbeln! 6 Alles was atmet, / lobe den
Herrn! Halleluja! (E)

Lobe den Herrn

Lesen kann man diesen Psalm eigentlich nicht. Man muß ihn singen. Die Worte sind voller Musik. Ein ganzes Orchester erklingt zur Ehre Gottes. Kein falscher Ton, keine Klage mischt sich unter das Lob Gottes. Wie schön, daß ich dieses Lob Gottes aus der Bibel so hören kann! Ich habe oft das Loben vergessen. Oft waren mir meine Sorgen wichtiger als die Freude über Gott und das, was er an mir getan hat und tut. Mich hat er geschaffen samt allen Kreaturen: Lobe den Herrn! Sonne, Mond und Sterne kommen aus seiner Hand: Lobe den Herrn! Die Freude am Leben, das Glück, die Liebe, die Musik kommen von ihm: Lobe den Herrn! Daß ich ihm gehören darf, daß er seinen Geist gegeben hat, damit ich sein Wort verstehe, ihm glaube und vertraue: all das ist sein Werk: Lobe den Herrn! Auch das ganz und gar nicht Lobenswerte darf ich aus seiner Hand nehmen. Er läßt mich nicht fallen. Hält mich fest um Jesu willen: Lobe den Herrn! Und nicht nur ich darf ihn loben. Die anderen sollen es auch tun. Sie sollen mit einstimmen in das Lob der Stimmen und der Instrumente. In der Gemeinde der Christen will er gelobt sein: mit der Orgel und den Posaunenchören, mit Blockflöten und Gesang.

Aber nicht nur dort. Sein Lob will sich ausbreiten, will alles Lebendige erreichen. Er will gelobt sein, wo man ihn jetzt noch nicht kennt. Wo man anderen Herren dient als ihm, dem allein das Lob und die Ehre gebührt. Er will gelobt sein, wo man lacht und sich freut, aber auch dort, wo man jetzt noch klagt und weint. Die Welt, sein Eigentum, das Werk seiner Hände: Alles, was Odem hat, lobe den Herrn! Und eines Tages wird es so sein, da wird wirklich alle Welt ihn loben. Er selber wird alle Tränen abwischen, die je geweint worden sind. Er wird sich selbst ins Recht setzen gegen alle Ungerechtigkeit. Sein Lob wird an keine Grenze mehr stoßen. Das wird sein, so wahr Gott lebt und so wahr Jesus Christus von den Toten auferstanden ist. Und dieses Lob kann jetzt schon beginnen. Ich darf damit anfangen, ihn zu loben. Mein Mund soll seinen Ruhm singen, und mein Herz soll sich freuen über Gott, meinen Heiland. AKO HAARBECK

Herr, tue meine Lippen auf, daß mein Mund deinen Ruhm verkündige!

Die Autorinnen und Autoren

(Verfasser der Auslegungen mit den jeweiligen Psalmen)

Klaus Bannach 73, 143
Veronika Besau 52, 58, 59, 89, 121
Sr. Eustochium Bischopink (Kommunität Venio OSB) 79
Frank H. U. Borkenhagen 11, 14, 17
Herbert Bour 7, 13, 23, 32, 88, 102, 103, 116, 122
Ilse Brinkhus 85
Karl Dienst 80
Joh. Chr. Dinkelacker 72
Wolfgang Finger 46, 119 (33–56)
Georg Karl Frank 20, 28, 99
Reinhard Freese 76, 93, 95
Karl-Wilhelm Gattwinkel 49
Heinz Geist 109, 132, 137
Herbert Gutschera 119 (1–32)
Ako Haarbeck 70, 126, 144, 145, 150
Hans Häselbarth 4, 8, 9
Udo Hahn 5, 12, 33, 34
Fritz Harriefeld 81, 97
Johannes Hasselhorn 67
Christoph Hensel 15, 18, 19, 41, 44, 54, 69 (30–37), 77, 94 (1–15), 124, 125, 135
Helmut Herion 55, 96
Karl Hillenbrand 66
Elisabeth Höreth 6, 10, 25
Erika Ilschner 69 (1–19)
Hannelore Jahr 65, 86
Manfred Kahl 2
Rudolf Kassühlke 117
Christel Kiel 136, 148
Marianne Koch 29, 119 (97–136)
Sigisbert Kraft 16, 22 (1–22), 74
Dieter Kunz 27, 30, 45, 47
Hanna Lachenmann 130
Joachim Lange 119 (137–152)
René Leudesdorf 3, 37, 39, 40, 63, 75, 107, 108, 110, 131, 138, 149
Helga Mantels 60, 62
Hans-Jürgen van der Minde 119 (153–176), 133
Beda Müller 50, 53, 139
Hans Nagel 61, 82, 101, 113
Sr. Katharina Oppel (Kommunität Venio OSB) 78, 115
Heinrich Rathke 22 (23–32), 31, 127, 128